W0087430

Kleiner Wanderführer

UNTERWEGS MIT SABINE BECHT

Zum ersten Mal nach Elba kam ich 1986. In Ermangelung von Führerschein und natürlich auch Auto damals noch unbewusst umweltbewusst mit der Bahn – über Nacht im Liegewagen eines TUI FerienExpress. Ankunft war am Bahnhof von

Piombino und der letzte Akt hieß: bei brütender Hitze am Hafen auf die Fähre warten – keine Bar, keine Stazione Marittima und schon gar keine Aircondition weit und breit. Die Hochöfen nebenan spuckten damals noch Ruß und Asche, und von Tourismus war zumindest hier überhaupt nichts zu spüren. Auf der Insel dann: absolute Ruhe und flirrende Hitze, das Zirpen der Grillen und der blühende Oleander, das glasklare, badewannenwarme Meer – ein wunderbarer Ort für einen italienischen Sommerurlaub.

Seit damals halte ich Elba die Treue, und natürlich hat sich inzwischen vieles verändert. So ruhig wie 1986 ist es schon lange nicht mehr, auf den Inselstraßen einfach so entlanglaufen und nur ab und zu einer hupenden Ape ausweichen zu müssen – Vergangenheit. Heute kommen die meisten Gäste mit dem Auto. Verständlich, man will möglichst viel von der Insel sehen. Dennoch: Manche Dinge ändern sich auf Elba nie. Die Insel ist auch nach 30 Jahren noch immer ein wunderbarer, vielleicht sogar der beste Ort für einen italienischen Sommerurlaub.

Text und Recherche: Sabine Becht **Lektorat:** Angela Nitsche, Sabine Senftleben (Überarbeitung) **Redaktion und Layout:** Sven Talaron **Karten:** Judit Ladik, Gábor Sztrecska, Janina Baumbauer, Joachim Bode, Carlos Borell **Fotos:** Sabine Becht (außer: S. 194 und 195 Nello Anselmi; S. 112 Alessandra Ribaldone vom Centro-Museo Italo Bolano; S. 92 Sven Scharr) **Grafik** S. 10/11: Johannes Blendinger **Covergestaltung:** Karl Serwotka **Covermotive:** oben: Cavo; unten: Portoferraio (beide Sabine Becht)

6. KOMPLETT ÜBERARBEITETE UND AKTUALISIERTE AUFLAGE 2016

ELBA

UND DER TOSKANISCHE ARCHIPEL

SABINE BECHT

Mit dem grünen Blatt haben unsere Autoren Betriebe hervorgehoben, die sich bemühen, regionalen und nachhaltig erzeugten Produkten den Vorzug zu geben.

[GPS] Mittels GPS kartierte Wanderung. Waypoint-Dateien zum Downloaden unter: www.michael-mueller-verlag.de/gps

Kartenverzeichnis

Zeichenerklärung für die Karten und Pläne

Autobahn	Flughafen/ -platz	Bushaltestelle
Hauptverkehrsstraße	Kirche	Taxistandplatz
Nebenstraße	Festung	Information
Piste	Berggipfel	Post
Wanderweg	Badestrand	Parkplatz
Bebaute Fläche	Aussicht	Krankenhaus
Grünanlage	Leuchtturm	Campingplatz
Gewässerfläche	Höhle	Ruine
		Turm

Alles im Kasten

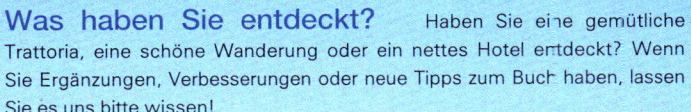

Was haben Sie entdeckt?

Haben Sie eine gemütliche Trattoria, eine schöne Wanderung oder ein nettes Hotel entdeckt? Wenn Sie Ergänzungen, Verbesserungen oder neue Tipps zum Buch haben, lassen Sie es uns bitte wissen!

Schreiben Sie an: Sabine Becht, Stichwort „Elba" |
c/o Michael Müller Verlag GmbH | Gerberei 19, D – 91054 Erlangen |
Sabine.Becht@michael-mueller-verlag.de

Vielen Dank!

Mein ganz besonderer Dank geht an die vielen Leserinnen und Leser, die mit ihren zahlreichen Zuschriften, mit Anregungen und Hinweisen zum Gelingen dieses Buches mit jeder Auflage aufs Neue beitragen.

Wohin auf Elba?

① Portoferraio und Umgebung → S. 90

Die charmante Inselhauptstadt Portoferraio liegt auf einer Landzunge am nördlichen Ende der gleichnamigen Bucht. Dank einladendem Yachthafen und jeder Menge netter Restaurants ist Portoferraio vor allem am Abend inselweiter Hauptanziehungspunkt für Flaneure. Doch auch tagsüber bietet die Stadt volles Programm: mehrere Museen und Napoleons Stadtvilla sowie einige schöne Strände in Laufdistanz. In den südlich gelegenen Hügeln trifft man auf ein weiteres Highlight: die Sommerresidenz des Kaisers inmitten üppigen Grüns. Nordwestlich der Hauptstadt reihen sich herrliche Buchten bis hin zum einsamen Capo d'Enfola mit seiner schroffen Felsküste.

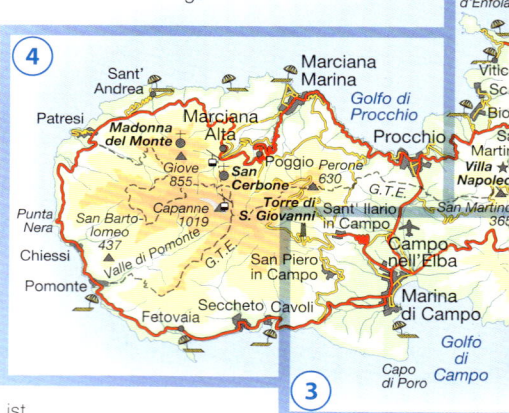

④ Der Westen → S. 182

Die felsige Halbinsel im Westen ist das landschaftliche Highlight Elbas. Eine Panoramastraße führt an der spektakulär schönen Steilküste entlang. In den Orten an der Westküste geht es noch recht beschaulich zu, und über allem thront der Gipfel des höchsten Inselberges, des Monte Capanne. Dichte Kastanienwälder und die beiden malerischen Bergdörfer Marciana Alta und Poggio prägen die Nordseite des gut tausend Meter hohen Berges: das schönste Wandergebiet der Insel. An der Nordwestküste liegt Marciana Marina, ein weiterer beliebter Seglerhafen auf Elba.

③ Die Buchten im Süden → S. 164

Das Badeparadies der Insel! Drei große Sandbuchten teilen sich die Südküste Elbas, eine schöner als die andere. Während der Golfo Stella und der Golfo di Lacona mit herrlichen Campingplätzen und diversen Wassersportmöglichkeiten begeistern, kann man sich in Marina di Campo am Golfo di Campo auch noch dem Shopping und abendlichem Flanieren widmen. Das alte Fischerdorf an der eineinhalb Kilometer langen Sandbucht ist einer der malerischsten Hafenorte der Insel.

② **Der Osten** → S. 126

Badetouristisch der vielleicht uninteressanteste Teil Elbas – hier wurde einst das Eisenerz der Insel abgebaut und verschifft. Zeugnisse davon sind noch heute an der Westküste zwischen Rio Marina und Cavo und am Monte Calamita zu sehen. Der Osten ist ein gutes Revier für Mineraliensammler, die hier in den Abraumhalden und am Strand hin und wieder fündig werden. Highlight für Strandgänger ist das gemütliche Dorf Cavo mit langem Badestrand und Blick auf die etruskische Küste. Im Süden beeindruckt das uralte Bergdorf Capoliveri mit seinen beschaulichen Gässchen. Schönster Seglerhafen ist Porto Azzurro in tief eingeschnittener Bucht.

⑤ **Die kleinen Inseln des Toskanischen Archipels** → S. 212

Sechs weitere Inseln gehören zum Toskanischen Archipel. Touristisch erschlossen sind Capraia und Giglio, die „Insel der Lilie". Bootsausflüge führen auch auf die brettflache, unweit von Elba gelegene Insel Pianosa und zur winzigen Insel Giannutri ganz im Süden des Archipels. Das sagenumwobene Montecristo hingegen steht unter strengem Naturschutz, und Gorgona, die nördlichste, ist noch heute eine Gefängnisinsel.

Elba: Die Vorschau

Ein Paradies für Wassersportler

Elba ist die Badeinsel schlechthin, ein Traum aus weiten Sandstränden und schmalen Kiesbuchten vor steiler Felskulisse, wo wirklich jeder sonnenhungrige Besucher sein Plätzchen finden kann. Viele kommen aber nicht nur zum Baden hierher – segeln, surfen und tauchen kann man an fast jeder Ecke der Insel. Vor allem die endlosen Buchten im Süden sind das Ziel von Surfern, während es Taucher eher zu den Unterwasserschätzen vor Elbas schroffer Westküste zieht – u. a. zum alten Schiffswrack vor Pomonte. Segler hingegen schätzen die schönen und beschaulichen Stadthäfen der Insel, von denen es auf Elba nicht weniger als fünf gibt. Man hat die Qual der Wahl.

Auf Napoleons Spuren

Auf der kleinen Insel wurde Weltgeschichte geschrieben, als im Jahr 1814 Napoleon abgesetzt und nach Elba verbannt wurde. Dass es der große französische Kaiser nicht lange auf der Insel aushalten würde, war klar, obwohl er sie per Dekret eigentlich für den Rest seines Lebens nicht mehr hätte verlassen dürfen. Dennoch hat er mit seinen Residenzen aus heutiger Sicht zwei absolute Besuchermagneten hinterlassen. Im Westen der Insel soll er oft an der besonders schönen Kirche *Madonna del Monte* verweilt haben und wehmütig zu seiner Heimatinsel Korsika hinübergeblickt haben, bevor er am 26. Februar 1815 die Insel wieder verließ, um Europa ein letztes Mal herauszufordern – der Rest ist Geschichte. Den Elbanern ist er aber noch heute jeden Tag präsent: Unermüdlich sprudelt die nach ihm benannte Fonte Napoleone aus den Tiefen des höchsten Inselberges und liefert köstliches (und kostenloses!) Trinkwasser für alle.

Portoferraio –
Hauptstadt mit Flair

Dank ihrer exponierten Lage auf einer Landzunge und des U-förmig angelegten alten Hafens *Darsena* zählt die Altstadt von Portoferraio zu den schönsten in Italien. Luxusyachten liegen hier neben windgeprüften Zweimastern, dazwischen erblickt man noch immer den einen oder anderen alten Fischerkahn. Die Medici legten hier schon im 16. Jh. eine uneinnehmbare Hafenstadt an, die noch heute von zwei mächtigen Festungen samt Leuchtturm überragt wird. Unterhalb davon lädt das kleine Städtchen zum Flanieren und Yachten-Gucken ein, zum Bummeln durch steile Altstadtgassen, zum Aperitivo-Trinken und natürlich zum ausführlichem Abendessen in einem der unzähligen einladenden Fischrestaurants, kurzum: Ohne den Besuch in der Inselhauptstadt bleibt ein Elba-Urlaub unvollständig.

Landschaftliche Vielfalt

Die nach Sizilien und Sardinien drittgrößte Insel Italiens liegt nur rund 10 km vor der toskanischen Küste. Mit 223 qkm ist Elba dennoch relativ klein, bringt es aber auf eine außerordentliche landschaftliche Vielfalt, die man so gar nicht erwarten würde: flache Küstenlandschaften mit herrlichen Sandbuchten im Süden, als Kontrast der steile und kahle Grantgipfel des *Monte Capanne* (1019 m) im Westen, uralte Kastanienwälder mit dichtem Unterholz, felsige Küstenabschnitte, die nur durch wenige kleine Buchten unterbrochen werden, und überall auf der Insel auch die typische mediterrane Macchia. Dass diese Schönheit auch erhalten bleibt, dafür wird schon seit 20 Jahren gesorgt, damals wurde nämlich der *Parco Nazionale dell'Arcipelago Toscano* geschaffen, dank dem die herrlichen Landschaften und Meeresräume des Archipels geschützt werden.

Elba: Die Vorschau

Schöne Dörfer

Vor allem auf den Hügeln liegen sie, die wunderbar beschaulichen Dörfer der Insel, allen voran das exponierte *Capoliveri* im Südosten der Insel, das es an den Abenden der Hochsaison in punkto Besucherandrang sicherlich mit der Inselhauptstadt Portoferraio aufnehmen kann. Auch die Bergdörfer rund um den Monte Capanne können sich sehen lassen, ein Streifzug durch die Gassen bietet zahllose Fotomotive. Wer zur Urlaubsidylle auch Wasser braucht, findet quasi in jeder Ecke der Insel ein malerisches Hafendorf mit Flanierpromenade: *Marina di Campo*, *Marciana Marina* und *Porto Azzurro* sind auch die schönsten Häfen für Segler, die sich hier allabendlich einfinden. Bleiben die „unscheinbaren" im Nordosten: Auch Rio nell'Elba und Cavo lohnen einen Besuch, gerade weil sie so wenig beachtet werden.

Die Insel der Mineralien

Geologisch betrachtet ist Elba eine Sensation: Die Insel bringt 170 verschiedene Mineralienarten hervor, die bekanntesten davon sind Pyrite, Hämatite, Magnetite und Quarzkristalle, aber auch Malachite, Azurite, Topase und Granate. Der *Ilvait*, benannt nach dem alten römischen Namen Elbas, kommt sogar nur hier vor. Ihren frühen Wohlstand hat die Insel aber einem ganz anderen Bodenschatz zu verdanken: Große Eisenerzvorkommen lockten schon die Etrusker an, die als erste den Rohstoff im großen Stil abbauten, vorbei damit war es erst nach dem Ende des Zweiten Weltkrieges. Die aufgerissenen Abbruchhalden im Osten Elbas sind noch heute gut sichtbar. Im Osten wird man auch am ehesten auf der Suche nach Mineralien fündig, während der Westen der Insel in weiten Teilen aus Granitgestein besteht – das

wiederum auch schon von den Etruskern und Römern abgebaut wurde.

Wandern

Zahlreiche reizvolle Wanderwege durch-
ziehen die Insel, deren Königsdisziplin
die G.T.E., die *Grande Traversata Elbana* ist – die „Große Elba-Überquerung"
ist rund 60 km lang und bietet herrliche
Ausblicke fernab allen Baderummels.
Wer nicht ganz so weit wandern
möchte, findet auf dem höchsten Insel-
berg, dem *Monte Capanne* (1019 m), zur
Belohnung für den schweißtreibenden
Aufstieg einen einzigartigen Rundblick
über den Toskanischen Archipel und
hinüber nach Korsika.

Der Toskanische Archipel

Der Legende nach soll Venus beim Bad
im Tyrrhenischen Meer sieben Edelsteine aus ihrem Diadem verloren haben: einen großen – das ist Elba – und
sechs ziemlich kleine, das sind die umliegenden, kleinen Inseln des Toskanischen Archipels. Kleine Inseln, wie sie
unterschiedlicher nicht sein könnten:
brettflach die heutige Ausflugs- und
ehemalige Gefängnisinsel *Pianosa* und
im Kontrast dazu das sagenumwobene
Montecristo, ein mystischer Kegel, der
bis zu 645 m aus dem Meer ragt. Eine
Gefängnisinsel war auch das nördlich
von Elba gelegene *Capraia*, dessen
Nachbarinsel *Gorgona* noch heute eine
Haftanstalt beherbergt – und sonst
nichts. Von größerer touristischer
Bedeutung ist einzig das bergig-karge
Giglio, die „Insel der Lilie", weit südlich
von Elba vor der toskanischen Küste
und das kleine, fast flache *Giannutri*,
das mit seinen römischen Überresten
ein besonders interessantes Ausflugsziel darstellt. Ausflüge sind übrigens – mit Ausnahme der unter
strengem Naturschutz stehenden Insel
Montecristo – von Elba aus zu allen
Inseln möglich.

Strandleben in der Bucht von Fetovaia

Hintergründe & Infos

Blick auf den Monte Capanne

Geografie und Geologie

Elba ist die drittgrößte Insel Italiens und mit weitem Abstand die größte Insel des Toskanischen Archipels.

Die elbanische *Bevölkerung* ist eine Mischung verschiedener Einwanderergruppen vom Festland, auch wenn die Unterschiede heute längst verwischt sind. *Portoferraio* war ursprünglich toskanisch, *Marciana* korsisch, und im herben Bergdorf *Capoliveri* siedelten einst Neapolitaner. Im Letztgenannten finden sich noch einige Überbleibsel vom Brauchtum bei den Volksfesten. Elba zählt heute acht eigenständige *Gemeinden*, über ein Drittel der Inselbevölkerung (ca. 32.000 Einwohner) lebt in der Hauptstadt Portoferraio. Ansonsten ist die Bevölkerungsdichte in der Ebene von Marina di Campo am höchsten.

Elba auf einen Blick

Geografisches: Die Fläche beträgt 223,5 qkm, Elba ist knapp 30 km lang und etwa 18 km breit mit einer Küstenlinie von 147 km. Höchster Berg ist mit 1019 m der *Monte Capanne* im Westen der Insel.

Wichtige Orte: *Portoferraio* – Inselhauptstadt und wichtigster Ankunftshafen; *Marina di Campo* – zweitgrößter Ort und wichtiges Touristenzentrum an langer Sandbucht; *Porto Azzurro* – lebhafter Hafenort im Osten der Insel; *Capoliveri* – geschichtsträchtiges Bergdorf auf der Halbinsel Calamita; *Marciana Marina* – Hafen im Nordwesten der Insel, ein weiteres touristisches Zentrum; *Marciana Alta* – abgeschiedenes Dorf an den Hängen des Monte Capanne und beliebtes Ausflugsziel.

Bevölkerung: Auf Elba leben ganzjährig rund 32.000 Menschen, davon allein 12.000 in der Hauptstadt Portoferraio. Es folgen Marina di Campo mit ca. 4800 Einwohnern, Porto Azzurro mit ca. 3700 und Capoliveri mit ca. 4000, Marciana Marina bringt es auf etwa 2200 Einwohner, Rio Marina auf mehr als 2200 und Rio nell'Elba auf ca. 1200. Im Sommer aber steigt die Inselbevölkerung sprunghaft an.

Das Relief der Insel zeigt sich überwiegend hügelig bis bergig und weist drei größere Massive auf: der *Monte Capanne* (1019 m), höchster Berg der Insel im Westen,
der *Monte Calamita* (413 m) auf der gleichnamigen Halbinsel im Südosten und der
Cima del Monte (516 m) als höchster Gipfel des auf einer Nord-Süd-Achse verlaufenden Bergrückens im Nordosten der Insel. Dazwischen liegt eine niedrigere Hügellandschaft mit tief einschneidenden Tälern und Ebenen. Deren markanteste ist
die flache Ebene des *Campo nell'Elba* zwischen Procchio und Marina di Campo, sie
markiert die Grenze zur steil aufragenden westlichen Halbinsel.

Umgeben ist Elba vom *Tyrrhenischen* Meer, dem Teil des Mittelmeers zwischen der
westitalienischen Küste sowie Korsika und Sardinien im Westen und Sizilien im Süden. Die Küstenlinie der Insel zeigt sich außerordentlich facettenreich: drei große
Sandbuchten im Süden, schroffe und felsige Abschnitte an der gesamten westlichen Halbinsel, kleinere Buchten an der Halbinsel Calamita und nahezu unzugäng-
liche Abschnitte im Nordosten von Elba. Daneben gibt es noch zahlreiche kleine
Kies- und Sandbuchten westlich der Inselhauptstadt Portoferraio.

Der geologische Aufbau der Insel wird von mehreren Regionen verschiedenen Gesteins bestimmt. Im Westen der Insel findet sich das Granitgestein des Monte Capanne, dessen Alter man auf etwa sieben Millionen Jahre schätzt, und das sich beim
langsamen Abkühlen zäher Magma gebildet hat, die in bereits bestehende Gesteinsarten eingedrungen ist *(Intrusion)*. In geringerem Umfang hat auch im Osten
der Insel eine Intrusion stattgefunden, die besonders hier eine Vielzahl an Mineralien hervorgebracht hat. Hinzu kommen noch die *Eisenerzvorkommen* auf Elba, die
die Besiedlungsgeschichte der Insel entscheidend mitbestimmt haben, sowie die
170 verschiedenen Mineralienarten, die – gemessen an der Größe Elbas – an sich
schon eine Sensation sind. Diese geologische Vielfalt spiegelt sich natürlich auch in
den Landschaften und in der Natur der Insel wider.

Die Insel der Mineralien

Die wichtigsten Mineralienvorkommen Elbas liegen im Osten der Insel, v. a.
in der Gegend um Rio Marina und auf der Halbinsel Calamita (hier dominiert jedoch Eisenerz). In den mittlerweile stillgelegten Minen und Gruben
im östlichen Teil Elbas fand man bis in die jüngste Vergangenheit hauptsächlich Pyrite, Hämatite, Magnetite und Quarzkristalle, aber auch Calcite, Malachite, Azurite, Turmaline und Berylle, außerdem Topase und Granate. Im
Gebiet um den Monte Capanne finden sich ähnliche Mineralien, einer der
wichtigsten Fundorte liegt am östlichen Ausläufer des höchsten Inselberges
bei San Piero in Campo.

Eine Sonderstellung unter den elbanischen Mineralien nimmt der *Ilvait* ein,
der nur hier vorkommt und seinen Namen von *Ilva,* der römisch-antiken
Bezeichnung für Elba, erhalten hat. Von beeindruckender Größe und Schönheit sind besonders der Pyrit mit seiner golden glänzenden glatten Oberflä-
che und der schwarz glänzende Hämatit.

Mineraliensammler tun sich auf Elba mittlerweile schwer. Da die Gruben
geschlossen sind, kann man nur noch in natürlichen Steinbrüchen, frei zugänglichen „Aufschlüssen" (Fundorte) und z. T. auch bei natürlichen Abbrü-
chen fündig werden. Aber auch hier wird man nur mit etwas Glück überhaupt noch etwas finden.

Im Botanischen Garten des Eremo di Santa Caterina

Flora und Fauna

Auf Elba herrscht natürlich die typische Vegetation des Mittelmeerraums vor, und das bedeutet vor allem eins: Macchia. Dank der vielen verschiedenen Gesteinsarten findet sich hier aber durchaus eine vielfältige Naturlandschaft, u. a. auch bedingt durch die unterschiedlichen Höhenstufen der Insel – vom Meeresspiegel bis hinauf auf ca. 1000 m.

Dennoch unterscheidet sich die Flora Elbas nicht wesentlich von der des nahe gelegenen italienischen Festlands. Auffallend ist dagegen der große Waldbestand, der hier trotz intensiver landwirtschaftlicher Nutzung erhalten geblieben ist. Zu sehen sind die dichten Wälder noch an der Nordseite des Monte Capanne, hier in Form von oft jahrhundertealten (Ess-)Kastanienbäumen, am benachbarten Monte Perone findet sich ein lichter Pinienwald, daneben treten noch Kork- und Flaumeichen, Aleppokiefern und diverse andere Kiefernarten auf. Von den Steineichenwäldern, die in der Antike den größten Teil der Insel bedeckten, ist allerdings nur noch wenig übrig. Der bewaldete und mit Macchia bewachsene Anteil auf Elba beträgt noch immer etwa die Hälfte des gesamten Inselgebiets, hier muss man jedoch auch die in den vergangenen Jahrzehnten wieder aufgeforsteten Pinienwälder miteinbeziehen.

Auf Elba lassen sich drei Vegetationszonen unterscheiden: vom Meeresspiegel bis etwa 500 m die Stein- und Korkeichen, dazu Macchiapflanzen wie Zistrosen, Mastix, Ginster, Myrte und Erdbeerbaum; in den mittleren Höhen (500–900 m) ebenfalls Macchia und Laubwald (u. a. Esskastanien, Eichen und Eschen); in der höchsten Region um den Monte Capanne (ab ca. 800–900 m) dann Eiben und Hopfenbuchen sowie zahlreiche, auch endemische Varianten von Veilchen, Lilien, Narzissen und Bergorchideen. Daneben zählt die elbanische Flora viele weitere endemische,

d. h. nur hier vorkommende Pflanzen. Diese Pflanzen sind z. T. eng verwandt mit der Flora auf Korsika und Sardinien, was daran liegt, dass die heutige Insel vor etwa einer Million Jahren zum Sardinien-Korsika-Massiv gehörte und erst später – durch tektonische Absenkung – isoliert wurde.

„Importpflanzen" auf Elba sind Agaven, Eukalyptus und Mimosen, die es ursprünglich auf der Insel nicht gab.

Auch die *Fauna* der Insel kennt Arten, die denen auf Korsika und Sardinien ähneln bzw. teilweise mit ihnen identisch sind. Hierzu zählen der korsische Zeisig sowie bestimmte Geckos, Taranteln und Frösche. Wie fast alle toskanischen Inseln ist auch Elba eine wichtige Station für viele Zugvögel zwischen Afrika und Europa. Ganzjährig anzutreffen sind der Wanderfalke, das Rote Rebhuhn, der Fasan und die Alpenbrunelle, dazu an der Küste die korsische Möwe und die Silbermöwe.

Nationalpark Toskanischer Archipel
Parco Nazionale dell'Arcipelago Toscano

Vorausgegangen waren lange Jahre der Kontroverse unter der Bevölkerung und der politischen Unentschlossenheit, bis er 1996 schließlich doch gegründet wurde: der *Parco Nazionale Arcipelago Toscano*, der alle sieben größeren Inseln des Archipels umfasst. Während die Insel Montecristo bereits seit Anfang der 1970er Jahre unter strengem Naturschutz steht, wurde der Gedanke an den Schutz der gesamten toskanischen Inselwelt erstmals 1982 im italienischen Parlament laut gedacht und bald darauf in ein Gesetz zum Schutz der Meereszonen des Archipels umgewandelt. Provisorisch standen auch bald die Inseln unter Schutz, doch die eigentliche Errichtung des Nationalparks kam nur schleppend voran. Die Bewohner der toskanischen Inseln standen dem Projekt skeptisch bis ablehnend gegenüber, zumal sich v. a. elbanische Fischer und Landwirte durch den Park in ihrer Existenz bedroht sahen. Als die Pläne kurz vor dem Aus standen, griff 1996 dann die EU ein und brachte – nicht zuletzt auch durch ein umfangreiches Finanzierungsprogramm – schließlich die Realisierung des Parks zustande.

Der Nationalpark mit etwa 18.000 Hektar Landfläche (und ca. 52.000 Hektar Seefläche) umfasst etwa 50 % des Inselterritoriums von Elba (v. a. den Westteil der Insel, den Nordosten zwischen Rio nell'Elba und Cavo sowie den südlichen Bereich der Halbinsel Calamita), 75 % der Insel Capraia und rund 40 % von Giglio. Montecristo, Giannutri, Pianosa und Gorgona stehen zu 100 % unter Naturschutz, wobei Montecristo und Giannutri in die Schutzzonen A und B fallen, in denen „alle, das Territorium verändernde Tätigkeiten" verboten sind. Für Elba und Giglio gelten die moderateren Zonen C und D, die zum Schutz der Bewohner landwirtschaftliche und bauliche Tätigkeiten zulassen. Zu den erklärten Zielen des Nationalparks zählt schließlich neben der „Bewahrung der vegetalen und tierischen Arten" auch die „Integration zwischen Mensch und Natur" – so die offizielle Übersetzung des Nationalpark-Statuts.
Weitere Informationen im **Info-Büro des Nationalparks** auf dem Vale Elba 4 (Ecke Calata Italia) in Portoferraio, geöffnet im Sommer tägl. 9–19 Uhr, in der Nebensaison Mo–Sa 9–16 Uhr, So 9–15 Uhr. Ein weiteres Büro in der ehemaligen *tonnara* (Thunfischfabrik) am Capo d'Enfola, im Sommer geöffnet Mo–Fr 9–13 Uhr, Di/Do auch 14.30–16 Uhr, www.islepark.it.

Bei den Säugetieren besitzt die Insel eine geringere Artenvielfalt als das italienische Festland. Erwähnung verdient eine fast nur auf Elba anzutreffende Marderart, zahlreiche Nagetiere sowie Feldhasen und Wildkaninchen. Eingeführt wurden Wildschweine und Mufflons, diese Wildschafe haben im Vergleich mit den Hausrassen ein glattes und wesentlich kürzeres Fell. Anzutreffen sind kleine Herden, die auf der Insel erst in den 1970er Jahren angesiedelt wurden, an der Baumgrenze an den Hängen des Monte Capanne.

Begegnung der besonderen Art – mit dem Wildschwein

Wildschweine kommen auf Elba – vor allem dank des Mangels an natürlichen Feinden – zuhauf vor. Insbesondere nachts auf einsamen Landstraßen ist eine Begegnung gar nicht so abwegig, eine umsichtige Fahrweise daher unerlässlich. Vorsicht ist geboten bei Bachen mit ihren Frischlingen, denn hier weiß man nie, wie viele noch aus dem Unterholz kommen. Und fühlt die Bache sich oder ihren Nachwuchs bedroht, kann eine ausgewachsene Wildsau lebensgefährlich werden!

Die größten wildlebenden Säugetiere der Insel werden bis zu einen Meter groß und können ein Gewicht von etwa 200 kg erreichen. Paarungszeit ist im Winter, die Frischlinge (bis zu zehn) werden etwa im Juni geboren. Als klassische Allesfresser machen die Wildschweine, deren Speisezettel neben Gräsern, Blättern, Wurzeln, Pilzen und Früchten auch lebende und tote Kleintiere umfasst, selbst vor Feldern und Weinstöcken elbanischer Landwirte nicht Halt. Hauptsächlich halten sich die Wildschweine in der dichten Macchia der Insel auf, besonders aber in den Wäldern in der Mitte Elbas und im Westen. Im Spätherbst werden sie in begrenzter Zahl zum Abschuss freigegeben.

Die beeindruckendsten Begegnungen finden jedoch zweifelsfrei im Meer vor der Küste Elbas und der anderen toskanischen Inseln statt: Von den Ausflugsbooten vor der Westküste und hinüber nach Pianosa sind immer wieder *Delfine* bei ihren kunstvollen Luftsprüngen zu beobachten. Noch spektakulärer sind die Sichtungen von *Pottwalen* und *Finnwalen*, die ebenfalls in den Gewässern des Archipels zuhause sind und sich im Frühjahr und Herbst gelegentlich blicken lassen – Finnwale waren sogar schon im Hafenbecken von Portoferraio zu sehen. Infos und Adressen zu Whale-Watching-Exkursionen erteilt das Info-Büro in Portoferraio (→ S. 193).

Sonne garantiert und Schatten auf Bestellung: Traumstrand im August

Klima und Reisezeit

Am schönsten ist Elba natürlich im Frühling, wenn alles grünt und blüht. Die Insel weist wie die anderen Inseln des Toskanischen Archipels auch ein typisches Mittelmeerklima mit trockenen, heißen Sommern und niederschlagsreichen Wintermonaten auf.

Dramatische Temperaturschwankungen gibt es auf Elba nicht, das Klima der Insel gilt als besonders mild. Dennoch: Alle paar Jahre im Winter trägt der Monte Capanne tatsächlich für einige Tage weiß, Schnee oder Minusgrade sind in der Tallagen jedoch eher eine Seltenheit. Um Weihnachten herum blühen die wilden Narzissen, im Januar sind es die Mandelbäume. Zahlreiche Pflanzen der Insel weisen eine ganzjährige Blütezeit auf, hinzu kommen die vielen Quellen auf Elba, dank derer die Insel auch im Hochsommer nicht ausgedörrt erscheint. Während im Sommer die Winde hauptsächlich aus nördlicher Richtung eine angenehme Brise bringen, können im Winter die heftigen Südwinde schon mal Sturmstärke erreichen. Den größten Niederschlag auf der Insel verzeichnet man in den späten Herbstmonaten, im Januar und Februar regnet es vergleichsweise wenig, während im März und April die Niederschläge wieder ansteigen.

Die Wetterstatistik zählt auf Elba knapp 170 Sonnentage im Jahr, die Sonnenscheindauer beträgt im errechneten Mittel sieben Stunden pro Tag, Spitzenreiter ist der Monat Juni mit täglich elf Stunden Sonnenschein, während es im Dezember gerade mal 3,5 Stunden sind. Die Höchsttemperaturen auf Elba liegen auch im Hochsommer nur selten über 30 °C, die Tiefsttemperaturen betragen etwa 7 °C im Januar.

Klimadaten von Elba (Durchschnittswerte)

	Ø Lufttemperatur (Max./Min. in °C)		Ø Wassertemperatur	Ø Regentage im Monat	Ø Stunden mit Sonnenschein
Jan.	12,8 °C	7,4 °C	14,5 °C	7	3
Febr.	13,3 °C	7,8 °C	13,5 °C	7	4
März	14,5 °C	8,6 °C	14,5 °C	6	5
April	17,4 °C	10,5 °C	15,5 °C	6	7
Mai	20,9 °C	13,6 °C	17,5 °C	5	9
Juni	24,6 °C	16,8 °C	21,0 °C	2	10
Juli	28,1 °C	19,9 °C	23,5 °C	1	10
Aug.	28,2 °C	20,0 °C	24,5 °C	2	10
Sept.	25,3 °C	17,6 °C	23,5 °C	4	8
Okt.	21,4 °C	14,6 °C	21,5 °C	6	6
Nov.	16,7 °C	11,0 °C	18,0 °C	8	4
Dez.	13,4 °C	8,3 °C	16,0 °C	9	4
Jahr	19,7 °C	13 °C	18,6 °C	5,2	6,7

Die Urlaubssaison auf der Insel beginnt zu Ostern und dauert bis etwa Anfang oder Mitte Oktober, bei stabiler Großwetterlage auch mal ein paar Tage länger.

Natur- und Wanderfreunde können sich in den Monaten April und Mai an einem bunten Blütenmeer erfreuen, zum Baden lädt das dann etwa 16 °C „warme" Tyrrhenische Meer in diesem Zeitraum allerdings nur hart gesottene Naturen ein, das Wetter kann bis in den Juni hinein durchwachsen sein, mit bewölkten und regnerischen Tagen ist zu rechnen. Sonnenschein bei strahlend blauem Himmel ist etwa ab Mitte Juni bis Ende August/Anfang September fast garantiert, nur selten trübt zwischendurch ein Regentag oder der launische *Scirocco* (und mit ihm dichte Wol-

Italien im Urlaub – Ferragosto

Mariä Himmelfahrt, der wichtigste Festtag der Italiener, wird mitten in den Ferien am 15. August gefeiert. Niemand bleibt an diesem Tag in den heißen Städten, das öffentliche Leben liegt lahm, Behörden, Geschäfte und Restaurants sind geschlossen – ganz Italien ist am Meer oder in den Bergen. Der Sommerurlaub der Familie wird in der Regel um den 15. August herum geplant, und ein besonders beliebtes Ziel ist natürlich Elba, Italiens Urlaubsinsel par excellence. Stellen Sie sich darauf ein: Hotelbetten sind für diesen Zeitraum schon lange vorher ausgebucht, Restaurants und Cafés bis auf den letzten Platz besetzt, von Parkplatznöten und der drangvollen Enge an den Stränden gar nicht erst zu sprechen. Fazit: Wenn irgendwie möglich, sollte man die zwei Wochen um den 15. August meiden. Dafür spricht auch, dass die Zimmerpreise am Meer in der „Altissima Stagione" im August noch mal kräftig nach oben schießen.

Der Name Ferragosto leitet sich übrigens aus *feriae Augusti* („Ferien des Augustus") ab: Bereits die alten Römer unter Kaiser Augustus fuhren Mitte des Monats August ans Meer.

ken) die Badefreuden, doch fallen die schönen Tage natürlich in die Hauptreisezeit, in der die Insel vor Besuchern fast überzuquellen scheint.

Ab etwa Mitte September kann man wieder Pech mit dem Wetter haben, mehrere Regentage nacheinander sind nicht auszuschließen, Ende September kehrt dann der Frühherbst mit deutlich fallenden Temperaturen ein. Die Reisezeit für Badefans ist auf Elba also relativ kurz bemessen, wer jedoch zum Wandern, Segeln, Surfen oder Tauchen kommt, wird auch in den Monaten April, Mai, September und Oktober gute Bedingungen finden. Besonders für Wassersportler sind die frühen Herbstmonate geeignet: Das im Sommer aufgeheizte Mittelmeer bietet auch im September/Oktober noch angenehme Temperaturen, und Segler können sich auch im Frühling und Herbst über optimale Windverhältnisse freuen.

Fast schon Relikte aus einer anderen Zeit – Fischkutter im Hafen von Portoferraio

Wirtschaft und Tourismus

Haupteinnahmequelle der Insel ist selbstverständlich der Tourismus, und das schon seit etlichen Jahren. Die traditionellen Wirtschaftszweige Eisenabbau und -verhüttung, Granitabbau, Fischerei, Landwirtschaft und Weinbau traten in der zweiten Hälfte des 20. Jh. zunehmend in den Hintergrund, lediglich in Sachen Weinbau ist in den letzten Jahrzehnten ein neuer Aufschwung zu verzeichnen.

Der Rohstoff Eisenerz hatte die Insel schon zu Zeiten der Etrusker bekannt gemacht, die hier erstmals Abbau im größeren Stil betrieben. Über die Jahrhunderte hinweg wurde die Eisengewinnung immer wieder aufgegriffen und aufgegeben, den Anfang vom Ende erfuhr dieser Wirtschaftszweig nach dem Zweiten Weltkrieg, als die zerbombten Hochöfen von Portoferraio endgültig außer Betrieb gesetzt wurden. 1982 wurden schließlich auch die letzten Eisenminen der Insel geschlossen, u. a. hatten sich auch die Vorkommen auf ein unrentables Maß erschöpft.

Ein ähnliches Schicksal erfuhr auch der Granitabbau, ein traditioneller elbanischer Erwerbszweig, in dem noch in den 1960er Jahren etwa 400 Steinhauer beschäftigt waren. Der Granit wurde schon unter den Römern, später dann unter den Pisanern abgebaut. Die Steinbrüche befinden sich im Westen der Insel, hauptsächlich bei *San Piero in Campo* am Fuß des Monte-Capanne-Massivs. Verschifft wurde der Stein ab *Marina di Campo*. Nachdem der elbanische Granit Anfang des 20. Jh. noch zum Straßenbau in Rom, Florenz oder Mailand verwendet wurde, spielt er heute fast keine Rolle mehr. Lediglich für Baumaßnahmen auf der Insel selbst wird hin und wieder noch etwas von dem harten Gestein genutzt.

Die elbanische *Landwirtschaft* spielt zwar noch immer eine (kleine) Rolle, verliert aber zusehends an Bedeutung. Vielfach haben die Bauern auf die lukrativere Tourismusbranche umgesattelt; heute lebt nicht einmal mehr jeder zehnte Elbaner von der Landwirtschaft. Ohnehin ist nur etwa ein Drittel der vorwiegend bergigen Inselfläche zu bewirtschaften, wovon wiederum fast die Hälfte für den Weinbau genutzt wird. Die übrige Fläche ist mit Oliven und Obst kultiviert, ein geringer Anteil mit Getreide und Gemüse. Auch der *Fischfang*, ehemals ein wichtiger Wirtschaftszweige Elbas, tritt zunehmend in den Hintergrund, und das obwohl die Gewässer um die Insel noch immer relativ fischreich sind. Die Fischerei dient den meisten Elbanern nur noch als Nebenerwerb.

Die Caprili

Wer im Westen Elbas auf den Pfaden um den Monte Capanne unterwegs ist, wird auf eine Granitverarbeitung der etwas anderen Art stoßen: igluartige kleine Hütten aus Granitsteinen, die ohne jeden Mörtel oder Zement zusammengefügt wurden. Die Caprili (von *carpa* = Ziege) entstanden Ende des 19. Jh. als Unterstände für die Ziegenhirten am Monte Capanne und wurden so konstruiert, dass sie sowohl gegen Wind als auch gegen Regen schützten, im Inneren der Steinhütte befand sich meist eine Bank als Rastplatz für die Hirten. Mittlerweile beherbergen die noch immer hervorragend erhaltenen Caprili schon lange niemanden mehr und stehen verlassen in der kargen Bergwelt.

Mit dem Niedergang der Eisen verarbeitenden Industrie nach dem Zweiten Weltkrieg brachen zunächst Arbeitslosigkeit und eine miserable wirtschaftliche Lage über die Insel herein, aber schon bald erschien ein viel versprechendes Licht am Horizont: der *Tourismus*. Wohl aus Mangel an Alternativen wurde das Geschäft mit den Feriengästen in den 1950er Jahren verstärkt vorangetrieben. Ein gut ausgebautes Straßennetz entstand (heute 140 km Asphaltdecke), 1954 wurde eine regelmäßige Fährverbindung zum Festland eingerichtet, und die Bettenzahlen stiegen sprunghaft an. Während man 1952 gerade mal 25.000 Übernachtungen zählte, hatte sich diese Zahl bereits fünf Jahre später vervierfacht, Mitte der 1970er Jahre verzeichnete man etwa 700.000 Hotelübernachtungen, und in den 1990er Jahren war die Zwei-Millionen-Grenze dann schließlich überschritten, Übernachtungen in Appartements und auf Campingplätzen nicht eingerechnet. Entsprechend dieser großen Nachfrage wurden auch zahlreiche neue Unterkünfte gebaut, den bescheidenen neun Herbergen von 1949 standen fünfzig Jahre später mehr als 200 gegenüber.

Dennoch ist Elba dem Massentourismus und dem damit verbundenen Negativ-Image entgangen, obwohl es Anfang der 1990er Jahre zu einer ernsthaften Krise in der Branche kam: Die allgemeine wirtschaftliche Rezession wirkte sich natürlich auch auf den Haupterwerbszweig der Insel aus, und auch aus Verärgerung über unverhältnismäßig hohe Preise bei bescheidenen Serviceleistungen blieben die Gäste aus. Hinzu kamen Lärmbelästigung, ein echtes Müllproblem und zunehmende Trinkwasserknappheit, die der Insel zu schaffen machten und die Verantwortlichen zum Umdenken zwangen. 1994 wurde vom elbanischen Hotelverband das Projekt *Elbambiente* ins Leben gerufen, das sich den mittlerweile schon recht strapazierten Begriff des „Sanften Tourismus" auf die Fahnen geschrieben hatte. *Elbambiente* richtet sich sowohl an Urlaubsgäste als auch an Hoteliers, mehr für den Schutz der Insel zu tun, von offizieller Seite wird u. a. die verstärkte Waldbrandbekämpfung und die Werbung für alternative touristische Möglichkeiten beigesteuert. Man versucht, durch eine Ausweitung des touristischen Angebots die extreme Konzentration der Besucher auf die Monate Juli und August zu entzerren und die Insel z. B. durch den Ausbau der Wanderwege auch für Frühjahrs- und Herbsturlauber zu einem attraktiven Ziel zu machen. Mit anderen Worten: Man will weg vom Image der reinen Badeinsel, die Saison soll ausgedehnt und Gästezahlen besser übers Jahr verteilt werden. In Ansätzen mag dies wohl gelungen sein, wer aber in den beiden Haupturlaubswochen im August hierher kommt, wird sich wahrlich nur schwer vorstellen können, wie eine Insel noch voller sein könnte.

Von den Urlaubsgästen, die alljährlich nach Elba reisen, stammen etwa 60 % aus Italien, der Rest kommt zumeist aus dem europäischen Ausland: viele Deutsche, aber auch Niederländer, Franzosen, Briten, Österreicher und Schweizer.

Weinbau im Nordwesten bei Sant'Andrea

Die Weine der Insel

Der Weinbau auf Elba hat eine lange Tradition. Schon Plinius der Ältere (23/24–79 n. Chr.) berichtet von der Insel als „Insula vini ferax", was in etwa „weinreiche Insel" bedeutet. Die Medici widmeten sich hier ebenso dem Weinbau wie einige Jahrhunderte später Napoleon. Unter seiner Regie erfuhr die elbanische Weinproduktion einen immensen Aufschwung, und in den 1870er Jahren war knapp ein Viertel der Inselfläche mit Weinreben kultiviert. Man zählte damals rund 32 Millionen Rebstöcke, die etwa 120.000 Hektoliter Wein abgaben. Auch wenn sich die Zahl der Rebstöcke bis heute halbiert hat, der elbanische Wein spielt für die Inselwirtschaft jedoch noch immer eine wichtige Rolle.

Die Weinbaugebiete der Insel liegen in der Ebene von Campo, bei der Bucht von Mola (Porto Azzurro), Lacona und an der weiten Bucht von Portoferraio, aber auch an den terrassenförmig angelegten Hängen der Westküste bei Pomonte und Chiessi wie auch bei Marciana und Marciana Alta.

Die vier Weinsorten der Insel sind der *Elba Bianco* (Trebbiano-toscano-bzw. Procanico-Reben, trockener Weißwein), *Elba Rosso* (Sangiovese-Reben, trockener Rotwein), der *Aleatico* (Aleatico-Reben, dunkler, schwerer Dessertwein) und der *Moscato* (Moscato-Reben, süßer weißer Aperitifwein). Außerdem werden auf der Insel diverse Importweine angeboten (z. B. aus Sizilien), die hier die – zugegebenermaßen verwirrende – Aufschrift „Imbottigliato all'Elba" tragen. Weinliebhabern sei ein Ausflug zum Weingut *La Chiusa* bei Magazzini empfohlen, einem der besten der Insel in herrlicher Lage zwischen Weinstöcken am Meer (→ S. 123) oder aber zum Weingut *Sapereta* (→ S. 165). Verkaufsstände für Wein finden sich auch an den Straßen im Inselinneren und bei den Anbaugebieten selbst.

Torre di San Giovanni – einst zum Schutz vor Piraten errichtet

Geschichte Elbas **und des Toskanischen Archipels**

Elba ist berühmt geworden. Unzählige Male wurde die Insel in den Geschichtsbüchern erwähnt, und ein Name ist dafür in besonderer Weise verantwortlich ...

Ganze zehn Monate hat Napoleon es auf der kleinen Insel ausgehalten, bevor er wieder auf der großen Bühne der europäischen Politik erschien. Das aber war lang genug, um Elba den begehrten Platz in den Geschichtsbüchern zu sichern. Der Aufenthalt des Korsen war sicher ein Höhepunkt der Geschichte Elbas, doch die Insel war bis dahin schon des Öfteren in das Interesse der Mächtigen gerückt.

Vor- und Frühgeschichte

Bei einem Meeresspiegel, der mehr als 100 m unter dem heutigen lag, war Elba bis zum Ende letzten der Eiszeit (also bis in die Mittelsteinzeit) mit dem Festland verbunden. Man entdeckte an verschiedenen Orten der Insel Spuren altsteinzeitlicher Jäger, die wahrscheinlich jedoch nie fest an den Hängen Elbas siedelten. Erst für das Neolithikum (Jungsteinzeit, ab ca. 5000 v. Chr.) lässt sich eine Besiedlung nachweisen, dafür sprechen die hier gefundenen Werkzeuge und bearbeitete Waffen wie zum Beispiel Pfeilspitzen und Äxte (zu besichtigen im Archäologischen Museum in Rio nell'Elba).

Auch in der jüngeren Kupfersteinzeit (ab ca. 2500 v. Chr.) müssen Menschen auf Elba gewesen sein. Vermutlich war man damals auf der Suche nach kupferhaltigem Gestein, das hier nun erstmals auch abgebaut und verwertet wurde. Kupfergegenstände aus der Zeit von etwa 2000 v. Chr. fand man in der *Grotta di San Giuseppe* bei Rio Marina. An die Stelle dieses Metalls trat bald darauf die widerstandsfähigere und leichter zu bearbeitende Kupfer-Zinn-Legierung Bronze. Das hierfür notwendige Zinn wurde vermutlich vom Festland herbeigeschafft, der Guss der Bronzegegenstände fand aber auf der Insel selbst statt. Die ersten festen Siedlungen auf Elba entstanden in der Zeit zwischen 1800 und 1100 v. Chr., und zwar im Westen der Insel an den Hängen des Monte Capanne. Ihre erste Blüte sollte die Insel jedoch erst unter den Etruskern erfahren, die in Elba den reichen Rohstofflieferanten für Eisenerz erkannten und das Metall im großen Stil abbauten.

Argonautischer Schweiß für die Ewigkeit

Schenkt man den antiken griechischen Geschichtsschreibern Glauben, sind die Argonauten auf ihrer Fahrt durch das Mittelmeer auch auf der Insel Elba gelandet. Unter der Führung Jasons brachen 46 Männer – die Argonauten – auf der eigens gebauten „Argo" zu einer abenteuerlichen Fahrt durchs westliche Mittelmeer auf, um das legendäre *Goldene Vlies* zu finden. Der antike Autor *Apollonios von Rhodos* berichtet, dass die griechischen Seefahrer am elbanischen Strand von *Le Ghiaie* Halt machten und dort ihren Schweiß – schließlich ruderte man mühsam – an den Kieseln des Strands trockneten. Da sie sich vorher mit heiligem Öl eingerieben hatten, sind die Kiesel noch heute von den Tropfen dunkel gesprenkelt, so zumindest will es die Mythologie.

Aus heutiger Sicht lässt sich eine weit weniger fabelhafte Begründung für die gesprenkelten Kiesel von Le Ghiaie finden: Bei den Steinen sind ganz einfach Einschlüsse des dunklen Gesteins Turmalin festgestellt worden. Als gesichert gilt jedoch, dass die erste griechische Siedlung auf elbanischem Boden (an der Stelle des heutigen Portoferraio) *Argoos* bzw. *Porto Argoo* hieß, benannt nach den sagenhaften Seefahrern.

Die Etrusker auf Elba

Woher die Etrusker kamen, lässt sich bis heute nicht sicher sagen. Der griechische Geschichtsschreiber *Herodot* (5. Jh. v. Chr.) gibt als Ursprungsgebiet der Etrusker Lydien (kleinasiatische Westküste) an. Man geht heute jedoch davon aus, dass es sich um eine Mischung kleinasiatischer Stämme handelte, die etwa ab dem 11. Jh. v. Chr. nach Mittelitalien einwanderten und sich in ihrem Kernland *Etrurien,* dem Gebiet zwischen den Flüssen Arno und Tiber, niederließen. Den Griechen zur Zeit Herodots waren die Etrusker als *Tyrrhener* bekannt, daher auch heute noch der Name des Meeres vor der etruskischen Küste. Wie archäologische Funde belegen, unterhielten die Etrusker rege Handelsbeziehungen im gesamten westlichen Mittelmeerraum, unter anderem auch mit dem nordafrikanischen *Karthago.* Ihr Exportschlager waren begehrte Metallwaren, insbesondere Waffen. Auf Elba hielten die Etrusker etwa 900 v. Chr. Einzug. Mitentscheidender Grund für ihre Ansiedlung waren die Erzvorkommen, deren Abbau nun erstmals in großem Umfang betrieben wurde. Schnell wurde Elba ein bedeutender Rohstofflieferant für das etruskische Reich, zunächst wegen des Kupfers, bald aber konzentrierte man sich ausschließlich auf das „neue" Metall Eisen.

Dank seiner Bedeutung als Waffenschmiede der Etrusker wird Elba bald auch Griechen und Karthagern bekannt und auf deren Handelsrouten zum wichtigen Anlaufpunkt. Die Griechen, die die Insel *Aethalia* nannten (vom griechischen „aithalos" = Rauch, Ruß), versuchten, ihren Einflussbereich über Unteritalien und Sizilien auf das westliche Mittelmeer auszuweiten. Dem entgegen stand die Allianz zwischen Etruskern und Karthagern. Höhepunkt dieser Auseinandersetzung war die erste gesichert überlieferte Seeschlacht im Tyrrhenischen Meer: Um 535 v. Chr. siegten die etruskisch-karthagischen Flottenverbände vor *Alalia* (Korsika) über die Griechen und sicherten sich die Vorherrschaft über das westliche Mittelmeer. Hundert Jahre später wandte sich das Kriegsglück dem Gegner zu: Bei dem Versuch, ihren Einflussbereich nach Süden auszudehnen, erlitten die Etrusker eine empfindliche Niederlage, die den Untergang ihres Reiches einleitete.

Die Eiseninsel der Antike

Elba als wichtigster Rohstofflieferant bescherte der antiken Welt unter den Etruskern das erste industrielle Zentrum Europas. Dieses lag allerdings nicht auf der Insel selbst, sondern am gegenüberliegenden Festland in der etruskischen Stadt *Pupluna* (dem heutigen Populonia), wo das gewonnene Eisenerz verhüttet wurde. Pupluna war so bedeutend, dass hier sogar Münzen geprägt wurden, die den etruskischen Feuergott auf der Vorderseite, Hammer und Zange (als Symbole der Schmiede) auf der Rückseite darstellten. Dass die Insel wie auch Populonia mehr und mehr auch die Begehrlichkeit der anderen antiken Großmächte weckten, erscheint kaum verwunderlich.

Die hauptsächlich im Osten Elbas vorkommenden Eisenerze enthalten einen stattlichen Eisenanteil von bis zu 60 %. Es handelt sich dabei vor allem um die Eisenerz-Verbindungen Hämatit, Pyrit und Magnetit. Hämatit bzw. dessen feinkörnige, rötlich schimmernde Variante Roteisenstein wurde in der Gegend um Rio Marina abgebaut, der aufgrund seines hohen Schwefelgehaltes gelbliche Pyrit vor allem in den Gruben nördlich von Porto Azzurro und Magnetit wiederum auf der Halbinsel Calamita.

Geschmolzen wurde in der Antike in Hochöfen aus Lehm, in denen das eisenhaltige Erz mit der doppelten Menge an Holzkohle und mit Hilfe eines Blasebalgs auf eine Temperatur von knapp 1300 °C erhitzt wurde. Da der Schmelzpunkt für Eisen jedoch bei über 1500 °C liegt, floss aus den Schmelzöfen nur eine zähe Roheisenmasse, die zur weiteren Bearbeitung erneut erhitzt werden musste. Wie hoch entwickelt dabei die etruskische Technik war, sollte sich erst nach ihrem Verschwinden zeigen: Die Römer nämlich, die das Zentrum der Eisenverarbeitung nach Elba verlegten, waren nicht in der Lage, das etruskische System aus Schmelzöfen zu kopieren, und produzierten in ungleich höherem Maße Abfallprodukte, mit denen die Insel bald überhäuft war. Während auch der zur Verhüttung notwendige Rohstoff Holz auf der Insel knapp wurde und Elba nahezu vollständig abgerodet war, türmten sich um die Zentren der Eisenverarbeitung bald meterhoch die angefallenen Schlacken. Noch heute sind die Überreste dieser frühen „Industrieabfallentsorgung" zu sehen: Sie färben beispielsweise die Strände im Osten der Insel.

Dass die antiken Verhüttungsmethoden noch nicht besonders effizient waren, kam erst im 20. Jh. wieder zu Tage: Die Abfallprodukte auf der Insel und die längst vergessenen und mittlerweile dicht überwachsenen Eisenschlackenhügel von Populonia wurden für das rohstoffarme Land Italien mit Beginn des Ersten Weltkriegs 1914 zur wichtigen Ressource und über zwei Jahrtausende später ein weiteres Mal abgetragen und verhüttet.

474 v. Chr. wurde die etruskische Flotte bei der Seeschlacht von *Cumae* von den Griechen, die zuvor auch gegen die Karthager siegreich gewesen waren, vernichtend geschlagen. Lachender Dritter war die aufstrebende Regionalmacht Rom, die ihren Lokalrivalen geschwächt fand. Für Elba hingegen begann eine Zeit des Schreckens. Die Flotte aus *Syrakus* nahm in der Folge die Insel ebenso wie das benachbarte Populonia (453 v. Chr.) ein, plünderte und brandschatzte die Küsten Elbas und des Festlandes und hielt sie besetzt. In diese Zeit fällt auch die Gründung des griechischen Hafens *Porto Argoo (Argoos)* in der Gegend des heutigen Portoferraio. Die griechischen Kolonisten wurden bald von den Römern bedrängt, gleichzeitig litt die Bevölkerung Elbas unter den anarchischen Zuständen: Die Buchten der Insel wurden zu Zufluchtsorten zahlloser Piraten, die die Küsten des Tyrrhenischen Meeres terrorisierten.

Auch nachdem Rom das etruskische Reich auf dem Festland zerschlagen hatte (Ende 4. Jh. v. Chr.) und sich schließlich auch auf der Insel Elba, dem römischen *Ilva*, behaupten konnte (Mitte des 3. Jh. v. Chr.), war es mit der Piraterie auf der Insel noch lange nicht vorbei.

Elba unter den Römern

Zu den ersten römischen Siedlungen auf Ilva zählten *Fabricia* (heute Portoferraio), *Caput Liberum* (Capoliveri) und *Post Montes* (Pomonte). Der Eisenabbau wurde unvermindert weiterbetrieben, und hinzu kam erstmals auch Granit, der im Westen Elbas aus dem *Monte-Capanne-Massiv* gebrochen wurde. Teile des elbanischen

Granits wurden u. a. für den Bau des Pantheons in Rom verwendet. Elba stieg auf zum wichtigen Handelszentrum im westlichen Mittelmeer, umgeschlagen wurden neben den lokalen Bodenschätzen auch Wein und Öl. Zu Zeiten des *Ersten* und *Zweiten Punischen Krieges* (264–241 v. Chr. und 218–201 v. Chr.) gegen Karthago diente die Insel als bedeutender Stützpunkt für die römischen Flotten auf ihrem Weg nach Nordafrika.

Die Bedrohung durch die tyrrhenischen Seeräuber blieb hingegen bestehen. Erst 67 v. Chr. machte kein Geringerer als *Pompeius* – Partner, Schwiegersohn und schließlich Gegner Julius Caesars – ihrem Treiben ein Ende. Die *lex Gabinia de bello piratico* stattete den Feldherrn mit weit reichender Machtbefugnis, 20 Legionen und 500 Schiffen aus, und binnen 40 Tagen hatte er das Tyrrhenische Meer, das den Römern von nun an *mare nostrum* – „unser Meer" – sein sollten, von der Piraterie befreit.

Römische Relikte
auf Giannutri – die Villa

Das Ende der römischen Republik und der Beginn der Kaiserzeit stellte für Elba eine Zäsur dar. Die Ausdehnung des

Römischen Reiches nach Norden und die damit verbundene Erschließung neuer Eisenvorkommen bedeutete zunächst einen drastischen Niedergang der elbanischen Wirtschaft. Doch nun entdeckten die Römer das Toskanische Archipel und allen voran *Ilva* als beliebte Sommerresidenz. Im 1. Jh. v. Chr. entstanden die römischen Patriziervillen an der Landspitze Linguella (Portoferraio), bei Cavo im Nordosten der Insel und – als größtes römisches Bauwerk auf dem Toskanischen Archipel – die Villa von *Le Grotte* (Bucht von Portoferraio), ein luxuriöser Landsitz mit großzügiger Badeanlage, den wahrscheinlich der Präfekt *Publius Acilius Attianus* erbauen ließ. Auf der Insel Elba, vormals Standort von Schwerindustrie Handelshäfen und räuberischen Piraten, blühte nun eine antike Form des Tourismus.

Spätantike und frühes Mittelalter

Die ersten verfolgten Christen kamen im 3. Jh. auf die Inseln: Entweder als Gefangene – in dieser Zeit beginnt die Karriere Pianosas als Strafkolonie, ihre Katakomben gehören zu den bedeutendsten des Christentums (→ S. 223) – oder als Flüchtlinge vor Kaiser, Welt und später den Wirren der Völkerwanderung. Der heilige *Mamilian* floh im 5. Jh. vor den Vandalen auf die Inseln, besiegte der Legende nach auf Montecristo einen Drachen und gründete eine bedeutende Glaubensgemeinschaft (→ S. 226). Im 6. Jh. wurde Elba der Kirchendomäne von Populonia angegliedert. Mit der Machtübernahme der Langobarden in der Toskana wurde der Bischof von Populonia, der später heilig gesprochene *Cerbone,* auf die Insel ins Exil gezwungen. Bei Poggio im Westen Elbas gründete er im Jahr 573 eine Eremitage.

Die Inseln waren nun zum Fluchtpunkt für Einsiedler und „Andersgläubige", die von den Langobarden am Festland verfolgt wurden. Doch die Ruhe währte nicht lange, nur wenige Jahre später wurde auch Elba von den langobardischen Herzögen der Toskana eingenommen und geplündert. Knapp 200 Jahre später, im Jahr 774, erlitten die Langobarden eine vernichtende Niederlage gegen die Truppen *Karls des Großen.* Elba wurde nun päpstlicher Besitz, aber schon Ende des 8. Jh. zur Zielscheibe sarazenischer Piraten. Diese im ganzen Mittelmeer gefürchteten arabischen Freibeuter legten die Insel in den folgenden beiden Jahrhunderten mehrere Male in Schutt und Asche. Schließlich wurde der aufstrebenden Seerepublik Pisa die islamische Präsenz im toskanischen Meer zu viel.

Unbezwingbar:
die Festung Volterraio

Die Pisaner regieren

Nicht nur die Buchten Elbas nutzten die sarazenischen Seeräuber als Verstecke, sie verfügten auch über strategisch günstige Stützpunkte auf Korsika und Sardinien und waren so in der Lage, das gesamte Tyrrhenische Meer zu kontrollieren. Die Pisaner nahmen den Kampf gegen die Piraten im 10. Jh. auf. Nach anfänglichen Erfolgen in den Gewässern des Archipels musste der Stadtstaat auch schmerzliche Niederlagen hinnehmen, für die beispielhaft ein Name steht: *Mughedin*, auch bekannt als *Musetto*, Statthalter Sardiniens und legendärer sarazenischer Seeräuber. Bei einem Rachefeldzug für die Niederlage einer sarazenischen Flotte gelang es ihm im Jahr 1005, Pisa einzunehmen, zu plündern und Frauen und Kinder in die Sklaverei zu entführen. Dabei konnte Musetto der „Unbezwingbare" weder von Pisa noch von der Lokalrivalin Genua gestellt werden – erst 1034, bei einem groß angelegten Angriff auf das algerische *Bona*, bekam man den legendären Piraten zu fassen und richtete den mittlerweile 80-Jährigen unverzüglich hin.

Die Pisaner hatten Elba als Dank für die Verteidigung der toskanischen Küsten per päpstlicher Schenkung erhalten. In der zweiten Hälfte des 11. Jh. kamen auch Korsika und Sardinien in pisanischen Besitz. Elba erlebte unter der fast zwei Jahrhunderte andauernden pisanischen Herrschaft relativ geordnete Verhältnisse, auf der durch die langjährigen Pirateneinfälle nahezu entvölkerten Insel entstanden pisanische Festungsanlagen wie z. B. die Festung von Marciana Alta (12. Jh.) und die Befestigung *Luceri* bei Ferraia (der mittelalterliche Name für Portoferraio). Daneben errichtete man zahlreiche Wachttürme, um die Sarazenen, die die Insel noch immer bedrohten, frühzeitig erspähen und abwehren zu können. Hierzu zählen u. a. die Schutzfestung von *Volterraio* aus dem Jahr 1281, die *Torre di San Giovanni* (12. Jh.) bei Marina di Campo und die *Torre pisana* (ebenfalls 12. Jh.) am Hafen von Marciana Marina. Das Bergdorf Capoliveri wurde von den Pisanern mit wuchtigen Schutzmauern versehen. Festungen und Türme waren dabei Teil eines ausgeklügel-

Der Hafen von Marciana Marina mit dem Pisanischen Wehrturm

ten Vorwarnsystems: Jede der Bastionen lag mit mindestens einer anderen in Sichtweite, sodass mittels Feuer- und Rauchzeichen schnell die ganze Insel informiert werden konnte, wenn feindliche Segel am Horizont erschienen. Außerdem entstanden überall auf der Insel pisanische Kirchenbauten im Stil der Romanik. Der Abbau von Eisenerz und Granit wurde unter den Pisanern wieder aufgenommen, und die Insel erlebte eine Phase des Wohlstands.

Die Insel Elba – betrachtet anno 1555

Mit der Abnahme der Gefahr durch die Piraten flammte die alte Rivalität zwischen den ehemaligen Verbündeten Pisa und Genua wieder auf. Genua hatte längst ein Auge auf die „pisanischen Inseln" geworfen und startete den ersten Übernahmeversuch 1162 bei Sant'Andrea, der aber durch das beherzte Eingreifen der elbanischen Bevölkerung vereitelt wurde. Weitere genuesische Angriffe auf Elba, Pianosa, Capraia und Gorgona folgten, die anschließenden Besatzungen waren aber nie von Dauer. Über den Streit der Stadtstaaten um die maritime Vorherrschaft im Tyrrhenischen Meer legte sich mit dem Anfang des 13. Jh. zudem die Auseinandersetzung zwischen Kaiser und Papst. Genua stand im Lager der Papsttreuen, Pisa auf Seiten des Kaisers. Als 1241 im Zuge dieses Ringens Bischöfe an Bord genuesischer Schiffe auf dem Weg nach Rom waren, um den Staufer *Friedrich II.* abzusetzen, rückte der Toskanische Archipel in den Blickpunkt der europäischen Politik: Vor Giglio nämlich brachte eine pisanische Flotte den Konvoi auf und verhinderte mit der Festsetzung der Bischöfe die Absetzung des Kaisers. Diese Aktion kostete Pisa allerdings Sardinien, das der Papst den Genuesern zuschlug. Der Höhepunkt des Kampfes zwischen Pisa und Genua, der auch Elba betreffen sollte, stand aber noch aus: Bei der Seeschlacht von *Meloria* (1284) wurde die pisanische Flotte von den Genuesern vernichtend geschlagen, die Macht Pisas über das Tyrrhenische Meer war gebrochen. Im Frieden von 1299 konnten die Pisaner zwar Elba zurückerlangen, nicht aber Sardinien und Korsika.

Elba unter den Appiani

Mit dem Niedergang der Republik Pisa fiel Elba dem Fürstentum vor Piombino zu, das der *Familie Appiani* unterstand, die zuvor durch ein Mordkomplott die Macht über die ohnehin geschwächte Republik Pisa an sich gerissen hatte und später große Teile der pisanischen Besitztümer an den *Herzog Visconti* von Mailand verkaufte. Elba selbst blieb in appianischem Besitz, erlitt aber einen wirtschaftlichen Niedergang und wurde wieder zur Zielscheibe von Piratenüberfällen. 1442 waren weite Teile der Insel von einer sarazenischen Flotte in Schutt und Asche gelegt worden, dem jungen appianischen Fürsten gelang es aber dank eines Abkommens mit dem Bey von Tunis, Elba aus der Schusslinie der Piraten zu nehmen. Schlechter erging es Gorgona und Giglio, die in der Folge von Piratenangriffen völlig verwaisten.

Nutznießer der Überfälle der Barbarossa-Brüder und ihres nicht minder gefürchteten Nachfolgers *Dragut* waren die Medici. *Cosimo I de Medici* hatte längst ein Auge auf den Toskanischen Archipel geworfen und mehrfach seine militärische Unterstützung gegen die Piraten angeboten. Der misstrauische *Jacopo Appiani* wies diese Hilfe stets zurück, wohl ahnend, dass Cosimo nicht von purer Nächstenliebe geleitet wurde. Nach dem Tod Jacopos 1544, dessen Stammhalter noch ein Kind war, hatte die Stunde des florentinischen Fürsten geschlagen. Dank seiner enormen finanziellen Rücklagen konnte *Cosimo* Kaiser *Karl V.* überzeugen, ihm 1548 die Herrschaft über Elba zu übertragen. Die Witwe des letzten Appiani-Herrschers wurde ihrer Privilegien enthoben, der Sohn nach Genua verbannt, und die Medici konnten ungestört ihre Macht auf den Toskanischen Archipel ausweiten.

Korsaren des Mittelmeers

Die Dörfer gebrandschatzt, die Küsten verwüstet, Frauen und Kinder in die Sklaverei verschleppt und Männer, die den Kampf überlebten, an die Ruderbänke der Galeeren gekettet: kein Wunder, dass allein der Anblick der dreieckigen Korsarensegel genügte, um unter den Bewohnern der Inseln Panik auszulösen.

Die Piraterie ist so alt wie die Handelsschifffahrt, und der Terror, der von ihr ausging, begleitete die Seeleute und die Bevölkerung der Küsten durch die Jahrhunderte. Einen Höhepunkt erlebte das Korsarentum des Mittelmeers im 16. Jh., und ein Name war in besonderer Weise dafür verantwortlich: *Barbarossa*. Als „Rotbart" wurde zunächst *Aruj*, später dann sein Bruder *Khayr al-Din* bezeichnet. Beide Brüder, gebürtige Griechen, die ihre ersten Erfahrungen in der osmanischen Marine gesammelt hatten, waren exzellente Seefahrer und fähige Strategen. Aruj hatte früh großes Ansehen erworben, als er vor der Küste Elbas mit einer kleinen Galeote zwei Galeeren des Papstes kaperte. Anfang des 16. Jh. vertrieb er die Spanier aus Algier und festigte die Stadt als Stützpunkt für die Korsaren.

Sein Bruder Khayr al-Din, ein außerordentlich gebildeter Mann, übernahm das Kommando über die mittlerweile stattliche Kaperflotte. Khayr al-Din erwarb sich bald den Ruf, ein zweiter Musetto (→ S. 34) zu sein, und brachte es dank seiner außergewöhnlichen Fähigkeiten sogar zum Großadmiral Suleimans des Prächtigen. 1534 segelte Khayr al-Din nach Elba und überfiel Grassera und Rio nell'Elba. Ein Teil der nach Tunis verschleppten Bevölkerung wurde ein Jahr später von den Spaniern befreit, aber es waren zu wenige, um Grassera wieder aufzubauen, der Ort ist heute verschwunden. Zehn Jahre später kreuzte Barbarossa erneut vor der Küste Elbas, versprach aber, die Insel zu schonen, wenn *Jacopo Appiani* den Sohn eines Freundes aus der Gefangenschaft entlassen würde. Appiani lehnte ab, woraufhin Barbarossas Truppen Capoliveri in Schutt und Asche legten. Angesichts der Verwüstung lenkte der elbanische Fürst ein. Der junge Mann aus Tunis wurde freigelassen, die übrigen Orte Elbas blieben verschont. Die Bucht, an der der legendäre Pirat angelandet sein soll, trägt noch heute seinen Namen: *Spiaggia di Barbarossa*.

Portoferraio: einst von den Medici befestigt

Die Medici auf Elba

Nur wenige Tage nach der Machtübernahme machten sich mediceische Bautrupps daran, aus der Inselhauptstadt Ferraia eine uneinnehmbare Festung zu errichten (→ „Portoferraio", S. 104f.) – was ihnen auch gelang: Das nach seinem Gründer benannte *Cosmopoli* konnte von Piraten nie mehr besetzt werden. Unter der Führung Draguts, der die Festung begutachtet und für uneinnehmbar befunden hatte, verlagerten die Korsaren ihre Aktivitäten in den Osten und Süden der Insel und wüteten dort unbeeindruckt weiter. Dragut, der im Verbund mit französischen Truppen kämpfte und sich 1554 auf Korsika einen Stützpunkt eingerichtet hatte, verwüstete in den Jahren 1553 bis 1556 weite Teile der Insel, darunter erneut Capoliveri, Rio nell'Elba, Pomonte, San Piero in Campo und Sant'Ilario in Campo.

1557 mussten die Medici die Insel wieder an die Appiani abtreten, da die spanischen Habsburger eine zu große Machtausdehnung der Florentiner befürchteten. Einzig Cosmopoli und das Umland mit einem Radius von zwei Meilen blieben im Besitz der Medici.

Drei Herrschaftsbereiche auf Elba

Nach dem Tod des letzten männlichen Appiani im Jahr 1599 meldete Spanien unter Philipp III. selbst Besitzansprüche auf einen Teil der Insel an; *Porto Longone,* das heutige Porto Azzurro, wurde zur spanischen Garnison ernannt, 1603 begann man mit dem Bau der Festung. Der Rest der Insel – mit Ausnahme des mediceischen Cosmopoli – gehörte zunächst aber weiterhin zum Fürstentum von Piombino. Als *Isabella Appiani,* die letzte ihrer Familie, 1635 *Niccolò Ludovisi* heiratete, erhielt dieser das Fürstentum Piombino samt den verbleibenden Gebieten auf Elba, darunter Marciana Alta und die Gegend um Marina di Campo.

Angesichts der Präsenz spanischer Truppen auf elbanischem Boden war es unvermeidlich, dass die Insel in das große Ringen zwischen Bourbonen und Habsburgern im 17. Jh. hineingezogen wurde. 1646 wurde Porto Longone von französischen Truppen belagert, die nach vier Jahren in die Flucht geschlagen werden konnten. Die zahlreichen militärischen Auseinandersetzungen zwischen spanischen, französischen und österreichischen Truppen fanden ihren Höhepunkt während des *Spanischen Erbfolgekriegs* (1701–1713), der mit einem Sieg des Bourbonen *Philipp V.* über die Habsburger endete. Das dreigeteilte Machtverhältnis zwischen (mittlerweile bourbonischen) Spaniern, den florentinischen Medici und den Appiani-Nachfahren blieb aber vorerst bestehen, bis 1737 der letzte Medici starb und dessen Großherzogtum Toskana an *Franz von Lothringen,* den Ehemann der Habsburgerin *Maria Theresia,* fiel.

Elba zu Zeiten Napoleons

1794 wurde die Insel von Franzosen besetzt, kurz darauf von Engländern, dann wieder von Franzosen, bis Elba 1802 durch den *Frieden von Amiens* (zwischen England und Frankreich) – erstmals vereint – komplett unter französische Herrschaft fiel. Die Insel wurde zunächst einem französischen Verwaltungskommissar unterstellt. 1805 schenkte *Napoleon,* mittlerweile mit dem Titel „Kaiser der Franzosen" versehen, Elba seiner Schwester *Elisa,* Fürstin von Piombino. 1814 marschierten österreichische Truppen in die Toskana ein, Elisa musste das Land verlassen. Am 2. April 1814 wurde Napoleon vom französischen Senat abgesetzt. Die Katastrophe des Russland-Feldzuges und der wachsende Druck der antinapoleonischen Koalition, bestehend aus Österreich, Preußen und Russland, lasteten schwer auf Frankreich und hatten zum Zusammenbruch der Herrschaft Napoleons geführt. Vier Tage nach seiner Absetzung dankte Bonaparte in Fontainebleau offiziell ab. Mit dem Vertrag von Fontainebleau (6. April 1814) wurde Elba zum souveränen Fürstentum erhoben. Dort durfte der Kaiser – diesen Titel konnte er zunächst behalten – zwar souverän regieren, aber mit der Auflage, zeit seines Lebens auf der Insel bleiben zu müssen. Dass er überhaupt auf Elba und nicht an einem entfernteren Ort gelandet war, hatte er dem russischen Zaren *Alexander I.*, seinem ehemaligen Verbündeten gegen England, zu verdanken. Zwar war der kleine Mann mit dem arg geschrumpftem „Kaiserreich" nunmehr dem Spott der europäischen

Von Napoleon den fleißigen
Elbanern gestiftet ...

Öffentlichkeit ausgesetzt, doch wäre es nach den übrigen europäischen Machtha-bern gegangen, hätte man ihn auf die Azoren, eine entlegene Karibikinsel oder am besten gleich nach Sankt Helena verbannt. Trotzdem war der kaiserliche Absturz dramatisch, denn seinerzeit war Elba kaum mehr als eine von der großen Politik vernachlässigte Insel landwirtschaftlicher Prägung, deren Bevölkerung in Armut vor sich hin lebte. Immerhin war wenigstens die Freude der Elbaner groß, als ange-kündigt wurde, dass der gebürtige Korse und ehemalige Herrscher über ein Welt-reich nun Fürst von Elba (so der offizielle Titel) werden sollte.

Napoleon auf Elba (3. Mai 1814 bis 26. Februar 1815)

Die Schreckensfahrt von Paris zum Hafenort St. Raphael (Südfrankreich) übersteht Napoleon nur in Verkleidung – etliche Mordanschläge sind auf ihn geplant, und wütende Menschenmengen trachten ihm nach dem Leben. Freundlich ist dagegen der Empfang auf der Insel: Ganz Elba erwartet den Kaiser, von den Festungen Por-toferraios wird Salut geschossen, und die bescheidenen Überbleibsel der französi-schen Garnison postieren sich feierlich am Hafen. Zwar ist der symbolisch überge-bene Stadtschlüssel nur vergoldet und passt lediglich zum modrigen Weinkeller des Bürgermeisters, zwar muss der Kaiser seine erste Nacht im neuen Reich – gänzlich unter seinem Niveau – in einer Kammer im Rathaus verbringen, aber dennoch: Na-poleon fasst neuen Mut und macht sich mit gewohntem Elan daran, den kleinen Inselstaat neu aufzubauen.

Unter dem Exilkaiser wird der Straßenbau auf der Insel ebenso vorangetrieben wie der Bau von Brücken und Kanälen und die Trockenlegung der Sümpfe, was zum Aufbau einer ertragreichen Landwirtschaft führt. Daneben wird der Erzabbau ein weiteres Mal in der elbanischen Geschichte zum wichtigen Wirtschaftszweig, ebenso fördert Napoleon den Weinbau der Insel. Aus seiner Heimatinsel Korsika lässt er Esskastanien- und Eichensetzlinge importieren, die Wälder werden wieder aufgeforstet, und auch die Wildbestän-de der Insel können unter Kaisers Gna-den aufatmen, als dieser eine Beschränk-ung der Jagd erlässt. Kurzum: Die dar-niederliegende elbanische Wirtschaft profitiert kräftig vom Aufenthalt des Kaisers. Probleme gibt es allerdings mit den Finanzen. Der französische Bourbo-nenkönig *Louis XVIII* war zwar im Ver-trag von Fontainebleau dazu verpflichtet worden, dem Exilkaiser jährlich zwei Millionen Francs zu zahlen – von die-sem Geld sieht Napoleon aber nichts. Das Inselbudget bleibt während seines gesamten Aufenthaltes bescheiden, zu-mal seine Reformen große Summen ver-schlingen. Teilweise muss sich der Kai-ser aus seinen Privatkassen finanzie-ren – und sparen.

Ein Ende findet Napoleons relativ be-schauliche Zeit auf Elba, als das Gerücht kursiert, man plane auf dem Wiener

... Ape elbana – die Drei-Bienen-Flagge

Kongress die Verbannung des Ex-Kaisers auf eine weiter entfernte Insel. Napoleon fasst den folgenschweren Entschluss, es doch noch einmal mit den Mächtigen Europas aufzunehmen, und verlässt am 26. Februar 1815 die Insel in der Gefolgschaft von rund tausend treuen Soldaten und Offizieren. Für *hundert Tage* erzittert Europa noch einmal – der Rest ist Geschichte: *Waterloo* wird am 18. Juni 1815 zur verheerenden Niederlage für Napoleons Truppen, er selbst wird auf die Atlantikinsel St. Helena verbannt, wo er am 5. Mai 1821 stirbt.

Die Stadtresidenz des Kaisers im Exil – Villa dei Mulini

Auf Napoleons Spuren

Keine kaiserlichen Prunkbauten, eher Residenzen der bescheidenen Art findet man vor, wenn man auf den Spuren des großen Kaisers auf der Insel wandelt. Im oberen Bereich der Inselhauptstadt Portoferraio stößt man z. B. auf die *Villa dei Mulini*, die „Stadtwohnung" Napoleons. Im Garten des kleinen Palazzo wird gerne sein Lieblingsplatz gezeigt, eine Steinbank an einer kleinen Mauer, wo der Fels über 100 m steil abfällt. Hier soll er oft stundenlang gesessen und gebrütet haben. Weit reicht der Blick vom Garten übers Meer, im Westen bis nach Korsika, seiner Heimatinsel.

Die Zimmer der Stadtwohnung wurden dem Kaiser bald zu klein und zu dunkel und im Sommer vor allem zu heiß, sodass sich Napoleon auf die Suche nach einer angemessenen Sommerresidenz machte. Die *Villa San Martino* im gleichnamigen Tal bei Portoferraio wird eilig im Sommer 1814 gebaut, nachdem sich Napoleon für den Bau Geld von seiner Schwester geliehen hatte.

Erwähnung verdient an dieser Stelle noch die einsam und idyllisch gelegene Wallfahrtskirche *Madonna del Monte* im Westen Elbas. Auch hier soll der Kaiser oftmals gesessen haben und wehmütig den herrlichen Blick bis hinüber nach Korsika genossen haben. Bei Madonna del Monte traf er auch zum letzten Mal – und in aller Heimlichkeit – seine Geliebte *Maria Walewska*.

Alte Machtverhältnisse und das neue Königreich

Zehn Monate war Elba unter Napoleon ein eigenständiger Staat, ehe es auf dem *Wiener Kongress* (1815) wieder dem Großherzogtum Toskana zugeschlagen wurde, das seit 1814 unter der Regentschaft *Ferdinands III.* stand. In der ersten Hälfte des 19. Jh. setzte im heutigen Italien das Zeitalter des *Risorgimento* ein, der Kampf für die Einheit der italienischen Nation. Zahlreiche Revolutionäre saßen zu dieser Zeit in den Gefängnissen Elbas und anderer toskanischer Inseln ein. 1861 schließlich wurde das Königreich Italien unter *Vittorio Emanuele II* vereint, zu dem auch die Toskana und die Insel Elba zählten. Wirtschaftlich wurden die Verhältnisse auf der Insel gegen Ende des 19. Jh. allerdings zusehends schlechter (u. a. durch verheerenden Reblausbefall in den 1890er Jahren bedingt), was zu einer großen Auswanderungswelle führte.

Elba im 20. und 21. Jahrhundert

Einen erneuten Aufschwung erlebte die Insel ab dem Jahr 1900, als bei Portoferraio in rascher Folge drei moderne Hochofenanlagen gebaut wurden. Die Arbeitsbedingungen der Industriearbeiter (die z. T. sogar vom Festland geholt werden mussten) hätten allerdings schlechter nicht sein können, sodass es schon bald zu Protesten und Streiks kam. Für die Kriegsindustrie wurde die Eisenverarbeitung der Insel bald zum wichtigen Wirtschaftsfaktor, die Produktion konnte im Lauf des Ersten Weltkriegs auf ein später nie mehr erreichtes Maß gesteigert werden.

Das Aus für die Eisenverarbeitung brachte der Zweite Weltkrieg: Bei Angriffen der alliierten Luftwaffe in den Jahren 1943 und 1944 wurden nicht nur allein in Portoferraio über 100 Zivilisten getötet, sondern auch sämtliche Hochöfen der Insel zerstört. Nach Ende des Krieges beschloss man, die zerbombten Anlagen nicht wieder aufzubauen. Der Effekt: Um die 2000 Menschen verloren ihre Arbeit und wanderten ab. Es dauerte jedoch nur wenige Jahre, bis die Insel ihre neue wirtschaftliche Bestimmung gefunden hatte: den Tourismus, der bereits in den 1950er und 1960er Jahren zu boomen begann. Heute ist Elba eine der beliebtesten Ferieninsel der Italiener und ein attraktives Reiseziel innerhalb des gesamteuropäischen Tourismus (→ „Wirtschaft und Tourismus", ab S. 26f.).

In den Fokus der Weltöffentlichkeit rückte der Toskanische Archipel im Januar 2012 mit der Havarie des Kreuzfahrtschiffes Costa Concordia an Giglios Küste (→ S. 235).

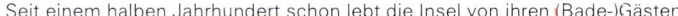

Seit einem halben Jahrhundert schon lebt die Insel von ihren (Bade-)Gästen

Aus dem Schiffsbauch auf die Insel

Anreise

Elba ist relativ leicht mit dem Auto zu erreichen, von München zum Fährhafen Piombino sind es nur rund 800 km. Relativ gute Verbindungen bestehen auch per Bahn. Wer mit dem Charterflieger auf dem kleinen Inselairport landen möchte, sollte frühzeitig buchen und einen Zwischenstopp in Kauf nehmen, zudem sind die Flüge nicht gerade günstig.

Aufgrund hervorragender, relativ günstiger Fährverbindungen und einer fast durchgehenden Autobahnverbindung ab dem Brenner bzw. ab Chiasso (schweizerisch-italienischer Grenzübergang) liegt die Anreise mit dem eigenen Fahrzeug nahe. Lediglich das letzte Stück von Rosignano Marittimo (bei Livorno) bis nach Piombino muss man auf der autobahnähnlich ausgebauten *S 1 (Via Aurelia)* zurücklegen. Umweltfreundlichere Alternative ist die Bahnfahrt, am besten über Nacht: Abends geht es in München los, frühmorgens kommt man in Florenz an, am späten Vormittag dann am Fährhafen von Piombino – vom Zug quasi direkt auf die Fähre.

Mit dem Auto oder Motorrad

Vom Süden Deutschlands ist die Fahrt nach Elba in einer bequemen Tagesreise zu bewältigen, ab München über den Brenner sind es 825 km nach Piombino, von Basel sogar nur 725 km. Wenn sich mehrere Personen Maut- und Benzinkosten teilen, ist die Variante mit dem eigenen Auto sicherlich die attraktivste. Man sollte jedoch für die Wochenenden der Hochsaison (vor allem Samstag!) unbedingt die Fähre von Piombino zur Insel frühzeitig buchen. Dies ist in vielen Reisebüros zuhause, in den deutschen Vertretungen der Fährgesellschaften oder im Internet möglich. Wer auf der Insel eine Unterkunft im Voraus gebucht hat (was die allermeisten ja tun), kann häufig auch die günstigen Preise nutzen, die die Hoteliers mit den Reedereien ausgehandelt haben – diese Tarife lohnen fast immer.

Gängige *Anreiserouten* sind von Süddeutschland die Brennerautobahn und weiter über Bozen, Verona, Modena, Bologna, Florenz nach Pisa/Livorno und die Küste entlang nach Piombino bzw. aus dem Südwesten Deutschlands über Basel (oder Zürich), Luzern, Bellinzona, Como (Grenzübergang Chiasso), Mailand, Piacenza, Parma, La Spezia, Viareggio und Pisa/Livorno nach Piombino. Aus Österreich empfiehlt sich die Route über Villach, Udine und Venedig nach Bologna und über Florenz zur Küste (und weiter wie oben beschrieben). Wer in Richtung Porto Santo Stefano am Monte Argentario (Fährhafen nach Giglio) weiterfahren will, muss ab Höhe Piombino die S 1/Via Aurelia (gebührenfrei) nach Grosseto nehmen von dort geht es weiter nach Orbetello (Abzweigung Monte Argentario).

Mautgebühren und Vignetten   Stand: Febr. 2016

Route München–Piombino: Brennerautobahn 9 € (über 3,5 t deutlich teurer), Autobahngebühren in Italien (Route Brenner – Modena – Bologna – Firenze – Pisa – Rosignano Marittimo) 44,70 €.

Route Basel–Piombino: Autobahngebühren in Italien 38,20 € (Route Chiasso–Milano – Parma – La Spezia – Rosignano Marittimo).

Route Villach–Piombino: Autobahngebühren in Italien 48,90 € (Route Tarvisio – Udine – Padova – Bologna – Firenze – Pisa – Rosignano Marittimo).

Achtung: Wer in Italien mit dem Wohnwagen unterwegs ist, zahlt deutlich höhere Autobahngebühren: mit einachsigem Wohnwagen verdoppelt sich die Summe, mit zweiachsigem Wohnwagen werden nochmals 60 % draufgeschlagen!

Vignette Österreich: Pkw/Wohnmobil-Tarife für 2016: Jahresvignette 85,70 €, 2-Monatsvignette 25,70 €, 10-Tagesvignette 8,80 €; Motorrad: Jahresvignette 34,10 €, 2-Monatsvignette 12,90 €, 10-Tagesvignette 5,10 €. Anhänger (auch Wohnwagen) unter 3,5 t sind vignettenpflichtig.

Vignette Schweiz: nur Jahresvignetten, 40 CHF (der Euro-Preis variierte zuletzt zwischen 38,50 und 42 €) jeweils für Autos, Motorräder, Wohnmobile und Anhänger (bis 3,5 t). Gültigkeit: 1. Dezember bis einschließlich 31. Januar des übernächsten Jahres (= 14 Monate).

Die Vignetten gibt es an grenznahen Tankstellen und an der Grenze selbst zu kaufen.

VIACARD: magnetische Kreditkarte zur elektronischen Abbuchung der Autobahngebühren in Italien; erhältlich für 25,50 € (Guthaben 25 €) und 51 € (Guthaben 50 €) bei den heimischen Automobilclubs, an Grenzübergängen und großen Raststätten. An den Mautstationen (ital. *casello*) bringt die Karte Zeitvorteile, da man sich in eine Extraspur für automatische Abbuchung einordnet (auf ausreichende Deckung achten – Restzahlung mit Bargeld ist nicht möglich!).

Autobahngebühren können auf fast allen Teilstrecken auch mit den gängigen **Kreditkarten** (Mastercard, Visa) bezahlt werden. Aus Gründen des Personalabbaus kann an vielen Zahlstellen zunehmend nur noch am Automaten bezahlt werden, was in der Regel gut funktioniert, Geldscheine sollten allerdings möglichst unzerknittert sein, Restgeld wird **nur in Münzen** gegeben.

Alternative ab Florenz: Die Schnellstraße (*Superstrada*) FI–PI–LI zweigt erst hinter Florenz von der A 1 ab (Ausfahrt Firenze Scandicci) zur toskanischen Küste, ist ebenfalls bestens ausgebaut und spart die Autobahngebühren.

Autofahren in Italien ist höchstens in Großstädten des Südens noch ein (kleines) Abenteuer und auf der Autobahn bei einer allgemeinen Höchstgeschwindigkeit von Tempo 130 bzw. 150 vielfach entspannter als in Deutschland. Für Verkehrssünder gelten drastische Geldstrafen (bei Alkoholverstößen ab 530 € bis zu 6000 €!), die auch im Heimatland des Täters rigoros eingetrieben werden. Besonders hart geahndet werden neben den Alkoholfahrten auch Geschwindigkeitsverstöße (20 km/h zu schnell kosten ab 140 €), ein einfacher Parkverstoß schlägt ab 35 € zu Buche (meist aber deutlich höher!), bei größeren Delikten droht oftmals der sofortige Führerscheinentzug. Generell haben sich die Kontrollen erhöht, vor allem bei Geschwindigkeitsmessungen an der Autobahn und engmaschiger Parküberwachung in den (touristischen) Orten.

Im Falle einer *Panne* wendet man sich direkt an die Straßenwacht des italienischen Automobilclubs *ACI* (www.aci.it), die rund um die Uhr unter den Notrufnummern 803116 (Festnetz) und 800116800 (Mobilnetz) zu erreichen ist. Die Pannenhilfe ist kostenpflichtig, auch für Mitglieder von Automobilclubs.

Bei *Unfällen* gelten die landesweiten Notrufnummern ℡ 112 und ℡ 118 (Polizei und Ambulanz), die Straßenpolizei ist unter ℡ 113 erreichbar. *Notrufsäulen* befinden sich im Abstand von 2 km an den Autobahnen. Außerdem unterhält der *ADAC* einen Auslandsnotruf in München: ℡ 0049/89/222222.

Weitere Verkehrsvorschriften Abschleppen auf Autobahnen ist verboten; auf Autobahnen auch tagsüber **Abblendlicht** einschalten; eine fluoreszierende **Warnweste** für jeden Fahrzeuginsassen ist griffbereit im Fahrerraum mitzuführen; Wenden, Rückwärtsfahren und Spurwechsel im **Mautstellenbereich** ist verboten; bei **Regen** auf Autobahnen 110 km/h; auf **dreispurigen** Autobahnen bei entsprechender Beschilderung auf der linken Spur 150 km/h; **Promillegrenze** 0,5. Telefonieren während der Fahrt ist nur mit einer **Freisprechanlage** gestattet. Im **Kreisverkehr** hat der im Kreisel Fahrende Vorfahrt. Parkverbot an schwarz-gelb und an gelb markierten Bordsteinen, bei blauer Markierung ist das Parken **gebührenpflichtig**, bei weißer Markierung teilweise mit **Parkscheibe**, teilweise auch frei.

Achtung: Motorräder unter 150 ccm sind auf italienischen Autobahnen verboten!

Warnschilder: Gegenstände, die auf dem Wagendach transportiert werden und über das Wagenende hinausragen (z. B. Surf-

Geschwindigkeitsregelung in Italien

	innerorts	Landstraße	Schnellstraße	Autobahn
Pkw	50 km/h	90 km/h	110 km/h	130 km/h bzw. 150 km/h
Pkw u. Anhänger	50 km/h	70 km/h	70 km/h	80 km/h
Wohnmobil über 3,5 t	50 km/h	80 km/h	80 km/h	100 km/h
Motorräder	50 km/h	90 km/h	110 km/h	130 km/h

Bolanos Sextant am Hafen von Portoferraio

brett oder -mast), müssen mit dem dafür vorgeschriebenen 50 x 50 cm großen, rot-weiß gestreiften Schild gesichert werden.

Italienische Verkehrsschilder attenzione uscita veicoli = Vorsicht, Ausfahrt; divieto di accesso = Zufahrt verboten; lavori in corso = Bauarbeiten; **parcheggio** = Parkplatz; **rallentare** = langsam fahren; senso unico = Einbahnstraße; **strada senza uscita** = Sackgasse; zona pedonale = Fußgängerzone, zona rimorchio = Abschleppzone; **zona disco** = Parken mit Parkscheibe; **zona traffico limitato (Z.T.L.)** = Bereich mit eingeschränktem Verkehr; **deviazione** = Umleitung; **zona di silenzio** = Hupverbot; inizio zona tutelata = Beginn der Parkverbotszone; **sbarrato** = gesperrt; **tutte le direzioni** = in alle Richtungen; **traffico canalizzato** = Kreisverkehr oder eine andere Art der Verkehrsführung.

Abweichende Bestimmungen Österreich/Schweiz

In *Österreich* beträgt die Höchstgeschwindigkeit außerorts 100 km/h, auf Autobahnen generell max. 130 km/h. Von 22–5 Uhr nachts auf der Inntalautobahn (A 10), der Brennerautobahn (A 12) und der Rheintalautobahn (A 4) 110 km/h Höchstgeschwindigkeit; eine griffbereite Warnweste pro Fahrzeuginsasse muss auch in Österreich mitgeführt werden.

In der *Schweiz* liegt die Höchstgeschwindigkeit außerorts bei 80 km/h, auf Schnellstraßen bei 100 km/h, auf Autobahnen bei 120 km/h (Pkw mit Anhänger generell max. 80 km/h, Wohnmobil über 3,5 t generell max. 100 km/h).

Weitere Informationen finden Sie im Abschnitt „Unterwegs auf Elba" (→ S. 53ff.).

Mit der Bahn

Die schnellsten und günstigsten Züge fahren nachts von München und von Wien mit dem CNL (City Night Line) nach Florenz (dort jeweils Ankunft frühmorgens und Richtung Küste umsteigen). Bei Tagverbindungen ab Deutschland, Österreich und der Schweiz muss man gleich mehrmals umsteigen, die letzten paar Kilometer ab Campiglia Marittima unweit der toskanischen Küste muss man meistens mit dem Bus fahren, nur wenige Züge fahren bis Piombino und Piombino Marittima (Fährhafen) durch. Zur Orientierung: Der *Normalpreis* von München nach Bologna beträgt 92,60 € einfach (tagsüber mit dem EuroCity, ohne Umsteigen), für die etwa vierstündige Strecke von Bologna mit mehrmaligem Umsteigen nach Piombino berechnet die italienische Bahn je nach Zug 27,60–40,60 € (2. Klasse). Die Nachtzug-Direktverbindung City Night Line *CNL 485* fährt um 21.03 Uhr in München ab und erreicht Florenz um 6.07 Uhr am nächsten Morgen, von hier weiter über Pisa bzw. Livorno und Campiglia Marittima; von Wien Hauptbahnhof fährt der Nachtzug *EN 235* um 19.23 Uhr via Klagenfurt und Villach und erreicht Florenz um 6.07 Uhr am nächsten Morgen. Für alle Verbindungen werden auch Spartarife angeboten (→ unten), die in der Regel kontingentiert sind und somit frühzeitig gebucht werden müssen! Die Mitnahme von Fahrrädern ist normalerweise möglich, auch im Nachtzug (→ unten).

Bahnpreise Deutschland Mit Abstand am günstigsten fährt man mit dem **Europa-Spezial-Tarif**, ab 39–49 € pro einfache

Macht den Weg zum Ziel:
Anreise mit dem Segelboot

Strecke z. B. nach Verona. Die Europa-Spezial-Tarife gelten auch für die Nachtzüge (also für den CNL von München nach Bologna/Rom), hinzu kommen noch die Zuschläge für Liege-/Schlafwagen. Informationen und Buchungen unter www.bahn.de, bei den Reisezentren der Deutschen Bahn und Reisebüros mit DB-Lizenz.

Bahnpreise Österreich Mit dem Sondertarif **SparSchiene** ab 19–29 € von Wien/Klagenfurt oder Salzbug nach Venedig (dort umsteigen nach Bologna und Florenz), allerdings bietet die Spar-Schiene nur ein kontingentiertes Angebot, das ab 3 Monate vor Reiseantritt erhältlich ist (bis spätestens 3 Tage vorher), mit Zugbindung. Weitere Infos unter ✆ 05-1717 und unter www.oebb.at.

Bahnpreise Schweiz Von Zürich mehrmals täglich via Mailand (Umsteigen) nach Bologna (und Florenz), der **Normalpreis** um 125 CHF, Sparbillets deutlich günstiger (begrenztes Angebot). Infos unter www.sbb.ch.

Weiterfahrt ab Florenz Mindestens 5x tägl. Verbindungen, der Weg führt meist über Pisa und Campiglia Marittima, ab dort die letzten 20 Min. mit dem Bus, oder aber, bequemer, direkt von Florenz oder über Livorno nach Piombino Marittima. Fahrtdauer 2:30–3:15 Std., Preis 15,60–26,50 €. Weiterfahrt ab Bologna: nach Florenz und von dort wie oben beschrieben, Fahrtdauer ca. 3:30–4:30 Std., 27,60–40,60 €. Weitere Infos unter www.trenitalia.com.

Alle Infos Stand Febr. 2016.

Mit Zug/Flug und Fahrrad

Wer sein Fahrrad im Zug nach Italien transportieren möchte, kann es in vielen Zügen (auch IC/EC) mit über die Alpen nehmen, allerdings nach wie vor nicht im deutschen ICE. Im Nachtzug nach Florenz ist die Fahrradmitnahme möglich, bedarf aber der vorherigen Reservierung und des Erwerbs einer *Internationalen Fahrradkarte* (kostet ab Deutschland 10 €, ab Österreich 12 €, in Nachtzügen 15 € und ab der Schweiz 20 CHF), damit verbunden ist auch die Reservierung eines festen Radstellplatzes. Möglich ist auch der Transport in einer speziellen *Fahrradtasche* (110 x 80 x 40 cm), die auch in Italien in vielen Zügen transportiert werden darf. Das so verpackte Fahrrad kann dann im Abteil bzw. Vorraum mitgenommen werden. In italienischen Regionalzügen (sofern mit entsprechendem Fahrrad-Piktogramm gekennzeichnet) kann das Fahrrad ebenfalls mitgenommen werden (keine Verpackung erforderlich, aber Extraticket).

Wer mit dem Flugzeug anreist, erhält bei der jeweiligen Fluglinie detaillierte Infos zu Konditionen und Mehrkosten der Fahrradmitnahme. Auch hier ist eine rechtzeitige Anmeldung ratsam.

Information Beim **Allgemeinen Deutschen Fahrrad-Club** e. V. (ADFC), Friedrichstr. 200, 10117 Berlin, ✆ 030-20914980, www.adfc.de. Mit vielen hilfreichen Tipps rund um Radreisen in Europa.

Mit dem Flugzeug

Der kleine *Inselflughafen* von Elba befindet sich nördlich von Marina di Campo beim Ort *La Pila*. Landen und starten können hier nur Maschinen bis zu vier Tonnen Gewicht (Startbahnlänge: 949 m). Entsprechend gering sind auch die Kapazitäten, und wer per Flugzeug anreisen will, sollte sich frühzeitig um eine Buchung bemühen.

Elba wird in den Sommermonaten (Mai bis Oktober) von **Sky Work Airlines** bis zu viermal wöchentlich ab Bern angeflogen, außerdem mit der italienischen **Silver Air** ab Mailand, Lugano, Pisa und Florenz. Dorthin kommt man (mit Ausnahme von Lugano) täglich und z. T. sehr günstig mit *Lufthansa*, *Air Berlin*, *Air Dolomiti*, *Germanwings*, *Ryanair* usw.

Sky Work Airlines, Callcenter in Deutschland: ✆ 069/770673274, in der Schweiz: ✆ 031/8101818, www.flyskywork.com.

Silver Air, Büro auf Elba: Aeroporto Marina di Campo, Loc. La Pila, Callcenter: ✆ 895/8950881, in Lugano: ✆ 0041/91/6001754, www.silverairitalia.it. Über Silver Air sind auch Hotel- und Mietwagenbuchungen möglich.

Flughafeninformation Elba Der Flughafen in La Pila ist für Auskünfte unter ✆ 0565/976011 erreichbar, weitere Infos unter www.elbaisland-airport.it. Am kleinen Airport gibt es den **Autoverleih Elba by Car**, ✆ 0565/977785 und www.elbabycar.it. Kleinwagen ab 46 €/Tag (9–19 Uhr) bzw. 57 €/Tag (24 Std.), 299 €/Woche.

Mit dem Bus

Mit den Fernbussen von *Mein Fernbus/Flixbus* und *Deutsche Touring/Eurolines* kommt man ab vielen deutschen Städten sowie ab Wien, Salzburg, Innsbruck und Zürich täglich bzw. mehrmals wöchentlich nach Florenz (ab hier dann mit dem Zug). Zur Orientierung: Die Fahrtdauer ab Frankfurt/M. liegt bei 15 bis 16 Stunden (über Nacht), der Preis zwischen 42–101 € (einfach).

Information Eurolines/Touring, ✆ 06196/2078501, www.eurolines.de; **Mein Fernbus/Flixbus**, ✆ 030/300137300, www.meinfernbus.de.

Der bequemere Teil der Anreise – die Fähre von Piombino

Mit der Fähre ab Piombino

Einziger Fährhafen zur Insel ist Piombino, etwa 10 km von Elba entfernt. Von hier geht fast stündlich eine Autofähre zur Inselhauptstadt Portoferraio, außerdem bestehen noch einige Verbindungen nach Rio Marina und – seltener – nach Cavo.

Mittlerweile vier Schifffahrtsgesellschaften bedienen die Route nach Elba. Der Fährhafen ist von der Haupteinfallstraße nach Piombino großzügig ausgeschildert, auch viele Züge nach Piombino fahren durch bis zur *Stazione Marittima* (oder mit dem Bus). Am Hafen Ticketverkaufsbüros (Preise überall gleich), Snackbars, Cafeterias etc.

Wer an den Wochenenden der Hochsaison und besonders in den beiden Wochen um *Ferragosto* (15. August), zu Ostern, Pfingsten oder sonstigen Brückentagen mit dem eigenen Fahrzeug nach Elba reisen will, sollte das Fährticket unbedingt rechtzeitig buchen. Ohne Buchung braucht man zu diesen Stoßzeiten schon etwas Glück, um noch ein Ticket für den gleichen Tag zu ergattern, und bei der letzten Fähre am Abend kann das auch daneben gehen. *Wichtig*: Man sollte etwa eine Stunde vor Abfahrt am jeweiligen Fährbüro sein und sein Ticket abholen, sonst kann es passieren, dass ein reserviertes Ticket anderweitig vergeben wird! Wer ohne Fahrzeug unterwegs ist, wird jederzeit ein Ticket bekommen.

Viele Hotels, Appartement-Anbieter und Campingplätze haben mit einem der Fähranbieter Sonderkonditionen vereinbart: In der Regel fährt man damit um einiges günstiger als bei regulärer Buchung.

Reedereien Moby/Toremar, 57025 Piombino, Nuova Stazione Marittima, ✆ 0565/ 221212 oder 0565/31100, www.moby.it bzw. www.toremar.it.

In der Hochsaison etwa stündlich auf der Strecke **Piombino–Portoferraio**, erste Abfahrt Richtung Elba 5.30 bzw. 6 Uhr, letzte Fahrt 22.30 Uhr, Fahrtdauer 1 Std.; außerdem 6x tägl. nach **Rio Marina**, Fahrtdauer 45 Min., sowie 5x tägl. mit dem *Aliscafo* (Tragflächenboot) nach **Cavo**, Dauer 20 Min., 4x davon weiter nach Portoferraio (noch mal 20 Min.), nur Personenbeförderung. Die Preise wechseln von Saison zu Saison, als Anhaltspunkte für die Hochsaison gelten folgende Tarife: Erw. ca. 14,50–19,95 €, Kinder bis 12 J. die Hälfte, unter 4 J. frei, Auto ca. 36,50–55,50 €, Motorrad um 20 €, Fahrrad ca. 8 €, Wohnmobil/-wagen 13–15 €/m plus ca. 11 € Hafentaxe, Hund 6 €.

Blu Navy, 57025 Piombino, Stazione Marittima, Piazzale Premuda 8, ✆ 0565/269710, www.blunavytraghetti.com.

Im Sommer 5x tägl. nach Portoferraio, letzte Fahrt um 20 Uhr. Oftmals ein wenig günstiger als die anderen Linien.

Elba Ferries, Piazzale Premuda – Stazione Marittima, 57025 Piombino, www.corsica-ferries.de.

In der Hochsaison mit der Schnellfähre bis zu 7x von Piombino nach Portoferraio, Fahrtdauer 30 Min.

Napoleon wäre erfreut: Seit einigen Jahren bietet *Corsica Ferries* Überfahrten von Portoferraio nach Bastia an. Was für den Kaiser zwar in Sichtweite, aber dennoch in unerreichbarer Ferne lag, ist heute in nur 1:30 Stunden Überfahrt machbar: ein Ausflug nach Korsika. Zuletzt während der Hochsaison (ca. Anfang Juni bis ca. Mitte September) Mi und Do abends von Portoferraio nach Bastia, retour am Do und Fr in der Frühe. Nähere Infos unter www.corsica-ferries.de.

Stopover Piombino

Der Fährhafen für Elba war einst ein bedeutendes Zentrum der Schwerindustrie, heute wird das trostlose Hafenviertel vom regen Fährverkehr nach Elba (und Sardinien) geprägt. Jenseits des Hafens erstreckt sich eine sehenswerte kleine Altstadt, die in den letzten Jahren schön herausgeputzt wurde.

Die 34.000-Einwohner-Stadt liegt am Südende einer hügeligen Halbinsel, die erst durch Ablagerungen des Flusses *Corina* mit dem Festland verbunden wurde. Auch heute noch findet man hinter diesem Vorgebirge eine sumpfige Ebene, die einst *Leonardo da Vinci* zu Plänen für Entwässerungsanlagen inspirierte.

Eisen hat Tradition in Piombino. Am *Falesia-Hafen,* dem Vorgänger des heutigen Handels- und Industriehafens, verarbeiteten schon die Römer das Eisenerz Elbas. Ende des 16. Jh. wurde Piombino Fürstentum. Im ausgehenden 18. Jh. siedelten sich hier Kleinbetriebe an, die Industrielle Revolution brachte dann die Großanlagen – die im Zweiten Weltkrieg der Stadt die weitgehende Zerstörung bescherten.

Erhalten blieb allerdings die kleine Altstadt auf einem Plateau, das zum Meer hin abfällt. Das *Centro storico* steht in starkem Kontrast zu den unschönen Fabrikanlagen am Meer, die die meisten Besucher auf ihrem Weg zum Fährhafen kennen lernen, und ist einen Streifzug durchaus wert. Fähren nach Elba verkehren im Sommer quasi stündlich, also lässt sich die Besichtigung – zumindest in der Nebensaison, wenn man nicht an eine bestimmte Fähre gebunden ist – mühelos einschieben.

An der *Piazza Giovanni Bovio,* auf einer kleinen Landzunge hoch über dem Fischerhafen gelegen, trifft man sich zum Flanieren. Vom Aussichtspunkt *Rocchetta* in exponierter Lage genießt man eine wundervolle Aussicht über das Meer und hinüber nach Elba. Knapp oberhalb der Piazza steht der *Palazzo Comunale*. Das Gebäude datiert aus dem 15. Jh. und wurde in den 1930er Jahren zum letzten Mal restauriert.

Unweit davon findet man die *Kirche Sant'Antimo*. Sie wurde 1377 erbaut und so oft umgestaltet, dass vom Originalbau nur noch der Spitzbogen an der Fassade erhalten ist. Der Innenraum, der in zwei ungleiche Schiffe unterteilt ist, beherbergt zwei Gräber aus dem 14. und 15. Jh. Vom Palazzo Comunale führt die Hauptgasse, der Corso Vittorio Emanuele II, zum *Torrione*, einem wuchtigen Befestigungsturm aus pisanischer Zeit. Dahinter beginnt das moderne Piombino.

Basis-Infos

Information Touristenbüro im Turm des Palazzo Comunale, voraussichtlich Juli/Aug. Mo/Di 10–13.30 und 19–21.30, Mi/So 9–15 und 17–23 Uhr, Sept. Mo/Di 10.30–12.30, Mi/So 9.30–13.30 und 17–22 Uhr geöffnet, in der Nebensaison voraussichtlich März bis Juni und Okt. Mi und Fr–So 9.30–12.30/15–18 Uhr. Im Nov. und Jan./Febr. geschl. Via Ferruccio 1, ☎ 0565/225639, www.comune.piombino.li.it bzw. www.costadeglietruschi.it.

Verbindungen **Bahn**, mit der Stichbahn ab Piombino/Stazione Marittima (Bhf. am Hafen) und Piombino/Stazione Centrale (Hbf.) nach *Campiglia Marittima* (20 Min., 2,60 €), von dort problemlos nach Livorno, Pisa, Grosseto, Florenz etc.

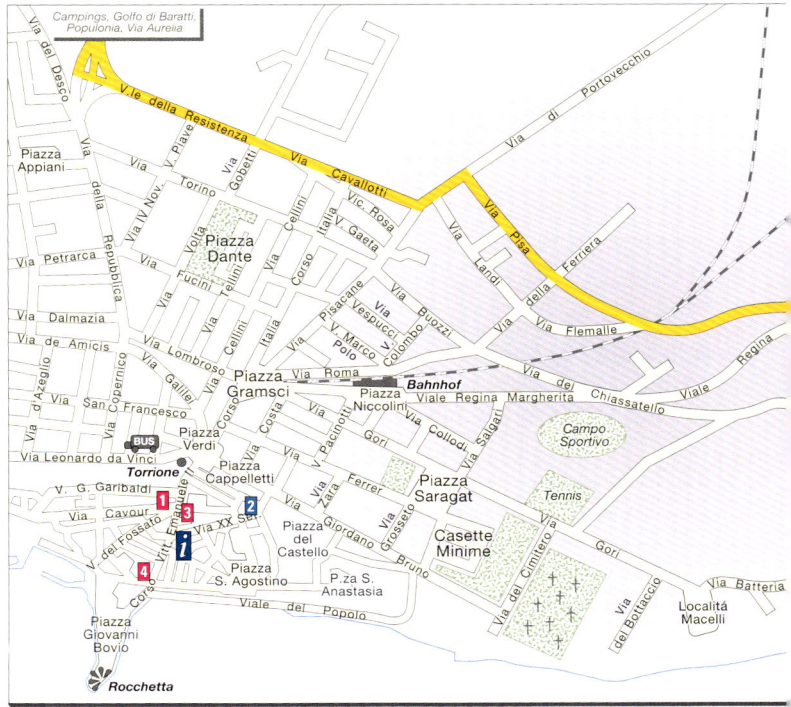

Es gibt auch einige Direktverbindungen ab Stazione Marittima (alle über Piombino/Stazione Centrale): 4x tägl. Livorno (1:30–2 Std., 8,40 €) und Pisa (2 Std., 9,60 €) sowie 3x Florenz (3 Std., 15,60 €).

Bus: Im Sommer stündlich Busse der *Linea 1* zwischen dem Bahnhof im Zentrum und dem Fährhafen, etwa halbstündlich Verbindungen mit der *Linea Azzurra* ab Fährhafen und Bahnhof zur Stazione FS Campiglia Marittima und zurück; ab der Busstation in der Via Leonardo da Vinci häufig Verbindungen nach San Vincenzo, Populonia Stazione, zur Baratti-Bucht, Follonica, Campiglia Marittima und 2x tägl. nach Grosseto. Auskunft und Fahrpläne bei **TIEMME**, Via Leonardo da Vinci 13 (beim Torrione am Eingang zur Altstadt), ✆ 800/922984 bzw. 199/168182, www.tiemmespa.it.

Fähre: Die Verbindungen nach Elba finden Sie auf S. 48/49.

Übernachten/Camping/Essen & Trinken

Viele Hotels in Piombino befinden sich in Bahnhofsnähe, nur wenige Autominuten vom Fährhafen entfernt. Eigene Parkplätze gibt es fast nirgends.

*** **Albergo Italia** **2**, einziges Hotel in der Altstadt (ausgeschildert), ruhige Lage. Freundlicher Familienbetrieb, zwölf renovierte DZ mit Minibar und Aircondition). Großes EZ 40–65 €, DZ 80–90 €, inkl. kleinem Frühstück in der Bar. In der benachbarten Dependance etwas günstiger. Ab mehreren Nächten Rabatt. Mit kostenlosem Parkplatz oder Tiefgaragenplatz für 10 €/Tag. Via XX Settembre 39, ✆ 0565-220922, www.hotelpiombino.com.

Camping/Außerhalb Einen stadtnahen Campingplatz sucht man vergebens. Wer Piombino nur als Sprungbrett nach Elba benutzt, sucht sich besser gleich ein Hotel. Campingplätze findet man an der Verbindungsstraße nach Follonica, z. B.:

Camping Villaggio Pappasole, 200 m zum Strand, auch Bungalows, wie eine Clubanlage konzipiert – Animation und Veranstaltungen. Bestens gepflegt und durchorganisiert. Schöner Pool mit Palmen. Ca. 20. April bis ca. 20. Okt. geöffnet. Pro Pers. 15–17 €, Kinder 3–9 J. 10–11 €, Stellplatz kleines Zelt 24–31 €, größere Stellplätze 30–51 € Hund 7 €. Bungalow 160–248 €/Tag für 2–6 Pers. Via Carbonifera 14, Loc. Torre Mozza, 57025 Vignale Riotorto (LI), ✆ 0565/20414, www.pappasole.it.

Essen & Trinken Bar Osteria Volturno **4**, nettes Restaurant am Palazzo Comunale in der Fußgängerzone (Corso Vittorio Emanuele II 41). Auf Fisch und Meeresfrüchte spezialisiert, freundlicher Service, mittleres Preisniveau, mittags und abends geöffnet. Mo Ruhetag, ✆ 0565/49081.

Il Garibaldi Innamorato **1**, in der Altstadt. Ausgefallenes, kleines Fischrestaurant mit Design-Ambiente, hier werden für 20–35 € pro Pers. diverse Kostprober der toskanischen Küche serviert. Unbedingt reservieren! Tägl. mittags und abends geöffnet. Via Garibaldi 5, ✆ 0565/49410.

Elba

Hafen

Bahnhof (Stazione Marittima)

BUS

Piazzale Premuda

P

P

Magrietta

E ssen & Trinken
1 Il Garibaldi Innamorato
3 Enoteca di Via Mozza
4 Osteria Volturno

Ü bernachten
2 Albergo Italia

Piombino

200 m

Was haben Sie entdeckt?

Haben Sie eine gemütliche Trattoria, eine schöne Wanderung oder ein nettes Hotel entdeckt? Wenn Sie Ergänzungen, Verbesserungen oder neue Tipps zum Buch haben, lassen Sie es uns bitte wissen!

Schreiben Sie an:

Sabine Becht, Stichwort „Elba" | c/o Michael Müller Verlag GmbH | Gerberei 19 | D – 91054 Erlangen | Sabine.Becht@michael-mueller-verlag.de

Enoteca di Via Mozza 3, in einer Seitenstraße im Zentrum der Altstadt. Rustikales Winebar-Restaurant mit sehr freundlichem Ambiente, Fisch, Wild und toskanische Gerichte mit einigen ausgefallenen Ideen. Reichhaltiges Menü um ca. 30 €. Im Winter So Ruhetag. Via Mozza 6, ✆ 0565/225322.

Umgebung/Baden

Östlich von Piombino beginnt der 40 km lange *Golfo di Follonica*, dessen feiner Sand aber wider Erwarten nicht zum Baden einlädt – Industrieanlagen prägen das Bild. Einer der besseren Strände der Gegend ist die *Spiaggia Carlappiano* an der Straße von Piombino Richtung Follonica, dann rechts (beschildert). Gut besuchter, lang gezogener Sandstrand mit typischer Bagno-Infrastruktur, verliehen werden Sonnenschirme, Liegestühle, Tretboote und Surfbretter, auch Strandrestaurant.

Am besten badet man zweifelsohne am *Golfo di Baratti*, einer traumhaften Bucht mit feinem, gelbbraunem Sandstrand. Ausgedehnte Wiesen bieten viel Platz zum Sonnen, Ballspielen, für Frisbee oder Badminton. Durch die relativ flache Uferzone erwärmt sich das Wasser schnell, sodass man bereits früh im Jahr ein Bad wagen kann. Am Strand einige Snackbars, außerdem Sonnenschirme, Liegestuhl- und Tretbootverleih. Schatten findet man in einem angrenzenden kleinen Pinienhain etwa in der Mitte der Bucht. Meiden sollten Sie die Wochenenden im Hochsommer, dann nämlich ist es hier völlig überfüllt!

Parken   Von Anfang Juni bis Ende Sept. sind fast alle Plätze und Seitenstreifen gebührenpflichtig. Die wenigen kostenlosen Parkplätze sind meist belegt. Parkscheinautomaten zwischen Hotel Alba und dem Strand, max. Parkdauer jedoch nur 2 Std.

Piombino – nicht nur Industrieschlote

In den Fels gehauen – die Straße, die rund um die Westküste der Insel führt

Unterwegs auf Elba

Mit dem eigenen Fahrzeug

Die meisten Gäste kommen mit dem eigenen Auto auf die Insel und sind demnach entsprechend mobil. Das Straßennetz ist hervorragend ausgebaut, fast alle größeren Straßen sind asphaltiert, Ausnahme sind die Pisten am *Monte Calamita* im Südosten auf der gleichnamigen Halbinsel. Die Straßen befinden sich in überwiegend gutem Zustand und sind mittlerweile nahezu flächendeckend asphaltiert.

Sämtlichen elbanischen Straßen gemeinsam ist jedoch ihr Kurvenreichtum, vor allem auch entlang der Küste. Allzu schnelles Fahren ist daher auf den meisten Strecken der Insel nicht möglich, und auch bei den eigentlich kleinen Distanzen verschätzt man sich leicht: Was auf der Karte wie ein Katzensprung aussieht, ertpuppt sich auf der Strecke dann als langwierige Slalomfahrt bergauf und bergab. Dennoch ist Elba überschaubar. Vorsicht ist bei Nachtfahrten und auf unbekannten Strecken geboten, denn nachts steigt auch die Wahrscheinlichkeit, dass Wildschweine oder andere Tiere die wenig befahrenen Straßen überqueren.

Hauptverkehrsader der Insel ist die Verbindungsstraße von *Portoferraio* nach *Porto Azzurro*. Hier herrscht in der Hochsaison oft dichter Verkehr, nicht selten bildet sich zu Stoßzeiten in Richtung Portoferraio ein Rückstau bis zur *Villa Romana* (Le Grotte), das sind immerhin knapp 6 km! Außerhalb der Hochsaison trifft man jedoch eher auf ein gemäßigtes Verkehrstreiben. Sehr reizvoll ist die *Panoramastraße*

Entfernungstabelle

(Straße; in Kilometern)	Capoliveri	Cavo	Chiessi	Lacona	Marciana Alta	Marciana Marina	Marina di Campo	Porto Azzurro	Portoferraio	Rio Marina
Capoliveri	•	25	35	11,5	36,5	30	21	5,5	16,5	17,5
Cavo	25	•	52,5	29	54	48	38	19,5	34	7,5
Chiessi	35	52,5	•	23	13	21	14	33	32	45
Lacona	11,5	29	23	•	25	19	9	10	14	21,5
Marciana Alta	36,5	54	13	25	•	7,5	19	35	27	46,5
Marciana Marina	30	48	21	19	7,5	•	13	28	20	40,5
Marina di Campo	21	38	14	9	19	13	•	19	18	31
Porto Azzurro	5,5	19,5	33	10	35	28	19	•	14,5	12
Portoferraio	16,5	34	32	14	27	20	18	14,5	•	26,6
Rio Marina	17,5	7,5	45	21,5	46,5	40,5	31	12	26,6	•

entlang der Küste an der westlichen Halbinsel von Marina di Campo nach Marciana Marina – auf der Strecke passiert man auch die an den Hängen des Monte Capanne gelegenen Bergdörfer Marciana Alta und Poggio.

Parken: In vielen Orten ein Problem, zumal die Damen und Herren der elbanischen Parküberwachung in Zeiten leerer Gemeindesäckel mit besonderem Fleiß und Ausdauer glänzen (zu jeder Tageszeit!). Falschparker werden mit bis zu 80 € zur Kasse gebeten, neuerdings werden die Tickets dem Verkehrssünder auch nach Hause geschickt. Daher der ernst gemeinte Rat: Suchen Sie sich immer einen ordnungsgemäßen Parkplatz, auch wenn der Weg ins Zentrum dann etwas länger wird. Die gebührenpflichtigen Zeiten (Parkscheinautomat) dauern in den Zentren oftmals bis Mitternacht an. Recht neu sind Parkscheinautomaten, in denen man die letzten Ziffern seines Nummernschildes (ital. *targa*) zur Identifizierung eingeben muss – gesehen z. B. am Lido di Capoliveri. Kostenlos parken kann man manchen Orten über die Mittagszeit.

Info Blaue Markierung bedeutet gebührenpflichtiges Parken (*a pagamento*), weiße Markierung freies Parken oder mit Parkscheibe (*zona disco*), an gelber oder schwarz-gelber Markierung niemals parken, sie sind für behördliche Fahrzeuge, Busse, Taxis etc. reserviert. 1x wöchentlich kommt die Straßenreinigung (*pulizia stradale*), dann herrscht an den jeweiligen Straßen absolutes Parkverbot (darauf wird auf einem Schild extra hingewiesen). Das gleiche gilt für den Wochenmarkt (*mercato settimanale*), den wöchentlichen Markt.

In Portoferraio gibt es am Fährhafen einen großen und **kostenlosen Parkplatz** (Viale Elba, gegenüber vom Busbahnhof), der jedoch oftmals bis auf den letzten Platz belegt ist. Das gleiche gilt für **Porto Azzurro, Capoliveri, Marina di Campo** etc., hier gibt es ebenfalls große und in der Regel kostenlose Parkplätze am Ortsrand. Des Weiteren findet man einige kleinere Parkplätze, z. T. mit Parkscheinautomat (normalerweise 1–1,50 € pro Stunde) oder Parkscheibe. Unkomplizierter gestaltet sich das Parken in den kleineren Dörfern der Insel, nicht aber wenn sie an der Küste liegen und überdies noch einen attraktiven Strand bieten. Dann nämlich ist an den Badetagen der Hochsaison die halbe Zufahrtsstraße beidseitig zugeparkt, es herrscht das Chaos und zum Strand muss man ein gutes Stück laufen. In der Nebensaison ist die Lage deutlich entspannter; gebührenpflichtiges Parken ist teilweise auf den Zeitraum Juni bis September begrenzt.

Im Info-Teil der jeweiligen Orte in diesem Buch wird auf die entsprechenden Parkmöglichkeiten hingewiesen.

Tanken: Elba besitzt ein ausreichend dichtes Tankstellennetz, und eine Tankfüllung reicht auf der kleinen Insel fast ewig. Die normalen Öffnungszeiten sind Mo–Sa 8.30–12.30 Uhr und 15–19 Uhr. In Portoferraio, Porto Azzurro und Marina di Campo gibt es auch Tankstellen mit *Tankautomat*, bei denen man jederzeit mit unzerknitterten(!) Scheinen nachfüllen kann.

Pannenhilfe (Soccorso stradale): In ganz Italien unter ✆ 803116 (Festnetz) oder ✆ 800116800 (Mobilnetz) zu erreichen. Unterhalten wird der Pannendienst vom italienischen Verkehrsclub ACI. Außerdem unterhält der ADAC einen Auslandsnotruf in München: ✆ 0049/89/222222.

Motorrad/Scooter: als Verkehrsmittel vor Ort durchaus reizvoll – kurvenreiche Straßen, viel Panorama, keine Parkplatzsorgen. Man sollte jedoch bedenken, dass Elba nicht gerade groß ist und man die Insel relativ schnell abgefahren hat. Mopeds bzw. Scooter und Enduros werden in jedem größeren Ort der Insel auch vermietet. *Achtung:* Im Sommer Rutschgefahr auf den älteren, durch die Hitze aufgeweichte Asphaltstraßen. Erfreulich sind die günstigen Preise für die Fährpassage ab dem Festland.

Busverbindungen

Es bestehen hervorragende Busverbindungen auf der Insel, alle größeren Orte werden von den Bussen der *CTT (Compagnia Toscana Trasporti)* häufig angefahren, auch zu den kleineren Dörfern gibt es gute Verbindungen. Busfahren auf Elba ist zudem ein wirklich preisgünstiges Vergnügen, je nach Strecke zahlt man 1,20–3,40 € für die einfache Fahrt, im Bus gekaufte Tickets sind ca. 30 % teurer. Gelegentlich muss man jedoch umsteigen, um ans Ziel zu gelangen. Im Sommer (Juni bis September) verkehren neben den normalen Linienbussen auch noch Strandbusse, u. a. ab Portoferraio, Procchio, Zanca (Westküste) und Capoliveri zu verschiedenen Stränden der Insel. Ziel dieses Services ist es auch, die Parkplatznot an den Stränden zu mindern. Infos erhalten Sie im Busbüro der CTT in Portoferraio, Viale Elba 20 (ums Eck vom einzigen Hochhaus am Hafen). Hier kann man sich auch einen überaus nützlichen, für die ganze Insel gültigen *Orario* (Busfahrplan) besorgen. Überdies publiziert auch die italienische Tageszeitung *Il Tirreno* in ihrem Elba-Teil täglich die Abfahrtszeiten. Achtung: Der *Orario feriale* gilt wochentags, für sonntags richtet man sich nach dem *Orario festivo*. Bustickets *(Biglietti)* gibt es entweder bei der CTT in Portoferraio oder in kleineren Orten meist in der Bar/Tabaccheria zu kaufen.

Nach 20 Uhr fahren von Portoferraio auch im Sommer fast keine Busse mehr ab. Deshalb: Abfahrtszeiten der Fähre von Piombino darauf abstimmen! Die Busstation in Portoferraio – mit klimatisiertem Wartesaal – ist im Sommer täglich 7.30–20 Uhr geöffnet (ansonsten: Mo–Sa 7.35–13.20 und 15.55–18.35 Uhr, So geschl.) Viale Elba 20, Auskünfte unter ✆ 0565/914392 oder 0565/914783, www.livorno.cttnord.it.

Wer sich mit (großem) *Hund* auf der Insel ausschließlich per Bus fortbewegen möchte, muss unbedingt Maulkorb und Leine dabei haben und den Hund in ausgewiesenen Bereichen im Bus kurz bei sich halten. Die Fahrt kostet auch für den Hund den Normaltarif. Einzige Ausnahme sind Blindenhunde: Sie fahren kostenlos und ohne Maulkorb.

Weitere Infos zu den Busverbindungen der Insel unter den jeweiligen Orten. Wer sich schon vorab im Internet informieren möchte: www.livorno.cttnord.it.

Taxis

Auf Elba ausreichend vorhanden, aber sicherlich kein billiges Vergnügen, es sei denn, man fährt zu dritt oder viert und kann sich die Kosten teilen. Die Fahrt von Portoferraio nach Porto Azzurro kostet ca. 30–35 €, an Sonn- und Feiertagen sowie nachts kommen Zuschläge von 20 bzw. 25 % hinzu. Taxistände gibt es in den größeren Orten der Insel, u. a. in Portoferraio am Molo Massimo (✆ 0565/915112), darüber hinaus in Capoliveri (✆ 338/2689417) und in Porto Azzurro (✆ 338/8609896 und 338/9250734). Man kann sich für längere Fahrten (z. B. Inselrundfahrten) auch ein Taxi mit Fahrer mieten, das heißt hier N.C.C. (Noleggio con Conducente). Der Preis ist Verhandlungssache, günstig ist das Ganze nicht bzw. lohnt nur bei mehreren Mitfahrern. Infos hierzu unter ✆ 0565/977150, www.elbaservizi.it.

Mietwagen und -zweiräder

Die Auswahl ist groß, neben den zahlreichen Anbietern in fast allen größeren Orten oder an den Urlaubsorten kann man auch in vielen Reisebüros ein Fahrzeug mieten. Allerdings gilt auch hier: Für die Hochsaison sollte dringend reserviert werden, und das am besten einige Wochen vorher!

In der Regel sind die lokalen Vermieter für Autos günstiger als große internationale Firmen. Größter lokaler Anbieter auf der Insel ist *TWN* mit Agenturen in Portoferraio (neben dem Busbahnhof, Viale Elba 32, ✆ 0565/914666, mobil unter ✆ 329/2736412, www.twn-rent.it), Lacona und Marina di Campo. Mietfahrzeuge (v. a. Autos) werden auch von den größeren Hotels auf Elba vermittelt.

Sehr beliebte Fortbewegungsmittel auf der doch recht überschaubaren Insel sind auch Scooter bzw. Roller/Vespas und Mofas, die praktisch in jedem größeren Ort an der Küste, ausgenommen die Westküste, angeboten werden. Man sollte sich bei Anmietung vom guten Zustand des Gefährts überzeugen (v. a. Bremsen, aber auch Lenkung und Reifendruck etc.). Helme und Kartenmaterial werden bei Anmietung zur Verfügung gestellt, bei Autos kann man z. T. gegen Aufpreis auch einen Kindersitz bekommen.

Fahrräder, auch hochwertige Mountainbikes, werden in Portoferraio, Porto Azzurro, Capoliveri, Lacona, Marina di Campo und Marciana Marina angeboten.

Einige Autoverleiher der Insel Portoferraio: *TWN*, Viale Elba 32, ✆ 0565/914666, www.twn-rent.it, außerdem: *Rent Mondo*, Via Renato Fucini 6, ✆ 0565-971011, www.rentmondo.it; **Flughafen**: *Elba by Car*, ✆ 0565-977785, www.elbabycar.it, sowie *Elba Servizi*, ✆ 0565/977150, www.elbaservizi.it; **Marina di Campo**: *Elbarent*, Via Donizetti 27, ✆ 0565-971031, www.elbarent.eu.

Preise und Konditionen Ein **Kleinwagen** ist ab ca. 45–50 €/Tag zu bekommen, wobei es einen deutlichen Unterschied macht, ob man tagsüber (9–19 Uhr) oder 24 Stunden (9–9 Uhr) mietet, bei letzterem muss man mit etwa 10 € Zuschlag rechnen. Im Angebot sind meist die Marken Fiat (Panda, 600) oder Renault (Twingo), **Cabriolets** sind etwa 50 % teurer. Ab drei Tagen Mietdauer wird es günstiger.

Ein **Scooter** ist ab etwa 35 € pro Tag (9–19 Uhr) zu bekommen, allerdings sollte man darauf achten, ob das Fahrzeug nur allein oder auch zu zweit befahren werden kann, Letzteres schlägt sich nämlich noch mal kräftig auf den Preis nieder. Auf der ganzen Insel sehr teuer ist das Mieten einer **Enduro**, wofür man ca. 60 € am Tag hinblättern muss; ein **Quad** kostet 75–80 €.

Fahrräder werden für ca. 15 € am Tag angeboten, bessere Mountainbikes kosten ca. 18–22 €. Die Preise verringern sich auch bei Zweirädern mit der Dauer der Mietzeit, allerdings kann man sich in der Hochsaison auf diesen Rabatt nicht immer verlassen.

Die Preise beinhalten eine **Haftpflichtversicherung**, für eine Teilkasko (i. d. R. mit 300 € Selbstbeteiligung) muss man mit weiteren 10 € pro Tag rechnen; hinzu kommt die **Kaution**: bei Scootern/Mopeds kann diese auch in bar (ca. 100–200 €) hinterlegt werden, bei Anmietung eines Autos prinzipiell nur mit Kreditkarte.

Das Fahrzeug nimmt man voll getankt in Empfang, und so muss es auch wieder abgegeben werden. **Kilometerbegrenzungen** (i. d. R. 100 Freikilometer am Tag) spielen auf Elba keine allzu große Rolle, die meisten Mietverträge laufen mittlerweile ohnehin mit unbegrenzter Kilometerzahl.

Das **Mindestalter** für die Anmietung eines Pkw liegt bei 21 Jahren, der Mieter muss seit mindestens einem Jahr den **Führer-**

schein besitzen. Scooter/Mopeds werden ebenfalls nur mit Führerschein vermietet!

Achtung Erkundigen Sie sich beim Verleiher (v. a. bei Scootern/Mopeds), welche Regularien im Fall einer **Panne** oder eines platten Reifens gelten. Manche Anbieter schleppen kostenlos ab, es kann aber auch sein, dass man mit bis zu 50 € an den Kosten beteiligt wird!

Mit dem Scooter auf Inselerkundung

Weitere Informationen und Adressen zu den Vermietern bei den jeweiligen Orten.

Motorbootverleih

Ideal, um einsame Strände anzulaufen. Verleiher gibt es in Porto Azzurro, Bagnaia, Sant'Andrea und Marciana Marina (Informationen und Adressen unter den jeweiligen Ortsbeschreibungen), kleinere Boote mit Außenborder und bis 40 PS können auch ohne entsprechenden Führerschein angemietet werden. Die Preise hierfür liegen um 100–150 € pro Tag. *Achtung*: Aufgrund begrenzter Kapazitäten ist hier eine rechtzeitige Reservierung für die Hochsaison ratsam!

Zu den anderen Inseln

Wer sich für den Toskanischen Archipel ein Island-Hopping à la Griechenland vorstellt, wird sicherlich enttäuscht sein: Es bestehen von Elba aus lediglich nach Capraia, Pianosa und nach Giglio regelmäßige Verbindungen, überwiegend mit Ausflugsschiffen. *Capraia* wird von Portoferraio und Marciana Marina (1x wöchentlich, zuletzt freitags) angesteuert; nach *Pianosa* kann man sich täglich von Marina di Campo aus einschiffen, mit der Linienfähre außerdem 1x wöchentlich (dienstags) von Rio Marina nach Pianosa; zur südlich gelegenen Insel *Giglio* (3x wöchentlich, zuletzt montags, mittwochs und samstags) legt das Ausflugsschiff nur in Porto Azzurro ab. Die Überfahrten auf die kleinen Inseln dauern teilweise über zwei Stunden. Von Portoferraio werden mit Corsica Ferries außerdem 2x wöchentlich Fahrten nach *Bastia* (Korsika) angeboten (→ S. 49), zudem 1x wöchentlich (zuletzt sonntags) Tagesausflüge ab Marciana Marina nach Bastia.

Die Fahrten auf die kleineren Inseln des Toskanischen Archipels sind nicht unbedingt günstig aber attraktiv – sei es ein Nachmittag am herrlichen Strand *Cala Giovanna* mit dem kristallklaren Meer rund um Pianosa oder aber ein Besuch des idyllischen Hafens von Giglio. Die Preise liegen bei 30–35 € pro Person (Pianosa nur 21 €), Kinder zahlen etwas mehr als die Hälfte. *Montecristo* und *Gorgona* sind nur mit vorherigem Antrag (und auch dann nur bei nachgewiesenem Forschungsinteresse) zu besichtigen, Ausflüge nach *Giannutri* gibt es von Elba aus nicht (jedoch ab Porto Santo Stefano, → S. 229).

Zu den Inselausflügen kommen noch eine ganze Reihe kleinerer Bootsausflüge (täglich), u. a. mit dem *Glasbodenboot* entlang der Westküste (ab Portoferraio und Marciana Marina), oder *Bootstouren rund um die Insel* ab Marina di Campo und Porto Azzurro, ab Porto Azzurro außerdem Halbtagestouren um die Halbinsel Calamita.

Detaillierte Informationen zu den Ausflugsbooten bei den jeweiligen Orts- und Inselkapiteln.

L'Ape Elbana – das älteste Hotel der Insel

Übernachten

Über 200 Hotels (Alberghi) und Residenzhotels (Aparthotels), zahlreiche Ferienwohnungen, fast 30 Campingplätze und eine geringe Anzahl von Privatzimmern stehen auf Elba zur Verfügung – das Preisniveau ist zumindest in der Hochsaison weit oben, auch bei einfacheren Unterkünften.

Vom Luxushotel in exklusiver Strandlage bis zum bescheidenen Dorfhotel abseits der Küste ist fast alles zu haben, vorausgesetzt man hat für ersteres das nötige Budget und kümmert sich frühzeitig um eine Reservierung für die Monate Juli und August. Kein Scherz: Wer ohne vorherige Buchung in der Zeit um *Ferragosto* (15. August) auf die Insel kommt (sofern man einen Platz fürs Auto auf der Fähre ergattert hat), sollte sich auf eine Nacht im Schlafsack am Strand (offiziell übrigens verboten) oder im Auto einrichten. Es bleibt dann erfahrungsgemäß auch bei der einen Nacht, da die meisten, die auf gut Glück zu dieser Zeit übersetzen, in Anbetracht der aussichtslosen Herbergssuche am nächsten Tag entnervt wieder abreisen – sofern sie einen Platz auf der Fähre kriegen ...

Spontaneität ist für diesen Teil des Elba-Urlaubs nicht gefragt, vielmehr dagegen umsichtiges und frühzeitiges Buchen (bei besonders beliebten Hotels teilweise schon im Februar/März). Auch die Campingplätze sind im Juli/August komplett ausgebucht, ein kleines Zelt lässt sich eventuell noch irgendwo dazwischenquetschen, verlassen sollte man sich darauf aber nicht. Eine Jugendherberge gibt es auf Elba nicht. Deutlich entspannter ist die Situation dagegen während der restlichen zehn Monate des Jahres, sieht man einmal von Ostern, Pfingsten, Feiertagen und den dazugehörigen „Ponti" (= Brückentagen) ab. Gerade im Mai oder September wird man in aller Regel überall eine Unterkunft finden und oftmals genügt ein kurzer Anruf bzw. eine Mail, um

den geplanten Aufenthalt festzumachen. Viele Anbieter bieten ihre Belegungs-
lücken mittlerweile auf den großen Buchungsmaschinen (allen voran Marktführer
booking.com) an und ermöglichen so die kurzfristige und unkomplizierte Buchung.

Auf Elba gibt es eine ausreichende Auswahl an wirklich sehr schönen und gepflegten
Hotels im Drei- und Vier-Sterne-Bereich, oftmals in ganz herrlicher Lage am Meer
bzw. Hang oder versteckt im grünen Inselinneren. Auch in unteren Kategorien
kann man durchaus angenehme Überraschungen erleben. Alle italienischen Hotels
werden von den lokalen Fremdenverkehrsbehörden klassifiziert, die Preise legen
die Hoteliers allerdings selbst fest. Und in der Regel werden diese Preise – zumindest im Hochsommer – bezahlt, auch wenn sie manchmal sehr hoch erscheinen.
Der Preis muss somit nicht unbedingt eine Garantie für hohe Qualität in punkto
Ausstattung, Lage und Service sein, gibt meist aber gute Anhaltspunkte. Die Klassi-
fizierung der *Alberghi* von offizieller Seite ist übrigens nicht immer ganz nachvollziehbar, es spielen auch eher abwegige Kriterien wie Häufigkeit des Wäschewech-
sels, das vorhandene Radio im Zimmer oder auch einfach die Gesamtanzahl der
Zimmer des Hotels eine Rolle.

Wer sein Hotel über einen der Reiseveranstalter pauschal bucht, fährt teilweise günstiger als bei individueller Buchung. Nachteil: Unter einer Woche Aufenthalt geht nichts, An- und Abreisetag sind festgelegt, meist Samstag.

Insgesamt dominieren auf der Insel gepflegte Hotels im oberen Mittelklassebereich,
Bettenburgen à la Mallorca gibt es nicht. Ein Mangel besteht an kleinen gemütlichen Familienpensionen, die man auf Elba kaum findet.

***** = Obere Luxusklasse, gibt es auf der Insel nur zweimal (das *Hermitage* in der Biodola-Bucht und das *Ottone* in der Bucht von Portoferraio), diskret nobel und sehr teuer sind sie beide (DZ ab ca. 400 €). Viele Vier-Sterne-Häuser der Insel bieten mittlerweile einen annähernd hohen Standard.

**** = Luxus-Hotels, für gehobene Ansprüche, sehr komfortable und geschmackvoll eingerichtete Häuser in Bestlage, mit vornehmem Restaurant, diverse Sportmöglich-keiten, fast ausnahmslos auch mit Pool, gehobene Zimmerausstattung mit Aircondition, Balkon, TV/Radio, Kühlschrank, WiFi, etc. Die Preise fürs DZ (meist mit Halbpension) überschreiten im August auch schon mal die 350-€-Grenze pro Nacht. Es geht aber auch günstiger, mit mindestens 250 € sollte man jedoch immer rechnen.

*** = (Obere) Mittelklasse-Hotels, eine dehnbare Rubrik, in dieser – auf der Insel vorherrschenden – Klasse sind die größten

Die **Preisangaben in diesem Buch** beziehen sich auf das Doppelzimmer in den Hochsaisonmonaten von Anfang Juli bis ca. 25. August, der *Alta stagione* und der *Altissima stagione* (die zwei oder drei Wochen Mitte August), daher ergeben sich oftmals recht große Preisspannen – für viele sind diese Höchstpreise zunächst ein Schock, wir möchten aber unbedingt darauf hinweisen, dass im Lauf der Sommermonate ein echtes Preisgefälle herrscht: Von der *Altissima stagione* zur *Alta stagione* (Juli) können das 20 % sein, zur *Media stagione* (etwa Juni und Anfang bis Mitte September) noch mal ca. 20 % und in der *Bassa stagione* (ab der Woche nach Ostern bis etwa Ende Mai sowie Mitte September bis zum Saisonende) zahlt man in der Regel nur etwas mehr als die Hälfte des Hochsaisonpreises. Die Preise für das Einzelzimmer (gibt es nicht überall und/oder teilweise nicht in der Hochsaison) und die dazugehörigen Pensionsleistungen zu den Zimmerpreisen sind im Text jeweils einzeln aufgeführt.

Schwankungen sowohl in Ausstattung als auch bei den Preisen zu verzeichnen. Normalerweise jedoch gute bis sehr gute Ausstattung, nicht immer in allerbester (Strand-) Lage, Zimmer mit Bad, nicht immer Balkon oder Terrasse, z. T. Aircondition. Die Preise können je nach Pensionsleistung von 150 € (mit Frühstück) bis zu 250 € und mehr reichen (mit Halbpension). Generell sollte man für ein DZ mit Frühstück mit etwa 150–200 € rechnen, bei Halbpension kommen noch mal etwa 40–50 € dazu (Richtwert). Ausreißer nach oben und unten sind besonders in dieser Kategorie möglich.

** = Untere Mittelklasse, auch hier sind große Schwankungen in punkto Ausstattung und Preis möglich, manchmal gepflegte Familienbetriebe, teilweise auch abgewohnte Herbergen mit wenig Komfort. Die Preisspanne liegt bei 80–140 €, je nach Ausstattung und Pensionsleistung, wobei man in einem einfachen Hotel fernab vom Meer auch schon mal für ca. 70 € im DZ mit Frühstück unterkommen, ein „besseres" Zwei-Sterne-Haus am Strand und mit Halbpension aber auch 150 € und mehr kosten kann.

* = Unterste Kategorie, auf der Insel kaum zu finden. Die Hotels dieser Klasse bewegen sich zwischen Absteige (auf Elba selten) und netter, kleiner Pension. Preise fürs DZ (nicht immer mit eigenem Bad) um die 70–80 €, manchmal auch darunter, teilweise mit Frühstück.

Zimmerpreise: müssen an der Rezeption und in den Zimmern aushängen, und offiziell haben sich die Hoteliers natürlich auch daran zu halten. Bei längerer Aufenthaltsdauer in der Nebensaison kann man eventuell mal einen Rabatt rausschlagen, vor allem in kleineren Hotels und Pensionen. *Achtung:* Die Preise sind oftmals „per persona", manchmal aber auch für das ganze Zimmer angeschlagen, deshalb immer genau hinschauen, bevor man sich verfrüht über die vermeintlich günstige Herberge freut.

Einzelzimmer: Allein Reisende haben es nicht leicht auf Elba, EZ sind oft nur wenig günstiger als die DZ (ca. 25–30 %), außerdem nicht in jedem Hotel vorhanden. Manchmal muss man dann mit einem DZ vorlieb nehmen, der Preis reduziert sich allerdings etwa um ein Viertel. Gute Chancen hat man dagegen in den besseren Drei- und Vier-Sterne-Hotels hier kostet das EZ nur knapp mehr als die Hälfte eines DZ.

Zustellbetten/Kinderrabatt: Eine *Culla* (Babybett) kostet für Kleinkinder bis 2 Jahre ca. 15–20 € pro Nacht, für größere Kinder kann man u. U. auch ein *terzo letto* bekommen (ca. 30–40 % Aufschlag zum DZ).

Pensionspflicht: Tendenziell eher die Regel als die Ausnahme, in der Hochsaison hat man Glück, wenn man ein Zimmer bzw. Hotel findet, in dem die Halbpension nicht obligatorisch ist. Dabei darf Halbpension offiziell gar nicht vorgeschrieben werden, viele Hoteliers unterlaufen diese Vorgabe jedoch, indem das Zimmer mit Frühstück nur einen Bruchteil (also etwa 5–10 € am Tag) günstiger ist als dies mit Halbpension der Fall wäre. Außerhalb der Monate Juli/August wird in fast allen Hotels auf die Halbpensionspflicht verzichtet. Nicht unerwähnt bleiben sollte an dieser Stelle, dass viele Hotels der Insel über eine sehr gute Küche verfügen – für viele italienische Gäste ist das Mittag- und/oder Abendessen in ihrem Hotel eine Selbstverständlichkeit.

Reservierungen: Wir können nicht oft genug darauf hinweisen, dass man für die Hochsaison frühzeitig buchen sollte. Am besten tut man dies übrigens online (fast

Hotelpool mit Meerblick, gesehen am Lido di Capo iveri

> **Elbas Herbergen auf einen Blick:** gibt es im Internet unter www.visitelba.info und hier unter dem Stichwort „Organizza". Mit Preisangaben.

alle Hotels haben auf ihrer Website Möglichkeit zur Online-Buchung) oder per E-Mail. Die Internetadressen finden Sie bei den jeweiligen Hotelbeschreibungen. Oft-

mals wird eine **Anzahlung** in Höhe von einer Übernachtung verlangt, meist reichen hierfür die Angaben der Kreditkarte (Kartennummer und Ablaufdatum).

Ferienhäuser, Appartements und Bungalows

Auch hier eine große Bandbreite, vom noblen Landhaus für zwölf Personen an der *Costa dei Gabbiani* bis hin zu vier zusammengezimmerten Holzwänden in der hintersten Ecke eines Campingplatzes, dazwischen natürlich auch die vielen schönen und gemütlichen Ferienwohnungen, die zum Teil auch privat vermietet werden. Bei dem Preisniveau auf der Insel v. a. im Sommer manchmal eine echte Alternative, allerdings sollte man für ein Appartement (2–4 Personen) in der Hochsaison mit mindestens 850 € und mehr pro Woche rechnen. Näheres hierzu in den jeweiligen Ortskapiteln. Ferienwohnungen bzw. Appartements sind auch über die diversen Reiseveranstalter buchbar, und das teilweise sogar günstiger als vor Ort. Was für die Hotelsituation gilt, trifft für die Ferienwohnungen doppelt zu: Ohne langfristige vorherige Buchung geht zumindest in der Hochsaison im August gar nichts, vor allem italienische Gäste buchen schon bei Abreise „ihre" Wohnung wieder fürs nächste Jahr.

Die allermeisten Appartements sind im Sommer nur wochenweise buchbar, manchmal – vor allem im August – muss man sich sogar für zwei Wochen verpflichten. In der Nebensaison kann man je nach Auslastung mit einer Mindestmietdauer von etwa drei bis vier Tagen rechnen.

Zahlreiche Reisebüros der Insel bieten ebenfalls Appartements/Ferienwohnungen oder -häuser an, die Prospekte hierzu werden auf Wunsch auch zugesandt, die Objekte sind z. T. auch im Internet ausgestellt (Näheres bei den Ortsbeschreibungen). Wer eine Ferienwohnung auf Elba bereits von zu Hause aus buchen will, wird neben den diversen großen Anbietern eventuell auch im Reiseteil der überregionalen Zeitungen fündig.

Großer Beliebtheit v. a. bei italienischen Gästen erfreuen sich auch die so genannten *Residenzhotels (Residence),* Appartement- bzw. Bungalowanlagen mit angeschlossenem Ristorante, Bar, Sportangebot, Abendunterhaltung etc. Oft sind sie nur über italienische Reiseveranstalter pauschal zu buchen.

Affittacamere (Privatzimmer) und Agriturismo (Ferien auf dem Bauernhof)

Privatzimmer sind auf Elba eher unterrepräsentiert. Meist recht schlicht, nicht immer mit eigenem Bad, dafür aber mit familiärer Atmosphäre. Oftmals werden in einem Haus gerade mal ein paar Betten angeboten, und nicht nur in der Hochsaison soll man mindestens drei oder vier Tage bleiben, das Preisniveau ist – ausnahmsweise mal – relativ moderat.

Darüber hinaus gibt es auf Elba noch knapp 40 Agriturismo-Betriebe (*Aziende Agrituristiche*). Doch kann man auch hier große Unterschiede ausmachen, z. B. zwischen dem noblen Weingut und dem schlichten Bauernhof. Mehr Infos und eine Auflistung einiger Mitglieder findet man im Internet unter www.elba-agriturismo.it. Das komplette Angebot findet man auch online unter www.visitelba.it.

Camping (Campeggio)

Die Insel ist ein Eldorado für Camping-freunde, es gibt auf Elba 27 Plätze, und viele davon liegen wirklich sehr schön im Grünen *und* am Meer. Massenbe-trieb findet man lediglich auf den dicht beieinander liegenden Plätzen in den Buchten im Süden der Insel, die schönsten Campings liegen zweifels-ohne an der Nordküste Richtung *Capo d'Enfola:* kleine, schattige Anlagen, meist terrassenartig am Hang und mit eigener Badebucht.

Zur Not auch ein Bett
unter einem Olivenbaum

Die Idylle ist allerdings nicht gerade günstig, zu den in ganz Italien üblichen hohen Preisen für Camping kommt auf Elba noch mal ein kleiner Zuschlag. Pro Person bzw. Zelt sollte man in der Hochsaison mit etwa 12–18 € pro Tag rechnen, Wohnwagen und -mobile sind entsprechend teurer. In der Nebensai-son purzeln die Preise, und vor dem be-dauernden „tutto completo" des Besitzers braucht man sich außerhalb der Monate Juli/August auch nicht zu fürchten (Reservierung für die Hochsaison am besten einige Wochen vorher).

Viele elbanische Campingplatzbetreiber vermieten auch Bungalows: teilweise recht schlichte „Case mobili", teilweise aber auch schicke Appartements mit gehobener Ausstattung, die jedoch wie alle Unterkünfte der Insel für den Som-mer rechtzeitig gebucht werden sollten.

Die bei den Ortstexten angege-benen Preise beziehen sich auf die **Hochsaison** von Anfang Juli bis Ende August.

Die Campingsaison auf Elba beginnt in aller Regel Anfang/Mitte April (bzw. Os-tern) und dauert bis etwa Oktober, bei gutem Wetter wird auch mal verlängert, ist kein Gast mehr in Sicht, schließt man gegebenenfalls schon vor dem offiziellen Da-tum. Aus gutem Grund sind nur die wenigsten Plätze ganzjährig geöffnet – Gäste gibt es fast keine, und das feuchte elbanische Winterwetter ist nur für besonders Hartgesottene geeignet.

Die Campingplätze sind kategorisiert: ein bis drei Sterne, die sich auch auf die Prei-se niederschlagen. Drei-Sterne-Campingplätze unterscheiden sich ansonsten oft-mals jedoch kaum von ihren Konkurrenten mit zwei Sternen. Häufig sind die klei-nen Plätze der unteren Kategorien ge-mütlicher und stimmungsvoller, wenn auch nicht ganz so komfortabel ausge-stattet. Animationsprogramm bieten meist nur die großen Plätze im Zwei-bis Drei-Sterne-Bereich.

Wildzelten ist auf Elba – wie in ganz Italien – verboten, es dro-hen drastische Bußgelder.

Essen und Trinken

Italien ist ein kulinarisches Paradies, und die Küche der Insel Elba macht hier keine Ausnahme, auch wenn sie bescheidener erscheint als in so mancher Region auf dem Festland. Dominiert wird die Speisekarte Elbas selbstverständlich von Fisch und Meeresfrüchten in zahlreichen Variationen.

In den Hafenorten sieht man morgens noch immer ein paar Fischkutter mit ihrem (zunehmend kleiner werdenden) Fang zurückkehren. Gefischt wird an den felsigen Küsten Elbas eine große Vielfalt, doch können schon lange nicht mehr alle Gäste mit dem hier angelandeten Ertrag verköstigt werden. Zum Teil kommt er per Luftfracht oder aus der Tiefkühltruhe (auf der Speisekarte mit dem Zusatz „prodotto congelato" oder „surgelato"). Fisch und Meeresfrüchte kommen in unzähligen Varianten und Gängen auf den Tisch, als köstlicher Eintopf „Cacciucco" oder als „Spaghetti al Pescatore" (Nudeln nach Fischerart) oder aber als Hauptgerichte – dann gebraten, gegrillt, gebacken aus dem Ofen usw.

Bei den Fleischgerichten dominieren klassische „Importgerichte" wie z. B. *Scaloppine alla milanese* (Wiener Schnitzel), aber auch viel Gegrilltes. Zur Jagdsaison steht oftmals auch Wild auf der Speisekarte.

Wirklich charakteristische Gerichte der Insel (→ „Elbanische Spezialitäten") gibt es nicht allzu viele, zudem sind die Einflüsse anderer Regionen auf der Insel durchaus spürbar. Die bodenständige, einfache Küche spiegelt das wider, was traditionell auf der Insel vorhanden war und ist: zahlreiche Fischarten und eine Reihe von Gewürzen, mit denen seit Jahrhunderten auf Elba gekocht wird: Rosmarin, Salbei, Lorbeer, Kapern, Fenchel, Wacholder und Zitronen, um nur einiges zu nennen. Nicht zu vergessen sind auch der hervorragende Elba-Honig und im Herbst die Maroni (Esskastanien).

Frühstück (Prima Colazione): Man geht in die Bar, trinkt im Stehen den ersten von vielen *Cappuccini* oder – später am Tag – *Caffè* (Espresso) und sucht sich in der Vitrine eine *Pasta* (süßes Gebäck) bzw. ein *Cornetto* (Hörnchen) aus, das reicht für

Elbanische Spezialitäten

Cacciucco, der Fischeintopf, ist die bekannteste Spezialität der Insel: ein wahrer Berg aus verschiedenen Fischen und Meeresfrüchten in fruchtiger Tomatensoße, der locker ein Hauptgericht ersetzen kann. Cacciucco gibt es in den Restaurants übrigens nicht jeden Tag – man sollte also zugreifen, wenn die schmackhafte Fischsuppe gerade im Angebot ist (und bereit sein, ca. 22–30 € pro Person zu investieren, darunter findet man diese Spezialität kaum). Typische Fischgerichte auf Elba sind außerdem die Fischsuppen *Sburrita* und *Acqua pazza*. Berühmt sind auch der Gemüseeintopf *Gurguglione* mit Ursprung im Bergdorf Rio nell'Elba und diverse Süßspeisen, darunter besonders erwähnenswert die *Schiaccia briaca*, ein mit Aleatico-Dessertwein getränkter Kuchen, sowie im Herbst der *Castagnaccio* (Maronenkuchen).

Buchtipp: *L'Isola d'Elba in Cucina* von Pierangela Pellizza Piras, leider nur auf Italienisch, im Buchladen Il Libraio (→ S. 97) erhältlich, 16 €.

den Anfang. Wer morgens mehr Hunger verspürt, greift zu *Toast* oder einem *Panino* (belegtes Brötchen). Das Frühstück in den Hotels fällt hingegen meist etwas üppiger aus. Im Drei-Sterne-Bereich hat sich fast überall das mitteleuropäische Frühstücksbuffet durchgesetzt, in einfacheren Herbergen muss man sich jedoch oft auch mit der abgepackten Form der *Prima Colazione* zufrieden geben.

Mittagessen (Pranzo) und Abendessen (Cena): Die Zeiten, in denen sowohl zum Mittag- als auch zum Abendessen ausgiebig geschlemmt wurde, neigen sich dem Ende zu, man geht mittags mehr und mehr zum „piccolo menu pranzo" oder auch zum „light lunch" über, das v. a. in den Hotelrestaurants aus einem Buffet mit diversen Salaten, Antipasti, Pastagerichten und leichten Desserts besteht, an dem sich der Gast zu einem Festpreis (meist um 15–20 €) bedienen kann. Das spart Geld und Kalorien und liegt im Trend, wobei in den traditionellen Restaurants natürlich nach wie vor auch mittags die volle Menüfolge möglich ist.

Antipasto Misto

Unverändert wird in Italien auf das gemeinsame Abendessen großer Wert gelegt, das immer üppiger ausfällt als das Mittagessen. Die Essenszeiten werden relativ genau eingehalten, Mittagessen von ca. 12.30 bis ca. 14.30 Uhr (danach ist in praktisch allen elbanischen Restaurants die Küche geschlossen), Abendessen nicht vor 20 Uhr. Nur ein einzelnes Gericht zu bestellen geht vielleicht mittags in der Pizzeria, wer abends zum Essen ausgeht, bleibt oft mehrere Stunden am Tisch sitzen und zelebriert mit seiner Tischrunde mindestens vier Gänge. Man fängt mit *Antipasti* (Vorspeisen) an, danach der erste Gang *(Primo piatto)* – meist *Pasta* oder *Risotto* (Nudel- bzw. Reisgerichte) –, der Hauptgang *(Secondo)* mit einem Fleisch- oder Fischgericht *(Carne* bzw. *Pesce)* und Beilagen *(Contorno)*. Es folgen *Formaggio* (Käse), *Frutta* (Obst) und *Dolce* (Süßes), schließlich geht man zu *Caffè* und *Grappa* über – so der vollständige und ideale Verlauf der italienischen Essenszeremonie. Viele Restaurantbesucher essen heute aber weniger, beschränken sich auf Antipasto *oder* Primo und den Hauptgang mit einer Beilage und vielleicht ein Dolce oder Caffè und/oder einen Digestiv.

Alternative fürs kleine Budget ist die *Pizzeria*, in der man getrost nur eine Pizza und ein Getränk bestellen kann.

Preise: Das Essen in besseren *Ristoranti* bzw. *Osterie/Trattorie* ist nicht billig. Für ein Menü à la carte mit drei bis vier Gängen und Wein muss man mit 23–45 € pro Person rechnen – es geht natürlich auch teurer. Viele Restaurants der Insel werben mit einem *Menù turistico* (Touristenmenü), die Preise hierfür liegen bei ca. 18–25 €. Allgemein ist im Preis bereits der Service von 15 % enthalten *(Servizio compreso),* hinzu kommen aber auf alle Fälle noch *Pane e Coperto* (Brot und Gedeck) mit ca. 1,50–3 € pro Person.

Platzwahl: Man wartet immer am Eingang, bis man vom Ober einen freien Tisch zugewiesen bekommt. Selbstverständlich kann man auch Wünsche äußern. Achtung: In einigen In-Restaurants der Insel sollte man für die Abende der Hochsaison dringend einen Tisch reservieren! Die Telefonnummern der Lokale sind bei den entsprechenden Ortstexten angegeben.

Gastro-Konversation: Die in Deutschland übliche, in der Regel eher rhetorische Höflichkeitsfrage, ob es denn geschmeckt habe, spart man sich in Italien, man geht einfach davon aus, dass dem so war. Stattdessen fragt der Kellner nach dem Essen mit „Posso, signori?", ob er abräumen kann. Nachtisch, Obst, Caffè oder Grappa werden in fast allen Restaurants angeboten.

Die **Rechnung** („il conto, per favore!") kommt diskret und verdeckt auf einem Tellerchen, man legt Geld (oder Kreditkarte) darauf und erhält das Wechselgeld zurück. Trinkgeld wird – anders als in Deutschland – nicht zwingend erwartet, wer besonders zufrieden war, lässt jedoch – ebenfalls diskret – ein paar Münzen auf besagtem Tellerchen liegen, als Richtwert gelten ca. 5 % des Gesamtbetrages. Ebenso fremd ist in Italien die Zahlungsweise „jeder für sich". Wenn möglich, sollte man sich den Gepflogenheiten anpassen, zusammen bezahlen und die Rechnung danach teilen. Die Rechnung *(Ricevuta fiscale)* muss per Gesetz beim Verlassen des Lokals mitgenommen werden und bei eventuellen Kontrollen der Finanzpolizei vorgezeigt werden.

Speisekarte *(la lista* oder *il menù):* In den meisten elbanischen Restaurants zweisprachig (ital./engl.), oftmals auch auf Deutsch. Oft sind zusätzlich zur Speisekarte auch noch einige Tagesgerichte im Angebot.

Wer ein eigenes Appartement mit Kochgelegenheit zur Verfügung hat, kommt sicherlich preiswerter weg. Doch ist auch der Einkauf von Lebensmitteln, Obst und Gemüse auf Elba teurer als auf dem italienischen Festland. In Portoferraio (siehe dort unter „Einkaufen") gibt es u. a. einen großen COOP- und einen Conad-Super-

Frühstücksbuffet in einem B & B bei Portoferraio

Essen und Trinken

markt, in denen sich Selbstversorger relativ günstig eindecken können. Riesige Auswahl an Obst und Gemüse, große Fischtheke. Obst, Gemüse und andere Lebensmittel kann man auch günstig auf dem wandernden Inselmarkt (→ S. 79) einkaufen.

Die Lokale

Die Bezeichnungen *Ristorante, Trattoria, Osteria* etc. sagen noch nichts über die Qualität des Essens aus – und auch nicht über die Preise; die Unterschiede zwischen den einzelnen Gattungen verwischen außerdem zusehends Lediglich bei der *Pizzeria* kann man von einem moderaten Preisniveau ausgehen. Auch der Zusatz *Cucina casalinga* (nach Hausmannsart) lässt in aller Regel auf schmackhaftes Essen zu ehrlichen Preisen schließen. Gemeinsam haben fast alle Lokale zumindest in der Nebensaison einen Ruhetag, der am Eingang angeschlagen ist.

Ristorante: Das gediegene und teure Speiselokal, das man seine Freunde oder Geschäftspartner ausführt. Das Ristorante gibt es auch in Kombination mit der Pizzeria (Pizza gibt es meist nur abends), in aller Regel ist diese Version des Ristorante die wesentlich preisgünstigere.

Trattoria: Eigentlich der einfache, bodenständige Familienbetrieb mit regionaler Küche. Mittlerweile wird der Name aber auch oft von Restaurantbetreibern benutzt, um etwas mehr Ursprünglichkeit zu implizieren. Über die Preise sagt der Name Trattoria folglich nichts, die können von sehr niedrig bis sehr hoch ausfallen, man lese vor einem Besuch unbedingt die Speisekarte!

Osteria: Im klassischen Sinne selten geworden, einst die volkstümliche Variante der Trattoria, traditionell das Gasthaus um die Ecke, die es auf der Insel mittlerweile jedoch überwiegend in der schicken Variante gibt: Hinter dem Begriff verbirgt sich nicht selten ein sehr teures und gestyltes Restaurant.

Pizzeria: Für alle, die kein Risiko eingehen und etwas Vertrautes essen möchten. Die Auswahl ist in der Regel groß – ob Pizza Margherita oder Quattro Stagioni, sie kommt fast immer aus dem Holzofen (*forno al legno*). Meist trifft man auf die Kombination Pizzeria/Ristorante, dann gibt es außer Pizza auch Nudel- und Hauptgerichte. Nicht selten werden solche Lokale von Familien und Jugendlichen frequentiert, sind also u. U. entsprechend lebhaft bis laut.

Enoteca/Vinaio: Weinlokal mit großem Angebot regionaler und überregionaler Weine. Man isst ein paar Snacks (meist kalt, dazu oft auch wechselnd ein paar warme Gerichte/Pasta) und trinkt sich durch die Weinkarte.

Birreria: Hier wird nicht nur getrunken, es werden auch ganze Mahlzeiten serviert.

Man trifft sich zum Essen und Biertrinken. Auf Elba selten.

Tavola Calda/Rosticceria: Eine Art Garküche, den ganzen Tag über warm gehaltene Speisen (viele Nudelgerichte), oft auch zum Mitnehmen. Nur wenige Tische und Stühle, meist schlichte Einrichtung, günstig.

Bar: Weit verbreitet, quasi jedes Dorf der Insel hat eine. Tagsüber, um im Vorübergehen einen *Caffè* zu trinken, ein paar Worte zu wechseln und die Mittagspause zu verbringen; abends ist die Bar allgemeiner Treffpunkt. Sitzgelegenheiten sind traditionell eher rar, den *Caffè* konsumiert man am chromblanken Tresen stehend. Vorher zahlt man an der Kasse, und legt dann den *Scontrino* (Bon) dem Barmann vor. Meist gibt es auch eine kleine Auswahl an *Pasta* (Gebäck) und *Panini* (belegter Brötchen) in der Vitrine.

Caffè: Entspricht am ehesten den mitteleuropäischen Vorstellungen eines Cafés, obwohl die Übergänge zur Bar fließend sind. Meist an der *Piazza* eines Ortes in exponierter Lage, mit zahlreichen Tischen und Stühlen im Freien. Wenn man Platz nimmt (auch im Caffè kann man übrigens im Stehen am Tresen trinken) sind die Preise in aller Regel ziemlich hoch, am günstigsten fährt man noch mit einem Gläschen Wein. Gelegentlich mit angeschlossener *Pasticceria* (Konditorei), oft wird auch *Gelato* verkauft.

Gelateria: Die Eisdiele, oftmals nur ein Straßenverkauf. Die besten Gelaterie erkennt man an der Länge der anstehenden Schlange. Unzählige Sorten an leckerem *Gelato*, oft gibt es auch *Granita*, eine Art Sorbet mit Fruchtpüree.

Weine und Spirituosen

Alles Wissenswerte zur Geschichte des Weinbaus und den besten Anbaugebieten der Insel finden Sie im Kapitel „Die Weine der Insel" auf S. 28. Die Winzer der Insel machen darauf aufmerksam, dass auch Weine von außerhalb (z. B. Sizilien) auf Elba abgefüllt werden und auf dem Etikett dann den entsprechenden Vermerk tragen: *Imbottigliato all'Elba*. Echten Elba-Wein versprechen auf alle Fälle die Flaschen mit dem DOC-Etikett.

Elba Bianco DOC (Procanico): Trockener Weißwein, gelbliche Farbe. Zu Vorspeisen und Fischgerichten.

Elba Rosso DOC (Sangioveto): Trockener Rotwein. Vor allem zu Fleischgerichten.

Aleatico Passito DOCG: Schwerer, süßer Wein von dunkelroter Farbe. Wird als Dessertwein getrunken. Der einzige der Insel mit DOCG-Appellation.

Moscato: Schwerer, süßer Wein, bernsteinfarben. Als Aperitifwein oder zum Dessert.

Auf der kleinen Insel gibt es zahlreiche Weingüter, auf denen man z. T. auch verkosten und einkaufen kann. Zu den bekanntesten zählen die *Fattoria Acquabona* (Loc. Acquabona), ✆ 0565/933013, www.acquabonaelba.it, die *Azienda Agricola Sapereta* (Porto Azzurro, Ortsteil Mola), ✆ 0565/95033, www.sapereta.it, und die *Azienda Agricola La Chiusa* (Magazzini), ✆ 0565/933046, www.tenutalachiusa.it.

Grappa & Co: Der italienische Nationalschnaps wird natürlich auch auf Elba gebrannt. Verkauft werden sowohl einjährige als auch mindestens dreijährige *(Stravecchia)*. Den *Grappa dell'Elba* bekommen Sie in den Enotheken und Feinkostgeschäften der Insel. Besondere Erwähnung verdienen an dieser Stelle auch die Liköre der Insel: *Limoncino* (Limoncello) und *Arancino*, Zitronen- und Orangenlikör aus elbanischem Anbau. In den Weinhandlungen der Insel erhältlich.

Am Strand von Marina di Campo

Elba sportlich

Elba ist die Badeinsel par excellence, aber auch Segler und Taucher finden hier optimale Bedingungen, Surfer zieht es vor allem in die Buchten im Süden. Wem der feste Boden mehr zusagt, wandert oder fährt mit dem Mountainbike.

Zahlreiche Urlauber genießen auf der Insel die Mischung aus Natur, Aktivität und entspanntem Stranddasein. Viele Segelanfänger starten von Elba aus ihren ersten Törn (Seemeilenbestätigung) und legen in der Folgewoche ihre erste Prüfung ab. Ebenso bieten die zahlreichen – teils recht renommierten – Tauchschulen Anfängerkurse an, man kann z. B. das Brevet *Open Water Diver (Padi)* erwerben. Neben den erwähnten Wanderern und Mountainbikern können auch Tennisspieler und Golfer auf Elba einen ausgefüllten Urlaub verbringen.

Baden

Die schönsten Strände befinden sich zweifelsohne im Süden Elbas: Hier warten gleich drei größere Sandbuchten (*Lido di Capoliveri*, *Lacona* und *Golfo di Campo*), die den faulen Tag am Strand ebenso wie ein straff organisiertes Wassersportprogramm ermöglichen; für Familien mit Kindern sind die meist flachen Buchten des Inselsüdens geradezu ideal. Traumhaft sind aber auch die Badestrände im Westen Elbas: Zwischen steiler Felsküste tun sich immer wieder herrliche kleine Sand- und Kiesbuchten auf, wobei hier natürlich die wunderschön gelegene Bucht von *Fetovaia* besondere Erwähnung verdient. Auch an der Nord- und Nordwestküste Elbas finden sich zahlreiche idyllische Buchten, z. B. der winzige *Cotoncello*-Strand von Sant'Andrea im äußersten Nordwesten oder aber die sandige *Biodola*-Bucht ganz in der Nähe der Inselhauptstadt. Baden vor steiler Felskulisse kann man auch an der Küste gleich westlich von Portoferraio: Hier locken besonders das *Capo Bianco* und der traumhafte *Sansone*-Strand (beide Kies).

Weit weniger reizvoll präsentieren sich die Strände im Nordosten, Ausnahmen sind hier der schöne und sogar recht lange Strand von *Cavo* und vielleicht noch die überschaubare Dorfbucht von *Bagnaia*. Sehr ansprechend dagegen die vielen Strände der Halbinsel *Calamita* im Südosten: Beschauliche kleine Sandbuchten und einsame Kiesstrände um den südlichsten Punkt Elbas, die *Punta dei Ripalti*: Hier findet jeder das Passende.

Auf Elba gibt es auch einige abgelegene *FKK-Strände,* die zum Teil nur vom Wasser aus zugänglich sind, z. B. im westlichen Bereich des *Golfo Stella* und in einigen kleinen Buchten der Westküste.

Wer in den Hochsaisonmonaten Juli und August auf der Insel unterwegs ist, wird allerdings kaum die erträumte einsame Badebucht finden. Die Strände sind gut besucht bis sehr voll, manche sind zu größeren Teilen für die angrenzenden Hotels reserviert. Schon bei der Parkplatzsuche stößt man schnell an Grenzen, überdies ist das Parken gerade bei den größeren Stränden fast immer gebührenpflichtig. Findet man doch einen kostenlosen Parkplatz, folgt meist ein längerer Fußmarsch zum Strand. An vielen Stränden werden Sonnenschirme und Liegestühle verliehen, außerdem sind häufig Tretboote, Kajaks und auch Motorboote im Angebot. Die Preise für den Strandservice sind hoch: Für einen Sonnenschirm und zwei Liegestühle muss man in der Hochsaison mit ca. 25–30 € pro Tag rechnen. Die *Wasserqualität* ist im Allgemeinen sehr gut, die Strände sind in aller Regel außerordentlich sauber und gepflegt.

Die Badesaison fängt auf Elba relativ spät an, wer bereits im Mai ein – wahrhaft erfrischendes – Bad nehmen will, muss mit Wassertemperaturen von gerade mal 17 °C rechnen, dafür ist das Meer im Oktober noch über 21 °C warm. Eine Tabelle mit den durchschnittlichen Wassertemperaturen finden Sie im Kapitel „Klima und Reisezeit" (→ S. 24).

Stichwort Quallen: Leser berichteten uns von ihren Erfahrungen mit Quallen (italienisch: *medusa*), die wir an dieser Stelle weitergeben wollen: Zu schmerzhaften Begegnungen kam es in den letzten Jahren vereinzelt an den Stränden von Innamorata und Morcone bei Capoliveri, bei Nisportino und vor allem bei Sant'Andrea, fast immer bei auflandigem Wind und oft auch während und nach dem *Scirocco*. Fragen Sie im Zweifel die anderen Strandbesucher, ob aktuell Quallen gesichtet wurden!

Im Mittelmeer kommen die Nesseltiere immer wieder gerade auch im seichten Wasser in Strandnähe vor. Bei der Berührung mit der leicht lilafarbenen Leuchtqualle sind meist heftige Hautreaktionen mit Schwellungen und Blasen die Folge, teilweise auch Schwindel, Übelkeit, Kopfschmerz und Kreislaufprobleme. Bei großflächigem Kontakt mit den Nesseln sollte man einen Arzt aufsuchen, kleinere und leichtere Verbrennungen können oft auch selbst behandelt werden: Stelle mit Meerwasser begießen (auf keinen Fall Süßwasser!), dann trocknen lassen, eventuelle Reste der Tentakel mit einer Pinzette entfernen oder mit einer Kreditkarte o. Ä. abkratzen (auf keinen Fall mit der bloßen Hand!), danach die Haut mit Eis kühlen. Die schlechte Nachricht am Schluss: Experten gehen davon aus, dass das Quallenaufkommen im Mittelmeer steigen wird. Grund dafür sei die Klima- und Meereserwärmung und das dadurch veränderte Ökosystem des Meeres.

Ausflugsboote

Gutes Angebot auf der ganzen Insel: Inselrundfahrten (auch mit dem Glasbodenboot), Ausflüge zu den Grotten und an die *Costa dei Gabbiani* sowie Fahrten zu den Inseln *Capraia, Pianosa* und *Giglio* (z. T. mit Umrundung der Insel *Montecristo),* im Sommer werden auch Tagesausflüge nach *Bastia* (Korsika) angeboten. Die Ganz- und Halbtagstrips kosten etwa 30–35 € pro Person, Kinder bis zwölf Jahre zahlen oft nur die Hälfte. Die Boote sind in der Regel recht klein, und bei bewegter See kann es mitunter etwas schaukelig zugehen – der Kapitän hat Spucktüten dabei. Nähere Informationen finden Sie auch unter den jeweiligen Ortstexten. Bootsausflüge werden ab Portoferraio, Porto Azzurro, Marina di Campo und Marciana Marina angeboten.

Beach-Volleyball

Neben einigen Netzen an Hotelstränden außerdem Möglichkeiten an den Stränden von Rio Marina, Lacona und Marina di Campo (bei den Strandbädern *Bagni Tropical* und *Bagni Capriccio).*

Freeclimbing

Für das Klettern gibt es auch auf Elba einen Club, mit dem man am besten Kontakt aufnimmt: *Elba Free Climbing Club,* Loc. Antiche Saline, 57037 Portoferraio (LI), ✆ 0565/917140 oder 0565/967016, der Ansprechpartner ist Renato Bardi. Informationen auch im *Hotel Ilio* in Sant'Andrea, ✆ 0565/908018, www.hotelilio.com.

Kletterfelsen befinden sich bei Sant' Andrea, Marciana Alta (Madonna del Monte), am Monte S. Bartolomeo (Pomonte) und an der Costa dei Gabbini auf der Halbinsel Calamita.

Golf

Etwa 7 km südöstlich von Portoferraio (Abzweig von der Straße nach Porto Azzurro) gibt es eine 9-Loch-Anlage. Betreiber ist der *Elba Golf Club dell'Acquabona,* Loc. Acquabona, 57037 Portoferraio, ✆ 0565/940066, www.elbagolfacquabona.it. Das Greenfee (9-Loch) kostet in der Hochsaison 45 € am Tag, in der Nebensaison 40 € (18-Loch: 60/55 €). Gäste bestimmter Hotels (z. B. *Airone, Fabricia, Biodola, Hermitage* und *Mare)* erhalten Sonderkonditionen. Im Sommer wird auch Einzelunterricht für Nichtmitglieder angeboten. Ganzjährig geöffnet.

In der Biodola-Bucht findet man den *Golf Club Hermitage,* eine 9-Loch-Anlage, Infos unter ✆ 0565/9740, www.golfhermitage.it.

Elba-Impressionen

Mountainbiken

Es gibt auf Elba mehrere ausgewiesene Mountainbike-Routen, die als solche auch in der Kompass-Inselkarte (→ „Wissenswertes von A bis Z/Landkarten und Literatur", S. 83f.) gekennzeichnet sind. Routen führen z. B. um die *Halbinsel Calamita* (Schwierigkeitsgrad: leicht/mittel, 20,5 km) oder rund um den *Monte Capanne* im Westen der Insel (anspruchsvoll, 19,8 km). Das entsprechende Gerät leiht man sich am besten (sofern man das Bike nicht bereits von zu Hause mitgebracht hat) bei den spezialisierten Vermietern in mehreren Orten der Insel (dort unter dem Stichwort „Adressen"). Auf Elba werden selbstverständlich auch „normale" Fahrräder vermietet, jedoch sind die überwiegend bergigen Strecken für Ungeübte teilweise recht anstrengend.

Nordic Walking

Bei *Il Viottolo* in der Via Fucini 55, 57034 Marina di Campo, ✆ 329/7367100, www.ilviottolo.com. Im Angebot halb- und ganztägige Touren (30–40 €) sowie auch Wochenendtouren (250 €, inkl. zwei Übernachtungen mit Halbpension).

Reiten

Es gibt mehrere Reitställe auf der Insel, die für Touristen Ausritte anbieten. Entgegen anders lautender Aussagen der Unternehmer sollte man nicht unbedingt blutiger Anfänger sein, wenn man einen Ritt quer durch die elbanische Hügellandschaft unternimmt. Erfahrene Reiter haben auf den gepflegten und lebhaften Maremma-Pferden allerdings ihre Freude und können wirklich herrliche Ausritte erleben. Die Preise liegen bei etwa 25–30 € für einen etwa zweistündigen Ritt.

Centro Ippico Costa dei Gabbiani, Englisch und Western, Loc. Ripalte (Costa dei Gabbiani), ✆ 0565/94211. Mai bis Okt. geöffnet.

L. E. Farms, Western, Loc. Literno (Campo nell'Elba), ✆ 0565/979090 oder 339/3147179 (mobil). Juni bis Sept. geöffnet.

Seekayak

Hier reicht das Angebot von der gemütlichen Paddeltour am Nachmittag bis zur hochambitionierten Inselumrundung, Erstere unkompliziert beim Bootsverleiher am Strand, Letztere mit entsprechendem Equipment und kundiger Führung. Großer Veranstalter auf der Insel für längere Seekayaktouren mit breit gefächertem Angebot ist *Il Viottolo* in der Via Fucini 55, 57034 Marina di Campo, ✆ 329/7367100, www.ilviottolo.com. Außerdem *Sea Kayak Italy*, Via delle Sette 12, 57033 Marciana Marina, ✆ 342/5610677, www.seakayakitaly.it.

Segeln

Die Insel Elba ist ein nahezu perfekter Ausgangspunkt für Segeltörns im Tyrrhenischen Meer: Mehrere Charterflotten sind hier genauso beheimatet wie deutschsprachige Segelschulen. Elba verfügt aber auch über gut ausgestattete und sichere Häfen mit allen Einrichtungen.

Dem erfahrenen Segler bieten sich Törns nach Giglio und Capraia, den kleineren Inseln des Toskanischen Archipels an. Auch die Halbinsel Argentario mit den Häfen Porto Santo Stefano, Porto Ercole und Cala Galera bietet lohnenswerte Törnziele. Bei guter Wetterlage reizt aber die meisten Skipper ein Törn nach *Korsika*. Nur etwa 40 Seemeilen entfernt warten die Häfen Bastia und Macinaggio auf die

Segler aus Elba, wo mit Pastis und korsischem Wein eine gelungene Überfahrt zu feiern ist. Im Zuge des europäischen Zusammenwachsens brauchen Segler auch keine Zollformalitäten für Italien und Frankreich mehr über sich ergehen zu lassen. Somit steht einem Elba-Korsika-Törn fast nichts mehr im Wege.

Die *Charteryachten* sind nach italienischer Rina ausgerüstet, d. h. alle erforderliche Sicherheits- und Navigationsausrüstung ist an Bord; auch deutschsprachige nautische Literatur und Seekarten. Voraussetzung sind natürlich der amtliche Sportbootführerschein See sowie der SKS (Sportküstenschifferschein) und im eigenen Interesse eine größere Erfahrung in Umgang mit Hochseeyachten. Denn dieses Segelrevier sollte auch im Hochsommer nicht unterschätzt werden: Plötzliche, ohne Vorwarnung auftretende Mistral- und Sciroccowinde in Sturmstärke können unerfahrene Segler in große Schwierigkeiten bringen. Wem die nötige Erfahrung fehlt, sollte sich lieber auf einer Yacht mit Skipper einmieten; oder man bucht direkt bei einer der Segelschulen einen Ausbildungstörn. Erfahrene Schiffsführer kennen die Gefahren, vermitteln das Segelhandwerk und laufen natürlich auch einsame Buchten und Ankerplätze an, die der Laie nicht kennt. Zu empfehlen sind das Frühjahr und der Herbst, im Juli und August ist es sehr schwer, in den Häfen gute Liegeplätze zu finden.

Segler vor Elbas Küste

Für *Jollensegler* bieten sich in Elba mehrere geschützte Buchten mit Sandstränden an. Hier wehen auch in den manchmal sehr windarmen Sommermonaten erfrischende thermische Winde, die für Jollensegler herrlichen Segelspaß bedeuten. An einigen Stränden im Süden finden Sie Surfbrett- und Jollenverleiher. Die größeren Strände verfügen über abgeteilte Zonen für Schwimmer. Schmale Bojengassen sind für die Jollensegler zwischen diesen Zonen zwecks Anlandung vorgesehen. Schwimmwesten sind obligatorisch.

Segelschulen Es existieren allein vier deutsche Segelschulen auf Elba, alle bieten DSV-Segelscheinkurse für Jollen und Seesegeln an. Auch können auf Anfrage Jollen und Yachten gemietet werden.

DHH-Yachtschule Elba – Le Grotte del Paradiso, Loc. Le Grotte, 57037 Portoferraio, ✆ 0565/933329. In Deutschland: Deutscher Hochseesportverband „Hansa" e. V., Rothenbaumchaussee 58, 20148 Hamburg, ✆ 040/44114250, www.dhh.de.

Segel Club Elba, Christian Renner, Loc. Magazzini 12, 57037 Portoferraio, ✆ 0565/ 933288. In Deutschland: Postfach 300327, 51413 Bergisch-Gladbach, ✆ 089-64167880, www.segel-club-elba.de.

Segelzentrum Elba, Gereon Verweyen, Loc. Bagnaia, 57037 Portoferraio, ✆ 0565/ 961090. In Deutschland: Sürther Hauptstr. 211, 50999 Köln, ✆ 02236/65505, www.segelferien.de.

Segelschule Elba Charter, Procchio, ✆ 380/ 5038147, www.segelschule-elba.de.

Charterfirmen Sun Charter, Portoferraio/Werft, neue Jeanneau-Yachten (Sun

Odyssey), ☎ 0565/944186   oder 335/8132040, www.suncharter.de.

Segelschule Elba Charter, Jeanneau- und Beneteau-Yachten,   57030   Procchio, ☎ 334/3793949, www.segelschule-elba.com.

Buchungsadressen in Deutschland **Charterwelt GmbH**, ☎ 089/8299880, www.charterwelt.de.

Sun Charter, Am Gries 17 c, 82515 Wolfratshausen, ☎ 08171/29905, www.suncharter.de.

Die alten **Stadthäfen** von Portoferraio, Porto Azzurro und Marciana Marina sind nicht nur für die Landurlauber ein malerischer Anziehungspunkt: Oft total mit Yachten überfüllt, muss der fremde Skipper erst einmal lernen, mit den italienischen Verhältnissen klarzukommen. Die Plätze werden hier nicht vom Hafenmeister zugewiesen; es gilt das Recht des Erstankömmlings. Auch wird hier mit Anker rückwärts angelegt. Für Nordsee- und Ostseesegler kein leichtes Manöver.

Häfen: Stadthafen Portoferraio, zwei Marinas und Bootswerften sind an der gleichnamigen Bucht gelegen. Außerdem Cavo, Rio Marina, Porto Azzurro, Marina di Campo und Marciana Marina. In diesen Häfen gibt es einige wenige öffentliche Liegeplätze (kostenlos und schnell belegt) und kostenpflichtige Anlagen, in denen man je nach Saison und Länge zahlen muss (bis etwa 100 €/Nacht).

Einreisebestimmungen/Papiere: Für die zeitweise Einfuhr (bis zu zwölf Monate) von Wassersportfahrzeugen bedarf es keiner offiziellen Genehmigung. Lediglich gültige Schiffspapiere, ein Versicherungsnachweis und der amtliche Sportbootführerschein See sowie der SKS sind erforderlich. Weitere Informationen über die italienischen

Fremdenverkehrsämter und den Deutschen Seglerverband.

Wetterberichte: Täglich bei der Capitaneria in Italienisch, oft auch in Englisch. Hochseeyachten müssen mit UKW-Funk ausgerüstet sein, die italienischen Küstenfunkstellen senden regelmäßige Wetterberichte auf UKW auch in Englisch.

Treibstoffversorgung: Zum Teil etwas umständlich. In den Sommermonaten muss man meist sehr lange warten, oft wird der Sprit in Kanistern zum Schiff geholt. Die Wassertankstellen sind nur in Portoferraio und Porto Azzurro zu empfehlen, in Marciana Marina ist es an der Tankstelle sehr flach!

Trinkwasser: Wenden Sie sich an die Capitaneria (Hafenmeisterei).

Tauchen

Gute Möglichkeiten auf der Insel, v. a. im Westen, an der Nordküste und an der *Costa dei Gabbiani* (Halbinsel Calamita). Mehrere Tauchschulen sind auf ganz Elba verteilt, darunter auch einige deutschsprachige. Anfänger können sich relativ unkompliziert an einem Probetauchgang versuchen (z. T. im Pool), Kurse werden für Anfänger und für Fortgeschrittene angeboten. Details bei den entsprechenden Ortstexten.

Taucher am Capo d'Enfola

Tauchschulen Unica Diving, Loc. Magazzini, Werner Nehls, an Bord mobil erreichbar unter ℡ 348/4106761, www.unica-diving.com.

Spiro Sub, Tauchschule von Volker Kammerer in Marina di Campo, ℡ 0565/976102, ℡ 338/2689379, www.spirosub.isoladelba.it.

Omnisub, Barbarossa-Bucht, ℡ 335/5735536 oder 340/8710082, www.omnisub.com.

Enfola Diving Center, Capo d'Enfola, ℡ 347/2713187, www.enfoladivingcenter.it.

Diving Center Porto Azzurro, in Porto Azzurro, ℡ 0565/935166, www.facebook.com/PortoAzzurroDivingCenter.

Aquanautic-Elba, Morcone-Bucht, ℡ 0565/935505, www.aquanautic-elba.de.

Talas Centro Sub, Lido-Bucht, ℡ 0565/933572, ℡ 335/8022027, www.subacquea.com.

Divelba, Lacona-Bucht, ℡ 0565/964329, www.divelba.it.

Diving Center Blu Immersion, Loc. Margidore, Lacona-Bucht, ℡ 0565/964178 oder 393/1095830, www.bluimmersion.it.

Elba Diving Center, Marciana Marina, ℡ 0565/904256 oder 339/7338902, www.elbadiving.it.

Diving Service Center, Seccheto, Hotel La Stella, ℡ 333/3838735 oder 334/9954173, www.divingservicecenter.com.

Flaschenfüllstationen Man wende sich an die Tauchschulen oder an:

Portoferraio: Nautica Sport, Calata Italia 3, und Time Out, Via Manganaro 10; **Porto Azzurro**: Tankstelle; **Capo d'Enfola**: Campingplatz; **Lacona**: am Strand (beschildert); **Marina di Campo**: Ferramenta Tesci, Piazza Vittorio Emanuele 14

Tennis

Sehr viele 3- bzw. 4-Sterne-Hotels haben eigene Tenniscourts. Die Plätze werden, wenn nicht gerade von Hotelgästen belegt, auch an Personen vermietet, die nicht im Hotel wohnen. Weitere Tennisplätze finden Sie in *Portoferraio*: Loc. San Giovanni, ℡ 0565/915366, und Loc. Schiopparello beim Agriturismo Due Palme, ℡ 0565/933017; *Rio nell'Elba*: Tennis Club di Rio nell'Elba, ℡ 328/8087043; *Porto Azzurro*: Tennis Club Porto Azzurro, Loc. Santissimo, ℡ 340/6265104, und Longone Tennis Club, ℡ 0565/957845; *Marina di Campo*: Tennis Club Marina di Campo, Loc. Sighello, ℡ 339/6904930, und Loc. Fetovaia, ℡ 0565/988037; *Marciana Marina*: A.S.D. Sporting Club Marciana Marina, Viale Aldo Moro, ℡ 329/9690629.

Sport-Events auf Elba

Elba Mare Marathon: 60 Meilen Seekajak-Regatta, Ende Juni bis Anfang Juli, Ausgangspunkt ist Marciana Marina. Weitere Infos: www.seakajakitaly.it.

Marelba: alljährlich Mitte/Ende Juni mit zahlreichen Wettbewerben rund um das Wasser: Segeln, Schwimmen, Tauchen, Schnorcheln, Angeln, Kajak, Surfen, Wasserball, Beach-Volleyball etc. Mitmachen kann jeder (Infos und Anmeldung unter: www.marelba.it), großes Rahmenprogramm, Austragungsorte sind der Strand *Le Ghiaie* (Portoferraio) sowie Marciana Marina und Capoliveri.

Elbaman: der elbanische *Ironman*, bestehend aus 3,8 km Schwimmen, 180 km Radfahren und einem vollen Marathon (42 km), immer Ende September auf der Insel, Näheres unter: www.elbaman.it.

Rallye Elba Storico – Trofeo Locman: das Oldtimer-Rennen über die ganze Insel findet alljährlich um den 17. September statt. Laut, zahlreiche Straßen werden stundenweise gesperrt. Infos: www.rallyelbastorico.com.

Wandern

Die Insel ist von vielen landschaftlich oftmals sehr reizvollen Wanderwegen durchzogen. Die Markierungen sind in der Regel gut, und man hat in den letzten Jahren viel für den Ausbau des Wegenetzes getan, z. B. die Teilabschnitte von wuchernder Macchia befreit und alte Markierungen ersetzt sowie naturkundliche Schautafeln angebracht (leider zumeist nur in italienischer Sprache).

Das Niveau reicht von einfachen, gemütlichen Spaziergängen bis zu anspruchsvollen Wanderwegen über Geröll im Gebiet des *Monte Capanne*. Überhaupt stellt die Besteigung des höchsten Bergs (1019 m) im Westen der Insel für viele den bergsteigerischen Höhepunkt auf Elba dar, der Westteil der Insel ist ohnehin der interessanteste für Wanderer. Einige Wanderungen sind durchaus sehr schweißtreibend, wirklich schwierige Kletterpassagen, die umfangreiche alpinistische Erfahrung erfordern, findet man auf der Insel nur selten (z. B. den *Wanderweg 00*, der von Osten auf den Monte Capanne führt), gelegentlich aber einige geröllige, rutschige Stellen, die die Begehung der Pfade erschweren.

Für passionierte Wanderfreunde eine attraktive Möglichkeit, Landschaft und Natur der Insel kennen zu lernen, ist die *Grande Traversata Elbana (G.T.E.)*, die von der Westküste (Pomonte) nach Cavo im äußersten Nordosten der Insel führt. Der Pfad ist insgesamt über 60 km lang und war noch bis ins 20. Jh. – vor dem Ausbau des elbanischen Straßennetzes – eine wichtige Ost-West-Verbindung, die v. a. mit Eseln bzw. Maultieren begangen wurde.

Der gut beschilderte Wanderweg ab *Pomonte* (ein Nebenpfad der G.T.E. beginnt in *Patresi* im äußersten Nordwesten der Insel) führt über den *Monte Capanne* und den benachbarten *Monte Perone* durch das *Valle Literno* (südlich von Procchio) und im Süden an *San Martino* vorbei zum *Cima del Monte* im Nordosten der Insel. Von hier, westlich an *Rio nell'Elba* vorbei, geht es in Richtung Norden nach *Cavo*. Die gesamte Strecke ist in etwa vier Tagesetappen zu bewältigen. Achtung: Entlang der G.T.E.

Wandern – am schönsten im Westen der Insel

gibt es weder Einkehr- noch Einkaufs- und auch keine Übernachtungsmöglichkeiten, also ausreichend Proviant mitnehmen und eventuelle Abstecher (z. B. nach Marciana Alta, Procchio, San Marino oder Rio nell'Elba) in die Planung einbeziehen.

Da auf einigen Routen der Insel die Markierungen noch nicht optimal sind, kann es sich lohnen, auf Kartenmaterial zurückzugreifen. Zur Verfügung stehen u. a. Isola d'Elba – Carta Turistica e dei Sentieri, 1:25.000, Edizioni Multigraphic, Firenze (in Buchläden der Insel), oder aber die Kompass-Karte *Isola d'Elba*, 1:25.000 (vor Ort und im deutschen Buchhandel erhältlich).

 Weitere praktische Informationen zum Thema **Wandern auf Elba** sowie acht detailliert beschriebene Tourenvorschläge finden Sie im *„Kleinen (Rad-)Wanderführer"* am Ende dieses Reisehandbuchs (ab S. 244).

Windsurfen

Zum Teil sind die Surfschulen den Segelschulen der Insel angeschlossen. An den Stränden der Insel finden sich jedoch noch wesentlich mehr Surfschulen, manche bieten eine ganz hervorragende Ausbildung und bestes Equipment, es gibt aber auch provisorisch errichtete Buden am Strand – im Prinzip oft nur ein besserer Bretterverleih! Details zu Verleihern und Schulen bei den jeweiligen Ortstexten.

Elba mit Kindern

Die feinen, flachen *Sandstrände* im Süden der Insel sind ein wahres Kinderparadies, trutzige Sandburgen findet man allerorten, Tretboote werden an fast jedem größeren Strand vermietet. Für angehende Freischwimmer (und alle anderen): Als Grenze zwischen dem seichten und dem tieferen Wasser sind an den größeren Stränden auf Höhe von 1,60 m Wassertiefe weiße Bojen angebracht, rote Bojen befinden sich 200 m von der Strandlinie und markieren die Schifffahrtsgrenze.

Darüber hinaus bietet die Insel neben der „Piccola Miniera", der kindgerecht aufbereiteten Stollenfahrt in Porto Azzurro (→ S. 146), neuerdings auch eine „echte" Stollenbesichtigung am bzw. im Monte Calamita (→ S. 162). Bei Marina di Campo wird besonders für Familien mit Kindern *Eselstrekking* angeboten: Somareria dell'Elba, Traversa di Via Filetto 421/b, 57034 Campo nell'Elba, ℡ 338/4215060, www.somareriadellelba.com. Wer es schneller und mit mehr PS will, findet an der Verbindungsstraße zwischen Marina di Campo und Procchio die *Go-Kart-Bahn* „Isola dei Pirati", Loc. Contaccia 6, 57034 Campo nell'Elba, ℡ 0565/978012, www.isoladeipirati.it.

Die *Sommerkinos* der Insel bieten in der Regel auch ein Kinderprogramm (Flyer hierzu bei den Tourist-Infos).

Wer mit ganz kleinen Kindern nach Elba fährt, findet in den großen Supermärkten in Portoferraio (u. a. *Conad*) eine ausreichende Auswahl an Säuglingsnahrung. Größere Kinder bekommen im Restaurant oft ein günstiges Kindermenü angeboten, in vielen Hotels schläft der Nachwuchs bis zu einem bestimmten Alter umsonst mit im Zimmer der Eltern.

Wissenswertes von A bis Z

Ärztliche Versorgung

Der offizielle Weg zu ärztlicher Hilfe führt für gesetzlich Versicherte aus Deutschland über die *European Health Insurance Card (EHIC)*, die in der 2013 flächendeckend eingeführten Gesundheitskarte enthalten ist. Mit der EHIC kann man im europäischen Ausland direkt zum Arzt gehen, ohne dabei die Kosten vorstrecken zu müssen. Theoretisch zumindest, denn viele Ärzte behandeln nicht im Rahmen des staatlichen Gesundheitssystems, sodass man die Behandlung oftmals bar bezahlen muss. Gegen Vorlage einer detaillierten Quittung *(ricevuta)* des behandelnden Arztes einschließlich Übersetzung werden die Kosten allerdings zu Hause erstattet. Nähere Auskünfte erteilen die Krankenversicherungen. Wer ganz sicher gehen will, sollte eine – in der Regel sehr günstige – *private Auslandskrankenversicherung* abschließen. Sie deckt neben den Arzt- und Arzneimittelkosten auch den Rücktransport nach Hause ab.

Im akuten Fall ist für Bürokratie ohnehin keine Zeit und man ist gezwungen, die Kosten vorzustrecken. Erste-Hilfe-Behandlungen in staatlichen Krankenhäusern sind kostenlos. In größeren Touristenorten (v. a. an der Küste) gibt es in den Sommermonaten (15. Juni bis Anfang September) oft auch eine Erste-Hilfe-Station der *Guardia Medica Turistica*, bei der man Bagatellfälle gegen einen geringen Betrag behandeln lassen kann. Diese Erste-Hilfe-Stationen wechseln jährlich, man wende sich im jeweiligen Ort an die Tourist-Information (oder die Hotelrezeption etc.), dort wird Ihnen die aktuelle Adresse genannt.

Apotheken: Die *Farmacia* kann bei kleineren Problemen den Arzt ersetzen. Viele Medikamente sind rezeptfrei erhältlich. Die Apotheken sind in der Regel Mo–Fr 9– 12.30 Uhr und 16–19.30 Uhr geöffnet (oder 17–20.30 Uhr), Sa 9–13 Uhr.

Farmacia di turno: die Not- und Wochenenddienste sind an jeder Apotheke angeschlagen.

Erste-Hilfe-Station (Soccorso medico ur-gente): Nur in Portoferraio, Ospedale Loc. San Rocco, ☎ 0565/926111. Nur wenige Ärzte sprechen Englisch (oder Deutsch), sodass man gerade im Notfall jemanden dabei ha-ben sollte, der auch Italienisch spricht, zumindest aber ein Wörterbuch.

In den anderen Gemeinden stehen unter der Woche die niedergelassenen Ärzte zur Verfügung (Infos hierzu in den Tourist-Infor-mationen oder an der Hotel-/Campingplatz-rezeption), abends, am Wochenende und an Feiertagen gilt die zentrale Notrufnum-mer ☎ 800/064422. Das Krankenhaus in Portoferraio ist unter ☎ 0565/938511 oder 0565/926111 zu erreichen. Unter diesen Nummern kann man Ihnen auch den nächst-gelegenen diensthabenden Arzt nennen.

Notruf (Soccorso pubblico di emergenza): ☎ 112 wählen (in ganz Italien inkl. Elba), die Adresse nennen und um Hilfe *(Pronto soc-corso)* bitten – die Polizia am anderen Ende der Leitung schickt dann die Ambulanz. Notarzt und Krankenwagen unter ☎ 118.

Baden → S. 69f.

Einkaufen

Nicht gerade günstig, egal, was man auf der Insel erstehen möchte, Schnäppchen sind selten, und auch für kulinarische Mitbringsel zahlt man in der Regel nicht wenig. Noble Bekleidungs- und Schuhgeschäfte sowie Seglerausstatter findet man vor allem in Portoferraio, Porto Azzurro und Marina di Campo. Günstiger wird es nur bei den *Saldi* (Schlussverkauf) im Juli/August, Kleidung und Schuhe sind dann oftmals bis zu 50 % reduziert.

Laut Gesetz muss man beim Einkauf, aber auch im Restaurant bzw. Hotel den *Scontrino* (Kassenzettel) bzw. die *Ricevuta fiscale* (Quittung) immer mitnehmen und auch (zumindest kurzfristig) aufheben, um sie bei etwaigen Kontrollen der Fi-nanzpolizei vorzeigen zu können. In der Praxis ist man als Tourist von dieser Vor-schrift jedoch kaum betroffen – Ausnahmen bestätigen die Regel.

Das *Handeln* ist in den Geschäften übrigens völlig unüblich, bei Straßen- und viel-mehr noch Strandhändlern allerdings gang und gäbe.

Der *Inselmarkt* durchreist quasi ganz Elba und macht jeden Tag woanders Station. Verkauft werden jeweils von 9 bis 13 Uhr Schuhe, Kleidung, Haushaltswaren sowie Obst, Gemüse und andere Lebensmittel. Der Wochenplan sieht folgendermaßen aus:

Montag: Rio Marina (Via Palestro)

Dienstag: Marciana Marina (Via Vada) und Rio nell'Elba (Piazza dei Cavatori)

Mittwoch: Marina di Campo (Piazza dei Granatieri) und Cavo

Donnerstag: Capoliveri (Piazza Garibaldi) und Procchio (Via del Mare)

Freitag: Portoferraio (Viale Zambelli)

Samstag: Porto Azzurro (Piazza de Santis)

Sonntag: Lacona und Bagnaia.

Acqua dell'Elba und Algenkosmetik

Das herb-frische Inselparfüm *Acqua dell'Elba* eignet sich ideal als Souvenir für Daheimgebliebene – zu haben sowohl als Herren- und Damenduft, Bade-salz, Duschgel, Bodylotion, Seife etc. Acqua dell'Elba-Parfümerien gibt es mehrfach in Marciana Marina, Capoliveri, Porto Azzurro, Marina di Campo und Portoferraio, nicht zu übersehen. Weitere Infos unter: www.acquadellelba.it.

Die Terme di San Giovanni, eigentlich eine Kuranlage, gibt mittlerweile auch eine Naturkosmetiklinie auf Basis der heilsamen Algen und des Fango-schlamms aus der Lagune von San Giovanni (→ S. 120) heraus, zu kaufen an der Therme selbst, in Marina di Campo (Via Roma 258) und in Marciana Mari-na (Piazza della Vittoria 21).

Eintrittspreise

So wahnsinnig viel gibt es auf Elba nicht zu besichtigen, und die Eintrittspreise für die wenigen Highlights halten sich erfreulicherweise im Rahmen (teuerster Eintritt sind die 8 € für das Kombiticket der beiden Napoleon-Museen). *Freien Eintritt* haben Schüler unter 18 Jahren, Jugendliche von 18 bis 25 Jahre zahlen die Hälfte, eine gesonderte Studentenermäßigung gibt es in der Regel nicht. In Kirchen ist der Eintritt generell frei, für eines der Freilichtkinos der Insel muss man mit ca. 8 € rechnen. Richtig teuer kann es in Diskotheken werden: Eintrittspreise ca. 10–15 €, z. T. ist ein Getränk im Preis inbegriffen.

Feste und Feiertage

Am 15. August, an Mariä Himmelfahrt, wird in ganz Italien *Ferragosto* (→ „Italien macht Urlaub", S. 25) gefeiert. Dieses Hauptfest der Marienverehrung ist außerdem das größte Familienereignis in Italien und Höhepunkt der Urlaubssaison – an diesem Tag sind alle öffentlichen Einrichtungen geschlossen!

Gesetzliche Feiertage Weihnachten (Natale), **Neujahr** (Capodanno) und **Dreikönigstag** (Epifania, 6.1.) wie zuhause. **Karfreitag** (Venerdì santo) ist kein Feiertag, **Ostermontag** (Lunedì di Pasqua) jedoch wie gewohnt. Am **25. April** ist *Anniversario della Liberazione*, Tag der Befreiung (von der deutschen Wehrmacht). **1. Mai**, selbstverständlich auch hier *Festa del Lavoro.* **Pfingsten** (Pentecoste) – nur der Sonntag.

2. Juni, Tag der Republikgründung (Fondazione della Repubblica). **15. August**, Ferragosto (→ oben) – absolutes italienisches Hauptfest! **1. November**, Allerheiligen (Ognissanti), wie bei uns. **8. Dezember**, Mariä Empfängnis (Immacolata Concezione).

Regionale Feiertage und Veranstaltungen **29. April**, San Cristino in Portoferraio. **1.–3. Mai**, kleine Wallfahrt zur Madonna del Monte (Marciana Alta). **5. Mai**, Messe zum Todestag Napoleons in der Chiesa della Misericordia in Portoferraio. **Mitte Mai**, Festa del Cavatore (Fest der Minenarbeiter) in Capoliveri. **Ende Juni**, Premio Letterario Isola d'Elba – Literaturpreisverleihung in Portoferraio. **15. Juli**, San Giacomo e San Quirico in Rio nell'Elba. **7. August**, San Gaetano in Marina di Campo. **12. August**, Santa Chiara in Marciana Marina. **15. August**, große Wallfahrt zur Madonna del Monte (Marciana Alta). **16. August**, San Rocco in Rio Marina. **29. August**, Prozession der Misericordia-Bruderschaft in Portoferraio. **8.–15. September**, Wallfahrten zur Madonna del Monserrato (Porto Azzurro). **Ende September**, Weintraubenfest in Capoliveri.

Weitere Feste und Veranstaltungen bei den jeweiligen Ortstexten.

Geld

Dank einheitlicher europäischer Währung im Prinzip wie zu Hause, Bargeld bis zu 400 € pro Tag gibt es an jedem Geldautomaten (mit mehr oder minder hoher Auslandsgebühr: mit EC-Karte ca. 4,50 €, mit Kreditkarte 4 % des Betrages, mindestens aber 5 €), ansonsten zahlt man natürlich auch auf Elba zunehmend mit EC- bzw. Maestro-Karte oder mit der Kreditkarte.

Achtung: Manche Banken belegen ihre EC-Karten mit einer **Barabhebungsbeschränkung für das Ausland** (teilweise nur 300 €/Woche), die man vor Antritt der Reise zumindest zeitweise aufheben lassen muss.

Im Notfall:
Sperrung der Kreditkarte

Bei Verlust von Geldkarte, Kreditkarte, Reisechecks etc. sollte man diese sofort telefonisch sperren lassen, nach Deutschland unter den Notrufnummern ☎ 0049-116116 oder 0049-30-40504050; man wird dann an die jeweilige Bank weitergeleitet. Österreichische EC-/Maestro-Karten können unter ☎ 0800-2048800 gesperrt werden, Schweizer USB-Karten sperrt man unter ☎ 0041-44-8283135, Credit-Suisse-Karten unter ☎ 0041-800800488.

Der freundliche Vierbeiner wird Bolanos Skulptur aus anderen Gründen zu schätzen wissen

Hunde

Wohlerzogene, gepflegte und freundliche Hunde sind auf Elba und den anderen toskanischen Inseln gern gesehene Gäste und dürfen in aller Regel mit ins Gartenrestaurant, auch auf Campingplätzen gibt es kaum Probleme. In Hotels und Appartements werden Hunde nur teilweise akzeptiert, in jedem Fall muss man sie aber bei der Buchung mit anmelden. An Stränden mit Strandservice sind Hunde verboten, man muss an einen „freien" Strand ausweichen. Ebenso verboten sind Hunde in der Regel in gehobeneren Restaurants (außer auf der Terrasse, aber auch hier sollte man vorher nachfragen). Leine und Maulkorb muss man immer dabei haben, die Hinterlassenschaft des Vierbeiners im öffentlichen Raum müssen selbstverständlich entfernt werden.

Bei der Einreise nach Italien braucht das Tier ein Tollwut-Impfzeugnis, das mind. 30 Tage und max. zwölf Monate vor Einreise ausgestellt sein muss, ebenso einen EU-Heimtierausweis und eine *Identitätskennung* mit Mikrochip unter der Haut.

Achtung: Generell besteht im Süden Italiens eine erhöhte Ansteckungsgefahr u. a. mit der gefährlichen *Leishmaniose*, einer von Sandflöhen übertragenen Parasiten-Erkrankung, die in fast allen Mittelmeerländern vorkommt.

Sollten Sie vorhaben, in Italien mit der Bahn zu reisen, sollte Ihr Hund möglichst weniger als 6 kg wiegen – dann darf er nämlich im geschlossenen Transportkörbchen auf ihrem Schoß reisen. Wiegt er mehr, wird es kompliziert: Hund und Halter dürfen nur in einem gesonderten Abteil reisen (i. d. R. im letzten Waggon, extra ausgewiesene Plätze), der Hund muss angeleint sein und einen Maulkorb tragen. Neben dem Internationalen Impfpass (EU-Heimtierausweis) ist auch eine Steuerbescheinigung (bzw. Steuermarke) für den Hund mitzuführen. Das Hundeticket kostet die Hälfte des regulären Fahrpreises, Blindenhunde fahren kostenlos. Während der Hauptpendlerzeiten (Mo–Fr 7–9 Uhr) sind Hunde nicht gestattet. Generell nicht mitfahren dürfen Kampfhunde und als gefährlich eingestufte Rassen (u. a. Mastino, Rottweiler, Pitbull, Bullterrier, amerikanische Bulldogge).

Informationen/Fremdenverkehrsämter

Informationsmaterial zu Elba und den Toskanischen Inseln kann man sich auf der Website der ENIT (*Ente Nazionale Industrie Turistiche*) unter www.enit-italia.de als PDF downloaden oder auch per Post zuschicken lassen. Der Versand ist kostenlos.

Italienische Zentrale für Tourismus ENIT, Barckhausstr. 10, 60325 Frankfurt/M., ℡ 004969/237434, frankfurt@enit.it; Mo–Fr 9.15–17 Uhr.

Büro Wien: ENIT – Agenzia Nazionale Turismo, Mariahilferstr. 1b/XVI, A-1060 Wien, vienna@enit.it, ℡ 0043-(0)1-5050248, Di–Do 9–12.30 Uhr.

In Zeiten des Sparzwangs haben viele der staatlichen Tourismusbüros (A.P.T./I.A.T.) in der Toskana geschlossen, einzige offizielle Anlaufstelle ist zurzeit das Büro in Portoferraio (→ S. 93), Info-Pavillons gibt es auch in Marina di Campo und Marciana Marina. Näheres unter den jeweiligen Orten.

Elba im Internet

Es gibt findet zahlreiche Websites, die meist sehr gut aufgebaut sind und Informationen überwiegend auch in deutscher Sprache präsentieren.

www.visitelba.de/it: Offizielle Website der Tourismusorganisation der Insel, auch in deutscher Sprache, sehr hilfreich, viele Infos, Veranstaltungshinweise, Wettervorhersage, Sportangebot etc. Die Unterkünfte sind nach Kategorie und Orten sortiert gelistet (mit Preisangaben!).

www.infoelba.net: Ausführlich und komplett in deutscher Sprache, sehr informativ, zahlreiche Hotels, Camping, Ferienhäuser/-wohnungen, Essenstipps etc.

www.elbalink.it: Zum Großteil in deutscher Sprache, viele Hotels, Restauranttipps, Bilder, sehr detaillierte praktische Infos, Anreisetipps, Verleiher und Reiseagenturen der Insel, Veranstaltungskalender, Wettervorhersage etc.

www.elba.org: Website des *Hotels Ilio* (Sant'Andrea). Auch in deutscher Sprache, ausführliche Infos über das Hotel und den Ort Sant'Andrea, aber auch Sehenswürdigkeiten, Wandertouren und viele andere Sportangebote.

www.enit.it/www.enit-italia.de: Website des italienischen Fremdenverkehrsverbands. Informationen zu Italien allgemein, auch in deutscher Sprache, reichlich Adresslisten, für spezielle Information zu Elba und die Toskanischen Inseln allerdings wenig hilfreich, dafür aber mit großer Linksammlung.

www.toremar.it, www.moby.it, www.blunavytraghetti.com und **www.corsica-ferries.de** sind die Internetadressen der Fährgesellschaften, die nach Elba übersetzen, Toremar zusätzlich nach Pianosa (ab Elba/Rio Marina), Capraia (ab Livorno) und Giglio (ab Porto Santo Stefano). Blu Navy und Corsica Ferries verkehren nur in den Sommermonaten vom Festland (Piombino) nach Elba.

Am Strand von Marciana Marina

Internet/WiFi

Wireless LAN (WLAN) heißt in Italien WiFi und ist in zahlreichen Hotels, auf Campingplätzen und teilweise auch in Bars, Cafés etc. zu finden. Meist macht ein Schild am Eingang auf die WiFi-Zone aufmerksam, WiFi ist in Italien relativ häufig auch kostenlos zu haben („free WiFi" oder „Wifree"). Nur einige wenige Hotels erheben noch Gebühren.

Landkarten und Literatur

Optimal für Wanderer ist die **Reise- und Wanderkarte Insel Elba – Carta Turistica e dei Sentieri Isola d'Elba e Isole dell'Arcipelago** (Nr. 502), 1:25.000, Edizioni Multigraphic, Florenz; im Buchhandel der Insel erhältlich (z. B. bei *Il Libraio* in Portoferraio, → S. 97).

Eine **Kompass-Wanderkarte Isola d'Elba** (WK 2468) im Maßstab 1:25.000 gibt es ebenfalls vor Ort bzw. im deutschen Buchhandel.

Pierangela Pellizza Piras, **L'Isola d'Elba in Cucina**, leider nur auf Italienisch, ebenfalls im Buchladen *Il Libraio* in Portoferraio (→ S. 97) erhältlich, 16 €.

Nicht nur wer einen Bootsausflug Richtung Montecristo plant, sollte sich diesen Klassiker der Literatur auf keinen Fall entgehen lassen: **Der Graf von Monte Christo** von Alexandre Dumas (d. Ä.), 1845/46 entstande-

ner, spannender Abenteuerroman über den jungen Seefahrer Edmond Dantès, der nach 14 Jahren unschuldiger Kerkerhaft fliehen kann, den berühmten Schatz von Monte Christo hebt und Rache für das erlittene Unrecht nimmt.

Für Napoleon-Fans empfiehlt sich die 1995 erschienene Biografie des großen Korsen: **Napoleon, Stratege und Staatsmann**. Der britische Biograf Vincent Cronin zeichnet ein menschliches Bild des Kaisers: der private Napoleon steht im Vordergrund – von der Kindheit auf der benachbarten Korsika bis zu seinem Ende auf der Insel Sankt Helena. 652 spannende Seiten. Heyne-Taschenbuch.

Silvia Avallone, **Ein Sommer aus Stahl**, die Geschichte der Freundschaft zweier junger Mädchen, spielt in Piombino (das hier gar nicht gut wegkommt). 2011, Klett-Cotta Verlag.

Ralf Gréus, **Mit dem Wohnmobil durch die Toskana und nach Elba**, Womo Verlag, Mittelsdorf/Rhön 2014. Neben einer detaillierten Inseltour rund um Elba (mit vielen ebenso detaillierten Stellplatz-Empfehlungen) bietet dieser Guide auch zahlreiche praktische Informationen für Wohnmobilisten.

Marco Lambertini, **Elba unter Wasser**, Schnorchel- und Tauchführer in deutscher Sprache, 1. Auflage 2006. In den Buchhandlungen der Insel erhältlich.

Speziell für (Hobby-) Geologen: **Die Insel Elba und die kleineren Inseln des Tosca-** nischen Archipels. Sammlung geologischer Führer, Bd. 64, von Hans Waldeck. Recht trocken, aber sehr ausführliche und präzise Abhandlung über die elbanische Gesteinswelt mit Exkursionsvorschlägen. Verlag Bornträger, Stuttgart, 1986.

Mostri di Pietra (die Steinmonster von Elba), von Nello Anselmi, ein ungewöhnlicher Bildband mit Aufnahmen belebt erscheinender elbanischer Steine und Felsen. In elbanischen Buchhandlungen und im Hotel Cernia in Sant'Andrea (→ S. 194ff.).

Öffnungszeiten

Grundprinzip ist zumindest im Sommer noch immer die Mittagspause, die Siesta. Dafür hat man abends oft länger geöffnet, wenn die Hitze nachgelassen hat.

Apotheken: → „Wissenswertes von A bis Z / Ärztliche Versorgung", S. 78.

Geschäfte: meist Mo–Fr 8.30/9–12.30/13 Uhr und ca. 15/16–19.30/20 Uhr, Sa 9–13 Uhr. Vor allem Souvenirläden und andere Geschäfte mit touristischem Bedarf schließen ihre Pforten aber erst wesentlich später – je nach Kundeninteresse. Gerade in Ferienorten läuft abends (z. T. bis Mitternacht) ein Großteil vom Umsatz.

Kirchen: von ca. 7–12 Uhr und 16/17–19/20 Uhr, z. T. auch durchgehend geöffnet. Sonntags während der Messen ist natürlich keine Besichtigung möglich.

Museen: grundsätzlich 9–12 Uhr und 16–19 Uhr, im Sommer oft durchgehend 9–19 Uhr, meist Mo geschlossen, Ausnahmen bestätigen die Regel.

Banken: meist Mo–Fr 8.30–13.30 Uhr und 14.30–16.30 Uhr bzw. 15–16 Uhr.

Postämter: Mo–Fr 8.30–14 Uhr, Sa nur bis 13 Uhr.

Post

Die italienische Post genießt nicht den besten Ruf – zumindest wenn es um die Beförderung von Postkarten an die Lieben zu Hause geht. Noch immer ist man nicht selten vor Ankunft der Urlaubsgrüße selbst schon wieder daheim. Der Vermerk „per Eilpost" *(posta prioritaria)* bringt bei Karten und Briefen nichts, da sie generell im Flugzeug befördert werden. Briefmarken *(Francobolli)* kauft man nicht nur bei der Post, sondern in autorisierten Tabacchi-Läden und in Souvenirshops. Das *Porto* für eine Postkarte bzw. einen Standardbrief in das europäische Ausland beträgt derzeit 0,75 €.

Rauchen

Rauchen in öffentlichen Räumen ist in Italien strikt verboten. Zu öffentlichen Räumen zählen Restaurants, Bars, Züge, Krankenhäuser, Post Museen, Wartehallen aller Art (also auch Flughafen und Bahnhöfe), der Arbeitsplatz an sich und Büros mit Publikumsverkehr. Die Zigarette zur falschen Zeit am falschen Ort kann zwischen 27,50 und 275 € Strafe kosten. Wer neben einer Schwangeren oder Kindern raucht, muss sogar mit dem doppelten Bußgeld rechnen. Wird ein Gastwirt mit rauchenden Gästen erwischt, zahlt er selbst ebenfalls ein Bußgeld, das zwischen 220 und 2200 € liegt.

Rechnungen

Was Sie auch kaufen, Sie bekommen immer eine Rechnung (*ricevuta fiscale*) oder einen Bon (*scontrino*). Den Beleg muss man laut Gesetz bis 50 m nach Verlassen des Geschäftes behalten. Kontrollen sind zwar selten, aber nicht grundsätzlich auszuschließen.

Reisedokumente

Für die Einreise nach Italien muss man einen Personalausweis *(Carta d'Identità)* oder Reisepass (*Passaporto*) dabeihaben. Kinder bis zwölf Jahre benötigen einen *Kinderreisepass* (über zwölf Jahre Personalausweis/Reisepass). **Achtung**: Die Möglichkeit, dass Kinder im Pass der Eltern eingetragen sind, gibt es nicht mehr! Kinder und Jugendliche, die ohne Erwachsene reisen, benötigen außer ihrem Ausweis eine schriftliche *Vollmacht* der Erziehungsberechtigten. Autofahrer brauchen Führerschein *(patente di guida)* und Fahrzeugschein *(libretto di circolazione)*, empfehlenswert ist auch die *grüne Versicherungskarte (carta verde)*. **Bei Diebstahl oder Verlust**: in jedem Fall sofort zur Polizei gehen. Falls dies der einzige Ausweis war, den man dabei hatte, bekommt man ein Formular, das zur Heimreise berechtigt. Kopien des verloren gegangenen Papiers sind nützlich und helfen der Polizei bei der Identitätsüberprüfung (Nummer des Passes, ausstellende Behörde etc.).

Einreise mit dem Boot: → „Sport und Freizeit/Segeln", S. 74ff.

Hafenansicht in Portoferraio

Sprache

Viele Elbaner sprechen Englisch, einige auch etwas Deutsch, sodass die Verständigung eigentlich kein Problem ist. Dennoch sollte sich jeder ein paar Worte Italienisch aneignen, die gängigen Begrüßungsfloskeln und Höflichkeitsformeln sitzen relativ schnell. Eine Hilfe dabei kann Ihnen unser kleiner Sprachführer am Ende dieses Buchs sein (→ S. 261). Wer es langfristig ernst meint mit dem Italienischlernen, sollte einen Intensivkurs vor Ort in Erwägung ziehen, Kurse werden auch auf Elba angeboten (→ unten).

Sprachkurse

Egal, ob Sie erste Kenntnisse erwerben wollen oder Ihr Italienisch perfektionieren möchten, vor Ort geht das sicher am besten. Eine Möglichkeit ist z. B. das *A.B.C. – Centro Lingua & Cultura Italiana*, Loc. Bocchetto 1, 57036 Porto Azzurro, ✆ 0565/920155, www.abcelba.com. Ein zweiwöchiger Gruppenkurs mit maximal acht Teilnehmern (vier Unterrichtseinheiten pro Tag, Mo–Fr) kommt auf 360 €, Unterkünfte werden vermittelt oder im Paket mit dem Kurs angeboten.

Eine Alternative ist die Sprachschule *Centro Fiorenza,* sie veranstaltet zweiwöchige Kurse (Gruppen-, Einzel- und Konversationskurse), die z. T. auch als Bildungsurlaub anerkannt werden. Der zweiwöchige Basis-Intensivkurs (20 Wochenstunden) kommt hier auf 390 €. Sitz der Schule ist in Marciana Marina, auch hier werden Unterkünfte vermittelt. Mehr darüber bei Centro Fiorenza, Via Santo Spirito 14, 50125 Firenze, ✆ 055/2398274, www.centrofiorenza.com.

Telefonieren

Wichtiges Accessoire im italienischen Alltag ist das *telefonino* bzw. *cellulare*: also das Handy bzw. Smartphone, mit dem auch pausenlos telefoniert wird. Italienische Mobilnummern sind dreistellig und beginnen mit 3 (z. B. 347, 333 etc.). Funklöcher gehören in aller Regel der Vergangenheit an, nur in sehr abgelegenen Gegenden kann es mal passieren, dass man kein Netz hat.

Dank der schrittweisen Senkung der **EU-weiten Roaming-Gebühren** (ab 30. April 2016: abgehender Anruf 0,05 €/Min., 0,02 € pro SMS und 0,05 € pro Megabyte Datenvolumen, netz- und betreiberunabhängig) bzw. deren Abschaffung zum 15. Juni

2017 ist der Anruf nach Hause auch keine finanzielle Unwägbarkeit mehr. Zu unterschiedlichen Preisen und Konditionen haben die Anbieter auch Auslands-Flatrates im Programm.

Ansonsten gibt es noch immer, aber immer weniger öffentliche Telefonzellen, die mittlerweile fast ausnahmslos mit *Telefonkarten* funktionieren. Die *carta telefonica* kann man für 5 € in Tabacchi- und Zeitschriften-Läden und in Bars kaufen. Vor Gebrauch muss die obere, perforierte Ecke abgebrochen werden. Die *Tarife* für Gespräche (Festnetz) von Italien nach Deutschland, Österreich und die Schweiz sind höher als umgekehrt. Am günstigsten telefoniert man werktags nach 22 Uhr und sonntags.

Internationale Vorwahlen von Italien nach Deutschland: ✆ 0049, nach Österreich: ✆ 0043, in die Schweiz: ✆ 0041. Nach Italien aus dem Ausland: ✆ 0039.

Die Null in der **italienischen Vorwahl** (z. B. 0565 für Elba) muss aus dem Ausland mitgewählt werden, und auch in Italien ist die Vorwahl immer obligatorisch, auch bei einem Ortsgespräch.

Zeitungen/Zeitschriften

Die meistgelesenen italienischen Tageszeitungen sind der mailändische *Corriere della Sera* (eher konservativ), die römische *La Repubblica* (gemäßigt links) und *La Stampa* (politische Mitte) aus Turin; meistgelesene Sportzeitung ist die täglich erscheinende, rosafarbene *Gazzetta dello Sport*. Auf Elba liest man außerdem *Il Tirreno* und die nur einmal monatlich erscheinende Traditionszeitung *Corriere Elbano*.

Typische Boulevardblätter gibt es fast nicht (diesen Part übernehmen wöchentlich erscheinende Regenbogenblätter wie *Gente*, *Di Più*, *Chi* und *Oggi*), und auch die Vertriebsstruktur unterscheidet sich erheblich von den Gepflogenheiten nördlich der Alpen: Die meisten Zeitungen gehen per Straßenverkauf an ihre Leser, der Anteil an Abonnements ist gering.

Überregionale deutsche Zeitungen wie die *Süddeutsche* und die *FAZ* gibt es in größeren Orten meist am Erscheinungstag, und auch der *Spiegel* kommt in den elbanischen Zeitschriftenläden und Buchhandlungen pünktlich heraus.

Zoll

Im Zuge des Binnenmarkts gelten großzügige Richtlinien für die Einfuhr italienischer Waren nach Deutschland oder Österreich. Im privaten Reiseverkehr innerhalb der EU dürfen Waren zum eigenen Verbrauch unbegrenzt mitgeführt werden. Um diese vage Formulierung zu präzisieren und eine Abgrenzung zwischen privater und gewerblicher Verwendung vorzunehmen, gelten folgende Richtmengen pro Person:

800 Zigaretten oder 400 Zigarillos oder 200 Zigarren oder 1 kg Tabak, 10 l Spirituosen, 10 l Alkopops, 20 l Zwischenerzeugnisse bis 22 % Alkoholgehalt (z. B. Campari), 60 l Schaumwein, 110 l Bier, 10 kg Kaffee. Für Wein wurde keine Richtmenge festgelegt.

Bei etwaigen stichprobenartigen Kontrollen muss den Zollbeamten im Falle einer Mengenüberschreitung glaubhaft gemacht werden, dass die Waren tatsächlich nur für den privaten Konsum gedacht sind!

Da die *Schweiz* nicht zur Europäischen Union gehört, ist beim Transit eine freiwillige Deklaration der mitgeführten Waren fällig, wenn die in der Schweiz geltenden Freimengen (250 Zigaretten oder Zigarillos oder Zigarren oder 250 g Rauchtabak, 5 l alkoholische Getränke bis 18% Vol., 1 l alkoholische Getränke über 18% Vol.) überschritten werden. Für Waren, die das Limit überschreiten, muss eine Kaution in Landeswährung hinterlegt werden, die man bei der Ausreise zurückerhält.

Am Strand von Sant'Andrea

Elba und der Toskanische Archipel

Portoferraio-Panorama

Portoferraio

Die quirlige Inselhauptstadt liegt auf einer Landzunge im Nordwesten der großen Bucht von Portoferraio. Sie ist die wichtigste Anlaufstelle der Fähren, Neuankömmlinge landen hier zunächst in der etwas hektischen Neustadt. Die ruhigere Altstadt, das Centro storico, erstreckt sich hinter der Porta a Mare am alten Hafen Darsena den Hang hinauf. Auf der Nordseite der Landzunge laden saubere Kiesstrände zum Baden ein.

In der Stadt leben etwa 12.000 Elbaner, das ist mehr als ein Drittel der Gesamtbevölkerung der Insel. Portoferraio ist etwa stündlich mit der Hafenstadt Piombino an der etruskischen Küste verbunden, im Sommer herrscht reger Fährverkehr, aber auch Kreuzfahrtschiffe und Yachten legen hier an. Letztere ankern im romantischen, hufeisenförmigen alten Hafen *Darsena,* der durch einen von den Medici erbauten Torbogen, die *Porta a Mare,* mit der Altstadt verbunden ist. Die Grenze zwischen der modernen, wenig ansprechenden Neustadt und der idyllischen Altstadt mit ihren winkeligen Gassen bildet das ebenfalls von den Medici errichtete *Forte Falcone,* die Falkenfestung, mit deren Bau im Jahr 1548 begonnen wurde.

Vor allem in den Urlaubsmonaten Juli und August ist die Inselhauptstadt mehr als gut besucht. Kein Wunder, denn an historischen Sehenswürdigkeiten ist Portoferraio überdurchschnittlich gut ausgestattet, neben den zahlreichen Medici-Hinterlassenschaften sind dies vor allem die Napoleon-Residenz *Villa dei Mulini,* die *Pinacoteca Foresiana* und schließlich das *Archäologische Museum* mit den Resten einer römischen Villa am Meer. Auch als attraktives Etappenziel für Kreuzfahrtschiffe hat sich Portoferraio mittlerweile herumgesprochen – an Tagesgästen herrscht kein Mangel.

In Sachen Shopping hat das Inselstädtchen viel zu bieten, zahlreiche schicke Geschäfte befinden sich an der lang gezogenen Hafenpromenade und in der Altstadt rund um die *Piazza Cavour.* Hier und am Yachthafen *Darsena* spielt sich auch das Nachtleben von Portoferraio ab. Und das heißt wie in ganz Italien: Flanieren bis spät in die Nacht hinein. Die Straßen werden zu diesem Zweck für den Verkehr gesperrt, fliegende Händler bauen ihre Stände auf, Straßencafés und Bars sind bis auf den letzten Platz besetzt, und vor den Gelaterien bilden sich lange Schlangen.

Cavo

Capo
d'Enfola

Portoferraio

Rio
nell'Elba   Rio Marina

Sant'
Andrea   Marciana
Marina

Castello
del Volterraio

Madonna
del Monte   Marciana
Alta   Sant Martino
Villa Napoleone   Madonna
di Monserrato

Capanne
1019   Porto Azzurro

Chiessi   Sant' Ilario
in Campo

San Piero
in Campo   Lacona   Capoliveri

Marina
di Campo   Calamita
413

Dennoch lohnt sich ein längerer Aufenthalt in Portoferraio nur bedingt, denn die wenigen Hotels im Zentrum bestechen nicht unbedingt durch Romantik und Komfort. Badefreunde sollten sich daher eine Bleibe an der *Spiaggia delle Ghiaie* oder noch weiter westlich an der *Spiaggia Padulella* suchen: zentrumsnah und dennoch am Strand. Das Preisniveau ist hier jedoch in der Regel eher hoch.

Geschichte

An der Stelle des heutigen Portoferraio siedelten vermutlich bereits die Etrusker und die Griechen. Letztere nannten ihren Ort *Argoos,* da hier der Mythologie zufolge die Argonauten gelandet sein sollen. Unter den Römern entstand dann die Stadt *Fabricia* (von lat. „faber" = Handwerker, Schmied), die zum bedeutenden Handelszentrum wurde. Neben der Verhüttung und Verschiffung von Eisenerz nach Populonia auf dem gegenüberliegenden italienischen Festland spielte die Stadt als geschützter Naturhafen auch eine strategisch wichtige Rolle. Ab dem 1. Jh. v. Chr. verlor die Eisenverhüttung an Bedeutung, u. a. durch die Ausdehnung des Römischen Reiches, wodurch andere Eisenabbaugebiete auf dem nördlicheren Festland erschlossen werden konnten. Fabricia wurde berühmt als Sommerresidenz der römischen Kaiserfamilie. Von dieser glanzvollen Epoche zeugen noch die beiden römischen Villen aus dem 1. Jh. v. Chr.: an der „Linguella", der Landzunge von Portoferraio (beim Archäologischen Museum) und bei „Le Grotte" auf der gegenüberliegenden Seite der Bucht von Portoferraio (leider seit Jahren geschlossen).

Nach dem Ende des Weströmischen Reichs kamen im 6. Jh. die Langobarden und zerstörten zahlreiche Dörfer der Insel. Während des Mittelalters wurde Fabricia in *Ferraia* umbenannt. Die Pisaner, die im 11. Jh. die Macht über Elba ergriffen, setzten den Eisenerzabbau wieder in Gang und gründeten bei Ferraia die Festung Luceri.

Die Zeit der Pirateneinfälle war ab Mitte des 16. Jh. zumindest für Portoferraio vorbei, und die florierende Stadt lebte überwiegend vom Export von Eisenerz und Wein.

Anfang des 17. Jh. war die Insel in drei Herrschaftsbereiche unterteilt: Portoferraio war noch immer im Besitz der Medici (→ Kasten S. 92), *Porto di Longone,* das heutige Porto Azzurro, gehörte zum Einflussbereich der Spanier, und die anderen Teile der Insel besaßen die *Appiani,* die Fürstendynastie von Piombino. Als *Leopold I.* 1765 das Großherzogtum Toskana übernahm, begann für Portoferraio eine Zeit der militärischen und wirtschaftlichen Schwächung: Große Teile der Marine wurden auf das Festland bei Livorno verlegt, und beinahe wäre die Stadt sogar an die Engländer verkauft

Portoferraio – in der Gesamtanlage von den Medici befestigt

Ein Medici als Stadtplaner

Man schreibt das Jahr 1548. *Cosimo I.,* Spross aus dem Florentiner Geschlecht der Medici und Herzog von Florenz, ist erst seit wenigen Tagen im Besitz der elbanischen Hafenstadt Ferraia, als auf seinen Befehl über 1000 Soldaten unter Anleitung der berühmten Baumeister *Giovanni Battista Belucci* und *Giovanni Camerini* ans Werk gehen, um aus dem neuen Besitz eine uneinnehmbare Festung zu machen. Wenige Jahre später – Cosimo herrschte mittlerweile im Prinzip über die ganze Toskana – reiste er höchstpersönlich zur Einweihung seiner Stadt auf die Insel, die zunächst nach ihrem Gründer benannt werden sollte: „Cosmopoli", was ja auch so viel wie „Weltstadt" bedeutet. Der Name wurde jedoch später verworfen, und die Stadt erhielt den Namen, den sie bis heute behalten hat: Portoferraio, der „Eisenhafen".

In rascher Folge entstanden die Befestigungen *Forte Falcone* (Falkenfestung) und *Forte Stella* (Sternenfestung). Die Bauwerke waren durch mächtige Schutzmauern, die bald das gesamte Stadtgebiet durchzogen, miteinander verbunden. Am Ostende des mittlerweile befestigten Hafenbeckens *Darsena* entstand ein achteckiger Turm, die *Torre del Martello* (Hammerturm), von dem aus die Kontrolle sämtlicher ein- und ausfahrender Schiffe möglich war. Zusätzlich zur Sicherung wurden die beiden Stadttore *Porta a Mare* und *Porta a Terra* gebaut, damals die einzigen Zugänge zur Stadt.

Cosimos militärischer Stadtbau, der in nur zehn Jahren quasi aus dem Nichts herausgestampft wurde, hatte weitreichende Folgen für die weitere Geschichte von Portoferraio: Während Piratenüberfälle – wie z. B. unter dem berühmt-berüchtigten *Dragut* – andere Teile der Insel nach wie vor verwüsteten, galt Portoferraio schon nach wenigen Monaten mediceischer Bautätigkeit als uneinnehmbar, was sich dann bald auch in Piratenkreisen herumsprach. In der Folge zog Portoferraio nun die Bewohner anderer Teile der Insel (z. B. aus Capoliveri und Rio nell'Elba) wie auch vom toskanischen Festland zunehmend an. Die Bevölkerung stieg schlagartig an, was von Cosimo u. a. durch Steuervergünstigungen und andere Privilegien unterstützt wurde.

worden. Die kamen aber erst 31 Jahre später, und zwar als Antwort auf die 4000 Mann umfassende französische Truppe aus Toulon, die 1794 ihrer englisch belagerten Heimatstadt entflohen und nach Portoferraio gekommen war. Unter Admiral Nelson nahmen die Engländer die Stadt zwei Jahre später ein 1802 übernahmen die damals verhassten Franzosen die ganze Insel, aus den drei Herrschaftsbereichen wurde erstmals einer.

Als *Kaiser Napoleon* am 3. Mai 1814 in seinem Exil auf der kleinen Insel eintraf, wurde er im Hafen von Portoferraio mit großem Jubel empfangen, und Elba erreichte unverhofft den Höhepunkt seiner Geschichte, von dem die Insel noch heute zehrt (→ „Geschichte Elbas", S. 39f.). Nach Napoleons endgültiger Niederlage bei der legendären Schlacht von Waterloo wurde die Insel 1815 dem Großherzogtum Toskana angegliedert und vereinigte sich 1860 schließlich mit dem neuen Königreich Italien.

Bedeutung erlangte Portoferraio erst wieder im Jahr 1900 mit dem Bau der großen Hochofenanlagen auf dem Gelände, wo sich heute die Schiffswerften befinden. Rund 2000 Arbeiter waren in der Eisen verarbeitenden Industrie beschäftigt, und als es 1910 aufgrund mangelnder Nachfrage zu ersten Entlassungen kam, antworteten die Industriearbeiter mit Streiks. Während der beiden Weltkriege erfuhr die Eisenindustrie nochmals einen Aufschwung; die Hochöfen wurden jedoch durch Luftangriffe der Alliierten 1943 und 1944 weitestgehend zerstört und 1949 endgültig geschlossen. Ein alliierter Luftangriff am 16. September 1943 traf auch Teile der Altstadt und forderte über 100 Todesopfer, ein weiterer Angriff am 19. März 1944 traf den alten Hafen Darsena und hier besonders die Torre del Martello. Nach dem Zweiten Weltkrieg kam es mangels Arbeitsplätzen zu einer großen Abwanderungswelle, die erst in den 1960er Jahren durch den im großen Stil einsetzenden Tourismus gestoppt werden konnte. Seitdem sind die Einwohnerzahlen stabil, zuletzt leicht steigend.

Basis-Infos

Information Ufficio Informazioni e Accoglienza Turistica, im etwas trostlosen, aber klimatisierten Wartesaal der Fähren, allgemeine Auskünfte über Elba; englischsprachig, Prospekte liegen aus, bei Fragen wende man sich an die freundliche Dame hinter der Glasscheibe. Juni bis Sept. Mo–Sa 9–18.30 Uhr, So 10–13 und 15–18 Uhr, sonst nur Mo–Fr 9–13 Uhr, Sa/So geschlossen. Viale Elba 4, ☎ 0565-914671, www.visitelba.info.

Das Info-Büro des **Parco Nazionale dell' Arcipelago Toscano** befindet sich auf dem Viale Elba 4 (Ecke Calata Italia), unweit der Busstation. Allgemeine Informationen über Elba, Broschüren, Inselkarten und Stadtplan zu Portoferraio kostenlos, auch englisch- und deutschsprachig. Während der Saison täglich 9–19 Uhr geöffnet (im August Di und Do sogar bis 22 Uhr), in den Wintermonaten 9–16 Uhr (So nur bis 15 Uhr), ☎ 0565-908231, www.parcoarcipelago.info oder www.islepark.it.

Adressen Das **Ospedale** von Portoferraio befindet sich an der Via G. Carducci, ☎ 0565/926111, **Notruf** unter ☎ 118. Vom 15. Juni bis 15. Sept. gibt es hier auch die *Guardia Medica Turistica*, einen eigens für Touristen eingerichteten medizinischen Service, zu erreichen unter ☎ 0565/926618, geöffnet tägl. 9–13 und 16–19 Uhr. Ab 20 Uhr abends wende man sich an die zentrale Nummer ☎ 800-064422 (auch sonn- und feiertags).

Hafenamt: *Capitaneria di Porto* an der Calata Buccari 10 (Darsena Richtung Torre del Martello), ☎ 0565/914000.

Polizei: Die *Carabinieri* finden Sie auf dem Viale Elba 58, ☎ 0565/922200, **Notruf** unter ☎ 112. Die *Polizia Stradale* (zuständig u. a. für Unfälle) befindet sich in der Via della Cementeria, ☎ 0565/918950, **Notruf** unter ☎ 113.

Post: in der Via Garibaldi 6 in der Altstadt; die Hauptpost der Insel befindet sich in der Via Manganaro 7, weit außerhalb der Innenstadt.

Tauchbedarf: Flaschenfüllung u. a. bei *Nautica-Sport* am Hafen (Calata Italia 3) sowie im Sport- und Tauchgeschäft *Time out* in der Via Manganaro (Verlängerung der Via Carducci stadtauswärts).

Reisebüros An der Calata Italia, z. B. **Tesi Viaggi** (Calata Italia 17, im ersten Stock). Flug- und Fährtickets, Zimmervermittlung, Autoverleih (teurer als die unten genannten), hier können auch Ausflüge (überwiegend per Schiff) gebucht werden. Mo–Fr 9–13 Uhr und 15–19 Uhr (im Sommer 16.30–18.30 Uhr), Sa 10.30–12.30 Uhr (im Sommer auch sonntags vormittags). ✆ 0565/930222, www.tesiviaggi.it.

Telefonieren Die **Vorwahl** für die ganze Insel lautet ✆ 0565 und muss auch vor Ort immer mitgewählt werden.

Autoverleih/Verbindungen/Bootsausflüge

Portoferraio verfügt über ausgezeichnete Busverbindungen, und auch Ausflugsboote warten im Hafen, um Tagesausflügler zu den umliegenden Inseln zu bringen. Auch die Auswahl an Leihwagen, Mopeds und Fahrrädern ist ausreichend. *Achtung*: Wer im Monat August kommt (vor allem um den 15. herum), sollte in jedem Fall reservieren, das gilt besonders für Leihwagen, aber auch für Mopeds bzw. Scooter.

Autoverleih Bei **TWN** (→ „Mopeds & Motorräder"), Fiat 600 für 50 € am Tag (9–19 Uhr), 24 Std. 60 €, 3 Tage 150 €; bei **Rent Mondo** (→ „Mopeds & Motorräder") kostet ein Kleinwagen 45 € pro Tag (9–19 Uhr) bzw. 55 €/24 Std., 3 Tage 155 €. Jeweils ohne Kilometerbegrenzung, Kasko mit 300 € Selbstbeteiligung kostet zusätzlich etwa 10 €/Tag. Bei ein Anbietern gibt es auch Cabrios zu mieten (ca. 20–30 % teurer).

Fahrräder Mountainbikes werden bei **TWN** (→ „Mopeds & Motorräder"), dem größten Anbieter der Insel, für 15 € pro Tag (24 Std.) vermietet, bei **Rent Mondo** (→ „Mopeds & Motorräder") ebenfalls ab etwa 15 € am Tag.

Mopeds & Motorräder Rent Mondo, Scooter (50 ccm) 30 € pro Tag (9–19 Uhr), 24 Std. 40 €, 100-ccm- und 125-ccm-Scooter 40 € (24 Std. 50 €), Motorrad 80 € bzw. 110 € (24 Std.); unbegrenzte Kilometer. März bis Nov. tägl. 8.30–20 Uhr, Via Renato Fucini 6, ✆ 0565/971011 oder ✆ 338/7185735, www.rentmondo.it.

Bei **TWN** kostet ein 50-ccm-Scooter für eine Person 35 € am Tag (9–19 Uhr) bzw. 45 € für 24 Std., ein 100-ccm-Scooter (für 2 Pers.) 40 € bzw. 50 €. Rabatte bei längerer Mietdauer (schon ab 2 Tagen). In der Nebensaison generell ca. 15 % günstiger. Viale Elba 32 (neben dem Busbahnhof), Anfang April bis Ende Okt. tägl. 9–13.30 und 15.30–19 Uhr, ✆ 0565/914666, mobil unter 329/2736412 zu erreichen, www.twn-rent.it. Filialen in Lacona und Marina di Campo. Die Fahrzeuge können bei einer der Filialen zurückgegeben werden, ab drei Tage Mietdauer geht das auch kostenlos.

Fähre Im Sommer bestehen von 5 Uhr bis mind. 20.30 Uhr (an Wochenenden in der Hochsaison bis 23 Uhr) mind. stündlich Verbindungen zwischen Portoferraio und Piombino an der toskanischen Küste, Fahrtdauer 1 Std., mit dem **Aliscafo** (Tragflächenboot, nur Personenbeförderung) in etwa 40 Min.

Preisbeispiel (einfache Fahrt): Erw. ca. 14,50–19,95 €, Kinder bis 12 J. die Hälfte, unter 4 J. frei, Auto ca. 36,50–55,50 €, Motorrad um 20 €, Fahrrad ca. 8 €, Wohnmobil/-wagen 13–15 €/m plus ca. 11 € Hafentaxe, Hund 6 €. Bei frühzeitiger Buchung und besonders außerhalb der Hochsaison werden interessante Spezialtarife angeboten. Diese Spezialtarife sind kontingentiert und daher frühzeitig zu buchen, rechtzeitige Buchung ist auch für die Wochenenden der Hochsaison dringend anzuraten!

Viele Hotels und einige Appartement-Anbieter sowie Campingplätze arbeiten mit einem der Fähranbieter zusammen: In der Regel fährt man damit um einiges günstiger als bei regulärer Buchung. Die Ticketbüros der beiden Fährlinien befinden sich nahe der Anlegestellen. Blu Navy und Corsica Ferries fahren nur in den Sommermonaten auf die Insel.

Corsica Ferries bietet neuerdings auch Überfahrten **von Portoferraio nach Bastia** auf Korsika an. Fahrtdauer 1:30 Std., zuletzt während der Hochsaison (ca. Anfang Juni bis ca. Mitte Sept.) Mi und Do abends von

Portoferraio nach Bastia, retour am Do und Fr in der Frühe. Nähere Infos unter www.corsicaferries.com.

Moby/Toremar, Calata Italia 36, ℘ 0565-914133 oder 0565-918080. 30 Min. vor Abfahrt der Fähren hat auch die Ticketbude an Molo 7 geöffnet.

Blu Navy: Calata Italia 8, ℘ 0565/919797, www.blunavytraghetti.com.

Corsica Ferries/Elba Ferris: kein eigenes Büro, Tickets nur über die allgemeinen Reiseagenturen am Hafen, Infos unter ℘ 199/400500, ww.corsicaferries.com.

> **Achtung!** Nach 20 Uhr fahren fast keine Busse mehr ab Portoferraio. Denken Sie daran, wenn Sie mit der Fähre ohne eigenes Fahrzeug ankommen!

Inselbus Große Busstation der **C.T.T.** (*Compagnia Toscana Trasporti*) auf dem Viale Elba 20 (beim Hochhaus), ℘ 0565/914392 oder 0565/914783. Im Sommer täglich 7.30–20 Uhr geöffnet (ansonsten nur Mo–Sa 7.35–13.20 und 15.55–18.35 Uhr). Der *Orario* (Busfahrplan) ist hier kostenlos erhältlich.

Von Portoferraio bestehen Verbindungen zu allen größeren Orten: 5x tägl. Bagnaia, 9x Capoliveri, 11x Cavo, 1x Fetovaia, 6x Lacona, 13x Porto Azzurro, etwa stündl. nach Marciana Alta, Marciana Marina und Marina di Campo, ca. halbstündlich nach Pomonte (im Wechsel via Marina di Campo oder Marciana Alta), etwa halbstündlich nach Procchio, 11x nach Rio nell'Elba und weiter nach Rio Marina sowie 8x nach Sant'Ilario und San Piero in Campo (davon 5x mit Umsteigen und Wartezeit in Marina di Campo). Darüber hinaus verkehrt im Sommer (ca. 10. Juni bis ca. 10. Sept.) die **Linea Blu 2** etwa alle eineinhalb Stunden zu den Stränden von Biodola und Viticcio (Letztere über Padulella, Capo Bianco und Acquaviva). Die elbanischen Busverbindungen sind an Sonntagen erfreulicherweise kaum eingeschränkt (→ unten, Stadtbus).

Die **Preise** für eine Busfahrt zu den Inseldörfern liegen bei 1,20–3,40 €, im Bus gekaufte Tickets sind etwa 30 % teurer. Weitere Infos unter www.livorno.cttnord.it.

Parken Großer Parkplatz an der Banchina Alto Fondale, von hier nicht weit in die Altstadt, Parkgebühr 9–24 Uhr 0,80 €/Std. Wer umsonst parken will, findet gegenüber der Busstation am Viale Elba einen kostenlosen Parkplatz (leider oft voll). Der Parkplatz auf

Bei Seglern äußerst begehrt – die Liegeplätze im Darsena-Hafen

der Piazza della Repubblica mitten im histo-rischen Zentrum ist nur für Kurzparker (max. 2 Std.) interessant, danach wird es sehr teuer! Nah an der Altstadt parkt man auch beim Archäologischen Museum (0,80 €/Std.). Die beiden letztgenannten kommen allerdings ohnehin nur bis zum Nachmittag in Frage, ab 17 Uhr wird die Ha-fenstraße dann für den Verkehr gesperrt und man muss sich am Neustadt-Hafen und Umgebung einen Parkplatz suchen.

Blick auf die Festung ...

Stadtbus Die Busse pendeln ab Calata Matteotti und Hafen durch die Innenstadt, mit der **Linea 1** außerdem etwa stündlich nach San Martino (Napoleon-Villa), Abfahrt an der Calata Italia; mit der **Linea 2** ca. stündlich nach San Giovanni, ebenfalls ab Calata Italia.

Taxi Taxistand am Molo Massimo (am un-teren Ende des Viale Elba, beim Hochhaus), ☎ 0565/915112, die Fahrer sitzen oft in der „Residence Bar" gegenüber. Ungefähre Preise: Porto Azzurro 30 €, Capoliveri 35 €, Lacona 25 €, Marina di Campo 35 €, Marci-ana Marina 38 €, Enfola 16 €, Biodola 20 €, Rio nell'Elba 35 €, Flughafen La Pila 30 €. Hinzu kommen 20 % Feiertagszuschlag und 25 % Nachtzuschlag.

Touristenbähnchen Gibt es auch in Por-toferraio, der **Elba Express Train** verkehrt vom 15. Juli bis 15. Sept. zwischen Ban-china Alto Fondale (dem großen Parkplatz am Neustadthafen an der Piazza Citi) und Linguella, dem äußersten Zipfel des Dar-sena-Hafens (Altstadt). Abfahrt gegenüber der Gelateria Zero Gradi, 20-Minuten-Tour 5 €, Kinder bis 12 J. 3 €. Tickets an der Ban-china Alto Fondale.

Bootsausflüge Von Ostern bis Anfang Okt. mit dem Glasbodenboot „Nautilus" tägl. um 10.30 Uhr eine etwa 2-stündige Ausfahrt, pro Pers. 18 €, Kinder bis 12 J. 10 €. Mit demselben Anbieter, „Aquavision", von Mai bis Sept. immer freitags ganztägig nach **Capraia** (Zwischenstopp in Marciana Marina), Überfahrt 2 Std., dann 5 Std. auf Capraia, pro Pers. 30 €, Kinder bis 4–12 J. 15 €. Tickets an Bord, Abfahrt an der Banchina Alto Fondale Richtung Molo Gallo, Infos: ☎ 0565/976022 oder ☎ 328/7095470, www.aquavision.it.

Einkaufen

Portoferraio ist ohne Zweifel das Shoppingparadies der Insel. Zahlreiche, auch noble Bekleidungsgeschäfte (vor allem für Segler), Juweliere und Antiquitätenge-schäfte befinden sich entlang der Calata Mazzini (am Hafen Darsena), hier auch Souvenirshops. Bekleidungsläden ebenfalls an der Calata Mazzini und an der Piaz-za Cavour sowie in den umliegenden Altstadtgassen. An der Piazza Cavour wer-den außerdem allabendlich zahlreiche Verkaufsstände aufgebaut: viel Schmuck und Esoterisches, aber auch Kleidung etc.

Supermarkt COOP, Viale Tesei (vom Fähr-hafen stadtauswärts, auf der rechten Sei-te), großer Supermarkt, ideal für Selbst-versorger. Mo–Sa 8–20.30 Uhr, So 8.30–13 Uhr. Der **CONAD-Supermarkt** schräg gegenüber ist nicht weniger groß und so-gar täglich von 8–20.30 Uhr geöffnet (im Sommer).

Inselmarkt an der Einfallstraße Richtung Hafen (Viale Zambelli) jeden Fr 8–13 Uhr.

Bücher und Zeitschriften, an der Calata Mazzini 9 (Hafenpromenade) liegt *Il Libraio*, eine gut sortierte Buchhandlung. Große Auswahl an deutschsprachiger Literatur zur Insel, Kartenmaterial, englisch- und deutschsprachige (Trivial-)Literatur, deutsche Tageszeitungen (vom gleichen Tag) sowie Magazine und Zeitschriften, auch Segel-, Surf- und Tauchmagazine.

Feste & Veranstaltungen

Alljährlich am 29. April findet am Hafen die große **Prozession** zu Ehren des Stadtpatrons *San Cristino* statt.

Am 5. Mai jedes Jahres **Gedenkgottesdienst** zum Todestag von Napoleon Bonaparte in der Chiesa della Misericordia.

Le Notti dell'Archeologia, die „Nächte der Archäologie", jedes Jahr in der ersten Juliwoche in der ganzen Toskana. Auf Elba finden neben Sonderausstellungen (im Archäologischen Museum von Portoferraio und in der Torre del Martello) auch diverse Vorträge statt.

Festival Elba Isola Musicale d'Europa, Ende August bis ca. 8. Sept. Hauptsächlich Klassik, aber auch Jazz und Tanz, die Veranstaltungen finden zumeist im *Teatro dei Vigilanti* und im *Duomo* in der Altstadt statt, einige auch in der *Pisanischen Festung* von Marciana Alta und im *Duomo* von Rio nell'Elba. Programm-Flyer liegen überall aus, Tickets und Reservierungen bei Tesi Viaggi (→ S. 94) oder unter ✆ 392/3815400, www.elba-music.it.

Wechselnde Kunstausstellungen in der *Torre del Martello*, ansonsten ist der Turm nur von außen zu besichtigen.

... und in die Altstadt

Centro Arti Figurative e Visive Telemaco Signorini, städtische Ausstellungsräume an der Calata Mazzini (Hafenpromenade Richtung Darsena-Hafen). Wechselnde Ausstellungen zeitgenössischer elbanischer Künstler. Öffnungszeiten wechseln je nach Ausstellung, Eintritt frei.

Übernachten   → Karte Umschlag hinten

Die angegebenen Preise gelten für die Hochsaison (August). Wie auch in den meisten anderen Hotels der Insel sind die Zimmer außerhalb der Hauptsaison um 30–40 % billiger. Die Auswahl an Unterkünften im Stadtzentrum ist bescheiden, empfehlenswert ist es, zu den Hotels an den beiden Stränden *Le Ghiaie* und *La Padulella* auszuweichen. Frühzeitige Reservierung für die Hochsaison ist auch bei Hotels in der Hauptstadt absolut notwendig.

✶✶ L'Ape Elbana 🔢, das älteste Hotel Elbas und einziges im alten Zentrum, an der Piazza della Repubblica gelegen und dabei nur wenige Minuten vom Stadtstrand Le Viste entfernt. Altmodische Einrichtung, hohe Räume, von den 24 eher einfachen Zimmern (alle mit Bad, die meisten auch mit Aircondition) z. T. netter Blick. Auch belieb-

Portoferraio – am alten Hafen Darsena

tes **Ristorante** mit überdachter Terrasse, mittags und abends geöffnet, relativ günstig, Cacciucco kostet hier 22 €. DZ 140 €, Frühstück 12 €/Pers., Halbpension (Mittag- oder Abendessen) 30 €/Pers. Salita Cosimo De' Medici 1 (zwei Häuser neben dem Dom), 57037 Portoferraio (LI), ✆ 0565/914245, www.ape-elbana.it.

Außerhalb des Zentrums * Albergo Le Ghiaie **2**, für das kleinere Budget, direkt am gleichnamigen Stadtstrand, überdachte Terrasse übers Meer gebaut, im Café (Snackbar) ist immer ziemlich viel los, zum Hotel gehören die Bagni Elba (Sonnenschirm- und Liegestuhlverleih). Recht schlicht, eher jüngeres Publikum, ca. 500 m vom Zentrum. Nur wenige einfache und saubere Zimmer, alle mit Bad, TV und Terrasse (einige zum Meer hin), oft ausgebucht. Geöffnet 1. Mai bis 30. Sept. Im Zentrum ab Via Carducci/Piazza Citi beschildert. EZ 65 €, DZ 90 €, Frühstück extra (gibt es in der dazugehörigen Bar). Via de Gasperi 6, Loc. Le Ghiaie, 57037 Portoferraio (LI), ✆ 0565/915178.

*** **Acquamarina** **3**, im Ortsteil Padulella, gut 1 km vom Zentrum auf der rechten Sei-

te (Straße an der Nordküste Richtung Enfola). Privates Ambiente, Zimmer mit Bad und Balkon (herrlicher Blick auf die grüne Bucht). Besonders schöne Terrasse, Bar, freundlicher Service, Fußweg (ca. 200 m) zum Padulella-Strand mit Bar und Strandservice. März bis Okt. geöffnet. EZ 89–124 €, DZ 136–198 €, jeweils inkl. Frühstück (in der Nebensaison deutlich günstiger), Meerblick 10–14 € Aufschlag pro Tag. WiFi kostenlos. Loc. Padulella, 57037 Portoferraio (LI), ✆ 0565/914057, www.hotelacquamarina.it.

*** **Villa Ombrosa** **4**, gegenüber vom Albergo Le Ghiaie, 30 m vom Strand (privater Abschnitt). Gepflegtes Haus mit gemütlicher Terrasse unter Schatten spendenden Bäumen, komfortable Zimmer mit Bad, TV und Balkon (teilweise zum Meer). Gediegenes Hotel mit Ristorante. DZ mit obligatorischer Halbpension 182–258 €, EZ 113–154 €, Meerblick 11–14 € Aufschlag pro Tag. Zimmer mit Frühstück außerhalb der Hochsaison, EZ 67–77 €, DZ 94–114 €. Ganzjährig geöffnet. Via Alcide De Gasperi 9, 57037 Portoferraio (LI), ✆ 0565/914363, www.villa ombrosa.it.

(Camping

Die Campingplätze liegen alle etwas außerhalb, die schönsten findet man westlich der Hauptstadt um das Capo d'Enfola. Pflanzenliebhabern sei der Platz **Rosselba le Palme** bei Magazzini/Ottone auf der an-

deren Seite der Bucht von Portoferraio empfohlen. Siehe die Abschnitte „Capo d'Enfola" (ab S. 115) und „Die Bucht von Portoferraio" (ab S. 119).

Essen & Trinken

→ Karte Umschlag hinten

Portoferraio → Karte Umschlag hinten

Stella Marina , was auf den ersten Blick nach überteuertem Touristenlokal am Hafen aussieht, erweist sich als ausgezeichnetes Fischrestaurant mit Tradition. Hervorragende Muschelsuppe mit frischen Kräutern, leckere Pasta (z. B. Ravioli mit Auberginen, Penne mit Meeresfrüchten usw.), gute Weine. Leicht gehobenes Preisniveau, Fischgerichte um 25 €. Ein Manko ist die wenig idyllische Lage zwischen zwei Parkplätzen am Hafen, Blick auf die anlegenden Fähren inklusive. Kleine Terrasse. Mittags und abends geöffnet, Mo geschlossen (in der Hochsaison nicht). Via V. Emanuele II 1 (Banchina Alto Fondale), für abends Reservieren unter ☎ 0565/880566.

≫≫ Mein Tipp: Osteria Da Libertaria, junges und ambitioniertes Lokal am Darsena-Hafen mit gerade mal zwei Tischen zum Yachthafen und kleiner Terrasse gegenüber der ehemaligen Markthalle. Empfehlenswert fanden wir das Carpaccio di Pesce Spada (Schwertfisch) mit Birne, außerdem die Farfalle mit Langusten und Zucchini, das Thunfischfilet im Sesammantel ein Gedicht. Gute Küche und guter Hauswein, frische Salate, köstliche Nachspeisen, sehr freundlicher Service, Menü mit Hauswein ca. 35 €. Mittags und abends geöffnet (Nov. bis Feb. geschlossen). Calata Matteotti 12, ☎ 0565/914978. ≪≪

Da Lido, ebenfalls im Centro storico von Portoferraio, schöne, kleine Terrasse (wenn auch etwas eng gestellt), gepflegter und stilvoller Innenraum, zuvorkommender Service. Schwerpunkt Fisch, hervorragende Weinauswahl, gehobene Preisklasse. Nur wenige Tische auf der Terrasse, deshalb sollte man reservieren. Mittags und abends geöffnet, in der Nebensaison So geschlossen. Salita Falcone 2, ☎ 0565/914650.

Osteria Pepenero, einladendes Lokal in der Via dell'Amore, freundlicher Service, unprätentiös und einfach nett. Wir probierten einen leckeren lauwarmen Polpo-Salat, Antipasti aus fünf Sorten Fisch und Tonatelli (dicke, tubenartige Nudeln) mit Scampi, Lauch und Safransauce – alles bestens. Dazu wurde ein frischer weißer Hauswein serviert. Mittleres Preisniveau, Gerichte von 8–25 €, Dolci 5 €. Mittags und abends geöffnet, für abends besser reservieren, da nur wenige Tische draußen in der Gasse. Di Ruhetag. Via dell'Amore 48, ☎ 0565/916240.

Teatro Bistro & Wine Bar, neben dem Teatro dei Vigilanti (Piazza Gramsci), von der Terrasse Blick über die Stadt, ein paar Tische auch auf die Piazza; abseits des Rummels gelegen, eher Osteria als Enoteca, sehr gute Küche zu erfreulichen Preisen. Diverse Weine, auch glasweise, überschaubare Karte, Menü ca. 30 €. Im Sommer tägl. mittags und abends geöffnet, außerhalb der Saison So mittags geschlossen. Via del Carmine 65, ☎ 335-8393722.

Trattoria da Zucchetta, in dem stets gut besuchten Lokal in einem Eckhaus der Piazza della Repubblica wird neben der üblichen guten (und relativ günstigen!) Fisch- und Fleischküche auch echt neapolitani-

Ein Ort der Ruhe – Forte Stella

sche Pizza aus dem Holzofen serviert (ab 5 €). Mittags und abends geöffnet, ✆ 0565/915331. Piazza della Repubblica 40.

≫≫ Lesertipp: Ristorante Le Viste ■, am gleichnamigen Strand → S. 109. ≪≪

Pizzeria L'Ombelico del Mondo ⑪, der „Nabel der Welt" liegt am Anfang der Via Carducci bei der Piazza Citi (Neustadt). Nur abends geöffnet, winzige Pizzeria und Bar. Schlichte Einrichtung, gute Musik, junges Publikum, bekannt für seine leckeren *Schiaccine* (gefüllte Pizzafladen), günstig. Der Pizzaofen ist hier bis spät abends in Betrieb (nur abends, dann aber bis 3 Uhr nachts geöffnet). Via Carducci 14, ✆ 0565/914317.

Enoteche ≫≫ Mein Tipp: BerBene ⑱, Enoteca und Bar mit „piccola cucina", also Bruschette, Panini, Salate, kalte Platten, aber auch einige warme Pastagerichte. Kein Essen über 13 €, das Glas Wein kostet um 3–4 €, alle zwei Wochen wechselt die Weinkarte (hauptsächlich elbanisch und toskanisch, aber auch aus anderen Regionen Italiens), die Weine sind natürlich auch in der Enoteca erhältlich. Kleine Terrasse davor, netter Service. 12–15 Uhr und 18.30–2.30 Uhr geöffnet, Sa/So nur abends, Mi geschlossen. Via dell'Amore 40, ✆ 0565/1840076. ≪≪

Gassenidyll in Portoferraio

Enoteca della Fortezza ⑲, tief drin in den kühlen Gemäuern des Forte Falcone, schlauchförmiger Zugang, aber auch draußen viele Plätze unter Sonnenschirmen und mit Blick auf die Stadt und den gegenüberliegende Forte Stella. Aus der Küche kommen Crostini, Salate, kalte Platten, Pasta etc., auch einige Dolci im Angebot und dazu natürlich die passenden Weine im Ausschank. Nicht teuer. Di–So 11–15 und 18–23 Uhr, Mo geschlossen. Neben dem Aufgang zur Festung steil die Straße hinauf, beschildert. Via Scoscesa – Fortezze Medicee, ✆ 334/6051174.

Cafés/Gelaterien Man trifft sich abends in den zahlreichen Cafés an der Flaniermeile Calata Mazzini und an der Piazza Cavour.

Caffè Roma ⑩, das Traditionscafé der Stadt mit Eingängen von der Calata Mazzini (vom Hafen) und von der Piazza Cavour aus. Cocktailbar, Gelateria und Café, zum Aperitivo werden kleine Snacks gereicht. Morgens bis spät abends geöffnet.

La Gran Guardia ⑫, in der Porta a Mare. Edel aufgemachte Bar und Gelateria, gutes Eis, auch Frühstück, Snacks und Aperitivo. Tägl. 7–24 Uhr geöffnet, Di geschlossen.

≫≫ Mein Tipp: Ausgezeichnetes Eis und *Granita* (Halbgefrorenes mit Fruchtpüree, z. B. Pfirsich, Erdbeere, Limone, Caffè, je ab 2 €) gibt es auch beim Straßenverkauf **Zero Gradi** ⑰ am großen Hafenparkplatz an der Auffahrt zum Forte Falcone (Via Vittorio Emanuele II). Zu erkennen an der allabendlich langen Schlange davor. ≪≪

Bars/Nachtleben Il Baretto ⑧, Calata Mazzini 21 A, tagsüber Bar und Café, abends Cocktailbar. Hochwertige Whiskys, Margaritas, Caipirinha etc. Bis spät nachts geöffnet, erfreut sich aber auch zum Aperitivo großer Beliebtheit. Draußen einige Tische, man sitzt gemütlich am Yachthafen, junges, überwiegend schickes Publikum.

Bar La Vela ⑯, nahe der Porta a Mare, tagsüber Café und abends Bar, Cocktails um 7 €, oft bis auf den letzten Platz besetzt, Sa abends teils mit DJ. Calata Matteotti 6, ✆ 0565/918817.

Sail Port ⑬, die alteingesessene Seglerkneipe an der Piazza Cavour, oft erst am späteren Abend gut besucht, kleines Bier 3 €, Cocktail 7 €. Ab 18 Uhr zum Aperitivo (6 €) geöffnet, bis 3 Uhr nachts, Mo geschlossen.

Sehenswertes in der Altstadt von Portoferraio

Beim Rundgang durch das *Centro storico* der Inselhauptstadt fallen zahlreiche historische Gebäude auf, die zumeist aus der Zeit der Medici stammen. Im Großen und Ganzen ist der Grundriss der Altstadt noch immer mit dem aus dieser Zeit identisch. Dramatische Veränderungen im Erscheinungsbild haben – sieht man einmal von den wenigen Napoleonischen Bauwerken ab – nicht stattgefunden. Lediglich die breite Uferpromenade, die Calata am *Darsena-Hafen*, ist ein Werk aus der Mitte des 18. Jh.; das Hafenbecken war ab Mitte des 16. Jh. durch eine hohe Mauer begrenzt, die die Stadt somit geradezu hermetisch gegen Angriffe der von den Franzosen unterstützten türkischen Flotte schützte. Auch von dem Kanal, der sich westlich des Forte Falcone befand und die heutige Altstadt vom Rest der Insel trennte, ist nichts mehr zu sehen.

Der Zugang von der Meerseite, die *Porta a Mare*, stammt aus dem Jahr 1549 und liegt fast genau in der Mitte des Hafenbeckens. An Stelle der Uhr über dem Torbogen waren früher die Wappen der jeweils Herrschenden angebracht: zuerst das der Medici, später das der Lothringer und für kurze Zeit auch das Napoleons. Das Gegenstück zur Porta a Mare bildet die *Porta a Terra* aus demselben Jahr, die noch heute als tunnelartiger, etwa 30 m langer Durchgang unterhalb des Forte Falcone genutzt wird.

Von der Porta a Mare gelangt man auf die lang gezogene *Piazza Cavour* und von hier rechter Hand zur ehemaligen Markthalle, in der sich unter den Medici die *Arsenali*, die militärische Schiffswerft, befanden. In dem 1575 entstandenen Bauwerk waren zwei *Galeazze* (Kriegsschiffe) untergebracht, drum herum siedelten sich Handwerksbetriebe und Fischhändler an. Später wurde das Gebäude mehrfach umgebaut, diente lange Jahre als *Mercato Coperto* (Markthalle) der Stadt und fristet heute sein Dasein als eine Art Souvenir-Halle mit Supermarkt und einigen Marktständen – nicht so schick. Von der ehemaligen Markthalle über die Via dell'Amore und dann links ab in die Via Roma gelangt man zur – heute als Parkplatz genutzten – *Piazza della Repubblica*, an deren östlicher Stirnseite sofort der apricotfarben gestrichene *Duomo* ins Auge fällt. Die Grundsteinlegung der Kirche geht auf das Jahr 1549 zurück. Unter *Cosimo I* diente das ehemals einschiffige Gotteshaus zunächst als Garnisonskirche, sein heutiges Erscheinungsbild erhielt es durch zahlreiche Anbauten im 17. und 19. Jh. In den 1990er Jahren wurde die Kirche umfangreich restauriert (ganztägig bis spät abends geöffnet).

Von der Piazza della Repubblica in westliche Richtung stößt man auf das *Municipio* (Rathaus) im *Palazzo Comunale*. In dem großen rosa Gebäude sind heute Stadtverwaltung und Polizei untergebracht. Unter dem Medici-Architekten *Giovanni Camerini* entstand das imposante Bauwerk in den Jahren 1559–61 und diente zunächst als Warenlager und Zwieback- und Brotbäckerei, daher auch der Beiname „Biscotteria". Im Innenhof des Rathauses sind zahlreiche Gedenktafeln angebracht, die an große Männer erinnern, die sich um Elba und ganz Italien verdient gemacht haben – oder zumindest mal einen Fuß auf die Insel gesetzt haben: der Revolutionär *Francesco Domenico Guerrazzi* (1804–1873), der in den Kerkern des Forte Falcone als politischer Gefangener einsaß; Freiheitskämpfer *Giuseppe Garibaldi* (1807–1882), der im Jahr 1849 dem Ort Cavo im Nordosten der Insel einen kurzen Besuch abstattete; *Giuseppe Mazzini* (1805–1872), neben Garibaldi einer der wichtigsten Unabhängigkeitskämpfer zur Zeit des *Risorgimento* und Vordenker des

modernen italienischen Staats; der französische Dichter *Victor Hugo* (1802–
1885), der einige Jahre seiner Kindheit
auf der Insel verbrachte, sowie viele andere Inselpersönlichkeiten.

Vom Municipio führt die *Via Garibaldi*,
früher wegen zahlreicher Gaststätten
auch „Via del Buon Gusto" (Straße des
guten Geschmacks) genannt, bergan.
Gleich auf der Linken befindet sich die
unscheinbare *Chiesa del Santissime
Sacramento,* die ebenfalls unter *Cosimo
I* im Jahr 1551 entstand. Die Kirche befindet sich noch heute in Besitz der
Sacramento-Bruderschaft und wurde
1945 in Teilen nach altem Vorbild
rekonstruiert. Im überraschend prachtvoll ausgestatteten Inneren des Gotteshauses befindet sich eine Gedenktafel
für die Kriegsgefallenen.

Auf der Via Garibaldi weiter die Treppen nach oben stößt man auf der rechten Seite auf die schlichte, aber dennoch elegante *Chiesa della Misericordia*
(Kirche der Ehrwürdigen Barmherzigkeit) aus dem Jahr 1677. Das Gotteshaus gehörte einer Bruderschaft, deren Gründung auf das Jahr 1566 zurückgeht. Auffällig im Inneren die
prachtvolle Orgel aus dem ausgehenden
18. Jh. und die Trompe-l'œil-Decke, die
unseren Augen eine Kuppel vorspielt.
Sehenswert außerdem die marmore
Balustrade, an der sich einst Napoleon
in seiner Sommerresidenz in San Martino erfreute. Unter dem Altar liegen die
Gebeine des Stadtpatrons *San Cristino.*
Ein kleines Schmuckstück in Sachen
Madonnenverehrung ist in der Seiten-
kapelle der Kirche untergebracht: Hier
befindet sich eine Kopie der berühmten
„Schwarzen Madonna" aus der *Casa
Santa* von Loreto, eines der wichtigsten
Pilgerziele Italiens bei Ancona in den
Marken. Übrigens: Dem großen Bona-
parte huldigt man hier alljährlich am 5.
Mai mit einem Gedenkgottesdienst zu
seinem Todestag. Die Kirche ist ganz-
tägig geöffnet.

Portoferraio-Impressionen

Museo della Misericordia

Das kleine Museum neben der gleichnamigen Kirche beherbergt vor allem Exponate, die an den Aufenthalt Napoleons erinnern. Hier hängt zum Beispiel eine der Drei-Bienen-Flaggen, die zu Ehren des Verbannten gehisst wurden. Weiterhin sind in den drei liebevoll hergerichteten Räumen unter anderem Hand und Totenmaske Napoleons aus Bronze zu sehen. Die Totenmaske wurde der Stadt im Jahr 1852 von *Anatoli Demidoff* (→ S. 112ff.) vermacht. Die Stücke wurden nach Gipsabdrücken gefertigt, die der Leibarzt von der Leiche des Kaisers genommen hatte. Ausgestellt ist auch der Sarg, in dem der Kaiser von St. Helena nach Paris überführt wurde – es handelt sich allerdings um eine Kopie.

Sehenswert sind aber auch die Exponate, die nichts mit dem Kaiser und seinem Elba-Aufenthalt zu tun haben. Im ersten Raum finden sich nicht nur ein prächtiges Antiphonar (Liturgiebuch mit Wechselgesängen) von 1676 und die Gründungsurkunde des Ordens der Barmherzigkeit (Misericordia) aus dem Jahr 1566, sondern auch die aus Carrara-Marmor gefertigte „Madonna mit dem Kind", die *Tino Camaino* (14. Jh., Pisaner Schule) zugeschrieben wird.
Von Ostern bis Ende Sept. Mo–Sa 9.30–12.30 Uhr, So geschlossen, Eintritt 1 €, Kinder unter 10 J. frei.

Von der Via Garibaldi in westliche Richtung gelangt man unweigerlich auf die Via Victor Hugo, die auf die kleine Piazza Antonio Gramsci führt. Von hier bietet sich der Blick auf touristisch wenig besuchte Altstadtgassen. Auffälligster Bau an der Piazza ist das rosa gestrichene *Teatro dei Vigilanti* (Theater der Wächter), das von Napoleon in Auftrag gegeben wurde. Ursprünglich befand sich hier eine Kapelle aus dem Jahr 1618, später eine größere Kirche. Diese wurde für das Theater geopfert, das Napoleon angeblich gar nicht gefallen hat, denn er soll zu dem Neubau bemerkt haben: „Ihr habt eine wunderschöne Kirche ruiniert, um ein hässliches Theater zu bauen". Auch der feierlichen Eröffnung des Theaters am 24. Januar 1815 blieb er fern und schickte stattdessen seine Schwester Paolina zu dem pompösen Ball. Dennoch gab der Exilkaiser vor seiner Abreise am 26. Februar 1815 einen letzten Ball im Teatro dei Vigilanti.

Bis 1954 wurden Opern und Operetten aufgeführt; nachdem die Stadt das Gebäude gekauft und restauriert hatte, finden hier heute Konzerte des *Festival Elba Isola Musicale d'Europa* (→ „Feste & Veranstaltungen", S. 97f.) statt. Das Theater kann aber auch außerhalb der Aufführungen besichtigt werden: Über drei Stockwerke kann man fast 65 Logen betreten, der Bühnenvorhang zeigt Apoll, ansonsten bleibt das Haus recht unspektakulär.
Anfang April bis Anfang Nov. Mo–Sa 9.30–13 Uhr, So geschlossen, Eintritt 3 €, ermäßigt 2 € bzw. Biglietto cumulativo, → unten.

Mediceische Festungsanlagen (Fortezze Medicee)

Im Jahr 1548 begann *Cosimo de' Medici* damit, sein „Cosmopoli", das spätere Portoferraio, zu errichten. Die Kernstücke der militärischen Stadtanlage waren die beiden Festungen Forte Stella (Sternenfestung) und Forte Falcone (Falkenfestung), mit deren Bau noch im gleichen Jahr begonnen wurde. Die Arbeiten waren nach nur rund zehn Jahren im Wesentlichen abgeschlossen; Ende des 17. Jh. fanden lediglich einige Erweiterungen statt.

Das *Forte Stella* in erhöhter Lage am östlichen Ende der Altstadt war durch eine in Teilen noch erhaltene Befestigungsmauer mit dem wesentlich größeren Forte Falcone verbunden. Ihren Namen erhielt die Sternenfestung durch den gezackten Grundriss, heute befinden sich innerhalb der Mauern private Wohnhäuser und der Leuchtturm von Portoferraio aus dem 18. Jh. Der Besuch lohnt nur bedingt – ein paar schöne Aussichtspunkte auf Portoferraio, auf Napoleons Villa Mulini und auf die Bucht, das war's. Dazwischen hängt Wäsche zum Trocknen auf der Leine, Kinderspielzeug liegt herum – innerhalb der Festungsmauern wird hauptsächlich gewohnt, alles eher unspektakulär.

Von April bis Okt. müssen Auswärtige zwischen 10–12.30 und 15–18 Uhr 2 €, ermäßigt 1,50 € Eintritt bezahlen (Kinder bis 10 J. frei), über Mittag, abends und nachts ist die Anlage ihren Bewohnern vorbehalten.

Die Besichtigung des *Forte Falcone*, das die Trennungslinie zwischen Alt- und Neustadt markiert, ist da schon deutlich lohnender. Die Festung selbst, das Kernstück auf dem höchsten Punkt der Mediceischen Anlage, wurde in den letzten Jahren renoviert. Ganz oben in

Forte Stella von oben – der Leuchtturm

Portoferraio → Karte Umschlag hinten

der Festung ist in einigen Räumen eine kleine **Ausstellung** zur Befestigung der Stadt unter den Medici zu sehen. Schöner Blick aus den Fenstern. Lohnend ist aber auch schon der Aufstieg hier hinauf, nicht zuletzt auch der schönen Aussicht wegen. Gut erhalten und durchaus besuchenswert sind auch die trutzigen Außenmauern der Festung. Der Pirat *Dragut* sah übrigens nach der Begutachtung des Bollwerks vorsorglich von einem Angriff auf die Festung ab. Auf dem Gelände der Festung befindet sich eine kleine Parkanlage, von der sich immer wieder schöne Blicke über die Altstadt, den Hafen und die Buchten an der Nordküste der kleinen Halbinsel von Portoferraio bieten. Auf einer der unteren Terrassen gibt es einen kleinen Spielplatz und weiter oben Tische und Bänke, die zum Picknick oder einfach nur zum Relaxen einladen (und sogar ein Toilettenhäuschen).

In die Festungsanlage gelangt man vom modernen Hafen aus durch die *Porta a Terra*, Zugang am oberen Ende der Via Guerazzi (beschildert).

Ostern bis Anfang Nov. 10–16.30 Uhr, Mitte Juni bis Mitte Sept. tägl. 10–20 Uhr. Eintritt 5 €, erm. 3 €, Kinder frei.

Kombiticket: Das **Biglietto Cumulativo** zum Preis von 7 € erlaubt Ihnen den Eintritt zu folgenden Sehenswürdigkeiten: Forte Falcone, Archäologisches Museum (Linguella) und Teatro dei Vigilanti. Erhältlich bei den jeweiligen Kassen.

Villa dei Mulini/Palazzina dei Mulini (Museo napoleonico)

Seine Stadtresidenz wählte Napoleon in allerbester Lage in der Oberstadt zwischen den beiden Festungen. An der Stelle von ehemals vier mediceischen Mühlen (= *Mulini*) befanden sich bei Ankunft des Exilkaisers die heruntergekommenen Offiziersquartiere des Pionierkorps. Nicht die Baulichkeiten, sondern die exponierte und gleichzeitig geschützte Lage war der Grund, dass Napoleon sich hier häuslich niederließ; zudem hatte er nach seiner Ankunft am 4. Mai 1814 zunächst in einem eiligst hergerichteten Appartement im heutigen Rathaus untergebracht werden müssen, einer Unterkunft, die dem kaiserlichen Standard in keiner Weise gerecht wurde. Die *Villa dei Mulini* wurde in nur zwei Wochen Renovierung und Erweiterung so weit hergerichtet, dass Napoleon einziehen konnte, endgültig abgeschlossen waren die Arbeiten an dem Gebäude allerdings erst im September 1814. Während Napoleon selbst im Erdgeschoss der Villa residierte, wurden die Räumlichkeiten des oberen Stockwerks von seiner Lieblingsschwester *Paolina Borghese* bewohnt. Vom ursprünglichen Mobiliar der Villa, das zum Großteil von Napoleons Schwester *Elisa* aus Piombino gestiftet wurde, ist nur noch wenig Originales erhalten. Die meisten Möbelstücke stammen zwar aus Napoleons Zeit, jedoch nicht aus seinem persönlichen Besitz; ausgestellt sind außerdem einige Kopien.

Im Garten der Villa dei Mulini – Napoleons Stadtresidenz

Rundgang: Die Besichtigung der Villa dei Mulini beginnt im *Empfangsraum* der Offiziere, von dem aus man in die verhältnismäßig prachtvoll ausgestattete *Galerie* gelangt, den Empfangsraum für inoffizielle Besucher. Neben dem Arbeitszimmer Napoleons und der Bibliothek mit über 2000 Büchern – darunter auch Boccaccios „Decamerone" und Rousseaus „Nouvelle Heloïse" – ist auch das Schlafzimmer des Kaisers zu besichtigen. Zu Napoleons Zeit befanden sich hier außerdem Portraits seiner engsten Familienangehörigen. Im *Vorzimmer* schließlich eine Reihe von Gemälden aus dem Ersten Kaiserreich und Stiche von Portoferraio.

Eindrucksvollster Raum im Obergeschoss ist der große *Salon,* den Paolina selbst entscheidend mitgestaltet hat. Von hier bietet sich ein schöner Blick sowohl auf die Altstadt als auch auf den kleinen Garten der Villa und das Meer. Im Salon befindet sich auch das prunkvolle kaiserliche Bett, dessen Kopfende von einem goldenen Baldachin überdacht ist – Napoleons Mutter hat es aus Sorge um die angemessene Bettruhe ihres Sohnes eigens aus Paris nach Elba schaffen lassen. Die Verzierungen am

Bett sind übrigens „nur" vergoldet. Die Marmorbüsten im Salon stellen Paolina und den Kaiser als 30-Jährigen dar. In den Nebenräumen weitere Büsten und Portraits von Verwandten, in einem kleinen Nebenzimmer des großen Salons ist das eher bescheidene „Feldbett" des Kaisers samt Schlachtgepäck zu besichtigen.

Wirklich herrlich ist der schattige *Garten* der Napoleonischen Stadtresidenz: eine Terrasse hoch über der steil abfallenden Küste mit Blick auf den Leuchtturm des Forte Stella, das Inselchen Scoglietto und das dann toskanischen Festland. Sehr gepflegte, grüner Parkanlagen, Steinbänke laden zum Sitzen ein. Der Kaiser soll von der kleinen Steinbank an der Mauer immer wieder wehmütig zu seiner Heimatinsel Korsika hinübergeblickt haben.

Öffnungszeiten: März bis Mitte Okt. 9–19, Sonn-/Feiertag 9–13 Uhr, Di geschl.; im Winter 8.30–18 Uhr, So 8.30–13 Uhr, Di geschlossen. Eintritt 5 €, erm. 2,50 €. Das **Kombiti**cket für die beiden Napoleon-Museen Villa dei Mulini und Villa San Martino (→ S. 112ff.) kostet 8 € (erm. 4 €) und ist drei Tage gültig. ☎ 0565/915846.

Pinacoteca Foresiana im Centro Culturale De Laugier

Die Pinakothek ist im ersten Stock eines ehemaligen Franziskanerklosters von 1558 untergebracht, dessen Gründung ebenfalls auf *Cosimo I de' Medici* zurückgeht. Anfang des 19. Jh. wurde es zur Kaserne umfunktioniert, die später nach *Cesare de Laugier*, einem der Offiziere Napoleons, benannt wurde. Mittlerweile ist hier die Privatsammlung von *Mario Foresi* (1849–1932) untergebracht, einem bedeutenden Literaten und Mäzen der Insel, der der Stadt neben seinen Bildern auch noch eine Privatbibliothek mit rund 40.000 Bänden vermacht hat (sie befindet sich heute im zweiten Stock). Die Foresis spielten im kulturellen Leben in der Toskana des 19. Jh. eine nicht unbedeutende Rolle und machten sich v. a als Kunstsammler einen Namen.

Zu sehen sind in der Pinacoteca im ersten Stock des Centro De Laugier zahlreiche Landschaftsansichten von Elba und Portoferraio, Portraits der Familie Foresi, zeitgenössische Kopien großer Meister (z. B. von *Botticelli),* Karikaturen des florentinischen Malers *Emilio Lapi* (1814–1898) sowie weitere, z. T. romantische Landschaftsbilder und Stadtansichten von Rom, Florenz, Livorno etc. Interessant ist im letzten Raum die große Darstellung des Forte Falcone aus dem 17. Jh. Die Gemälde stammen zum Großteil aus dem 18. und 19. Jh., des Weiteren zählen zu den Exponaten einige religiöse Darstellungen aus dem 16. Jh. Die Pinakothek besitzt außerdem zahlreiche Bilder der elbanischen Maler *Pietro Senno* (1831–1905) und *Giuseppe Mazzei* (1867–1944). Hübsche Möbel aus dem 19. Jh. und Radierungen runden die äußerst sehenswerte und sorgfältig aufgebaute Ausstellung ab, die eine gute Vorstellung von Elba in früheren Jahrhunderten vermittelt. Einen Blick wert sind auch die alten Ansichten von Portoferraio und der ganzen Insel aus der Frühzeit der Fotografie: In der *Sala San Salvatore* im Erdgeschoss des Centro Laugier hat man hier eine sehenswerte Fotosammlung arrangiert, z. B. die Bucht von Lacona mit exakt einem Haus darauf, Abbildungen von den Anfängen des Badebetriebes von Le Ghiaie oder aber dem Thunfischfang bei Enfola.

Im hübschen Innenhof des Centro Laugier kann man sich im *Caffè degli Artisti* von der Besichtigung erholen.

Öffnungszeiten **Pinacoteca und Biblioteca Foresiana**: Mo, Mi, Fr 9–12 Uhr, Di und Do 15–18 Uhr, Eintritt 3 €, ermäßigt 2 € (Bibliothek: freier Eintritt); **Sala San Salvatore**: Mo–Fr 8–13 Uhr und Di und Do 15–17.30 Uhr, Eintritt frei.

Portoferraio → Karte Umschlag hinten

Archäologisches Museum (Museo Civico Archeologico)

Das Archäologische Museum befindet sich auf dem Gelände der ehemaligen *Fortezza della Lingua* an der *Linguella,* dem „Zünglein" von Portoferraio. Zu Zeiten der Medici im 16. Jh. befand sich an der Landzunge neben Forte Falcone und Forte Stella die dritte Festung der Stadt, einziges Überbleibsel davon ist die wuchtige *Torre del Martello* (der „Hammerturm") aus dem Stadtgründungsjahr 1548, der Turm erhebt sich unübersehbar am östlichen Hafenende (nur bei Ausstellungen geöffnet). Die Befestigungsmauern der Medici wurden im Zweiten Weltkrieg durch das Bombardement der Alliierten zerstört. Neben dem Martello-Turm sind die eher spärlichen Reste einer römischen Villa aus dem 1. Jh. v. Chr. zu sehen.

Besichtigung: Das großzügig auf zwei Etagen untergebrachte Museum beherbergt u. a. Funde aus der nahe gelegenen zweiten römischen Villa *Le Grotte* (→ S. 121f.), außerdem Mosaikfragmente und marmorne Dekorationsstücke sowie Amphoren aus dem 7.–5. Jh. v. Chr. aus der Gegend um Elba, Montecristo und Capraia. Die Amphoren, wichtigste Gefäße der Antike, stammen z. T. aus gestrandeten oder gesunkenen Handelsschiffen griechischer, phönizisch-punischer und römischer Seefahrer – Elba lag an einer wichtigen Handelsroute der damaligen Zeit. Die schönsten und am besten erhaltenen Amphoren sind im oberen Stockwerk effektvoll unter Arkaden ausgestellt und beleuchtet.

Des Weiteren sind Kleinfunde aus etruskischer und römischer Zeit zu sehen, auch Schmuck, Kochgeräte und kleinere (Trink-)Gefäße. Neben den antiken Überresten der Insel Elba, u. a. eine Grabstele aus Seccheto (2. Jh. n. Chr.) sowie verschiedene Funde aus der Gegend um Procchio, Sant'Andrea, Chiessi, Capoliveri und Porto Azzurro, sind hier auch Funde römischer Siedlungen auf den Nachbarinseln Montecristo und Capraia ausgestellt (1.–3. Jh. n. Chr.).

Die Grundmauern der römischen Villa und die Torre del Martello

Schautafeln führen anschaulich in das Transportwesen der Antike und die wichtigen Handelswege ein. Man erfährt viel über den Mittelmeerhandel im Allgemeinen, aber auch Spezielles, z. B. über den antiken Weinhandel oder die Eisenverarbeitung bei den Etruskern und den Römern. Die Exponate sind detailliert beschrieben und gut ausgeleuchtet, die Erklärungen sehr ausführlich – allerdings leider nur auf Italienisch. Interessierten sei der Kauf des englischsprachigen Museumsführers empfohlen.

Das Museum ist von Ostern bis 31. Okt. tägl. 10–13 und 15.30–19 Uhr geöffnet. In der Hochsaison von Mitte Juni bis Mitte Sept. täglich 9.30–13.30 Uhr und 17.30–24 Uhr, letzter Einlass 30 Min. vor Schließung. Eintritt 3 €, Kinder unter 12 J. 2 €, unter 6 J. frei. Zum Kombiticket → S. 105. Calata Buccari, ℡ 0565/945528.

Die Umgebung östlich von Portoferraio finden Sie im Abschnitt „Die Bucht von Portoferraio" ab S. 119, nach Nordwesten zum Baden kommen Sie beim „Capo d'Enfola/Viticcio" auf S. 115, und die westliche Nachbarschaft von Portoferraio ist unter der Überschrift „Biodola-Bucht/Scaglieri-Buch" ab S. 117 zu finden.

Baden in und um Portoferraio

Portoferraio ist zwar nicht gerade ein Badeort, aber die beiden Stadtstrände an der Nordküste sind so schlecht nicht. Der Hauptstrand *Le Ghiaie* (nordwestlich der Stadt), heißt auf Deutsch „die Kiesel", und der Name ist durchaus zutreffend. Abends ist die breite Promenade mit ihren Restaurants und Bars (nebst kleinem Park) ein beliebter Treffpunkt, der Strand liegt schließlich nur knapp 500 m vom Zentrum entfernt.

Spiaggia Le Viste, der kleine Stadtstrand von Portoferraio

Attraktiver, aber weniger besucht ist der kleine Stadtstrand *Le Viste* (Sand und Kiesel) direkt unterhalb der mediceischen Festungsmauern. Mit Terrassenrestaurant (→ unten) und Strandservice, von der Altstadt aus erreicht man den Strand über einen steilen Fußweg mit Serpentinen unweit der Villa dei Mulini. Beim Sonnenbad fällt der Blick dann auf die vorgelagerte Insel Scoglietto – das „Klippchen".

》》 Lesertipp: Ristorante Le Viste 1, am gleichnamigen Strand, „... hier konnten wir in wunderbares Abendessen direkt am Strand in modern-maritimem Ambiente genießen. Die Küche ist ein gehobener Mix aus traditionellem und modernem italienischem Essen (eher Fisch), ... alles in allem waren wir mit zwei Gängen, Dolci, Wein, Wasser und Espresso mit ca. 50 € pro Pers. dabei und alle waren super glücklich über die Wahl des Restaurants als Alternative zum Hafen." Gehobenes

Portoferraio → Karte Umschlag hinten

Preisniveau, tagsüber auch kleinere Karte und leichtes Mittagessen. Im Sommer täglich geöffnet. Traumhaft schön am Abend. Spiaggia delle Viste, Via del Falcone, ☎ 0565/914405. **«**

Strände westlich von Portoferraio: Etwa 800 m vom Zentrum entfernt liegt, beidseitig von steilen Felsen eingerahmt, die ruhige Kiesbucht *La Padulella*. Glasklares, türkis schimmerndes Wasser, allerdings wird häufig doch recht viel Seetang angeschwemmt. Mit Sonnenschirm- und Liegestuhlverleih, allerdings ohne Strandbar.

Weitere Bademöglichkeiten finden sich in den vielen kleinen Kiesbuchten entlang der teils steilen Nordküste in Richtung Capo d'Enfola, z. B. am *Capo Bianco*: Etwa 200 m nach dem Hotel Acquamarina (Straße Richtung Enfola) geht es rechts ab (beschildert), vom gebührenpflichtigen und an Sommerwochenenden meist überfüllten Parkplatz führen Stufen links hinunter zum sauberen Strand vor der steil aufragenden Felswand des *Capo Bianco* (vom Parkplatz rechts hinunter geht es zur Spiaggia Padulella). Große, weiße Kiesel, man sollte sich daher eine weiche Unterlage mitbringen, am Strand gibt es einen Sonnenschirm- und Liege-

stuhlverleih, des Weiteren werden Tretboote und Kanus angeboten, leider fehlt auch hier eine Bar. Das Meer am Capo Bianco ist türkis und glasklar, ideal für Schnorchler.

Es folgen in westlicher Richtung die Buchten *Sottobomba*, *Seccione (Prunini)*, *Acquaviva* und *La Sorgente (Acquavivetta)*, die beiden Letzteren recht klein und durch die angeschlossenen Campingplätze relativ stark frequentiert (zu den Campings → auch S. 116f.).

Eine der schönsten Buchten westlich von Portoferraio ist die etwas größere *Sansone-Bucht*: weißer Kies und türkisblaues Wasser. Zu erreichen von La Sorgente über einen Fußpfad an der Steilküste entlang (in westlicher Richtung). Die Bucht ist nur selten überfüllt, Vorsicht jedoch mit Kindern: der Pfad zum Strand ist nicht gesichert. Sonnenschirm- und Liegestuhlverleih, Tretboote und Kanus, ein kleiner Verkaufsstand für Getränke und Eis befindet sich am unteren Ausgang des Camping La Sorgente.

Anfahrt: Auf der Straße Richtung Enfola geht es zwischen den Campingplätzen Acquaviva und La Sorgente rechts auf einer schmalen Straße hinunter zur Spiaggia Sansone (beschildert). **Parken** muss man allerdings schon weiter oben am Straßenrand, dann gut 15–20 Minuten zu Fuß: zunächst auf besagter schmaler Straße an einer Handvoll Häuser vorbei, dann links hinunter auf einen staubigen Pfad, der schließlich die Bucht von Sorgente erreicht. Hier links den Pfad weiter am Camping vorbei und über einen schmalen Pfad an der Steilküste entlang zur Nachbarbucht Sansone.

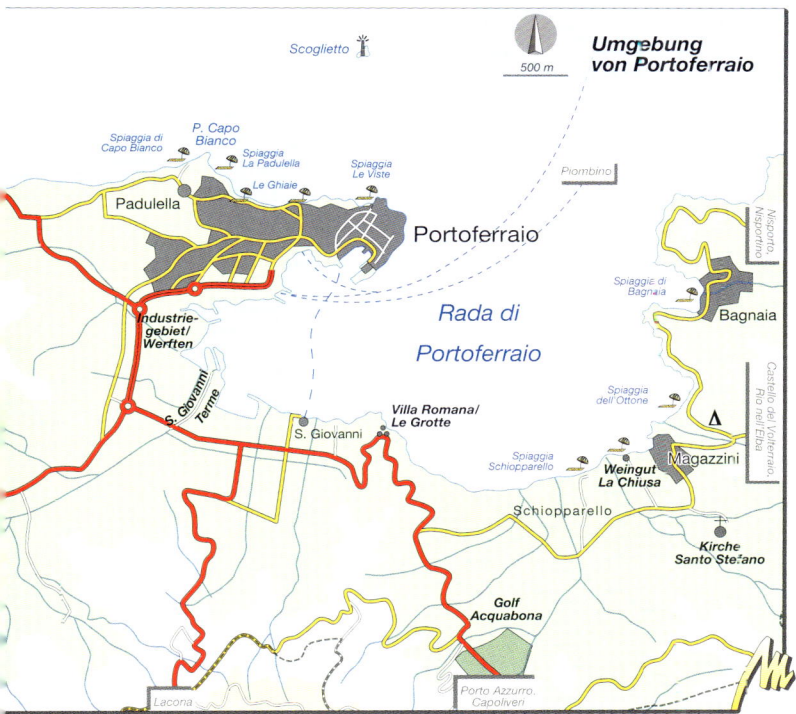

Sehenswertes im Hinterland von Portoferraio

Museo Italo Bolano/Giardino dell'Arte

Eine Symbiose zwischen Kunst und Natur herzustellen ist die Idee, die hinter dem Open-Air-Museum des zeitgenössischen Künstlers *Italo Bolano* steht. In einem kleinen Park im Tal von San Martino hat der gebürtige Elbaner quasi sein gesamtes Lebenswerk ausgestellt: an die 30 große Keramikkonstruktionen, deren mediterraner Charakter nicht zu übersehen ist und die sich kontrastreich und harmonisch zugleich in das verschwenderische Grün des schönen Kunstparks einfügen. Nach den Worten ihres Schöpfers Italo Bolano sollen die Keramikarbeiten in der mediterranen Kulturlandschaft „erblühen" und im jahreszeitlichen Wechsel in jeweils neuen Perspektiven erscheinen.

Bolanos abstrakte Werke sind von Kandinsky, Picasso und Paul Klee inspiriert, den größten Einfluss auf seine Arbeit aber nimmt nach eigenen Aussagen seine Heimatinsel Elba selbst, deren Mittelmeerflair er in intensiven Farben künstlerisch umsetzt. Weitere große Keramiken von Bolano sind auch auf Plätzen der Inselorte Portoferraio, Porto Azzurro, Capoliveri, Marciana Marina und Marina di Campo

Ein wenig Sonne, ein wenig Mond:
Keramik in Italo Bolanos Giardino
dell'Arte

ausgestellt. Zu den bedeutendsten Arbeiten des 1936 in Portoferraio geborenen Künstlers zählen seine Zyklen über das Leben Napoleons und zu den Werken des Dichters Mario Luzi.

Zum 1993 eröffneten Giardino dell'Arte, der an ein bereits im Jahr 1965 gegründetes *International Art Center* angeschlossen ist, gehört auch eine kleine Galerie mit Aquarellen, Öl- und Acrylbildern, eine Keramikwerkstätte (hier werden im Sommer auch Kurse angeboten) sowie das Atelier von Bolano, in das alle Interessierten gerne auch einen Blick werfen dürfen.

Öffnungszeiten 1. Juni bis ca. 10. Sept. Mo—Sa   10.30—13   und   16—19 Uhr,   So geschlossen. Eintritt frei. Nach Voranmeldung werden auch Führungen angeboten, ☎ 347/6434610, www.italobolano.com.

Anfahrt   Von   Portoferraio   kommend gleich nach der Abzweigung von der Straße nach Procchio zur Villa San Martino (Villa Napoleone) weist ein gelbes Schild zum Open-Air-Museum. Über kleine Feldwege geht es weiter (dabei immer der Beschilderung folgen). Der Parkplatz befindet sich hinter dem Giardino.

Einkaufen   Man kann kleinere Keramiken,   Glasarbeiten/Mosaiken   sowie   Öl-, Acryl- und Aquarellbilder des Künstlers kaufen, große Auswahl in verschiedenen Preislagen.

Die Villa Napoleons in San Martino

Eines vorneweg: Das Reizvollste an Napoleons Sommerresidenz im hinteren Teil des Tales San Martino ist sicherlich die idyllische Lage, leicht erhöht und mit fürstlichem Blick über die Insel bis zum Meer. Die kleine Landvilla selbst wird von der unterhalb angebauten *Galerie Demidoff* bei weitem in den Schatten gestellt. Auch die prachtvolle Auffahrt zu dem Anwesen und das gusseiserne Tor mit den vergoldeten kaiserlichen Adlern lässt mehr erwarten, als Napoleons Sommerfrische schließlich zu bieten hat.

Napoleon wurde es im Sommer 1814 in Portoferraio zu heiß, ein Landsitz musste her. Vermutlich beim Ausreiten entdeckte er den nur 6 km entfernten ehemaligen Bauernhof im kühlen und wasserreichen *Valle San Martino,* kaufte ihn für 180.000 Francs und ließ das Gebäude flugs zur repräsentativen Landvilla umbauen.

Besichtigung: Vorzimmer, Schlafzimmer und Studierzimmer wirken etwas dürftig. Vom ehemaligen kaiserlichen Luxus ist heute beim Rundgang nicht mehr viel zu spüren. Beim Mobiliar handelt es sich größtenteils um Imitationen, da fast der gan-

ze Besitz von den Erben verkauft wurde. Die einzige Überraschung ist das Speise-
zimmer, der etwas kitschige *ägyptische Saal:* antikisierende Trompe-l'œil-Gemälde,
gemalte ägyptische Skulpturen und die Darstellung des Ägypten-Feldzugs aus
glorreicheren Tagen des Kaisers. Über der Tür der vergoldete Original-Schild Napoleons mit dem Adler als Symbol der kaiserlichen Macht, die Decke des Speise-
saals schmückt ein gemalter Himmel, in der achteckigen Vertiefung in der Mitte
des Raums waren Blumen angeordnet. Zur Besichtigung der Villa gehört auch das
ansprechende kleine Badezimmer im Untergeschoss mit Wanne, Kamin und dem
Wandbild einer Badenden (nur durch das Fenster einsehbar).

Weit prachtvoller als die Villa von San Martino ist – zumindest von außen – das ihr
vorgelagerte Gebäude, die *Galerie Demidoff.* Anatoli Demidoff, bedeutender Kunstsammler im 19. Jh., war ein glühender Verehrer des Kaisers. Ob die Bewunderung
für Napoleon der Grund für die Heirat mit dessen Nichte Matilde (der Tochter von
Jerome Bonaparte) war, sei dahingestellt; die Ehe, die Demidoff neben bei auch noch
einen Fürstentitel einbrachte, hielt jedenfalls nur sechs Jahre, und nach der Tren-
nung von Matilde im Jahr 1846 erwarb Anatoli die Villa San Martino und ließ hier
die Galerie im neoklassizistischen Stil errichten. Das Gebäude ist einem dorischen
Tempel nachempfunden, sein einziger Schmuck am Fries ist ein skulptiertes Band
aus „N"s (für Napoleon) im Wechsel mit dem Bienenwappen (für die fleißigen
Elbaner). 1859 wurde die Galerie nach achtjähriger Bauzeit eröffnet, zu den Exponaten zählten bereits damals Erinnerungsstücke aus dem Privatbesitz Napoleons,

Prächtiger als Napoleons Residenz: die Galerie Demidoff

die Demidoff schon während seiner Ehe mit Matilde erstanden hatte, die jedoch später von seinen eigenen Erben zum Großteil wieder verkauft wurden. Das letzte Stück der Napoleon-Sammlung fiel in den 1960er Jahren bei Sotheby's in London unter den Hammer.

1932 erwarb der italienische Staat das repräsentative Gebäude und brachte hier zwischenzeitlich die Collezione Foresiana (jetzt *Pinacoteca Foresiana* im Centro de Laugier → „Portoferraio/Sehenswertes", S. 107) unter, heute bildet das feierliche Ambiente der Galerie den Rahmen für klassische Konzerte. Des Weiteren sind hier immer wieder wechselnde Ausstellungen zum Thema Napoleon zu sehen.

Zu den ständigen Ausstellungsstücken der Galerie zählen alte Stiche aus der Zeit des Kaisers (Napoleon im Krönungsornat, aber auch bei der verheerenden Schlacht von Waterloo) sowie zahlreiche Karikaturen des kleinen Korsen. Prachtstück der Ausstellung ist zweifelsohne die von *Antonio Canova* (1757–1822) aus weißem Marmor gearbeitete „Galatea", für die Napoleons Lieblingsschwester Paolina persönlich Modell saß.

Am Parkplatz bieten zahlreiche Souvenirstände Napoleon-Souvenirs an, in den Imbissbuden nebenan werden Erfrischungsgetränke und Panini verkauft.

Verbindungen/Anfahrt   Etwa stündlich **Busse** von und nach Portoferraio (Linea 1), Abfahrt an der Calata Italia. Die Napoleon-Residenz liegt ca. 10 Autominuten von Portoferraio entfernt, zunächst Richtung Procchio, dann links ab (Beschilderung San Martino). **Parken** kostet pauschal 2 € (9–19 Uhr).

Öffnungszeiten Villa & Galerie   Di–Sa 8.30–19 Uhr, So 8.30–13 Uhr, Mo geschlossen. Eintritt 5 €, erm. 2,50 €. Die kombinierte Eintrittskarte für beide Napoleon-Museen (→ „Portoferraio/Villa dei Mulini", S. 106f.) kostet 8 € (erm. 4 €) und ist drei Tage gültig. Fotografieren ohne Blitz ist erlaubt, Filmen verboten.

In der Biglietteria kann man auch einen Museumsführer zu den Napoleon-Residenzen kaufen.

Übernachten   **** Park Hotel Napoleone, gleich neben der Auffahrt zur Villa befindet sich das luxuriöse Hotel, in dem der Kaiser heute sicherlich lieber nächtigen würde als in dem bescheidenen Landhaus oberhalb. Der wuchtige Palazzo im Stil der Neorenais-

sance ist von einem schattigen Park mit großem Pool umgeben; am noblen Biodola-Strand ist ein Abschnitt für das Hotel reserviert (im Sommer 4x tägl. Shuttle-Bus). Mit Bar und Ristorante (für Hausgäste). Sehr freundlich. In der Hochsaison Mindestaufenthalt sieben Nächte, Mai bis Sept. geöffnet. EZ 130 €, DZ 278 €, Frühstück jeweils inkl., Halbpension in der Hochsaison 158 €/Pers. 57037 San Martino di Portoferraio (LI), ✆ 0565/911111, www.parkhotelnapoleone.it.

*** Il Caminetto, gegenüber dem Parkplatz, angenehme Zimmer mit Bad, TV, Terrasse oder Balkon, zum Hotel gehört auch ein Pool mit Liegewiese (Stühle und Schirme vorhanden), angeschlossenes Restaurant mit gemütlich-rustikalem Speisesaal, dazu eine nette Terrasse mit Blick auf die Bucht von Portoferraio. Sehr freundlich. Geöffnet ca. 10. April bis Anfang Okt. DZ mit Frühstück 120–140 € (EZ 80–90 €), mit Halbpension 150–170 € (EZ 95–105 €), Mitte Aug. ist Halbpension obligatorisch: EZ 120 €, DZ 200 €. Loc. San Martino, 57037 Portoferraio (LI), ✆ 0565/915700, www.hotelilcaminetto.it.

Wanderung 1: Vom Parkplatz an der Napoleon-Villa in San Martino führt eine Wanderung überwiegend durch Wald und auf der Höhe rund um das Tal (ca. 2:30 Std., etwa 7 km, Höhenunterschied ca. 480 m). Eine detaillierte Beschreibung finden Sie im (Rad-)Wanderführer am Ende dieses Buches (→ S. 248).

Capo d'Enfola/Viticcio

Wie ein grüner Kegel ragt die 8 km westlich von Portoferraio gelegene Landzunge aus dem Meer heraus. Außer zum Badeausflug etwas abseits des großen Rummels lädt das Capo d'Enfola auch zur Rundwanderung an der unzugänglichen Felsküste ein.

Bereits auf dem Weg zum Capo d'Enfola kann man an den sauberen Kiesbuchten vor der steil abfallenden Felskulisse der elbanischen Nordküste einen Zwischenstopp einlegen, z. B. am *Acquaviva-* und am kleineren *La-Sorgente-Strana* (*Acquavivetta*) sowie an der besonders schönen *Sansone-Bucht* (→ S. 110). An der Landenge des

Capo d'Enfola befindet sich ein weiterer, größerer Kiesstrand mit herrlichem Blick auf die westelbanische Bergwelt. Das Wasser ist glasklar, und Camper kommen auf den drei Plätzen an der Küste voll auf ihre Kosten. Außerdem bietet eine Tauchschule ihre Dienste an. Parken ist am Capo d'Enfola wie fast überall an der Küste ein Problem, es gibt zwar einen offiziellen, gebührenpflichtigen Parkplatz, allerdings ist es fast unmöglich, hier im Sommer Platz zu finden (daher möglichst früh am Morgen kommen). Parkmöglichkeiten gibt es auch an der Zufahrtsstraße zum Capo, dann muss man jedoch den Fußmarsch hinunter zum Strand mit einplanen.

Oben von der Straße (am Kreisel) zweigt eine kleine Stichstraße links ab nach *Viticcio*, einem kleinen, abgeschiedenen Badeort, der eigentlich nur aus drei Hotels und einer Hand voll Privathäusern besteht. Einzige Bademöglichkeit hier sind einige winzige Kiesstrände mit terrassenförmigen Felsen, vor der ruhigen Bucht gehen zahlreiche Yachten vor Anker. Ein *Trampelpfad* verbindet Viticcio mit den südlich gelegenen Buchten von Scaglieri und Biodola.

Schroffe Felsküste am Capo d'Enfola

 Wanderung 2: Eine anfangs recht schweißtreibende, da schattenlos in Serpentinen bergauf führende **Wanderung** führt von der „Tonnara", der ehemaligen Thunfischfabrik und heutigem Sitz der Nationalparkverwaltung rund um die kleine Halbinsel zum Capo und retour (ca. 2:30 Std., 5 km, Höhenunterschied etwa 400 m). Eine detaillierte Beschreibung finden Sie im (Rad-)Wanderführer am Ende dieses Buches (→ S. 250).

Information Hauptsitz und **Info-Büro des Nationalparks** in der ehemaligen Thunfischfabrik (*Tonnara*) am Capo d'Enfola (am Parkplatz), im Sommer Mo–Fr 9–13 Uhr und Di/Do 14.30–16 Uhr geöffnet.

Verbindungen Keine Busse direkt zum Capo d'Enfola, allerdings verkehrt die **Linea Blu 2** in der Hochsaison ca. alle eineinhalb Stunden ab Portoferriao (Calata Matteotti) nach Viticcio, und man kann an der Abzweigung nach Enfola aussteigen (ab hier ca. 1 km zu Fuß bergab auf der Straße). Taxi ab Portoferraio ca. 16 €.

Wassersport Enfola Diving Center, Padi-Tauchschule an der Landzunge von Enfola (hinter dem Ristorante Emanuel) gelegen. Getaucht wird hauptsächlich an der Nordküste um Enfola und Marciana Marina. Geführter Tauchgang inkl. Ausrüstung 40–55 €, Open Water Diver, mit Zertifikat 370 €, Flaschenfüllstation, auch Ausrüstungsverleih, Stellplätze und Bungalows am benachbarten Campingplatz können vermittelt werden (im Paket mit einem Tauchkurs). Die Tauchlehrer sprechen Englisch, Kursmaterial auch auf Deutsch. Geöffnet Ostern bis Anfang Nov., ✆ 347/2713187 oder 338/6893949, www.enfoladivingcenter.it.

Übernachten *** Acquaviva Park Hotel, schönes Hotel in herrlicher Lage auf einer Anhöhe mitten im Wald, 1 km vom Acquaviva-Strand, sehr ruhig. Herrlicher Blick aufs Meer, mit einladendem Pool, schöner Terrasse und Bocciabahn. Kleine, aber gemütliche Zimmer mit Bad und Balkon. Viele italienische Familien mit Kindern. 3 km von Portoferraio, auf der Straße nach Enfola gegenüber der Abzweigung zum Camping Acquaviva links ab (beschildert). Geöffnet Mitte/Ende April bis Anfang Okt. DZ mit Halbpension 200–250 €, EZ mit Halbpension 120–150 €, außer im August ist auch Übernachtung mit Frühstück möglich. In der Nebensaison deutlich günstiger, günstige Angebote auch bei frühzeitiger Online-Buchung. Loc. Acquaviva 1, 57037 Portoferraio (LI), ✆ 0565/915392, www.acquavivaparkhotel.it.

*** Viticcio, in Viticcio, auf den ersten Blick ein unschöner Betonklotz, innen jedoch schickes Ambiente. Zuvorkommender Service, ausgezeichnete Küche, elegant eingerichtete Zimmer, relaxte Atmosphäre – ideal zum Ausspannen. Zum Hotel gehört ein schattiger Garten über dem Meer, Fußweg zur kleinen Kiesbucht (Einstieg ins Wasser etwas steinig). Mitte/Ende April bis Anfang

Okt. geöffnet. DZ mit Frühstück 130–220 €, mit Halbpension 170–250 € (Superior-Zimmer ca. 20 % teurer), EZ mit Frühstück 65–85 €, mit Halbpension 85–110 €; in der Nebensaison ist das DZ mit Frühstück schon ab 80 € zu haben (EZ 40 €). Loc. Viticcio, 57037 Portoferraio (LI), ✆ 0565/939058, www.hotelviticcio.it.

*** **Paradiso**, ebenfalls in Viticcio, terrassenförmig angelegtes und sehr gepflegtes Hotel mit Pool, zwei Whirlpools und Tennisplatz, Kinderspielplatz, nette Hotelbar, professionell geführt, freundlicher Service. Zimmer mit Bad, TV und Terrasse/Balkon, teilweise mit herrlichem Blick über die Bucht und zu den Bergen im Westen, eigener kleiner Strandabschnitt (unterhalb gelegen). Das Hotel liegt gleich am Ortsanfang von Viticcio auf der linken Seite. Anfang Mai bis 30. Sept. geöffnet. DZ mit Frühstück 132–200 €, mit Halbpension 162–260 €, in der Nebensaison deutlich günstiger, EZ auf Anfrage. Loc. Viticcio, 57037 Portoferraio (LI), ✆ 0565/939034, www.elbaturistica.it.

** **Scoglio Bianco**, in Viticcio am Ende der Straße, günstigste Unterkunft des Ortes. Hübsch gelegen, schöner Innenhof und Restaurant mit Blick aufs Meer. Fußweg hinunter zu den Badefelsen, alle Zimmer mit Bad und Terrasse oder Balkon. 1. Mai bis 30. Sept. geöffnet. Zimmer mit obligatorischer Halbpension, DZ 138–208 €, EZ 84–119 €, in der Nebensaison DZ ab 108 €, EZ ab 69 €. Hunde erlaubt (5–8 €/Tag). Loc. Viticcio, 57037 Portoferraio (LI), ✆ 0565/939036, www.scogliobianco.it.

Camping ** Camping Acquaviva, ca. 5 km westlich von Portoferraio in Richtung der Halbinsel Enfola. Netter Platz, die gleichnamige Kiesbucht ist sehr schmal und nicht besonders attraktiv. Schattige Stellplätze am Hang mit Blick aufs Meer. Nette Atmosphäre, kein Massenbetrieb, sanitäre Einrichtungen von vorbildlicher Sauberkeit. Kinderplanschbecken und Spielplatz, Minimarket, Ristorante/Pizzeria und Bar am Platz, im Sommer spielt manchmal eine Band (Mitte Juni bis Anfang Sept.). Der Platz ist von der Straße in Richtung Enfola beschildert. WiFi kostenlos. Pro Pers. 12,50–15,70 €, Zelt 12–20 €, Wohnwagen 13,70–20,90 €, Wohnmobil 15,70–22,40 €, Auto 3,50–4,50 €, DZ 469–700 €/Woche, Bungalow für 2 Pers. 910–1330 €/Woche. Hunde willkommen. Geöffnet Mitte April bis Anfang Okt. Frühzeitige Reservierung für Zimmer/Bungalows ist ratsam. Spiaggia dell'

Acquaviva, 57037 Portoferraio (LI), ✆ 0565/919103, www.campingacquaviva.it.

** **Camping La Sorgente**, gepflegter, schattiger Platz, sehr netter Besitzer, ca. 6 km von Portoferraio Richtung Capo d'Enfola rechts ab auf einen Schotterweg, beschildert. Den Gästen stehen zwei schöne Kiesbuchten (La Sorgente und die traumhafte Sansonse-Bucht), durch Felsen unterbrochen, zur Verfügung. Leihfahrräder für Campinggäste, WiFi am ganzen Platz. Einziger Nachteil: kein Ristorante, nur eine Bar mit Gastronomie (Snacks und Kleinigkeiten) und Supermarkt. Geöffnet Ostern bis Ende Okt. Pro Pers. 13,50–15,50 €, Kinder 8,50–13 €, Stellplatz 15–19,50 €, Auto 3 €. Strom 3,50 €, Hund kostenlos. Auch Bungalows mit Aircondition für 4 Pers. (135–170 €/Tag). 57037 Portoferraio (LI), ✆ 0565/917139, www.campinglasorgente.it.

*** **Camping d'Enfola**, am Ende der Straße zum Capo d'Enfola, 8 km von Portoferraio. Terrassenförmig an einen Hang gebaut, sehr schattig, direkt bei der Kiesbucht von Enfola. Kleiner Platz, nur wenige Stellplätze, besonders nett sind die Zeltplätze ganz oben, teilweise mit eigener Terrasse hoch über dem Meer. Netter Service, Tauchschule nebenan. Mit Ristorante, Café/Bar und Market. Geöffnet ca. 20. April bis Ende Okt. Pro Pers. 13–15,50 €, Kinder 8–12 €, Stellplatz 15,50–23 €, Stellplatz kleines Zelt 12,50–14,50 €, Auto 3,50 €, Strom 3 €, Hund 3 €. Es werden auch einige Bungalows (2 Pers. 110–145 €/Tag, 4–5 Pers., 160–190 €/Tag) vermietet, diese sollte man so früh wie möglich buchen. Loc. Enfola, 57037 Portoferraio (LI), ✆ 0565/939001, www.campingenfola.it.

Essen & Trinken Ristorante-Pizzeria Da Giacomino, in Viticcio, überaus beliebter Familienbetrieb mit netter Terrasse zwischen weißen Häusern am Meer, hervorragende Fischküche, nicht zu teuer, wunderbar der Sonnenuntergang von der Terrasse. Täglich mittags und abends geöffnet, ✆ 0565/915381.

Ristorante Emanuel, am Ende der Straße in Enfola. Tagsüber Strandrestaurant und Bar unter schattenspendenden Bäumen mit Blick auf die Bucht. Abends etwas schicker und teuer (Fisch und Meeresfrüchte, oft gegrillt), Cocktailbar, gehobenes Preisniveau, freundlicher Service, mittags und abends geöffnet. ✆ 0565/939003.

Biodola-Bucht/Scaglieri-Bucht

Die traumhafte Nachbarbucht südlich von Viticcio ist mit dem Fahrzeug nur von Portoferraio aus zu erreichen, einzige direkte Verbindung entlang der Küste ist ein Wanderpfad. Die Biodola-Bucht mit ihrem breiten Sandstrand – verständlicherweise sehr begehrte Liegeplätze – ist mehr oder weniger in der Hand zweier Luxushotels: das „Biodola" und an der Westseite das „Hermitage". Neben der Asphaltstraße führt ein kurzer Fußweg in Richtung Osten über die Klippen nach *Scaglieri*. Durch eine vorspringende Felsnase hat sich hier eine winzige Bucht gebildet, die

Die Scaglieri-Bucht

etwas ruhiger als die Hauptbucht ist, allerdings ist der Strand hier meist nur handtuchschmal und im Sommer entsprechend überfüllt. Knapp 1 km weiter gelangt man in die zweite, winzige Seitenbucht nach *Forno*. Hier findet man exklusive Abgeschiedenheit mit ein paar bunten Häusern (überwiegend private Ferienhäuser) – man bleibt lieber unter sich. Der noch handtuchschmalere Strand lässt ohnehin nicht allzu viele Gäste zu, und auch Parkmöglichkeiten sind fast keine vorhanden (Abzweigung von der Straße hinunter nach Biodola, beschildert).

Verbindungen/Parken Nur im Sommer mit der **Linea Blu 2** ca. alle 1:30 Stunden von Portoferraio nach Biodola, Abfahrt in Portoferraio an der Calata Matteotti. Die **Parkplatzsuche** kann während der Hochsaison zum echten Problem werden, das betrifft auch die Nachbarbucht Scaglieri. Daher am besten schon früh am Morgen kommen oder aber in Kauf nehmen, dass man ziemlich weit oben an der Straße parken muss und ein gutes Stück zu laufen hat.

Übernachten/Camping ***** **Hermitage**, Luxushotel mit allen nur erdenklichen Einrichtungen, u. a. auch ein 9-Loch-Golfplatz, verschiedene Pools, gepflegte Liegewiese, schattenspendende Bäume, traumhafter Sandstrand, Tennisplätze, verschiedene Restaurants und Piano-Bar, sehr nobles Ambiente. Erwartungsgemäß komfortable Zimmer, das normale DZ mit obligatorischer Halbpension kostet in der Hochsaison um ca. 450 €. Loc. Biodola, 57037 Portoferraio (LI), ℘ 0565/9740, www.hotelhermitage.it.

**** **Biodola**, ebenso nobel und komfortabel, dabei aber etwas günstiger. Via Biodola 21, 57037 Portoferraio (LI), ℘ 0565/974812, www.biodola.it.

*** **Danila**, das überaus geschmackvolle Hotel liegt in der benachbarten Scaglieri-Bucht, nur wenige Meter vom Strand entfernt. Ruhige Lage in schönem Garten, freundlicher Service, mit EU-Ecolabel ausgezeichnet. Geöffnet 1. April bis 31. Okt. DZ mit obligatorischer Halbpension 154–248 € (in der Luxusvariante 244–296 €), EZ nur in der Nebensaison, ab 91 €, DZ in der Nebensaison 104–176 € (mit Halbpension). Für die Hochsaison ist frühzeitige Buchung ratsam, Mindestaufenthalt 5 Tage. Loc. Scaglieri, 57037 Portoferraio (LI), ℘ 0565/969915, www.hoteldanila.it.

*** **Casa Rosa**, hübsche Lage, das Hotel ist auf verschiedene Häuser am Hang ca. 300 m oberhalb des Biodola-Strandes verteilt. Pool, Tennisplatz, Baby Club (für Kinder von 3–12 Jahre), Restaurant, zum hoteleigenen Strandabschnitt führt ein Fußweg (unten am Strand die zum Hotel gehörige Pizzeria/Bar „Taverna dei Pirati"). Geräu-

mige Zimmer mit Bad, Balkon und Blick auf die Bucht, die meisten mit eigenem Zugang von außen. ca. 20. März bis ca. 20. Okt. geöffnet. Das Hotel hat eine eigene Zufahrtsstraße: noch ein gutes Stück vor Biodola geht es links ab, der Weg ist beschildert. DZ mit Frühstück 156–196 €, Halbpension plus 10 € pro Pers. und Tag, Meerblick 8 €. La Biodola, 57037 Portoferraio (LI), ℘ 0565/969931, www.elbasolare.it.

Camping Scaglieri Village, schattige, terrassenförmige Anlage, einer der schönsten Plätze der Insel, aber relativ teuer. Den Gästen stehen tadellose Sanitäranlagen zur Verfügung, außerdem ein kleiner und gepflegter Pool, Animation, Market, Bar, Ristorante etc. Vom untersten Teil ist es ein Katzensprung (über die Straße) ins Meer. Einige Stellplätze bieten allerdings relativ wenig Schatten. Einer der ältesten Campingplätze Elbas. Geöffnet Ende April bis Anfang Okt. Pro Pers. 14–15,50 €, Kinder 7–13,50 €, Stellplatz 26–35 €, Stellplatz kleines Zelt 20–22 €, zweites Zelt 6 €, Auto 4–4,50 €, Motorrad 2,50 €, Strom inkl., Hund 7 €. Auch Bungalows und Appartements (95–140 € für 2 Pers., um 19 € für 4 Pers. pro Nacht), die man für die Hochsaison frühzeitig buchen sollte. Loc. Scaglieri, 57037 Portoferraio (LI), ℘ 0565/969940, www.campingscaglieri.it.

Essen/Nachtleben L'Ostrica, in der winzigen *Forno*-Bucht (neben der Scaglieri-Bucht, Anfahrt → oben). Nur wenige, aber erlesene Gerichte, fast ausschließlich Fisch, auch wechselnde Tagesgerichte, sehr schön ist die Terrasse am Meer. Ziemlich teuer. Mittags und abends geöffnet. Für abends sollte man besser reservieren unter ℘ 0565/969922. Von der Straße nach Biodola rechts ab, beschildert.

Club 64 heißt die große Diskothek oberhalb von Biodola an der Straße Richtung Procchio. In weiten Teilen Open-Air, nicht nur, aber überwiegend junges Publikum. In der Hochsaison (Juli/August) tägl. geöffnet, sonst nur Fr/Sa, außerhalb der Saison nur samstagabends und zu besonderen Events. Vor 23.30 Uhr ist hier kaum etwas los. ℘ 347/3231284, www.club64.net.

Die Bucht von Portoferraio, von Volterraio aus gesehen

Die Bucht von Portoferraio

An der großen Reede der Inselhauptstadt *(Rada di Portoferraio)* befinden sich gleich drei deutsche Segelschulen. Wer einen reinen Badeurlaub verbringen möchte, ist hier allerdings am falschen Küstenabschnitt. Abgesehen von Bagnaia mit seinem relativ schönen Dorfstrand am östlichen Ende der Bucht sind die Strände eher dürftig und teilweise auch nicht unbedingt sauber. Weithin überragt wird die Gegend von der verfallenen Festung *Volterraio*. Es bestehen ausgezeichnete Busverbindungen nach Portoferraio, neben zahlreichen Hotels und Appartements (fast) aller Kategorien gibt es hier auch einen großen Campingplatz. Weinliebhaber sollten sich einen Besuch im herrlich gelegenen Weingut *La Chiusa* nicht entgehen lassen.

San Giovanni/San Giovanni Terme

Die Ortschaft San Giovanni ist ein gemütliches, kleines Dorf am Meer geblieben, ohne Strand zwar, aber mit Hafen und einem kleinen, etwas verwahrlosten Park an der Uferpromenade. Nicht allzu viele Touristen kommen hierher nach San Giovanni, direkt gegenüber von Portoferraio an der Bucht. Eine Eukalyptusallee führt von der Hauptstraße Portoferraio – Porto Azzurro zur benachbarten Kuranlage *San Giovanni Terme*, einem abgenutzten Flachdachbau älteren Baujahres, in dem die Kureinrichtungen untergebracht sind (beschildert). Im Foyer der Kuranlage werden Kosmetika auf Meeresschlamm- und Kräuterbasis verkauft (→ S. 120).

Verbindungen Mit dem **Stadtbus** (Linea 2) etwa stündlich von und nach Portoferraio.

Übernachten Le Stanze del Casale, B & B in einem hübschen Landhaus vor einem Pinienwäldchen, kurz vor den Ausgrabungen von Le Grotte auf der rechten Seite. Privates Ambiente, nur drei Zimmer und ein Appartement, die mit viel Geschmack und Liebe zum Detail hergerichtet sind. Im Erdgeschoss Salon und Gemeinschaftsküche mit Terrasse, wo man sich zum Frühstück trifft. Nette und entspannte

Patina in San Giovanni

Atmosphäre, freundliche Hunde. Einziges Manko ist die Straße, die doch relativ nah vorbeiführt. April bis Sept. geöffnet. *Anfahrt*: Von Portoferraio Richtung Porto Azzurro, kurz nach der Abzweigung nach San Giovanni (links) geht es rechts ab, unauffäl-liges Holzschild. EZ 75–80 €, DZ 150–160 €, reichhaltiges Frühstück inkl. Loc. San Giovanni 99, 57037 Portoferraio (LI), ✆ 0565/944340, www.lestanzedelcasale.com.

Essen & Trinken In San Giovanni gibt es zwei Ristoranti/Pizzerien.

Kuren in San Giovanni: Hier gibt es eine seltene Form von Lagunenschlamm, die als Allheilmittel wahre Wunder bewirken soll. Die geschmeidige, fettig wirkende Substanz kommt aus den ehemaligen Salinen der Bucht, in deren Sammelbecken sich der mit Mineralien und organischen Bestandteilen angereicherte Meeresschlamm niedergeschlagen hat. Seine Besonderheit ist u. a. der Gehalt von Eisen und Schwefel, die sich zur Zeit der Hochöfen in der Bucht von Portoferraio hier abgelagert hatten. Nachdem der Meeresschlamm eine Zeitlang in konzentriertem Salzwasser aufbewahrt wurde, kommt er zur Anwendung gegen alle erdenklichen Leiden. In jüngster Zeit erfreut sich die dunkle Substanz auch größerer Beliebtheit als kosmetisches Mittel gegen frühzeitige Hautalterung. Die Behandlungen erfolgen entweder durch direktes Auftragen auf die Haut oder durch Inhalation, Bäder und Spülungen. Beim Kurzentrum befindet sich ein kleiner Garten, man kann hier zur Lagune schlendern und die Reiher beobachten oder aber im Schatten entspannen.

Information Wer hier eine richtige Kur unter medizinischen Gesichtspunkten machen möchte, kann sich an das **Kurzentrum** unter ✆ 0565/914680 wenden. In Verbindung mit einer Kur werden auch Unterkünfte vermittelt. Weitere Informationen unter www.termeisoladelba.it.

Öffnungszeiten Von Anfang Mai bis 30. Nov. geöffnet, Mo–Fr 9–13 und 16–19 Uhr, Sa 9–14 Uhr, So geschlossen; das angeschlossene Centro Benessere ist ganzjährig Mo–Fr 10–20 Uhr und Sa 9–13 Uhr. Im Foyer (mit Bar) werden u. a. auch die Thermalprodukte verkauft, die nebenan zur Anwendung kommen. Loc. San Giovanni, 57037 Portoferraio (LI), ✆ 0565/914680, www.termeisoladelba.it.

Anwendungen Die Preise für eine kosmetische Behandlung liegen bei 35 € (Massage) und 45 € (Gesichtsbehandlung). Kurgäste (mit ärztlicher Indikation) zahlen für eine Fangoanwendung 24 €, für eine Massage (30 Min.) 28 €.

Le Grotte/Villa Romana

Auf der Anhöhe bei der *Punta delle Grotte* wurden im Jahr 1960 die Reste einer römischen Villa ausgegraben. Gebaut wurde das Anwesen am Ende des 1. Jh. v. Chr., vermutlich vom Präfekten *Publius Acilius Attianus,* aber bereits im 1. Jh. n. Chr. hatte man die Villa wieder aufgegeben. Die Mauerfundamente lassen eine Rekonstruktion der ehemals luxuriösen „Villa rusticana" (Landvilla) zu, eine weitläufige Anlage mit vielen Wohnräumen, Dienstboten- und Vorratskammern – die Villa von Le Grotte war die größte auf dem Toskanischen Archipel. Zu sehen sind außerdem noch die spärlichen Überreste einer *römischen Badeanlage* mit Caldarium, Frigidarium und dem Wasserleitungssystem. Einige Teile der erhaltenen Mauerreste sind auffallend schön: Quaderförmig behauene Steine, dunkelgrüner Serpentinit und grauweißer Kalk wurden zu einem mosaikartigen Mauerwerk abwechselnd neben- und aufeinander gesetzt. Vom Areal aus genießt man einen fantastischen Rundblick auf Portoferraio und die westelbanische Bergwelt.

Öffnungszeiten Die Ausgrabungsstätte ist schon seit Jahren geschlossen und verwächst zusehends. Über den Zeitpunkt einer etwaigen Wiedereröffnung war bei Redaktionsschluss nichts bekannt.

Übernachten/Wassersport ** Grotte del Paradiso, Zufahrt ab der gleichnamigen Ausgrabungsstätte durch ein parkähnliches Wäldchen. Nur 24 schlichte, recht kleine Zimmer mit Bad und Terrasse. In einem riesigen Park mit uralten Bäumen und direkt am Meer gelegen. Restaurant mit großer Terrasse, schöner Blick auf die Bucht. Segelschüler der DHH-Schule genießen hier Sonderkonditionen. Haustiere sind ausdrücklich erlaubt (kein Mehrpreis). DZ mit Frühstück 110–146 €, mit Halbpension 130–166 €, in der Nebensaison kostet das DZ mit Frühstück 76–96 €. EZ auf Anfrage. Loc. Le Grotte, 57037 Portoferraio (LI), ✆ 0565/933057, www.hotelgrottedelparadiso.com.

DHH–Yachtschule Elba – Le Grotte del Paradiso, beim Hotel. Alle Scheine, Grundkurse, Kinderkurse, Jollensegeln (ohne Schein), Skippertraining und 1- bis 2-wöchige Hochseetörns. Kurse finden von ca. Ende März bis ca. Mitte Okt. statt. In Deutschland: Deutscher Hochseesportverband „Hansa" e. V. Rothenbaumchaussee 58, 20148 Hamburg, ✆ 040/44114250, auf Elba: ✆ 0565/933329, www.dhh.de.

Magazzini

Nur wenige Häuser entlang der Durchgangsstraße nach Bagnaia und am Hang, das kleine Zentrum von Magazzini befindet sich an der befestigten Mole in der beschaulichen Bucht.

Hier befindet sich auch das *Albergo Mare* mit gemütlichem, aber relativ teurem Restaurant. Von der Terrasse kann man bei Sonnenuntergang die Rückkehr der Segelboote der deutschen Segelschule von Magazzini verfolgen, alles in allem recht idyllisch. Weniger schön ist allerdings der etwa 200 m lange Kiesstrand, der westlich vom kleinen Hafen anschließt – schmal und viele angeschwemmte Wasserpflanzen.

Wichtigste Sehenswürdigkeit der Umgebung ist neben dem herrschaftlichen *Weingut La Chiusa* (→ S. 123) die Kirche *Santo Stefano alle Trane*, etwas landeinwärts und in unmittelbarer Nähe des gleichnamigen Hotels gelegen (Beschilderung „Hotel S. Stefano" folgen). Das Gotteshaus im romanischen Baustil stammt aus dem 12.–13. Jh. und erinnert an die Epoche der pisanischen Herrschaft auf Elba. Das Innere ist noch sehr gut erhalten und mit reichen Ornamenten (Blütenblätter, Adler, Pferde, Köpfe von Fabelwesen) versehen, Charakteristikum der damaligen Bauweise ist auch hier die halbkreisförmige Apsis. (Die Kirche ist nur sonntags zum Gottesdienst geöffnet.)

Die Bucht von Portoferraio → Karte S. 112/113

Bademöglichkeit findet man in der nördlichen Nachbarbucht von Magazzini beim Hotel „Villa Ottone": ein kleiner, nicht allzu gepflegter Sand-Kies-Strand, aber immer noch besser als der Dorfstrand von Magazzini: der nämlich ist handtuchschmal und ganz und gar nicht sauber. Ein Fußweg führt am Meer entlang in westliche Richtung zu einem weiteren Strand. Alles in allem badet man im benachbarten Bagnaia (→ S. 124f.) eindeutig besser!

Verbindungen Busse verkehren 5x tägl. auf der Strecke Portoferraio–Bagnaia mit Halt in Magazzini.

Wassersport Segelschule des Segelclubs Elba (SCE), geleitet von Christian Renner. Alle Scheine, acht Optimisten, 30 Jollen, fünf Katamarane, sechs Yachten für Törns mit Skipper, sechs Motorboote. Bootsvermietung, Hotel- und Appartementvermittlung, Tauchkurse, Ausflugsprogramm. Geöffnet von Ostern bis Mitte/Ende Okt. Loc. Magazzini 12, 57037 Portoferraio (LI), ☏ 0565/933288. In Deutschland: PF 300327, 51413 Bergisch-Gladbach, ☏ 089-64167880, www.segel-club-elba.de.

Unica Diving, die Tauchschule von Werner Nehls liegt am Hafen von Magazzini, ein Tauchgang kostet 45 €, inkl. Ausrüstung 60 €, zehn Tauchgänge 330 € bzw. 520 €, Open Water Diver 390 € (plus Lehrmaterial). Schnuppertauchen 55 €. Loc. Magazzini, 57037 Portoferraio (LI), ☏ 348/4106761, www.unica-diving.com.

Übernachten ***** Villa Ottone, Straße Richtung Bagnaia, zweifelsfrei eines der nobelsten und besten Hotels der Insel. Herrschaftliche Villa aus dem 19. Jh. mit stilvollem Salon, gepflegtem Park, Pool, Tennisplatz, im Angebot exklusiver Fitness und MTB-Exkursionen, Spa u. a. mit türkischem Bad, Thai-Massage, Ayurveda. Hotelgäste erhalten beim benachbarten Golfclub Acquabona Rabatt. Direkt am schmalen Strand gelegen, schickes und gut situiertes Publikum. Herrliche Terrasse mit Blick auf die Bucht, wirklich schönes Ambiente, dazu eine äußerst einladende Bar. Geöffnet Anfang Mai bis 30. Sept. Die Ausführungen der luxuriösen Zimmer reichen von „Classic" mit Balkon und Parkblick (DZ mit Frühstück in der Hochsaison 354–399 €) bis „Prestige" (559–629 €), Suiten deutlich teurer, EZ 149–179 €; Halbpension kostet nur 10 € pro Pers. und Tag extra. Loc. Ottone, 57037 Portoferraio (LI), ☏ 0565/933042, www.villaottone.com.

*** Mare, am Hafen von Magazzini, hübsch gelegen an einem schattigen Hang mit Blick zum Meer, renoviert und recht nobel, mit Pool, Bar und Ristorante (→ unten). Alle Zimmer mit Aircondition, Kühlschrank, Bad, TV, Terrasse oder Balkon. Geöffnet ca. 20. April bis Mitte Okt. DZ mit Frühstück 146–236 €, in der Nebensaison ist das DZ mit Frühstück schon für 86–166 € zu haben. EZ mit Frühstück 98–124 € (gibt es nicht im August), in der Nebensaison 48–124 €. Halbpension ist hier nicht wesentlich teurer (max. 15 € pro Pers. und Tag), Mindestaufenthalt 3 Tage. Loc. Magazzini, 57037 Portoferraio (LI), ☏ 0565/933069, www.hotelmare.org.

** Tirrena, von der Straße nach Magazzini links ab auf einen Feldweg, beschildert. Sympathischer Familienbetrieb, mit Garten und Pool, Ristorante für Hausgäste, ruhige Lage, kinderfreundlich, nette Atmosphäre, 200 m zum allerdings nur mäßig attraktiven Strand. Schön renovierte Zimmer mit Bad und Balkon oder Terrasse, in der „Dependance", einem etwa 100 m entfernten Landhaus, werden ebenfalls Zimmer vermietet, die allerdings nicht ganz so schön wie im Haupthaus. Geöffnet Ende März bis ca. 20. Okt. DZ mit Frühstück 115–162 € (in der Dependance ca. 10 % günstiger), DZ mit Halbpension ab ca. 150 €, EZ mit Frühstück ab ca. 95 €. Loc. Schiopparello, 57037 Portoferraio (LI), ☏ 0565/933002, www.hoteltirrena.com.

》》》 Lesertipp: * Hotel Santo Stefano, „die Lage ist traumhaft, direkt neben der ältesten romanischen Kirche Elbas mit einem wunderbaren Blick auf die Bucht von Portoferraio. Ein kleines, romantisches Hotel mit sehr persönlichem Charme. Super saubere, einfache, aber charmante Zimmer mit einer kleinen Terrasse und Liegen, um sich unter den Olivenbäumen auszuruhen. Der Garten ist sehr schön eingewachsen und liebevoll gepflegt ... Warum dieses Hotel nur einen Stern hat, ist mir ein Rätsel." Gut 1 km landeinwärts von Magazzini gelegen (beschildert), bei besagter romanischer Kirche (ebenfalls beschildert). Im zugehörigen Restaurant des Hotels (herrlicher Blick von der Terrasse auf Portoferraio) können nicht nur Hotelgäste, sondern auch Externe essen, das aber besser mit Reservierung. Nur wenige Tische. Geschmackvoll eingerichtete

Zimmer, DZ inkl. Frühstück 110–130 €, Halbpension 18 € pro Pers. und Tag extra. In der
Hochsaison 7 Tage Mindestaufenthalt. Geöffnet ca. 20. April bis ca. 10. Nov. Via Santo
Stefano 6, 57037 Portoferraio (LI), ☎ 0565/
933161, www.elbahotelelba.com. «««

Camping *** **Rosselba le Palme**, etwa auf
halbem Weg zwischen Magazzini und Bagnaia gelegen, ca. 10 Fußminuten vom kleinen Ottone-Strand. Inmitten des 2 ha großen Geländes befindet sich auch ein botanischer Garten, der gegen Gebühr täglich
von 8–20 Uhr besichtigt werden kann. Viele
exotische Gewächse aus der ganzen Welt
spenden hier Schatten. An der Rezeption
ist eine Beschreibung der interessantesten
Pflanzen erhältlich. Am Pool mit Kinderbe-
cken und Rutsche herrscht dagegen Frei-
badatmosphäre; Tennisplätze, Restaurant,
Bar, Market, Bambini-Club, Animation, zahlreiche Abendveranstaltungen, die Ruhesuchende bei der Wahl ihres Stellplatzes miteinbeziehen sollten. Professionelle Leitung,
komfortable, sehr große Anlage, WiFi vorhanden. Mehrere Bungalow-Hütten mit
Platz für 4–5 Pers. für 127–213 €/Tag. Camping: Erw. 11–15,50 €, Kind 3–8 J. 8,50–
11,50 €, Zelt 11–18,50 €, Wohnwagen/Wohn-
mobil 15–22,50 €, Auto 3,50–5,50 €, Hund
4,50–5 €. Neuerdings auch mit „Glamping",
also: glamourös Campen im Stil *Safari*
(sehr nobel, 145–195 €/max. 5 Pers.), *Adven-*
ture (42–56 €/2 Pers.) oder *Kenya* (70–
80 €/max. 5 Pers.). Geöffnet ca. 20. April bis
Ende Sept. Loc. Ottone, 57037 Portoferraio
(LI), ☎ 0565/933101, www.rosselbalepalme.it.

Luxusherberge Villa Ottone

Essen & Trinken   **La Carretta**, bekannt
für seine hervorragenden Fischgerichte (etwas teurer), donnerstags Cacciuco. auch
Pizzeria. Aus Richtung Portoferraio rechts
an der Straße gelegen, gegenüber der Einfahrt zum Weingut La Chiusa. Nur abends
geöffnet, Reservierung unter ☎ 0565-933223.

Ristorante Mare, mit netter, einladender
Terrasse direkt am Hafen von Magazzini,
gehört zu gleichnamigem Hotel (→ oben).
Schick und relativ teuer (Hauptgerichte um
ca. 15–25 €), auch Cacciuco. Mittags und
abends geöffnet.

Weingut La Chiusa

Hinter einer hohen Mauer und von außen kaum einsehbar liegt „La
Chiusa" – die Eingeschlossene. Eine lange Schotterstraße führt durch Oli-
venbäume und entlang der Weinstöcke zu der herrschaftlichen toskanischen Villa mit eigener Hauskapelle.

Allein schon das imposante Anwesen aus dem 18. Jh. inmitten der Weinberge
und trotzdem fast direkt am Meer lohnt einen Besuch. La Chiusa ist aber auch
geschichtsträchtig: Napoleon wartete hier nach seiner Ankunft auf der Insel, bis
man die gegenüberliegende Inselhauptstadt für ihn vorbereitet hatte, und 1815
wurde in der noblen Villa den Ministern der Heiligen Allianz, die nach dem
Wiener Kongress mit dem Auftrag zur Wiederherstellung alter Machtverhältnis-
se in Italien unterwegs waren, eine angemessene Herberge bereit gestellt. Heute
ist La Chiusa auch ein Agriturismobetrieb: Hier kann man sich in einem der Appartements des Anwesens einmieten und wirklich ruhige Urlaubstage in herrlicher Umgebung verbringen.

Die Bucht von Portoferraio → Karte S. 112/113

Agriturismo mit Stil –
im Weingut La Chiusa

Einkaufen auf dem Weingut: Das eindrucksvolle elbanische Landgut befindet sich im Besitz der römischen Familie Corradi. Weinliebhaber können sich bei ihr mit hochwertigen Weiß-, Rot- und Roséweine der Rebsorten *Trebbiano Toscano* und *Sangioveto* eindecken, daneben werden hier auch *Elba Bianco DOC* und *Elba Rosso DOC*, der bekannte *Aleatico Passito DOC*, ein roter Dessertwein, der weiße Süßwein *Moscato dell'Elba Passito*, Grappa und Olivenöl verkauft.

Öffnungszeiten Im Sommer tägl. 8–12.30 und 16–20 Uhr, in der Nebensaison nur Mo–Sa 8–12.30 Uhr, So geschlossen. Tenuta „La Chiusa", Loc. Magazzini 93, 57037 Portoferraio (LI), ✆ 0565/933046, www.tenutalachiusa.it.

Anfahrt Von der Straße nach Magazzini geht es etwa auf Höhe des Ristorante „La Carretta" links ab zum Weingut.

Übernachten Zur Villa gehören zehn abgetrennte, über Außentreppen erreichbare **Appartements** für 2–4 Pers., die Räume im Erdgeschoss verfügen zusätzlich über einen eigenen kleinen Garten/Terrasse. Preise auf Anfrage, mit rund 1000 €/ Woche in der Hochsaison für 2 Pers. sollte man rechnen. Adresse → oben unter „Öffnungszeiten".

Bagnaia

Gemütliches ehemaliges Fischerdorf mit einladendem Kiesstrand, sehr hübsch in einer kleinen Bucht gelegen, umgeben von üppigem Grün. Für Badefreunde sicher der einladendste Ort in der weiten Bucht von Portoferraio.

Der ursprünglich stille Charakter des Orts hat sich durch die riesige Feriensiedlung knapp oberhalb des Dorfs stark verändert: Bagnaia ist mittlerweile zum familienfreundlichen und lebhaften Badeort mit autofreier Promenade geworden. Dennoch geht es hier noch vergleichsweise ruhig zu, und in den wenigen Strandbars und Ristoranti lässt es sich aushalten – vor allem abends, wenn die Badegäste Bagnaia wieder verlassen haben und die Sonne hier tiefrot ins Meer eintaucht. Im Ort befindet sich eine der drei deutschen Segelschulen der Bucht von Portoferraio, am etwas groben Kiesstrand gibt es einen Sonnenschirm- und Liegestuhlverleih, außerdem werden Motorboote, Tretboote, Kajaks und Surfbretter vermietet.

Verbindungen 5x tägl. **Busse** von und nach Portoferraio.

Motorbootverleih Rent Boats Bagnaia, Motorboote mit und ohne Führerschein im Sommer ab 90 €/halber Tag (für 6–8 Pers.), Benzin extra. Infos unter ✆ 347/ 6870275 oder 340/3531059, www.rentboat bagnaia.it.

Wassersport Am nördlichen Ende des Strandes befindet sich das **Segel-Zentrum Elba**. Geleitet wird diese überaus sympathische Segelschule von Gereon und Helga Verweyen. Auch hier alle gängigen Segelscheine und Törns (auch mit Skipper); Kindersegeln, Schnupperwochen etc. Das Zentrum organisiert auch Tauchkurse, Reitausflüge, Grill- und andere Partys usw., für Kinderbetreuung ist gesorgt. Beginn der einwöchigen Kurse ist immer montags (An- und Abreise sonntags), Yachtcharter wird mit und ohne Skipper angeboten, für Segelschüler werden auch Unterkünfte organisiert. Ostern bis Mitte Okt. geöffnet. Segel-Zentrum Elba, Gereon Verweyen, Loc. Bagnaia, 57037 Portoferraio (LI), ℡ 0565/961090. Adresse in Deutschland: Sürther Hauptstr. 213, 50999 Köln, ℡ 02236/65505, www.segel ferien.de.

Übernachten/Appartements ** Hotel **La Feluca**, etwas oberhalb vom Ort am Hang, ganz ruhige Lage. Schöner Garten mit kleinem Pool. Nicht mehr ganz neu, aber gepflegt und komfortabel, sehr freundlicher Service, mit Bar, 10 Min. zu Fuß vom Strand entfernt. Nicht teuer: DZ mit Frühstück 90–140 €, EZ 60–90 €. Geöffnet Anfang Juni bis ca. 10. Sept. Loc. Bagnaia, 57037 Portoferraio (LI), ℡ 0565/961084, www.hotellafeluca.it.

Residenza Sant'Anna del Volterraio, riesige Appartementanlage, die aber außerordentlich gekonnt in die Landschaft eingefügt wurde und fast schon in ihr verschwindet – das unschöne Bild parzellierter Wohnanlagen fehlt. Im Halbrund hat man um eine große Wiese mit zwei einladenden Pools gebaut, daneben Bar und Restaurants. Autos und sonstige Logistik verschwinden in einer großen Tiefgarage hinter den Appartements (alle mit Terrasse zur Wiese hin). Zur Anlage gehört auch das kleine **** Hotel Locanda del Volterraio mit nur 18 Zimmern, Ende März bis Ende Okt. geöffnet. In der Residenza: Appartements für 2–8 Pers. ab ca. 600–2000 €, kleine Hunde erlaubt (10 €/Tag). Wer Pool, Liegestühle und Sauna benutzen möchte, muss noch mal 30 € pro Pers. und Woche zahlen (Kinder gratis). Im Hotel: Das DZ mit Frühstück kostet 150–230 €, Halbpension ist möglich (wird im Restaurant *Giardino degli Aranci* eingenommen). Mindestaufenthalt im Hotel 3 Tage, Appartements 1 Woche. Loc. Bagnaia, 57039 Rio nell'Elba (LI), ℡ 0565/961219, www.volterraio.it.

*** Residence-Hotel **Villa Mare** schöne, alte Villa mit einigen Anbauten und Garten. An der Strandpromenade im Zentrum, alle Zimmer mit Bad, TV und Balkon bzw. Terrasse, Appartements zusätzlich mit Kochnische, Parkplatz vorhanden. Geöffnet ca. Ostern bis Anfang Okt. EZ 90–130 €, DZ 120–180 €, Dreibett-Zimmer 150–230 €, Vierbett-Zimmer 180–280 €, jeweils inkl. Frühstück. WiFi kostenlos. Geöffnet Anfang Mai bis Anfang Okt. Loc. Bagnaia 3, 57037 Portoferraio (LI), ℡ 0565/961009, www.bagnaia.com.

Essen & Trinken Ristorante Il Giardino degli Aranci, überaus stilvolles und gemütliches Gartenrestaurant in der Ferienanlage Sant'Anna (beschildert), etwas versteckt gelegen. Man speist in gepflegter Umgebung unter Orangenbäumen, die Preise für dieses gelungene Ambiente sind recht moderat. April bis Okt. abends, nur am Wochenende auch mittags geöffnet, in der Hochsaison tägl. mittags und abends. ℡ 0565/933502.

Der Strand von Bagnaia

Am Strand von Cavo

Der Nordosten der Insel

Der Nordostzipfel Elbas ist nicht unbedingt ein Badeparadies: Zu schroff ist weitgehend die Küste, sodass sich nur einige wenige größere Buchten auftun, diese zumeist an der Ostküste.

Der Nordosten Elbas war zusammen mit der südlich anschließenden Halbinsel Calamita quasi die Erzkammer der Insel, wovon auch nach der Stilllegung der Bergwerke noch einiges zu sehen ist: verlassene Minen, gepaart mit der herben Romantik von Industrieruinen, an der Ostseite die schwarzen Strände und immer wieder bizarre Abbruchlandschaften.

Prägend für diesen Teil von Elba ist ein von Nord nach Süd verlaufender Bergkamm, dessen höchster Gipfel mit 516 m der *Cima del Monte* südlich von Rio nell'Elba ist. Der Nordosten der Insel ist vor allem in der hügeligen und nahezu menschenleeren Gegend um *Cavo* ziemlich waldreich, zahlreiche Bergquellen versorgen die Täler von *Nisporto, Nisportino* und *Monserrato* mit ausreichend Wasser, sodass man hier auch im Sommer ein relativ üppiges Grün vorfindet. Ein großer Teil der Küste der Halbinsel ist steinig (besonders an der Westseite) und nur selten durch kleine Buchten unterbrochen, größere Badestrände findet man lediglich an der Ostseite nördlich von *Rio Marina,* in *Cavo* und um *Porto Azzurro.*

Touristisches Zentrum ist unangefochten *Porto Azzurro* mit seinem lebhaften Hafen, während *Cavo,* einer der ältesten Badeorte ganz im Norden Elbas, touristisch mittlerweile keine bedeutende Rolle mehr spielt. *Rio Marina,* einst wichtiges Zentrum in Sachen Eisenerz, bietet ein interessantes Mineralienmuseum und wenig besuchte Strände nördlich des Orts. Auf keinen Fall entgehen lassen sollte man sich einen Besuch im beschaulichen Bergdorf *Rio nell'Elba* und den Ausflug zur Wallfahrtskirche *Madonna di Monserrato*, in einem idyllischen Tal bei Porto Azzurro gelegen.

Cavo und *Rio Marina* sind durch Fähren mehrmals täglich mit Piombino auf dem Festland verbunden.

Cavo

Rio
nell'Elba · Rio Marina

*Castello
del Volterraio*

*Madonna
di Monserrato*

Porto Azzurro

Capoliveri

*Calamita
413*

Capo
d'Enfola

Portoferraio

Sant'
Andrea

Marciana
Marina

*Madonna
del Monte*

Marciana
Alta

San Martino
Villa Napoleone

*Capanne
1019*

Sant'Ilario
in Campo

Chiessi

San Piero
in Campo

Marina
di Campo

Lacona

Der Osten der Insel

Castello del Volterraio

Hoch und mächtig thront die Ruine der Festung auf einem Felsklotz in 409 m Höhe am Rand der nordelbanischen Hügellandschaft, quasi als Wahrzeichen über der Bucht von Portoferraio.

Über die Herkunft des Namens Volterraio kursieren gleich mehrere Versionen: Er könnte vom lateinischen „vultur" (Geier) herrühren, was dann so viel wie Geiernest bedeuten würde, oder aber von dem älteren etruskischen Begriff „ful tur" (hoher Felsen). Eine dritte Version beruht auf der simplen Annahme, dass der Name mit der toskanischen Stadt *Volterra* in Zusammenhang steht, da die Pisanerfestung von einem Architekten aus Volterra gebaut wurde. Auch über die Zeit der ersten Besiedlung des schroffen Burgbergs ist man sich im Unklaren: Der Mythologie zufolge soll hier bereits unter der legendären etruskischen Prinzessin *Ilva* eine Befestigung entstanden sein, später haben die Römer die strategisch günstige Lage des Burgbergs genutzt. Fest steht jedenfalls, dass Volterraio auch zu Zeiten massiver Piratenüberfälle niemals eingenommen wurde. 1281 gründeten die Pisaner hier auf dem Fundament einer bereits bestehenden Burg aus dem 11. Jh. eine Festung, aus deren großartiger Panoramalage die feindlichen sarazenischen Piraten frühzeitig erspäht werden konnten. Volterraio war dabei Teil eines Systems von Wachposten, die – in Sichtweite zueinander liegend – mittels Feuersignalen die Nachricht von feindlichen Schiffen binnen kürzester Zeit über die Insel verbreiten konnten. Außerdem war die Festung während der Pirateneinfälle im 15. und 16. Jh. der wichtigste Zufluchtsort der Inselbewohner, und selbst die gefürchteten Piraten *Khayr al-Din*, der jüngere der *Barbarossa*-Brüder, und *Dragut* mussten hier auch nach längerer Belagerung wieder abziehen. Als die Medici ab 1548 Portoferraio als Festungsstadt aufbauten, verlor Volterraio an Bedeutung, diente aber noch immer als Wach- und Kontrollstation. Im 17. und 18. Jh. wurde Volterraio zur Garnison und fungierte weiterhin als Kommunikationsposten: Aus Portoferraio abgeschickte Blinksignale wurden von hier über das Inselchen *Palmaiola* zur italienischen Küste und von dort nach Florenz weitergeleitet. Von der ehemaligen Zugbrücke, den Unterkünften der Soldaten und der Kapelle im Inneren der Burg ist heute nur noch wenig zu sehen. 2015 wurde das alte, zunehmend verfallende Castello zumindest in Teilen restauriert (und zu diesem Zweck wurde sogar ein riesiger Kran hierher geschafft), sodass der Zugang jetzt durch eine neue Betontreppe mit stabilen Stufen

Uneinnehmbar: Volterraio

deutlich erleichtert ist. Auch im Inneren der Ruine hat man restauriert und durch Geländer den Rundgang auf den Mauern gesichert. Jeden Samstag kann das Castello im Rahmen einer *Führung* besichtigt werden: Infos unter ☎ 0565/908231.

Immer wieder eindrucksvolle Blicke in die Tiefe hinunter bietet die schmale Verbindungsstraße, die von der Villa Ottone (kurz vor Bagnaia) rechts hinauf über Castello del Volterraio nach Rio nell'Elba führt.

 Wanderung 3: Eine steil und schattenlos bergauf führende Kurzwanderung führt vom Parkplatz an der Straße hinauf zur Ruine des Castello del Volteraio (Aufstieg ca. 30–45 Min., ca. 200 Höhenmeter). Eine detaillierte Beschreibung finden Sie im (Rad-)Wanderführer am Ende dieses Buches (→ S. 251).

Nördlich von Bagnaia

Nisporto: Die Bucht mit ihren wenigen Häusern ist eine der beiden auch vom Land aus zugänglichen Badestellen an der schroffen Küste nördlich von Bagnaia. Nisporto liegt etwa 5 km nördlich von Bagnaia und ist von dort über eine schmale und aussichtsreiche Asphaltstraße entlang der Küste zu erreichen, ein weiteres schmales Asphaltsträßchen führt von Rio nell'Elba nach Nisporto. Neben dem unten genannten Campingplatz findet man hier einige größere Appartementanlagen, die sich den Hang hinauf erstrecken und das nüchterne Ortsbild entscheidend prägen – und es wird weiter gebaut. Im „Dorf" gibt es einen Supermarkt, eine Pizzeria sowie Ristorante und Bar am sauberen Kiesstrand (steiniger Einstieg), der durch meterhohes Schilf begrenzt wird. Der relativ ruhige Ort wird hauptsächlich von italienischen Touristen besucht und ist generell ein eher teures Pflaster. Am Strand werden Sonnenschirme, Liegestühle, Tretboote und Kanus vermietet.

Übernachten   Camping Sole e Mare, schattiges Gelände mit großzügigen Stellplätzen, nur wenige Meter vom Strand entfernt. Sehr freundlicher Service, Restaurant, Pizzeria, Bar, Minimarket, Tennisplatz, WiFi vorhanden. Außerdem Bungalow- und Appartementvermietung. Bungalow 2 Pers. 450–750 €/Woche, für 3–4 Pers. 500–900 €, Appartement für 2 Pers. 550–900 €, für 3–4 Pers. 600–1150 €, für 5 Pers. 650–1250 € (die Höchstpreise gelten nur für die beiden Wochen Mitte August), in der Nebensaison deutlich günstiger. Camping pro Pers. 10–15 €, Kinder (4–14 Jahre) 6–10 €, Zelt 6–15 €, Wohnwagen/Wohnmobil 12–20 €, Hund 2–4 €, Auto 2–4 €. 1.3.–31.10. geöffnet. Loc. Nisporto, 57039 Rio nell'Elba (LI), ☎ 0565/1930550 oder 347/4185290, www.soleemare.it.

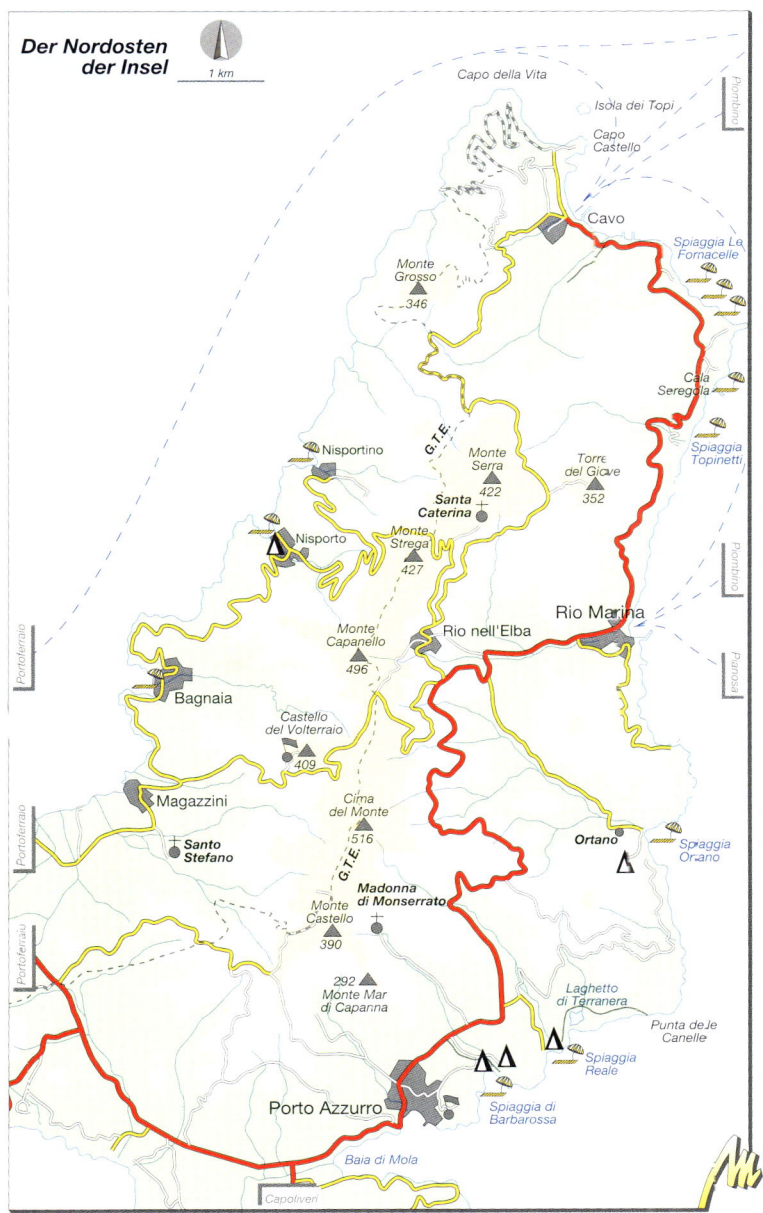

**Der Nordosten
der Insel**

1 km

Capo della Vita

Isola dei Topi

Capo
Castello

Cavo

Spiaggia Le
Fornacelle

Monte
Grosso
346

Cala
Seregola

Nisportino

G.T.E.

Monte
Serra
422

Torre
del Giove
352

Spiaggia
Topinetti

Santa
Caterina

Nisporto

Monte
Strega
427

Monte
Capanello
496

Rio nell'Elba

Rio Marina

Bagnaia

Castello
del Volterraio
409

Magazzini

Cima
del Monte
516

Ortano

Spiaggia
Orano

Santo
Stefano

G.T.E.

Madonna
di Monserrato

Monte
Castello
390

292
Monte Mar
di Capanna

Laghetto
di Terranera

Punta deJe
Canelle

Spiaggia
Reale

Porto Azzurro

Spiaggia di
Barbarossa

Baia di Mola

Capoliveri

Portoferraio

Piombino

Piombino

Pianosa

Essen & Trinken **»» Lesertipp:** Aqua-salata, „sehr schönes Restaurant am Strand, tolle Fischgerichte (und Meeres-früchte!), Sonnenuntergang inklusive: Hier hatten wir einen wirklich schönen Abend!"

Auch Bar zum Entspannen beim Aperitivo, es gibt auch Pizza, Fischgerichte etwas teurer. WiFi kostenlos. Im Sommer ganz-tägig geöffnet. ☎ 0565/963027. **«««**

Nisportino: Der Ort liegt von Nisporto aus weitere 4,5 km Richtung Norden. Von der Asphaltstraße an den Westhängen des Monte Strega und hoch über der Küste eröffnen sich teilweise herrliche Ausblicke. Kleiner Kiesstrand, Ristorante-Pizzeria „La Battigia" (ganztägig geöffnet, auch Bar, abends Pizza) am Strand. Ansonsten gibt es keine Bars, nur noch ein Residenzhotel mit ein paar uniformen Bungalows, die die Gegend völlig dominieren. Eine weitere Bungalowanlage ist gerade im Ver-fall begriffen. Nisportino ist ein sehr abgeschiedenes Retortendorf, extrem ruhig, man könnte auch sagen: langweilig, bietet aber eine schöne Bucht.

»» Lesertipp: „Das **Ristorante/Bar La Battigia** vermietet auch Appartements. Di-rekte Strandlage, mit zwei Liegen und einem Sonnenschirm je Wohnung. Sauber und gepflegt, die Küche ist sehr gut ausge-stattet. Die Vermieter sprechen Englisch und sind sehr freundlich." Appartement für 2 Pers. 500–700 €/Woche, für 4 Pers. 800–1200 €/Woche, die „Villetta" für 4 Pers. kos-tet 100–1400 €/Woche. Dem möchten wir noch die unbedingte Empfehlung für das einladende **Ristorante La Battigia** am Strand hinzufügen (im Sommer ganztägig, ☎ 0565/961034). Appartamenti La Battigia, Loc. Nisportino, 57039 Rio nell'Elba (LI), ☎ 0565/917355 oder ☎ 340/3476864, www. appartamentilabattigiaelba.it. **«««**

Rio nell'Elba

Auf knapp 180 m über dem Meer liegt das urelbanische Bergdörfchen mit seinem mittelalterlichen Kern. Wenn am Abend die letzten Tagesausflügler verschwunden sind, gehört Rio nell'Elba wieder seinen Bewohnern, und die idyllische Piazza del Popolo wird zum großen Wohnzimmer für alle.

Der weite Ausblick, den man von hier oben genießt, war im Mittelalter oft lebens-rettend, herannahende Feinde konnten rechtzeitig ausgemacht werden. Die Pisaner bauten im 12. Jh. eine Stadtmauer, um den Schutz zusätzlich zu verstärken. 1534

Das Bergdorf Rio nell'Elba von unten betrachtet

wurde Rio nell'Elba dennoch vom Piraten Barbarossa eingenommen, und große Teile der Bevölkerung wurden als Sklaven nach Tunis verschleppt.

Der Ort soll bereits in der Antike ein bedeutendes Zentrum des Eisenerzabbaus gewesen sein, der heutige Stadtkern mit der nach Überfällen mehrfach wieder aufgebauten Kirche *Santi Giacomo e Quirico* geht auf eine pisanische Gründung im 11. Jh. zurück. Rio war im Mittelalter überaus bedeutend, man verlegte sogar kurzzeitig die Inselverwaltung hierher.

Rio hat von allen Gemeinden der Insel die stärkste Abwanderung erfahren, nicht zuletzt auch wegen der Schließung der unrentabel gewordenen Eisenerzminen der Umgebung. Waren es Ende des 18. Jh. noch 5000 Einwohner, so sind es heute nur noch etwa 1200, Ortsteile mitgerechnet. Das soll sich allerdings in absehbarer Zeit deutlich ändern, denn um den alten Kern von Rio nell'Elba – vor allem im südlich vom alten Zentrum gelegenen Ortsteil *La Ginestra* – wird seit Jahren kräftig gebaut und dabei vor allem in Touristen-Appartements investiert. Im alten Ortskern häufen sich dagegen die „Vendesi"-Schilder.

I Canali:
Rios ehemaliges Waschhaus

Ein Ausflug nach Rio nell'Elba lohnt allein schon wegen der exponierten Lage, die einen reizvollen Gegensatz zu den umliegenden Badeorten bildet. Sehenswert sind die Kirche *Santi Giacomo e Quirico* an der Piazza mit ihrer Renaissancefassade und barocken Stilelementen im Inneren (ganztägig geöffnet) sowie *I Carali*, das ehemalige Waschhaus, an dessen Wänden heute alte Ansichten von Rio nell'Elba zu sehen sind (ebenfalls ganztägig geöffnet, an der unterhalb des Dorfes verlaufenden Verbindungsstraße nach Cavo gelegen). Neben dem Waschhaus, das man auch über Treppen vom Zentrum aus erreichen kann, befindet sich die *Casa del Farco*, ein Informationszentrum des Nationalparks Toskanischer Archipel.

Casa del Parco, Mitte April bis Okt. Do-Sa 10-13 Uhr und 16-19 Uhr (Juni bis Aug. bis 20 Uhr), So 10–13 Uhr geöffnet, Mo–Mi geschlossen, Loc. I Canali, ☎ 0565/943399.

In Rio nell'Elba gibt es außerdem ein sehenswertes archäologisches Museum, in dem auch die Exponate des ehemaligen Mineralienmuseums ausgestellt sind (→ „Sehenswertes in und um Rio nell'Elba").

Verbindungen 4x tägl. mit dem Bus nach Capoliveri (davon 1x mit Umsteigen in Porto Azzurro), 12x über Rio Marina nach Cavo (So und feiertags 10x), 11x nach Porto Azzurro und 10x weiter nach Portoferraio (So und feiertags 9x).

Parken Gebührenpflichtiger Parkplatz (ca. 1 €/Std.) am Ortseingang (aus Porto Azzurro kommend). Alternativ befindet sich direkt über diesem gebührenpflichtigen ein weiterer, kostenloser Parkplatz, allerdings mit ziemlich steiler Auffahrt.

Essen & Trinken Da Cipolla, die „Zwiebel" liegt an der Piazza del Popolo im Zentrum. Nicht ganz billige Trattoria mit großer Auswahl und vielen Fischgerichten und auch mittags Pizza. Im Sommer stehen auch ein paar Tische draußen zur Piazza hin. Ganztägig geöffnet, auch beliebte Bar und Tabaccheria. ✆ 0565/943068.

Feste & Veranstaltungen Festa dei Santi Giacomo Apostolo e Quirico, am letzten Wochenende im Juli findet das traditionelle Dorffest zu Ehren der beiden Ortsheiligen statt.

Sehenswertes in und um Rio nell'Elba

Museo Archeologico del Distretto Minerario e Collezione „I Minerali Elbani della Gente di Rio" (Archäologisches Museum und Mineraliensammlung Alfeo Ricci): Direkt unter der Panoramaterrasse bei der Piazza del Popolo befindet sich die Ausstellung auf und unter einer Galerie in einem modernen, lichtdurchfluteten Saal. Zu sehen sind in der archäologischen Abteilung Fundstücke, die die Besiedlung und Erzverarbeitung auf Elba von prähistorischer Zeit bis ins frühe Mittelalter belegen: Pfeilspitzen und Schmuck aus der Grotta di San Giuseppe (2000– 1800 v. Chr.), etruskische Werkzeuge aus Porto Argoo (Portoferraio) oder Terrakotta-Wasserleitungen aus der römischen Villa von Capo Castello (Cavo). Ergänzt

Eremo di Santa Caterina

werden die Exponate durch informative Schautafeln, diese allerdings nur in italienischer Sprache. Daneben ist die sehenswerte Mineraliensammlung von *Alfeo Ricci* (1924–1964) zu besichtigen. Der mineralogische Autodidakt verdiente seinen Lebensunterhalt bei der elbanischen Eisenminengesellschaft, aber die Mineralien blieben seine lebenslange Passion, die ihn sogar dazu brachte, elbanische Mineralien von internationalen Museen zurückzutauschen oder zu kaufen. Die im Museum ausgestellten Stücke stammen ausnahmslos von der Insel und wurden von Ricci in jahrelanger Arbeit zusammengetragen. Zu sehen sind z. T. sehr große Pyrite, Hämatite, Quarze, Turmaline etc., auch in diversen Verbindungen. Schaubilder zur Mineralgeschichte der Insel runden die gelungene Ausstellung ab.

Öffnungszeiten und Eintritt Ostern bis Ende Okt. tägl. 10–12.30 und 17–19 Uhr geöffnet, Mi geschlossen, ebenso von Nov. bis Ostern. Eintritt 5 €, erm. 3 €. Zum Museum gelangt man, wenn man die Piazza del Popolo an ihrer linken (nordöstlichen) Ecke verlässt und von der Aussichtsterrasse die rechte Treppe hinunter nimmt. Via delle Cantine, ✆ 0565/943428 oder 349/3754611.

Eremo di Santa Caterina: Etwas nördlich des Orts, am Hang des *Monte Serra* und mit schönem Blick auf Rio nell'Elba, liegt diese verlassene Einsiedelei. Der ursprünglich romanische Bau wurde 1634 umgebaut, im Innenraum der einschiffigen Kirche erinnert eine Gedenktafel an die heilige Caterina, darüber hinaus sind einige Werke moderner Kirchenkunst zu sehen. Seit einiger Zeit finden im Kloster Kulturveranstaltungen statt, und ein Verein kümmert sich um den Erhalt der Gemäuer. Neben der Einsiedelei befindet sich der hübsche, kleine botanische Garten *Orto dei Semplici Elbano*. In dem sehenswerten Garten ist die Flora der Insel ohne Eingriff durch den Menschen zu erahnen, darüber hinaus gibt es einen Obstgarten, einen Heilkräutergarten etc., Schautafeln auch in deutscher Sprache erläutern die Pflanzen. Ruhe und Idylle pur, nicht nur für Hobby-Botaniker ein lohnenswerter Besuch!

Anfahrt/Öffnungszeiten   An der Straße nach Nisporto/Nisportino geht es nach ca. 3 km rechts ab auf einen Feldweg (beschildert), hier parken. Es führt ein schöner Panoramaweg an Zypressen entlang zum alten Kloster (etwa 10 Min. zu Fuß). April bis Juni Fr–So 11–18 Uhr, Juli bis Sept. Di–So 15–20 Uhr, Okt./Nov. Fr–So 10–13 Uhr. Im Winter und bei Regen geschlossen. Eintritt 3 €, erm. 1 €. ☏ 0565/943459 oder 339/2974678.

Rio Marina

Der Hafenort mit seinen rund 2200 Einwohnern ist alles andere als eine Touristenhochburg, wohl auch, weil es hier an schönen Stränden mangelt. Auch Fischerromantik sucht man am funktionalen Hafen, an dem früher das Eisenerz verschifft wurde, vergeblich.

Der Eisenabbau in der Umgebung (v. a. am nördlich gelegenen *Monte Giove)* geht bis in die Antike zurück. Den achteckigen Wachturm am südlichen Ende des großen Hafenbeckens bauten im 16. Jh. die Appiani, im 19. Jh. wurde noch ein kleinerer Uhrturm draufgesetzt. Im 18. Jh. erlangte Rio Marina als Hafen von Rio nell'Elba größere wirtschaftliche Bedeutung – in Rio Marina befand sich auch der Verwaltungssitz des Eisenbergwerks – und erklärte sich 1882 schließlich zur unabhängigen Gemeinde. Das so entstandene Konkurrenzverhältnis zwischen den beiden Orten steigerte sich bis zur Feindseligkeit, sodass man untereinander nicht mehr heiratete und sich in der Hochphase bei Kirchweihfesten sogar mit Steinen bewarf. Am 16. August findet in Rio Marina das Fest zu Ehren des Ortspatrons *San Rocco* statt.

Angesichts der langen Bergbautradition Rio Marinas ist es nicht verwunderlich, dass die Sehenswürdigkeiten des Ortes sich vor allem um das drehen, was aus den umliegenden Bergen zu Tage gefördert wurde: Im *Parco Minerario* wird der Besucher durch die Halden und Erzwäschen eines Tagebergwerks geführt, und im *Museo Minerali* in der Via Magenta lässt sich nicht nur die Ausstellung „Fiori di Ferro" bewundern (→ S. 134). Wer sich auf eigene Faust auf die Suche begibt, kann mit etwas Glück am 6 km nördlich gelegenen Strand *Le Fornacelle* noch kleinere Malachite und Calcite finden.

In den letzten Jahren hat Rio Marina deutlich an Attraktivität gewonnen, das Städtchen hat sich herausgeputzt, der kleine Park oberhalb des Hafens und die Promenade laden zum Flanieren ein. 2009 hat der Ort Porto Azzuro als Fährhafen im Osten abgelöst, auch die Fähren nach Pianosa starten ab Rio Marina.

Der Nordosten → Karte S. 129

Fiori di Ferro – Mineralien und mehr

Im *Palazzo del Burò*, dem ehemaligen Sitz der Bergbaudirektion, ist Rio Marinas neues und überaus sehenswertes *Museo Minerali dell'Elba e Arte Mineraria* untergebracht. Auf rund 400 qm und verteilt über acht Säle ist eine gelungene Mischung aus Mineraliensammlung, Museum für Bergbaugeschichte und Ausstellung für zeitgenössische Kunst entstanden. Hier sind sämtliche auf Elba gefundenen Mineralienarten, 170 an der Zahl, ausgestellt, unter ihnen auch der *Ilvait*, den es nur hier auf der Insel gibt. Die annähernd 800 Exponate sind übersichtlich in 24 Vitrinen angeordnet, z. T. sehr schöne Pyrite, Hämatite und Calcite, u. a. auch Pyrit-Hämatit- und Pyrit-Quarz-Verbindungen sowie Alabaster, der aber nicht von der Insel stammt. Wichtigste Fundorte für Mineralien auf Elba sind die Gegend um Rio Marina (die Gruben von *Bacino* und *Valle Giove)* und die Halbinsel Calamita.

Riesiger Pyrit im Museo Minerali

Daneben sind in der aufwändig gestalteten Umgebung Ausstellungsstücke zu sehen, die die harte Arbeit der Eisengewinnung und -verarbeitung dokumentieren; in einer kleinen „Mine" kann sogar am eigenen Leib erfahren, wie dunkel, staubig und eng die Grabungsschächte waren. Fotomaterial aus einer Zeit, als auf Elba noch gegraben wurde, bietet darüber hinaus ästhetische „Außenansichten" des Bergbaus.

Vom Museum werden Führungen in den *Parco Minerario*, das Bergbau-Freilichtmuseum des Ortes, angeboten, wo noch einige beeindruckende Monumente der Industriegeschichte zu sehen sind. Der Rundgang führt durch ein altes Bergarbeiterdorf, zu einer restaurierten Erzwäsche und schließlich in die Halde. Nach einer Einführung in den Tagebergbau haben Besucher die Möglichkeit, selbst nach Pyriten und Hämatiten zu suchen.

Öffnungszeiten des Museums April bis Juni und Sept./Okt. tägl. 9.30–12.30 und 15.30–18.30 Uhr, im Juli und August 9.30–12.30 und 16.30–19.30 Uhr. Eintritt 2,50 €. Zum Museum geht es von der zentralen Piazza Vittorio (dem kleinen „Stadtpark") in die schmale Via Magenta, das Museumsgebäude befindet sich am Ende der Gasse, nur wenige Meter von der Piazza entfernt (Via Magenta 26).

Führungen durch den Bergbaupark Von Juni bis Sept. werden mit dem *Trenino* („Bähnchen", Abfahrt unweit des Museums an der Straße Richtung Cavo) Exkursionen in den Bergbaupark angeboten, meist 1x am Vormittag und 1x am Nachmittag (je nach Nachfrage, bei zu wenig Teilnehmern jedoch nicht). Im Juli/August finden die Touren immer morgens um 11 Uhr und nachmittags um 15.30 und 17 Uhr statt, Dauer ca. 1:30 Std., Anmeldung obligatorisch! Pro Pers. 12,50 €, Kinder 4–12 J. 7,50 €, unter 4 J. frei. Führungen mit Audioguide, Anmeldung und Treffpunkt für alle Touren ist im Museum, hier auch weitere Informationen. Für die Touren kann man sich auch telefonisch anmelden. Palazzo del Burò, Via Magenta 26, ✆ 0565/962088, www.parcominelba.it.

Verbindungen Im Sommer 4x tägl., in der Hochsaison bis zu 8x tägl. **Fähren** der *Toremar* nach Piombino, 45 Min. Fahrtzeit, pro Pers. 5,10 € (plus 7,35 € Hafentaxe), Auto 41,70 € (plus 10,58 €), Wohnwagen/-mobil 14,45 € pro Meter (plus 10,58 €), Moped/Motorrad 11,80 € (plus 5,90 €), Fahrrad 7,60 € (plus 1,34 €). Achtung: unter der Woche gelten auch im Juli/August oft die deutlich günstigeren Nebensaisonpreise, daher möglichst das Wochenende meiden! Tickets bei Toremar am Hafen, geöffnet tägl. 8.45–12.30 und 16–19 Uhr sowie zu den Abfahrtszeiten außerhalb der Öffnungszeiten. Hier hängen auch die Abfahrtszeiten aus. Calata Voltoni 20, 57038 Rio Marina (LI), ☏ 0565/962073, www.toremar.it.

Fähren nach Pianosa mit Toremar ganzjährig jeden Di 9.20 Uhr ab Rio Marina, an Pianosa 11.10 Uhr, zurück ab Pianosa um 14.10 Uhr, Ankunft in Rio Marina um 16 Uhr. Preis hin und zurück 29,70 €, inkl. Hafentaxen. Für die Hochsaison wird empfohlen, das Ticket einige Tage vorher bei der Toremar-Agentur (Adresse → oben) hier in Rio Marina zu kaufen.

Busse, 4x tägl. nach Capoliveri, jeweils 12x nach Cavo und Rio nell'Elba (So und feiertags 9x), 10x über Porto Azzurro nach Portoferraio (So und feiertags 9x).

Parken Großer **Parkplatz** außerhalb an der Straße Richtung Cavo, nur ein paar Minuten zu Fuß ins Zentrum. Ansonsten einige Plätze an der Via Palestro (Parkscheinautomat).

Spezialitäten/Einkaufen Pasticceria **Muti & Lupi**, als lokale Spezialität gilt die *Schiaccia briaca*, zu Deutsch „die Betrunkene" – ein Mürbeteiggebäck, zu dessen Ingredienzien neben Pinienkernen, Rosinen und Nüssen vor allem der Süßwein Aleatico gehört. Weitere köstliche Kalorienbomben sind in der Vitrine aufgetürmt. Via Palestro 13. Über Mittag geschlossen.

Markt: in Rio Marina jeden Montagvormittag in der Via Palestro.

Wein Azienda Agricola **Le Sughere**, die Cantina des unten aufgeführten Agriturismo bietet relativ günstige elbanische Weine (Elba Bianco & Elba Rosso DOC), auch Aleatico, Grappa und Passito Bianco. Geöffnet Mo–Sa 16–19 Uhr, So nur nach Voranmeldung, im Winter nur vormittags. ☏ 345/3585035 www.lesughere.it. *Anfahrt*: Von Rio Marina Richtung Rio nell'Elba, dann links ab Richtung Ortano, dann wieder links

Der Wachturm am Hafer (16. Jh.)

und das letzte kurze Stück auf Schotter (Beschilderung: *Le Sughere del Montefico*).

Übernachten *** **Rio sul Mare** an der zentralen Piazza, 35 Zimmer mit Bad und TV, nur einige wenige im obersten Stock auch mit Balkon. Mittelklasse in Hafennähe, im Inneren etwas dunkel, sehr freundlicher und hilfsbereiter Service. April/Mai bis Ende Okt. geöffnet. DZ mit Frühstück 90–150 €, mit Terrasse und Meerblick (im obersten Stockwerk) nur wenig teurer, EZ nur in der Nebensaison. Im Juni und Sept. deutlich günstiger. Via Palestro 31, 57038 Rio Marina (LI), ☏ 0565/924225 oder 339/5044789, www.hotelriomarina.com.

*** **Mini-Hotel Easy Time**, am Hang oberhalb von Rio Marina. Fantastischer Blick von der Terrasse, nur acht schon etwas ältere Zimmer, alle mit Bad, TV und Balkon, kostenloses WiFi. *Anfahrt*: vom Ort auf der Straße Richtung Rio nell'Elba, links abbiegen, Beschilderung „La panoramica del porticiolo" (Aussichtspunkt), nach 300 m rechts ab (Beschilderung Hotel), dann extrem steil bergauf (schmale Straße, mit Ampel). Ganzjährig geöffnet. DZ mit Frühstück) 90–144 €, EZ ca. 60–75 € (in den Hochsaisonwochen im August kein EZ) 2-Zimmer-Appartement für 4 Pers. 98–183 €. Via Panoramica Porticciolo, 57038 Rio Marina (LI), ☏ 0565/962531, www.minihoteleasytime.it.

Von der Erzgrube zur Badebucht – die Strände um Rio Marina

Agriturismo/außerhalb Agriturismo Le Sughere, mitten in den Weinbergen in absoluter Ruhe und sehr abgeschiedener Lage liegt das rote Haus, von dessen Terrasse man einen herrlichen Ausblick genießt. Einladender Pool, nur sieben mit Geschmack eingerichtete Zimmer (alle mit Bad und TV) und zwei Appartements, Ostern bis Mitte Okt. geöffnet. *Anfahrt*: Von Rio Marina Richtung Rio nell'Elba, am Ortsausgang links ab auf die Panoramica, nach 800 m geht es steil rechts hoch und dann 400 m auf Asphalt steil bergauf, nach dem unschönen Hochhauskomplex rechts ab und noch 600 m auf kurviger, schmaler Schotterpiste. Durchgehend beschildert, aber mühsame Anfahrt (und ein Geländewagen kann hier durchaus mal hilfreich sein). In der Hochsaison (Juli/Aug.) nur wochenweise Vermietung: EZ 575–610 €/Woche, DZ 830–930 €, Dreibett-Zimmer 1040–1200 €, jeweils inkl. Frühstück und vier Abendessen, Appartement für 2 Pers. 860–1040 €, mit vier Abendessen. In der Nebensaison auch tageweise: EZ 60 €, DZ 80 €, Dreibettzimmer 105 €, jeweils mit Frühstück. Dieses wird auf der Terrasse serviert. Loc. Monte Fico, 57038 Rio Marina (LI), ✆ 345/3585035, www.lesughere.it.

Essen & Trinken Da Oreste la Strega, am oberen Ende des kleinen Parks im Zentrum, beliebte Trattoria mit freundlich-gediegenem Ambiente. Nett die überdachte Terrasse, die allerdings direkt an der Durchgangsstraße liegt. Elbanische Küche zu mittleren Preisen, Schwerpunkt natürlich Fisch. Touristen-Menü (mittags) 16 €, ansonsten um 30–35 € für das Menü. Mittags und abends geöffnet, in der Nebensaison Di Ruhetag. Via Vittorio Emanuele 6, ✆ 0565/962211.

Cafés Caffè Centrale, Tische direkt an der zentralen Piazza Vittorio mit Blick auf den kleinen Park. Exzellentes Eis.

Weitere Cafés und zwei Restaurants befinden sich am Hafen bzw. an der Flanierterrasse oberhalb des Hafens.

Baden in Rio Marina und Umgebung

An der Hafenmole führt eine Treppe zum kleinen *Kieselstrand* „La Torre" beim Uhrturm hinunter. Eigentlich ganz hübsch, aber doch sehr klein. Für den Badetag besser geeignet sind die hier genannten Strände nördlich von Rio Marina:

Spiaggia Topinetti: Etwa 3 km nördlich vom Ort, von der Straße Richtung Cavo rechts ab, ausgeschildert, etwa 300 m auf einem Feldweg zum Strand hinunter. Schwarzer Sand vor roten Felsen, dazwischen große, weiße Kieselsteine. Sauber und nicht übermäßig besucht, mit Bar, Sonnenschirm- und Liegestuhlverleih.

Cala Seregola: Kurz nach der Abzweigung zum Topinetti-Strand passiert man rechter Hand ein längst stillgelegtes und verfallenes Eisenbergwerk. Gleich darauf rechts ab über eine Schotterpiste zum Strand (500 m von der Hauptstraße, beschildert). Nicht besonders idyllisch, aber bestens frequentierter Sand-/Kiesstrand, getrübt wird der Blick durch das alte Eisenwerk (Achtung: Einsturzgefahr!) mit Verlademole. Riesiger Parkplatz am Strand, Snackbar, Sonnenschirm- und Liegestuhlverleih.

Spiaggia Le Fornacelle: Kurz vor Cavo geht es rechts ab (beschildert) und dann eine steile Betonpiste hinunter. Kaum attraktiver Strand, viel Kiesel, wenig Sand. Badende genießen den Blick auf die Industrieschlote von Piombino und ein vorgelagertes, kleines Inselchen. Pluspunkt ist allerdings das *Ristorante Le Fornacelle* (✆ 0565/931105) mit sehr netter Terrasse. Viel gelobte Fischgerichte. Von dem Restaurant rechter Hand am Strand entlang stößt man nach ca. 100 m auf eine Halde, hier lassen sich mit Glück vereinzelt noch kleinere Mineralien finden.

Cavo

Einer der ältesten Badeorte der Insel. Von den heutigen Elba-Touristen wird Cavo allerdings ziemlich vernachlässigt, erstaunlich, zumal sich der Dorfstrand des ansonsten eher verschlafenen Ortes durchaus sehen lassen kann. Cavo ist der vom Festland aus am schnellsten zu erreichende Ort.

Im nördlichsten Ort Elbas finden sich einige prächtige Villen der vorletzten Jahrhundertwende, die früher im Besitz der Eisenminenbetreiber waren. Mehrheitlich sind es aber bescheidene Privathäuser, die das Bild des gleichförmig in der flachen Bucht angelegten Dorfes bestimmen.

Beschaulichkeit prägt das Badeleben in Cavo

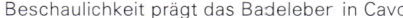

Der Nordosten → Karte S. 129

In Cavo gibt es einen Hafen mit langer Mole und einen mit etwas Kiesel durchsetzten, lang gezogenen Sandstrand mit Sonnenschirm-, Liegestuhl- und Tretbootverleih. Piombino auf dem Festland scheint von hier zum Greifen nah. Vom Hafen aus hat man auch einen schönen Blick auf die kleine, karge *Isola dei Topi* („Mäuseinsel"), ihren verwitterten Leuchtturm und den vorgelagerten Felsen *Il Frate*, den „Bruder". An der Uferpromenade befinden sich einige Pizzerien und Bars, im Dorf selbst auch eine einfache Rosticceria. Im Hafen liegen zwar eine ganze Reihe Yachten, ein schicker Seglertreff ist das abgelegene Cavo aber kaum. Einmal im Jahr – am zweiten Juliwochenende – trifft man sich hier zur Regatta mit großem Publikum.

Sein historisches Highlight erfuhr Cavo 1849, als Freiheitskämpfer Garibaldi hier auf seinem Weg nach Capraia einen kurzen Zwischenstopp einlegte. Unweit des Orts liegt mitten in der Macchia das *Mausoleum Tonietti*, das der gleichnamige Bergwerksbetreiber im 19. Jh. als Familiengrabstätte errichten ließ. Der Spaziergang zum Mausoleum dauert etwa 20 Min. Tonietti gehörte auch das *Castello*, eine festungsartige Villa, die von der Uferpromenade aus zwischen Bäumen zu erspähen ist.

Der Ausflug an den Nordostzipfel der Insel lässt sich mit einer netten Wanderung verbinden: vom *Capo Castello*, der Landzunge am nördlichen Ende der Bucht, wo sich die spärlichen Reste einer römischen Villa befinden (nicht zugänglich), geht es zum *Capo della Vita*, dem nördlichsten Punkt Elbas – Macchia und Strandkiefern, so weit das Auge reicht.

Verbindungen Von Cavo aus besteht die kürzeste **Fährverbindung** zum Festland. Mit Moby im Sommer 5x, im Winter 2x tägl. nach Piombino, Fahrtdauer 30 Min., pro Pers. 10,85–12,30 €, Auto ca. 35 € (je inkl. Hafentaxe), Ticketbude an der Anlegestelle am Hafen, ✆ 0565/931901, www.moby.it. 4x tägl., in der Hochsaison 5x tägl. mit dem *Aliscafo* (Tragflächenboot) der Toremar von und nach Piombino, nur Personenbeförderung, Fahrtzeit von/nach Piombino 15 bzw. 20 Min., pro Pers. 6,90 € plus 5,85–7,35 € Hafentaxe. Das Boot fährt weiter nach Portoferraio (noch mal 20 Min.). Ticketbüro in Hafennähe, Via Michelangelo 54, ✆ 0565/949871, www.toremar.it. *Achtung*: Die Fähren legen nur bei relativ ruhiger See in Cavo an.

Busse, 4x tägl. nach Capoliveri (davon 1x mit Umsteigen in Porto Azzurro, 10x über

Cavo – Badestrand mit Tradition

Rio Marina, Rio nell'Elba und Porto Azzurro nach Portoferraio (So und feiertags 9x).

Diverses In Cavo gibt es **Bank**, **Post**, **Tankstelle**, mehrere kleine Lebensmittelläden, u. a. Bäcker und Metzger, und einen **Supermarkt**. Am Mittwochvormittag findet der **Inselmarkt** hier statt.

Übernachten/Camping ** Ginevra, ruhig, im hinteren Teil des Orts, etwa 300 m zum Strand. Teils renovierte Zimmer, in der Hochsaison nur wochenweise zu buchen. Geöffnet 1. Mai bis ca. 25. Sept. EZ 80–101 €/Tag, DZ 130–172 €, jeweils inkl. obligatorischer Halbpension. Via De Gasperi 63, 57038 Cavo (LI), ☎ 0565/949845, www.albergo ginevra.it.

Appartements Residence Villa Pineta, neun komfortable Appartements mit gehobener Ausstattung in einem Pinienwäldchen, direkter Zugang zum schmalen Strandabschnitt. Schöne Lage unweit des Strandes beim Capo Castello. Ende Mai bis Ende Sept. geöffnet. Für 4 Pers. 870–1165 € pro Woche, 6–8 Pers. 995–1695 €. In der Nebensaison deutlich günstiger. Via Capocastello 2, 57038 Cavo (LI), ☎ 0565/949696 oder ☎ 333/3079410, www.villalapineta.it.

Residence Punta dei Barbari, direkt oberhalb der Spiaggia del Frugoso (Treppen hinunter) ganz im Norden von Cavo, mit Blick auf die *Isola dei Topi* und auf das Festland. 14 Appartements für 4–6 Pers., alle mit Terrasse, gepflegt und recht neu, April bis ca. 20. Okt. geöffnet. Für 2–4 Pers. 860–1270 €/Woche, für 6 Pers. 1270–1620 €, in der Nebensaison deutlich günstiger. Via Frugoso, 57030 Cavo, ☎ 0565/949315, www.puntadeibarbari.it.

Essen/Nachtleben Mokambo-Bar, in dem beige getünchten Haus mit Neonreklame am Meer gibt es nicht nur ein großes Whiskey- und Bierangebot, sondern auch hausgemachtes Eis, leckere Panini und eine absolut überzeugende Antipasti-Vitrine. Ganztägig geöffnet. Lungomare Kennedy 2/4.

Sehr einladend auch die **Bar Rendez-vous** am Hafen: nette Atmosphäre, mit Crêperie, auch Pizzeria, man kann hier auch ein ganzes Menü essen. Ganztägig geöffnet.

Weitere Bars, Restaurants und Pizzerie an der Uferpromenade.

Baden: Der überaus beliebte Dorfstrand (Sand/Kies) von Cavo ist so schlecht nicht und erstreckt sich auf einer Länge von fast 500 m entlang der Uferpromenade. Großer Beliebtheit erfreut sich auch die *Bucht von Frugoso*: Der Kiesstrand liegt an der Nordseite der Landzunge Capo Castello. Es wird relativ viel Seegras angespült, der schöne Blick auf die kleine *Isola Dei Topi* entschädigt dafür. Im Sommer Strandservice. Schattiger Parkplatz (gebührenpflichtig), hier befindet sich auch eine Snackbar mit Erfrischungsgetränken.

Die etruskische Küste ist hier zum Greifen nah

Der Nordosten → Karte S. 129

Blick auf den Hafen von Porto Azzurro

Porto Azzurro

Einer der schönsten Häfen der Insel. Zwischen zahlreichen Segel- und Motoryachten dümpeln noch immer bunte Fischkutter, an der Uferpromenade mit der großen Piazza Matteotti herrscht in den vielen Cafés und Restaurant reges Leben. Der „Blaue Hafen" erfreut sich besonders bei italienischen Gästen allergrößter Beliebtheit.

Das Städtchen an der Nordseite der großen, geschützten *Bucht von Mola* ist mit knapp 3900 Einwohnern (und über 6000 im Sommer) einer der größten Orte Elbas. Die Häuser ziehen sich zu beiden Seiten des Hafens fast wie ein Amphitheater die grünen Hänge hinauf. Überragt wird Porto Azzurro von der Festung *San Giacomo* aus dem 17. Jh., in der heute noch immer ein Gefängnis untergebracht ist. Alljährlich am 24. Juli findet das Fest des Ortspatrons und Namensgebers der Festung statt.

Hinter der großen Hafenpiazza befindet sich das *Centro storico* – das alte Viertel von Porto Azzurro mit teilweise recht verwinkelten Gassen und zwei- bis dreigeschossigen Häusern aus dem 17. und 18. Jh. Heute ist die Altstadt Fußgängerbereich für die flanierenden Touristen. Straßenhändler und Schnellporträtisten finden sich allabendlich ein, die Geschäfte bleiben oft bis Mitternacht geöffnet. Der spanische Einfluss in Porto Azzurro, dem früheren *Porto (di) Longone*, ist noch immer sichtbar, schließlich geht die Stadtgründung auf Philipp III. von Spanien zurück. Noch immer gibt es spanische Straßennamen wie z. B. die Via d'Arlacon, und die Kirche *Sacro Cuore di Maria* wurde 1727 von spanischen Architekten vollendet. Die Häuser im historischen Zentrum sind heute begehrte Objekte der Immobilienbranche. Die Quadratmeterpreise kommen denen einer deutschen Großstadtlage nahe.

Von Porto Azzurro werden Bootsausflüge zu den umliegenden Inseln veranstaltet, es gibt eine Tauchschule, diverse
Bootsverleiher und eine Segelschule. Im
Zentrum gibt es auch einige Hotels, die
Auswahl ist allerdings nicht allzu groß.
Campingplätze finden Sie in den umliegenden Buchten, deren saubere Strände
in jedem Fall dem Dorfstrand *La Rossa*
an der Durchgangsstraße von Porto Azzurro vorzuziehen sind: schmal, meist
überfüllt und nur bedingt sauber. Besser badet man in Porto Azzurro an dem
schönen, aber sehr kleinen Kiesstrand
La Pianotta bei der Mole am südöstlichen Ende der Hafenpromenade mit
dem neuen Appartementhaus. Von hier
führt ein Fußweg vorbei an einigen
Badestellen auf den Felsen und hoch
über dem Meer in ca. 15 Minuten zur
benachbarten Barbarossa-Bucht.

Porto Azzurro hat sich gänzlich auf den
Tourismus eingestellt: Der Fährhafen
wurde nach Rio Marina verlegt, denn
man verspricht sich als reiner *Porto Turistico* mehr Gäste – vor allem durch
die Segeltouristen. Auch die große Piazza Matteotti am Meer wurde vor einiger Zeit umgestaltet und besucher-
freundlich (mit vielen Parkbänken) hergerichtet.

Porto Azzurro – die zentrale
Piazza Matteotti

Geschichte

Vor einigen Jahrzehnten fand man in der Bucht auf dem Meeresboden die Überreste eines römischen Hafens, nähere Informationen über eine Ansiedlung der Römer gibt es jedoch nicht. Der berühmte Genueser *Andrea Doria* soll es gewesen
sein, der bereits Mitte des 16. Jh. den Spaniern unter Karl V. den guten Rat gab,
hier einen Gegenpol zum schnell wachsenden *Cosmopoli* (Portoferraio) der Medici
zu schaffen. Gebaut wurde Porto Longone jedoch erst ab 1603 unter Philipp III.
von Spanien. Zunächst entstand die *Piazza di Longone,* die Festung auf dem Hügel
oberhalb der Bucht. Das bald darauf entstandene kleine Fischer- und Handelsdorf
nannte man zunächst *Porto di Longone.* Der Ort wuchs rasch, neben den über 2000
Soldaten der Garnison siedelten sich hier immer mehr Händler, spanische Gefolgs-
leute und Fischer aus dem damals ebenfalls spanischen Neapel an. In den folgenden Jahrhunderten wechselten sich spanische und französische Herrscher ab, während des Spanischen Erbfolgekriegs (1701–1713) hatten kurzzeitig auch mal die
Österreicher das Sagen. Ende des 18. Jh. stellten sich die Bewohner der Stadt geschlossen gegen die Franzosen, die die Insel 1794 erstmals besetzt hatten. Als Elba
1802 erneut französisch wurde und damit zum ersten Mal nur einen Regenten
hatte, musste sich auch Porto Longone unterwerfen. Napoleon schließlich sollte

dem Hafenort die entscheidende Niederlage beibringen, und das nicht einmal mit Waffengewalt: Er schlug sein Lager in Portoferraio auf und leitete somit den wirtschaftlichen Niedergang des einst so mächtigen Porto Longone ein. 1815 wurde die ganze Insel an das Großherzogtum der Toskana angeschlossen, aus der Garnison wurde ein Gefängnis. Erst 1947 änderte man den Namen der Stadt in „Porto Azzurro". Der Verweis auf das blaue Meer sollte vom über 100-jährigen Straflager-Image ablenken.

Basis-Infos

Information/Reisebüro Das kleine private **Reisebüro Mantica** in der Via dei Martiri vermittelt Hotelzimmern und Appartements in und um Porto Azzurro, hier auch Fährtickets. Mo–Fr 9.30–13.30 Uhr und 17–19 Uhr, Sa nur vormittags, So geschlossen. Via dei Martiri 20 (Seitenstraße des Viale Italia), 57036 Porto Azzurro (LI), ✆ 0565/95351, www.manticaviaggi.it.

Verbindungen Busse, 5x tägl. nach Capoliveri (So und feiertags 4x), 11x über Rio nell'Elba und Rio Marina nach Cavo (So und feiertags 9x), 13x nach Portoferraio (So und feiertags 11x).

Taxis, unter ✆ 338/8609896 oder 338/9250734 zu erreichen.

Parken, Hafenpromenade und das *Centro storico* sind autofrei oder mit Parkverbot belegt. Der große Parcheggio Comunale am Viale Italia (Straße Richtung Rio nell' Elba) auf der linken Seite kostet 1,50 € pro Stunde und ist auch oft überfüllt. Folgt man dem Viale Italia weiter stadtauswärts, befindet sich linker Hand ein großer, kostenloser Parkplatz. Von hier 5–10 Min. ins Zentrum.

Bootsverleih Spazio Mare, Bude an der *Spiaggia La Rossa*, dem Dorfstrand (Ausfallstraße Richtung Portoferraio). Motorboot (40 PS) für max. 6 Pers. 110–190 € am Tag (halber Tag 75–125 €), auch größere Motorboote, es werden auch Yachten verchartert (nur wochenweise). ✆ 0565/95112 oder 348/6017862, www.spaziomare.it.

Bootsausflüge Die Auswahl ist groß: jeweils vormittags und nachmittags dreistündige Fahrten mit dem Motorboot „Dollaro II" zur Costa dei Gabbiani und weiter in den Golfo Stella, zwei Badestopps, pro Pers. 17,50 € (im August 20 €), Kinder bis 10 Jahre 5 €, Infos unter ✆ 328/6890227, Tickets an Bord. Das Schiff liegt abends nahe beim Ristorante Delfino (hier auch Abfahrt). Außerdem im Sommer immer Mo, Mi und Sa ganztägig mit *Aquavision* zur Insel Giglio mit 5 Stunden Aufenthalt dort (auf dem Weg wird Montecristo umrundet), 35 € pro Pers., Kinder 4–12 Jahre 20 €, auf Giglio ist eine etwa dreistündige Inselrundfahrt möglich (11 € pro Pers., Kinder 6 €). Infos und Buchungen unter ✆ 0565/976022 oder 328/7095470, www.aquavision.it. Die Ausflüge sind auch direkt am Hafen zu buchen.

Einkaufen Einige **Mineraliengeschäfte** werben um Kundschaft. Im Angebot sind meist zu kitschigen Figuren verarbeitete (Halb-)Edelsteine wie Türkis, Lapislazuli oder Malachit, dazwischen aber auch immer wieder Hochwertiges. Angeschlossen sind oftmals private Ausstellungsräume (daher bezeichnen sich einige Läden auch als „Museo") mit gigantisch großen Quarzen, Pyriten etc.

Des Weiteren im Zentrum zahlreiche **Bottiglierie** (Weinhandlungen) mit großer Auswahl, jedoch vergleichsweise teuer, und diverse **Sport- und Seglerbekleidungsgeschäfte**, und auch gehobene **Modegeschäfte**.

Markt, jeden Samstag 8–13 Uhr (Piazza de Santis).

Tauchen Diving Center Porto Azzurro, Banchina IV Novembre 19, etwas zurückversetzt neben dem Rathaus. Tauchgang 38 €, mit Ausrüstung 56 €, auch ganztägige Ausfahrten zum Capo di Fonza/Remaiolo (bei Lacona) mit zwei Tauchgängen und Mittagessen für 90 €, außerdem auch Kurse: Open Water Diver 400 €. Etwa Ende März bis ca. Anfang Dez. tägl. 9–13 und 15–20 Uhr geöffnet, ✆ 347/5473585 oder 335/7050660, www.portoazzurrodivingcenter.com.

Waschsalon Easy Wash, am Vicolo S. Martino auf der rechten Seite, Mo–Sa 8.30–20 Uhr geöffnet, So 10–20 Uhr, eine Ladung Wäsche kostet 6 €, Trocknen (30 Min.) ebenfalls 6 €.

Bere t für den Aperitivo

Übernachten

→ Karte S. 145

Hotels *** Cala di Mola , ca. 1 km außerhalb (Straße Richtung Portoferraio), oberhalb der Mola-Bucht am Hang, rustikaler Stil, Pool am Meer und kleiner, aufgeschütteter Strand. 44 geräumige Zimmer mit großem Balkon und eigenem Eingang – wie in einem kleinen Reihenhaus. Großzügige Anlage mit viel Grün dazwischen. Schöner Blick auf die Bucht. Im oberen Teil der Anlage Appartements. Geöffnet Anfang Mai bis Ende Sept. DZ/Halbpension 208–291 €, Appartements für 2 Pers. 112–167 €, für 4 Pers. 142–204 €. Via Provinciale Ovest 131, Loc. Mola, 57036 Porto Azzurro (LI), ✆ 0565/95225 oder 0565/95449, www.caladimola.it.

**** **Plaza** , renoviertes und sehr angenehmes Hotel oberhalb der Zufahrtsstraße von Portoferraio kommend, halbrunder Bau mit schönem Blick auf die Bucht von Porto Azzurro. Schickes Restaurant mit Terrasse, auch Spa (gegen Gebühr), WiFi kostenlos. Nicht alle Zimmer mit Balkon, aber alle mit Meerblick. EZ 125–180 €, DZ 190–300 €, jeweils inkl. Halbpension, Übernachtung und Frühstück ist 10 € günstiger pro Pers., auch in der Nebensaison wird es deutlich günstiger. Ganzjährig geöffnet. Von der Hauptstraße Richtung Portoferraio nach der Rechtskurve rechts ab hinauf. Parkplätze vorhanden. Loc. Fanaletto, 57036 Porto Azzurro, ✆ 0565/95010, www.hotelplazaelba.com.

*** **Belmare** , am südöstlichen Ende der Hafenpromenade. Netter Service, funktional schlichte und nicht mehr ganz neue, aber gepflegte Zimmer mit Bad, TV und teilweise auch Balkon. WiFi kostenlos. DZ mit Frühstück und Meerblick 120–160 €, mit Bergblick 100–140 €, Dreibett-Zimmer 140–180 € bzw. 120–160 €, EZ nur in der Nebensaison: 50–90 €. Ganzjährig geöffnet. Banchina IV Novembre 21, 57036 Porto Azzurro (LI), ✆ 0565/95012, www.elba-hotelbelmare.it.

*** **L'Approdo** , am westlichen Hafenende. Noch recht neues Hotel, 18 eher kleine, aber frisch renovierte und nett eingerichtete Zimmer, die meisten mit Balkon zum Hafen. Freundlicher Service, EZ 95–110 €, DZ 130–160 €, jeweils inkl. Frühstück, die Zimmer nach hinten kosten 10 € weniger pro Pers. und Tag. April bis Okt. geöffnet. Via V. Veneto 18, 57036 Porto Azzurro (LI), ✆ 0565/95010, www.hotelapprodoelba.com.

*** **Due Torri** , ruhige, aber zentrale Lage in einer Nebenstraße des Viale Italia (beschildert), nicht mehr ganz neues Albergo, gepflegte Mittelklasse, freundlicher Service. DZ mit Bad, TV und inklusive Frühstück 88–144€, EZ 50–78 €, DZ mit Halbpension 130–117 €, EZ 71–91 €. Auch Appartements für 95–125 € (2 Pers., plus 50 € Endreinigung). März bis Okt. geöffnet. Via XXV Aprile 3, 57036 Porto Azzurro (LI), ☎ 0565/95132, www.elbaresidence.net.

** Villa Italia **2**, für Porto Azzurro eine der preisgünstigsten Übernachtungsmöglichkeiten mit nur zwölf Zimmern, man sollte deshalb frühzeitig buchen. Direkt an der Hauptstraße in Richtung Rio nell'Elba, daher eher laut – fragen Sie nach einem rück-wärtigen Zimmer. DZ mit Bad und TV und teilweise Balkon 85–105 € (inkl. Frühstück). Parkplatz vorhanden. Nur ca. Ostern bis Sept./Okt. geöffnet. Viale Italia 41, 57036 Porto Azzurro (LI), ☎ 0565/95119 oder ☎ 339/8945214, www.villaitalia.info.

Appartements/Studios Zu buchen über die Reiseagentur *Mantica* (→ „Information/ Reisebüro").

Außerhalb/Camping → „Baden in der Umgebung von Porto Azzurro", S. 147f.

Camperstellplatz Am Ortsrand an der Straße Richtung Rio nell'Elba auf der rechten Seite.

Essen & Trinken/Nachtleben

Essen/Trinken Paride – Il Delfino Verde **7**, Traditionsrestaurant in Porto Azzurro. In den Hafen hineingebauter Pfahlbau, schönes Panorama, großer Speisesaal, vor allem bei italienischen Touristen beliebt. Leicht gehobenes Preisniveau, mittags und abends geöffnet, für abends sollte man zumindest in der Hochsaison reservieren. Via Vitaliani 1, ☎ 0565/95197.

La Caravella **8**, die Alternative gleich daneben, ebenfalls überm Wasser, freundlicher Service, mittags und abends geöffnet, Via Vitaliani 3, ☎ 0565/95066.

》》》 Mein Tipp: La Tavernetta **6**, an der Uferpromenade. Schräg gegenüber vom Caravella gelegen, Terrasse zur Straße hin, was aber nicht stört. Ambitionierte und feine Fischküche zu mittleren Preisen. Wir probierten die köstlichen Fischröllchen (Involtini) und das hervorragende Risotto mit Languste. Freundlicher und aufmerksamer Service, mittags und abends geöffnet, in der Nebensaison Do geschlossen. Via Vitaliani 42/44, ☎ 0565/95110. 《《《

La Caletta **11**, etwas außerhalb an der Mola-Bucht, sehr schöne Terrasse über dem Wasser und mit herrlichem Blick, hervorragende Fischküche in schönem Ambiente, genau das Richtige, wenn man sich ein besonderes Abendessen gönnen will. Leicht gehobenes Preisniveau, sehr guter Service, sehr gute Weine. Knapp 1 km außerhalb von Porto Azzurro an der Straße Richtung Portoferraio auf der linken Seite. Mittags und abends (bis spät) geöffnet. Via Provinciale Ovest 131, ☎ 0565/957971.

Osteria dei Quattro Gatti **4**, an der ruhigen Piazza del Mercato im Centro storico. Gehobenes (manche finden auch: zu gehobenes) Preisniveau – Antipasti/Primi um ca. 10–16 €, Secondi um 25 €, ausgefallene Küche, z. B. Ravioli in Nusssoße und Tintenfisch in Mangoldsoße, viel Fisch und Meeresfrüchte. Gemütliche, überdachte Holzveranda, nur abends geöffnet, Reservierung unter ☎ 0565/95240 empfohlen, Mo Ruhetag.

》》》 Mein Tipp: Osteria La Botte Gaia **1**, etwas außerhalb der Flaniermeilen von Porto Azzurro gelegen, an einem verkehrsreichen Eck, was aber nicht stört. Überdachte Terrasse seitlich der Straße, innen sehr geschmackvoll eingerichtet, freundlicher und prompter Service. Einige gute Weine werden auch glasweise serviert (3,50–5,50 €), bei den Antipasti können wir die *Fantasia di Mare* (fünf verschiedene Meeresvorspeisen, 15 €) wärmstens empfehlen, auch bei den Hauptgerichten mit Fisch und den Primi stimmte einfach alles. Sehr empfehlenswert, wenn auch nicht ganz günstig, Menü um 35 €. Nur abends geöffnet (Nov. bis Feb. geschlossen), Viale Europa 5–7, ☎ 0565/95607. 《《《

Enoteca I Sapori del Sole **5**, mitten im Centro storico, draußen ein paar Tische, überwiegend kalte Küche und dazu natürlich ein Glas Wein oder elbanisches Bier. Auch Aperitivo. Mittags und abends geöffnet. Via Cavour 3, ☎ 333/4432035.

Gelateria Casa del Gelato, sehr gutes Eis in mächtigen Portionen (die kleinste 2 €) an der Piazza Matteotti 24.

E ssen & Trinken

- 1 Osteria La Botte Gaia
- 4 Osteria dei Quattro Gatti
- 5 Enoteca I Sapori del Sole
- 6 La Tavernetta
- 7 Paride - Il Delfino Verde
- 8 Ristorante La Caravella
- 11 La Caletta

Ü bernachten

- 2 Villa Italia
- 3 Hotel Due Torri
- 9 Hotel Belmare
- 10 Hotel L'Approdo
- 12 Hotel Cala di Mola
- 13 Plaza

Rio nell'Elba, Madonna di Monserrato

V. Dante Alighieri

Strada Provinciale

Via Kennedy

Viale Cerboni

Via Neghelli

Viale Italia

Via XXV Aprile

Viale Cerboni

Via S. Anna

Piazza S. Anna

Piazza del Mercato

Via Cavour

Via F. Cavallotti

Via Ricasoli

Via Solferino

Via S. Martino

Via Castelfidardo

Mantica Viaggi

Via dei Martiri

Parcheggio

Comunale

Waschsalon

Piazza Giacomo Matteotti

TAXI

D'Alarcon

Via Vitaliani

Piazza Palestro

Largo Col Andreani

Via Roma

Reisebüro Arrighi

Via S. Giovanni

Spiaggia La Rossa

Spazio Mare

Via IV. Novembre

Ausflugsboote

Porto Azzurro

Spiaggia La Pianotta

Portoferraio

Porto Azzurro

Porto Azzurro

500 m

Sehenswertes in und um Porto Azzurro

Festung: Höchste Erhebung von Porto Azzurro ist die von den Spaniern 1603 erbaute Burg, in der sich heute noch immer ein Gefängnis befindet, zuletzt mit etwa 230 Insassen. Anfang 2016 wurde beschlossen, die dringend renovierungsbedürftige Burg in den kommenden Jahren umfänglich zu sanieren. Bis zum inneren Mauerring ist die Anlage öffentlich zugänglich. Außer den Mauern gibt es kaum etwas zu sehen, und auch der vielleicht erwartete Panoramablick bleibt einem werden durch die vielen Bäume und dichtes Gestrüpp verwehrt. Von der Straße Richtung Rio nell'Elba geht es rechts ab auf die Fahrstraße hinauf zur Festung. Man kann aber auch vom Zentrum aus durch die Gassen hinauf laufen.

La Piccola Miniera: Am nördlichen Ortsausgang von Porto Azzuro auf der rechten Seite liegt die „kleine Mine": Auf einer Strecke von rund 250 m geht es in die „Unterwelt" Elbas – mit dem *Trenino*, einem kleinen Personenzug. Hier wird ein Eindruck vom Leben der Minenarbeiter unter Tage vermittelt. Außerdem sind auch einige Fundstücke in Sachen Mineralogie zu sehen (Erläuterungen zu den Exponaten auch in deutscher Sprache). Neu ist das „Etruskische Mineralienmuseum", in dem neben Reproduktionen von antiken Öfen und mehr oder minder dekorativen Fresken ebenfalls Mineralien ausgestellt sind.

Öffnungszeiten und Information Von 1. April bis 30. Sept. täglich 9–13 und 14.30–19 bzw. 20 Uhr, von Juni bis Aug. tägl. 9–20 Uhr, der *Trenino* fährt alle halbe Stunde (ansonsten mind. 4 Teilnehmer). Fahrt mit dem Trenino plus Mineralienmuseum 9 € pro Pers., Kinder 5–12 Jahre 7,50 €, 3–4Jahre 4 €, unter 3 Jahre frei. Nur Trenino: Erw. 7 €, Kinder 5–12 Jahre 5,50 €, 3–5 Jahre 3 €. Im Erdgeschoss werden auch Mineralien und diverse Souvenirs verkauft. Via Provinciale Est, 57036 Porto Azzurro (LI), ✆ 0565/95350, www.lapiccolaminiera.it.

Madonna di Monserrato

Ein wunderschön gelegener und stiller Platz, den man mit eigenen Augen sehen und vor allem auf sich wirken lassen muss. Madonna di Monserrato zählt sicherlich zu den stimmungsvollsten Orten auf ganz Elba.

Die Wallfahrtskirche liegt auf einem Felsklotz über dem nach hinten immer enger werdenden grünen Tal vor den schroffen, steil aufragenden Felsen des *Monte Castello*. Unterhalb plätschert ein Bach, der steile Weg hinauf zur Kapelle ist von Agaven gesäumt, die Terrasse vor dem Gotteshaus wird von zwei eleganten Zypressen flankiert.

Gegründet wurde Madonna di Monserrato 1606 von *José Pons y Leon*, seinerzeit spanischer Gouverneur von Porto Longone. Bei einem Unwetter nur knapp dem Schiffbruch entgangen, stiftete er zum Dank die Kirche in Anlehnung an das gleichnamige katalonische Bergkloster bei Barcelona. Er war es auch, der der Kirche eine Marmorkopie der Schwarzen Madonna von Monserrat schenkte. Später ließen sich in der Umgebung der Kirche Eremiten nieder.

Monserrato ist noch immer ein beliebter Wallfahrtsort, auf der kleinen Terrasse werden Rosenkränze verkauft, das Innere der Kirche (man beachte den Altar) kann besichtigt werden, ebenso wie die Nebenräume mit Obergeschoss. Hier ist außer einigen prunkvollen alten Möbelstücken allerdings nichts mehr zu sehen. Überhaupt ist es in erster Linie die idyllische und weltabgeschiedene Lage, die den Besuch lohnenswert macht. Von der Wallfahrtskirche hat man eine herrliche Aussicht

Madonna di Monserrato – wunderschöne Wallfahrtskirche bei Porto Azzurro

auf die Barbarossa-Bucht und das Meer. Am 18. September findet in Porto Azzurro alljährlich das Fest zu Ehren der Madonna statt.

Öffnungszeiten Von Mitte Juni bis Ende Sept. tägl. 9.30–12 und 15–19 Uhr geöffnet.

Anfahrt/Fußweg Von Porto Azzurro Richtung Rio nell'Elba, nach ca. 1 km Abzweigung links (beschildert). Kurz darauf gelangt man zu einem **Parkplatz** mit riesiger Schirmpinie. Von hier zu Fuß auf Asphalt und dann auf einem Feldweg weiter, das letzte Stück geht relativ steil in Serpentinen und Treppen bergauf (Kreuzweg). Die Kirche liegt insgesamt 1,3 km von der Hauptstraße entfernt.

Baden in der Umgebung von Porto Azzurro

Mola-Bucht: Die tiefe Baia di Mola findet man (aus Portoferraio kommend) kurz vor Porto Azzurro. Zum Baden ist die Bucht nicht ideal – ein bescheidener, kleiner Strand (auf Höhe des Hotels *Cala di Mola*), der immer wieder mit Wasserpflanzen und Seegras zuwächst. Durch den Yachthafen werden die Bademöglichkeiten hier zusätzlich eingeschränkt.

Barbarossa-Bucht: Etwa 1 km nordöstlich von Porto Azzurro gelegen, die einladende, kleine Bucht ist vor allem bei Campern und Wassersportlern sehr beliebt. Schöner und sauberer Sand-Kies-Strand mit Ristorante/Bar, Sonnenschirm- und Liegestuhlverleih, auch Tauchschule, Kanu-, Tretboot- und Surfbrettverleih am Platz. Der Name der Bucht kommt nicht von ungefähr: Hier soll der gefürchtete Pirat Khayr al-Din, genannt *Barbarossa*, an Land gegangen sein. Ein Fußweg führt oberhalb der Küste entlang nach Porto Azzurro.

Übernachten/Camping ** Camping Da Mario**, größeres, schattiges Gelände am Strand, eher einfacher, aber familiärer und gemütlicher Platz mit Minimarket, Bar und Ristorante. Ende März bis Mitte/Ende Okt. geöffnet. Pro Pers. 12–14 €, Kinder 3–9 Jahre 8,50–9,50 €, Stellplatz 16–19 €, Stellplatz kleines Zelt 8,50–11,50 €, Auto 3 €. Zum Platz gehören auch einige Appartements oberhalb am Hang: für 2 Pers. 70–75 €/Tag, 4–6 Pers. 90–115 €. Loc. Barbarossa, 57036 Porto Azzurro (LI), ☏ 0565/958032, www.damario.it.

*** **Camping Arrighi**, gleich neben „Da Mario". Der Platz ist gepflegt und gut in Schuss. Empfehlenswertes Ristorante/Pizzeria („Barbarossa"), Strandbar kleiner Laden, netter Service. Mitte März bis Ende Nov. geöffnet. Etwas teurer als nebenan: pro Pers. 14–16,50 € (Kinder 0–3 Jahre 3,50–5 €, 3–9 Jahre

8,50–9,50 €), kleines Zelt 10–12,50 €, großes Zelt 18,50–24 €, Auto 2,50–3,50 €, Wohnwagen/Wohnmobil 18,50–24 €. Es werden auch einige Appartements für 2 Pers. (90–110 €) bzw. 4 Pers. (145–176 €), Bungalows für 3 Pers. (70–158 €) bzw. 4–5 Pers. (118–212 €) und Wohnmobile (3 Pers., 68–93 €) vermietet, die man für die Hochsaison allerdings frühzeitig reservieren sollte. Hunde erlaubt. Loc. Barbarossa, 57036 Porto Azzurro (LI), ✆ 0565/95568, www.campingarrighi.it.

Wassersport Deutsches **Tauchzentrum Omnisub** unter der Leitung von Mirjana und Markus Schempp in der Bucht von Barbarossa. Schnuppertauchgänge (49 €), Grundkurse mit CMAS-Zertifikat (350 €), Open Water Diver (395 €) oder auch Einzeltauchgänge (36 €). Kundige und sympathische Leitung, geöffnet von ca. März/April bis ca. Ende Okt. Loc. Barbarossa 23, 57036 Porto Azzurro (LI), ✆ 335/5735536 oder 340/8710082, www.omnisub.com.

Reale-Bucht: Etwas weiter östlich von der Barbarossa-Bucht gelegen, 3 km von Porto Azzurro entfernt. Ruhiger und kleiner als Barbarossa, ebenfalls ein einladender Strand mit kleinen Kieselsteinen und etwas Sand, Felsen zu beiden Seiten. Sonnenschirm- und Liegestuhlverleih sowie Surfschule (auch Brettverleih), gemütliche Strandbar mit Karibik-Atmosphäre (abends Cocktailbar). Hier werden auch Tretboote und Kanus verliehen. Begrenzte Parkmöglichkeiten, diese aber kostenlos.

Übernachten *** Residence Capo Bianco, exklusive Unterkunft am Hang südlich oberhalb des Strandes. Die sehr schöne und gepflegte Anlage thront hoch über dem Meer, traumhafter Blick, sattgrüne Liegewiese unter schattigen Pinien und ein ebenso traumhafter Pool. Die herrliche Lage tröstet darüber hinweg, dass die Appartements (alle mit Terrasse/Balkon zumeist zum Meer hin, Bad, TV, Küchenecke) nicht allzu groß und auch ziemlich teuer sind. Fußweg zum Strand. Geöffnet ca. 20. April bis ca. Mitte Okt. Von der Straße zur Reale-Bucht geht es rechts den Berg hinauf, beschildert. 2er-Appartement 146–210 € pro Tag, 4er 194–280 €, 6er 243–336 €, im Juli/August nur wochenweise buchbar, außerhalb der Hochsaison deutlich günstiger (bis zu 60 %) und auch tageweise zu buchen (mind. 3–4 Tage). Loc. Reale, 57036 Porto Azzurro (LI), ✆ 0565/1930876, www.residencecapobiancoelba.it.

Camping *** Reale, netter, kleiner und schattiger Campingplatz im Grünen, mit Palmen und Eukalyptusbäumen, direkt am Strand, mit Bar, Ristorante, Mini-Market. Geöffnet Ende März bis Okt. Pro Pers. 10–12,50 €, Kinder 2–11 Jahre 8,50–10 €, Stellplatz 13–19 €, Stellplatz kleines Zelt 10–11 €, XL-Stellplatz 20–25 Uhr, Strom 3 €, Auto 3 €, Motorrad 2 €, Hund 4 €. Oberhalb vom Camping befinden sich einige Bungalows („Case Mobili") mit Bad und Kochnische, für 2 Pers. 100–120 €, 4–5 Pers. 130–180 € am Tag. Loc. Reale, 57036 Porto Azzurro (LI), ✆ 0565-95678 oder 338/1590956 (mobil), www.isolaelbacampingreale.com.

Essen/Trinken Strandristorante in der Reale-Bucht, im Sommer ganztägig geöffnet. Außerdem gibt es eine einladende Beachbar am Strand.

Laghetto di Terranera: Geht man vom Camping Reale in nordöstliche Richtung den Strand entlang, kommt man zu der ehemaligen Mine *Miniera Terra Nera*. Tolle Farbpalette: schwarzer, glitzernder Sand auf roter Erde, dazu die Grüntöne des Schilfs! An der Mine vorbei in der nächsten Bucht liegt der ovale Süßwassersee Laghetto di Terranera, nur durch einen schmalen Strandstreifen vom Meer getrennt. Das schwefelhaltige Wasser ist giftgrün, das Baden ist in dem kleinen See strikt verboten. In der Bucht laden neben zwei kaum besuchten Stränden außerdem Felsen zum Sonnenbad ein.

Dahinter, in den Bergen, steht ein halb verfallenes Haus abgewanderter, weil arbeitslos gewordener Bergarbeiter. In den alten Stollen ringsum fand man zahlreiche der schillernden Gesteine der Insel (Hämatit, Pyrit und z. T. auch Magnetit). Von der Reale-Bucht führt ein Staubweg (durch den willkommen heißenden hölzernen Torbogen) zum Laghetto di Terranera. Rechts hinunter führt ein Fußweg über Treppen hinunter zur **Spiaggia di Terranera**. Das Betreten des Minengeländes am Hang ist strengstens verboten.

Eine der vielen Badebuchten um Capoliveri

Die Halbinsel Calamita

Südlich der tief eingeschnittenen Mola-Bucht liegt die Halbinsel, deren höchste Erhebung bis auf 413 m ansteigt – der Monte Calamita, was nichts anderes heißt als Magnetberg.

Durch die Magnetitvorkommen im Inneren des Berges herrscht hier ein magnetisches Feld, das schon so manche Kompassnadel der vorbeifahrenden Schiffe in Aufruhr versetzt haben soll. Die Bewohner dieses südlichsten Teils der Insel hatten jahrhundertelang ihr Auskommen durch das Eisenerz. Noch sehr gut erkennt man das an der Südseite der Halbinsel, hier wurde die Erde aufgebrochen und in Stufen abgetragen; noch immer ist der Boden durch den Eisengehalt rot verfärbt, und noch immer sind die verlassenen Industrieanlagen zu sehen.

An der Ostseite von Calamita findet man einige Waldgebiete, der Süden der Halbinsel mit seiner unberührten *Costa dei Gabbiani* („Möwenküste") gehört zum *Parco Nazionale dell'Arcipelago Toscano*. Eine Fahrradtour oder Wanderung um die Halbinsel lohnt auf jeden Fall, Schatten ist allerdings Mangelware, und aufgrund der relativ langen Strecke kann es auch durchaus anstrengend werden. Entschädigung für diese Mühen bieten immer wieder herrliche Ausblicke und einsame kleine Kiesbuchten v. a. an der Ostseite der Halbinsel.

Schöne Badebuchten finden sich hauptsächlich an der Westseite der ansonsten kaum zugänglichen Küste der Halbinsel und im Nordosten. Der einzige größere Ort ist das auf einem Plateau gelegene *Capoliveri*, dessen Bewohner sich – der Geschichte und zahlreichen Geschichten nach zu urteilen – im Lauf der Jahrhunderte als die freiheitsliebendsten und unbeugsamsten der ganzen Insel erwiesen haben.

Capoliveri

Das malerische Bergdorf thront weithin sichtbar in traumhafter Lage auf einer lang gezogenen Terrasse 167 m hoch über dem Meer. Nicht minder malerisch das Zentrum mit seinen äußerst engen, oft durch steile Treppen miteinander verbundenen Gassen und der Piazza Matteotti, der guten Stube des Dorfs mit herrlichem Blick auf die Umgebung.

Capoliveri zählt jährlich etwa 800.000 Besucher, und das bei gerade mal 4000 Einwohnern. Auch wenn es alles andere als ein Geheimtipp ist, wirkt das Bergdorf beim abendlichen Spaziergang durch die Gassen trotz seiner unzähligen Bekleidungs- und Souvenirshops noch immer idyllisch – zumindest in der Nebensaison. In der Hauptsaison gleicht ein Bummel auf der Hauptgasse *Via Roma* eher dem Besuch des Nürnberger Christkindlmarktes an einem Adventssonntag. Die vielen schicken Restaurants und Cafés an der *Piazza Matteotti* und um die besagte Via Roma sind an den lauen Sommerabenden bis auf den letzten Platz besetzt, wer nicht reserviert hat, muss sich in die Warteschlange einreihen. In Capoliveri herrscht nobler Tourismus, viele Ausländer und Römer haben sich hier ein Haus zugelegt, fast 50 % dieser „Ferienhäuser" befinden sich in deutschem Besitz. Die meisten glücklichen Eigentümer einer Residenz in dem einst so idyllischen Bergdorf kommen aus dem süddeutschen Raum.

Blumenregen in der Via Roma

Im Kern bestand der Ort einst aus ca. 20 Häusern mit dazugehörigem Grundstück. Über Generationen wurde an die jeweiligen Elternhäuser angebaut. So entstanden die winklig ineinander verschachtelten Häuser und *Vicoli* (Treppengässsschen), die den besonderen Charme Capoliveris ausmachen.

Die *Piazza Matteotti* ist übrigens unterkellert. An dem Platz stand ursprünglich eine Kirche, von deren Kellergewölben aus unterirdische Fluchtwege zum Meer führten. Sie sollen noch gut erhalten sein, doch wurden die Eingänge zugemauert. Die Bewohner von Capoliveri waren seit jeher für ihre Unbeugsamkeit gegenüber der Obrigkeit bekannt, doch gingen sie auch nicht gerade zimperlich miteinander um: Die berüchtigte *Vendetta*, die Blutrache, war einst auch hier üblich.

Mit Übernachtungsmöglichkeiten ist Capoliveri nicht gerade reich gesegnet, es gibt nur ein ziemlich einfaches, kleines Hotel direkt im Zentrum, und auch in der näheren Umgebung sieht es eher dünn aus. Zahlreiche Unterkünfte finden sich allerdings in den Buchten der Umgebung.

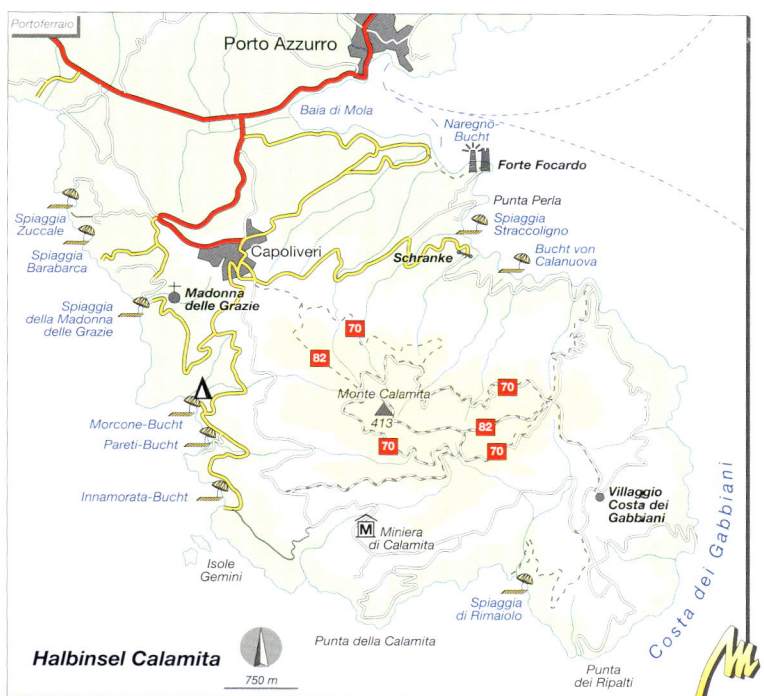

Geschichte

Capoliveri ist einer der ältesten Orte Elbas. Das strategisch so günstig gelegene Gebiet mit hervorragendem Ausblick wurde bereits von den Etruskern besiedelt. Es ist jedoch nicht auszuschließen, dass hier die Phönizier auf ihrer Schifffahrtsroute in Richtung Westen schon vorher einen Stützpunkt eingerichtet hatten. Der Name Capoliveri ist jedenfalls lateinischen Ursprungs („Caput Liberum"), und hier werden zwei mögliche Lesarten angegeben: zum einen als „Stadt der Freien", denn Capoliveri war einst ein Verbannungsort römischer Schuldner und Gesetzesbrecher, die sich allerdings innerhalb der Mauern frei bewegen durften. Zum anderen als „Stadt des Libero", der identisch mit dem römischen Weingott Bacchus war, und für seinen Wein war Caput Liberum bereits in der Antike berühmt.

Im 12. Jh. errichteten die Pisaner hohe Schutzmauern um das alte Bergdorf, um so der Piraten, die den Ort schon seit dem 10. Jh. immer wieder heimgesucht hatten, Herr zu werden. Im 16. Jh. verwüstete *Barbarossa* den Ort, und während des Spanischen Erbfolgekrieg knapp zwei Jahrhunderte später, im Jahr 1708, waren es die spanischen Bourbonen, die Capoliveri auf der Seite der verfeindeten Habsburger aus Wien vermuteten und die mittelalterlichen Stadtmauern dem Erdboden gleichmachten. Zu dieser Zeit war Capoliveri an das benachbarte *Porto Longone* (Porto Azzurro) angeschlossen, das kurzzeitig ebenfalls zu Österreich gehörte. Als die Insel 1802 an Frankreich ging, mussten sich auch die Capoliveresen wohl oder übel beugen.

Gelebt hatten die Bewohner des Dorfes seit jeher vom Abbau des Eisenerzes und vom Weinbau. Erste Abwanderungstendenzen – v. a. nach Südamerika – gab es zur Zeit der großen Reblausplage Ende des 19. Jh. Nach dem Zweiten Weltkrieg und der Schließung der Industrieanlagen von Portoferraio wanderten viele Capoliveresen nach Australien aus. Als in den 1970er Jahren auch die Minen bei Calamita geschlossen wurden, setzte wie in anderen Inseldörfern auch der Wandel ein: Aus dem Bergarbeiterdorf wurde eines der beliebtesten Urlaubszentren der Insel.

Basis-Infos

Information/Reisebüro   Ein **Stadtplan** auf Kacheln befindet sich neben der Bar La Fortezza an der Piazza Matteotti, ein weiterer beim Rathaus.

Reisebüro Pianeta Elba, Vermittlung von Appartements und Häusern, Fährtickets und Tourist-Info (Auskünfte auch auf Deutsch). Flotter und hilfsbereiter Service. Geöffnet im Sommer Mo–Sa 9–12.30 und 15–20 Uhr, im Winter Mo–Sa 9.30–12.30 und 15–19 Uhr, Mo–Fr auch 15.30–19 Uhr, So geschl. Via Roma 93, 57031 Capoliveri (LI), ✆ 0565/935482, www.pianeta elba.it.

Verbindungen   Busse, 8x tägl. über Porto Azzurro, Rio nell'Elba und Rio Marina nach Cavo (So und feiertags 6x), 10x nach Portoferraio (So und feiertags 8x), davon 2x mit Umsteigen an der Abzweigung zur Hauptstraße Portoferraio – Porto Azzurro und 2x Umsteigen in Porto Azzurro. Abfahrt der Busse am Rathaus (Piazza del Cavatore), Tickets bei der Tabaccheria.

Marebus, von Mitte Juni bis Mitte Sept. gibt es vom Zentrum aus einen Shuttle-Service zu den umliegenden Stränden: bis zu 11x tägl. nach Naregno und bis zu 13 x nach Morcone, Pareti und Innamorata (auch bis spät abends), bis zu 5x tägl. zur Lido-Bucht und nach Lacona, zur Hauptsaison 5x am Tag auch Verbindungen nach Madonna delle Grazie sowie 4x tägl. nach Straccoligno. Die Busse sind auch abends im Einsatz und ersparen die teils sehr unerfreuliche Parkplatzsuche. Günstig: Ticket 2 €, ✆ 0565/935135.

Fahrzeugverleih   Rent Elba, relativ günstig: Kleinwagen ab ca. 35 € pro Tag, Scooter (50 ccm) ab etwa 28 €, wochenweise wird es günstiger. Via C. Menotti 6, ✆ 338/2689417, www.rentelba.com. Unter der gleichen Nummer kann man auch ein Taxi bestellen.

Einkaufen   Markttag ist der Donnerstag (Piazza Garibaldi).

Wer in Capoliveri durch die Gassen schlendert, v. a. durch die Via Roma und die Via Corsi, stößt auf zahlreiche Bekleidungs- und Sportgeschäfte, kleine Galerien, Schmuckläden und natürlich Souvenirshops ohne Ende. Die Auswahl ist riesig, das Preisniveau überall relativ hoch.

Feste & Veranstaltungen   Ende Mai feiert man in Capoliveri die **Festa del Cavatore**, das Fest der Minenarbeiter.

Festa dell'uva, das traditionelle Fest der vier Stadtteile *Il Baluardo, La Torre, Il Fosso* und *La Fortezza* wird am letzten Wochenende im September oder ersten Wochenende im Oktober veranstaltet.

Im Sommer finden auf der Piazza Matteotti zahlreiche kulturelle **Veranstaltungen** statt: Jazz, Cover-Bands, Theater, Kabarett, Musicals, Tanz, Open-Air-Disco etc. Programme liegen überall im Ort aus, der Eintritt ist frei!

Parken   Wenn am Abend die Touristen zum romantischen Essen nebst Altstadtbummel nach Capoliveri kommen, schwärmen auch die zahlreichen Mitarbeiter/-innen des Parküberwachungsdienstes aus, d. h. mit nur halblegalem Parkplatz irgendwo am Straßenrand wird man innerhalb kürzester Zeit und kräftigst zur Kasse gebeten. Dagegen hilft am besten schon früh am Abend anzureisen, dann ist die Situation noch ein wenig entspannter, oder von einem der weit unterhalb des Zentrums gelegenen Parkplätze einen Fußmarsch in Kauf zu nehmen oder aber ein „Knöllchen" zum Preis von 80(!) €. Einige größere und teilweise kostenlose Parkplätze liegen am Ortsrand (meist nur ein Stück bergauf zu laufen). Das Zentrum ist autofrei bzw. Fahrzeugen mit Sondergenehmigung vorbehalten.

Taxis   Taxi Rent, Via Menotti 6, ✆ 338/2689417.

Übernachten

Die Übernachtungsmöglichkeiten in Capoliveri fokussieren sich auf Appartements. Viele Gäste reservieren sich ihre „Stammwohnung" bereits bei Abreise für das nächste Jahr. Wegen der beschränkten Kapazitäten sollte man daher unbedingt frühzeitig buchen! Wir empfehlen, sich an das oben genannte Reisebüro zu wenden.

Außerhalb *** Residenze Le Grazie Est, sehr gepflegte Ferienanlage unter freundlicher Leitung, mit Bar, Tennisplatz und großem Pool (auf der anderen Straßenseite). Ziemlich ruhig, wer sich hier einmietet, sollte ein Auto dabeihaben, denn nach Capoliveri sind es ca. 2,5 km bergauf. An der Straße zur Kirche Madonna delle Grazie auf der linken Seite. Hunde sind willkommen. Geöffnet Anfang März bis Ende Okt. Insge-samt 16 Appartements, das 2er-Appartement mit Küche, Bad und Terrasse kostet 820–1020 € pro Woche, das 4er- bzw. 5er-Appartement 1160–1665 €. Loc. Madonna delle Grazie, 57031 Capoliveri (LI), ☎ 0565/939129, www.legrazieest.com.

Weitere Übernachtungsmöglichkeiten und **Camping** in der Gegend → „Baden in der Umgebung von Capoliveri" ab S. 157 und „Die Buchten im Süden der Insel" ab S. 164.

Essen & Trinken/Nachtleben

Osteria delle Grazie ➋, von der Piazza Matteotti die Treppen runter, ausgeschildert. Leckere Pasta (v. a. mit Meeresfrüchten), Fischgerichte um 16 €, Cacciucco 29 €. Freundlicher und zuvorkommender Service, gemütlich zum Sitzen, wenn auch etwas eng, Tische und bunte Stühle auf der Treppe in einer schmalen Gasse. Nur abends geöffnet, mittleres Preisniveau. Via delle Grazie 2, besser reservieren: ☎ 0565/968044.

Vormittägliche Ruhe in Capoliveri

Il Chiasso ➌, gleich um die Ecke von obiger Osteria. Ebenfalls schön gelegenes, mehrfach ausgezeichnetes und recht gediegenes Restaurant auf einer Minipiazza zwischen den Gässchen. Recht edel, leicht gehobenes Preisniveau (Menü ca. 40–45 €), Ostern bis Ende Sept. mittags und abends geöffnet, Di Ruhetag. Via Nazario Sauro 9, ☎ 0565/968709, mobil ☎ 335/332634.

Summertime ➊, sehr beliebtes Restaurant in der zentralen Flaniermeile Via Roma, allabendlich bis auf den letzten Platz besetzt, man sollte reservieren oder mittags kommen, da ist weniger los. Etwas gehobenes Preisniveau: Menü um 35 €. Mittags und abends geöffnet (April bis Okt.), Mo und Di mittags geschlossen, im August nur abends geöffnet. Via Roma 56, ☎ 0565/935180.

»» Mein Tipp: Lo Sgarbo ➎, nette und gemütliche Osteria am Rand des allabendlichen Rummels, noch vor der Piazza Garibaldi; sehr klein, die offene Küche nimmt fast die Hälfte des Gastraums ein, nur vier Tische vor der Tür. Kleine Auswahl, köstliche Pasta und Fischgerichte, hervorragend auch die Antipasti Mare, gute günstige Weine. Herzlicher Service und günstig (auch die Getränke). Via Silvio Pellico 3, ☎ 348-2987970. **««**

Da Michele Calamita ➏, bodenständiges Traditionsristorante mit Pizzeria in der Via Calamita, Pizza, Fischgerichte und Meeresfrüchte. Günstig und sehr beliebt, im Sommer ist abends auf der Terrasse kaum ein

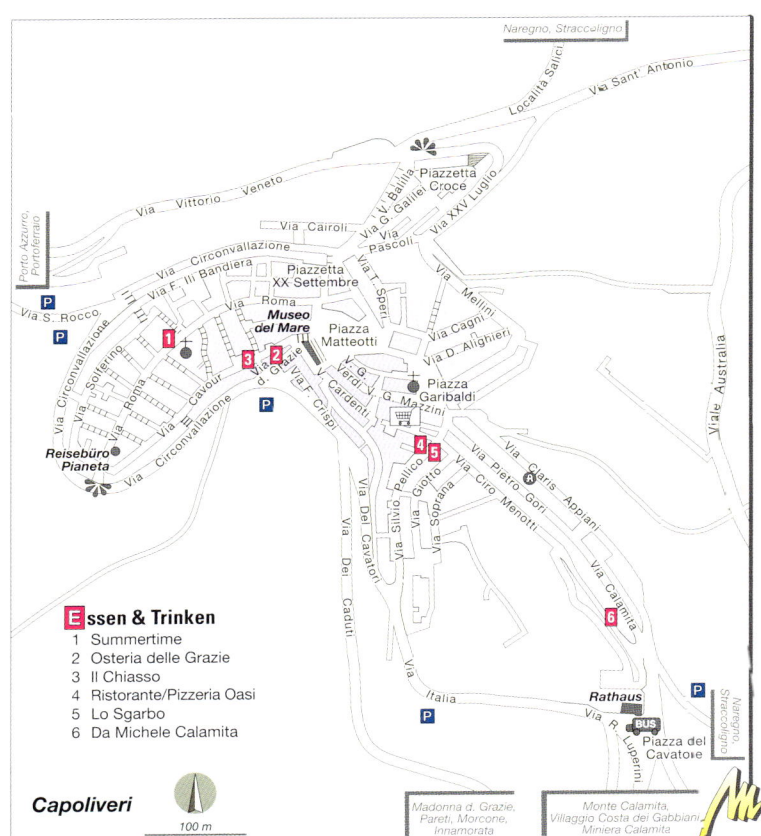

Capoliveri

100 m

Essen & Trinken

1 Summertime
2 Osteria delle Grazie
3 Il Chiasso
4 Ristorante/Pizzeria Oasi
5 Lo Sgarbo
6 Da Michele Calamita

Reisebüro
Pianeta

Museo
del Mare

Platz zu ergattern. Mittags und abends geöffnet, ☏ 0565/935197.

Ristorante/Pizzeria Oasi 4, nahe der Piazza Garibaldi im Zentrum. Gemütliche, kleine Pizzeria mit Orangenbaum im Innenhof, bodenständig geblieben, hebt sich angenehm von der schicken Umgebung ab, zudem ausgesprochen günstig: Pizza ab 5 €, Primi ab 7 €, freitags gibt es hier auch die Fischspezialität Cacciucco. Bei Touristen sehr beliebt und bestens besucht, nur abends geöffnet. Via S. Pellico 4, ☏ 0565/968841.

In der *Via Roma*, der Hauptstraße mit ihren zahlreichen Andenkenläden, finden sich außerdem mehrere **Imbisse**. Günstige Pizza

vom Blech, Softdrinks etc., die preisgünstige Alternative zu den vielen Restaurants.

Auf und um die Piazza Matteotti gibt es diverse Cafés, Bars und Weinbars.

Essen/Außerhalb **Mickey Mouse**, an der Straße nach Porto Azzurro, die Hinweistafel mit der berühmten Maus ist kaum zu übersehen: bei der Weggabelung rechts und dann rechts auf den Parkplatz. Etwas versteckte, aber idyllische Lage im Grünen, gemütliche Terrasse mit Meerblick. Bei der Einrichtung steht alles im Zeichen der Maus, v. a. die Kinder vieler Leser waren begeistert von dem Restaurant. Holzofenpizza und hauptsächlich Fischgerichte, netter Service, nur abends geöffnet. ☏ 0565/967020.

Sehenswertes in und um Capoliveri

In erster Linie bezaubert natürlich der Ort selbst. Beim Spaziergang durch die engen Gassen öffnen sich immer wieder herrliche Ausblicke auf die Landschaft der Calamita-Halbinsel und das Meer. Vielleicht eines der schönsten Sträßchen von Capoliveri ist die *Via Solferino* (parallel zur Via Roma), die sich vom Tourismus noch immer völlig unbeeindruckt zeigt und ein Stück des alten Capoliveri verkörpert. In der Via Roma findet sich mit der *Chiesa San Michele* die älteste Kirche des Ortes (12./13. Jh.). Sie wurde im Stil der pisanischen Romanik gebaut und war ehemals eine der wichtigsten Kirchen der Insel. Nach vielen Umbauten ist vom ursprünglichen Bau außer der Apsis und einigen Mauern nichts mehr erhalten. Papst *Gregor XI.* soll in San Michele eine Messe gelesen haben, als er auf seinem Weg von Rom nach Avignon wegen eines Unwetters auf der Insel Halt machen musste.

Geht man die Via Roma von der Piazza Matteotti bis ganz zum Ende durch, gelangt man zur *Piazzetta Belvedere* bzw. *Piazza G. Marconi* mit wunderbarem Ausblick. Hier hat sich auch der zeitgenössische elbanische Künstler Italo Bolano mit einer Skulptur und einer Wandkeramik verewigt. Auch die unterhalb verlaufende (allerdings nicht autofreie) Via Circonvallazione lädt dank der herrlichen Aussicht zu einem kleinen Spaziergang ein und rundet die Ortserkundung im wahrsten Sinne des Wortes ab.

Museo del Mare: Das noch recht neue Museum befindet sich unterhalb der Piazza Matteotti in der ehemaligen Zisterne des Ortes. Die Ausstellung widmet sich in weiten Teilen dem „Relitto del Polluce", einem Schiff, das im Juni 1841 auf der Route von Neapel nach Marseille vor der *Costa dei Gabbiani* (Halbinsel Calamita) gesunken ist – voll beladen mit Luxusgütern: Juwelen, Schmuck, goldene Uhren, Gold- und vor allem Silbermünzen und sogar ein englisches Wasserklosett aus Delfter Porzellan. Vollständig geborgen wurden die Schätze aus dem Wrack in 103 m Tiefe übrigens erst im Jahr 2005. Ein Teil der Räumlichkeiten ist außerdem wechselnden Ausstellungen vorbehalten.

Madonna delle Grazie

Öffnungszeiten/Eintritt Mitte Mai bis Mitte Juni sowie Mitte bis Ende Sept. tägl. 10–13 und 16.30–20 Uhr, von Mitte Juni bis Mitte Sept. tägl. 17–23.30 Uhr, im Winter geschlossen. Eintritt 3 € erm. 2 €, Kinder unter 6 J. frei. Via Palestro 1, ☎ 0565/967029.

Madonna delle Grazie: Die kleine Wallfahrtskirche aus dem 16. Jh. liegt westlich von Capoliveri fast am Meer. Von außen eher unscheinbar, beeindruckt das Gotteshaus im Inneren mit schöner Decken- und Wandbemalung sowie einem eindrucksvollen Marmoraltar. In dessen Zentrum prangt das Ölgemälde einer Madonna mit Kind, von dem man annimmt, dass es von einem Schüler Michelangelos als Kopie eines Marienbilds des Meisters entstanden ist. Leider ist die Wallfahrtskirche in der Regel nur zu den Messen geöffnet.

Anfahrt/Baden Von Capoliveri die Straße Richtung Morcone/Innamorata nehmen, nach 800 m rechts ab (beschildert) und 2 km auf der Straße bergab. Die Straße führt weiter zur **Spiaggia delle Grazie**: kleiner, nur mäßig attraktiver Kies-/Sandstrand (steiniger Einstieg) mit Bar/Ristorante und wenigen Parkplätzen.

Baden in der Umgebung von Capoliveri

Naregno-Bucht: Auf Luftlinie fast gegenüber von Porto Azzurro gelegen, das im Sommer etwa alle eineinhalb Stunden von hier aus bequem per Pendelboot erreichbar ist – man spart sich den Umweg entlang der Mola-Bucht. Des Weiteren verkehren in der Hochsaison (Juli/August) bis zu 11x am Tag Busse nach Capoliveri. Der einladende, bis zu 20 m breite Kies-/Sandstrand ist zum Großteil für die Hotels in der Bucht reserviert.

Naregno kann für die Lösung des Übernachtungsproblems in Erwägung gezogen werden. Die meisten Hotels bestehen auf der in der Hochsaison üblichen obligatorischen Halbpension (allerdings oft vergleichsweise preiswert). Ruhige Lage ist hier relativ sicher. Am Strand gibt es eine italienische Segel- und Surfschule und eine Tauchschule.

Übernachten *** Frank's, nettes Strandhotel mit Tennisplatz und Ristorante/Pizzeria, freundlicher und hilfsbereiter Service, das Hotel gibt es schon seit den 1960ern. Recht komfortable Zimmer mit Bad, die meisten auch mit Balkon. Mitte Mai bis Mitte Sept. geöffnet. DZ mit obligatorischer Halbpension 182–238 €, ein Appartement für 2–3 Pers. kostet 798–994 € pro Woche. Loc. Naregno, 57031 Capoliveri (LI), ☎ 0565/968144 oder mobil unter ☎ 348/5860755, www. frankshotel.com.

*** **Villa Rodriguez**, sympathische und dabei relativ günstige Familienpension mit 36 Zimmern. Zimmer im alten Gebäude oder in einem neueren Bau dahinter (große Balkone). Gemütlicher Garten mit Palme, hoteleigener Strandabschnitt, netter Service. April bis Ende Sept. DZ mit Vollpension 184–224 €, EZ 104–124 €, Halbpension ist nur 7 € pro Pers. und Tag günstiger. Loc. Naregno, 57031 Capoliveri (LI), ☎ 0565/968423, www.villarodriguez.it.

*** **Hotel Anfora**, zweistöckiger Bau in zweiter Reihe, 32 Zimmer mit Bad und Terrasse bzw. Balkon, zum Teil relativ neu renoviert. Hunde sind hier erlaubt und kostenlos, ebenso die Sonnenschirme/Liegestühle am Strand. Mitte/Ende Mai bis Ende Sept. geöffnet. DZ mit Frühstück 140–210 €, EZ 82–117 €, Halbpension 15 €/Pers. und Tag. Loc. Naregno, 57031 Capoliveri (LI), ☎ 0565/968573, www.hotelanfora.it.

Mountainbike-/Bootsverleih Rent all' Elba, Scooter ab 35 €/Tag, MTB ab 15 €, Boot ab 55 €/halber Tag. ☎ 339/4761975, www.rentallelba.it.

Wassersport Centro Velico Naregno, im hinteren Bereich des Strands. Segelkurse und Surfkurse, auch Wochenendkurse. Kurssprache ist Englisch. Das PADI-Tauchzentrum **Elba Divers** ist angeschlossen, vom Anfängertauchkurs bis zum Open-Water-Diver-Kurs. Geöffnet Ostern bis Ende Sept. Loc. Naregno, 57031 Capoliveri (LI), www.centro veliconaregno.it (☎ 338/9240201 oder 347/9794990), www.elbadivers.it (☎ 335/6913883).

Die Halbinsel Calamita → Karte S. 151

Strände und Buchten um die Halbinsel

Punta Perla und Capo Straccoligno (3 km östlich von Capoliveri): Die Punta Perla selbst ist mehr oder weniger in Privatbesitz, am schroffen Kap gibt es keine Bademöglichkeit. Eine Fahrstraße führt zum *Forte Focardo*, der sternförmig ummauerten spanischen Festung, die 1678 als Gegenstück zum *Forte Longone* von Porto Azzurro errichtet wurde. Die Anlage ist seit 1863 im Besitz der italienischen Marine, aus dem gleichen Jahr stammt auch der Leuchtturm der Festung (nicht zugänglich). Von der Festung führt linker Hand ein Pfad hinunter zur Naregno-Bucht.

Südlich schließt eine kleine Sand-/Kiesbucht an (statt der Abzweigung zur Punta Perla 1 km weiter Richtung Capo Straccoligno fahren, dann rechts ab, beschildert). An der *Spiaggia Straccoligno* findet man Bar/Pizzeria, Camperstellplatz, Tretbootverleih, Sonnenschirme und Liegestühle. Fährt man bei letzterer Abzweigung zum Strand auf staubiger Schotterpiste geradeaus weiter, gelangt man nach etwa 1 km zu einer weiteren Abzweigung, die hinunter zur *Spiagga di Ferrato* führt. Hier finden sich ein einfacher, winziger Waldcamping (www.bioelba.it) und ein Camperstellplatz mit Bar. Die Spiagga di Ferrato besteht aus drei versteckten, idyllischen Stränden, die nur über enge Pfade zu erreichen sind.

Zurück zur Abzweigung zur Spiagga di Ferrato und der schlechter werdenden Schotterstraße folgend, gelangt man zum südlich benachbarten *Calanuova-Strand* mit gleichnamigem Ristorante: sehr ruhige, kleine Kiesbucht mit Bootssteg und schönem Blick aufs Forte Focardo.

Camping Gleich bei der Spiaggia di Ferrato befindet sich der **Agricampeggio Bio Elba**, ein naturbelassener Campingplatz unter Kiefern. Ideal für alle, denen Camping ansonsten zu „parzelliert"" ist." Pro Pers. 13–14 €/Tag, Kinder 2–12 Jahre 8–10 €, Stellplatz 9–15 € (nur Zelte). Loc. Ferrato, 57031 Capoliveri (LI), ☎ 0565/968240 oder 349/4284810, www.bioelba.it.

Zuccale- und Barabarca-Bucht: Die beiden benachbarten Strände liegen etwa 3 km westlich von Capoliveri (von der Zufahrtsstraße zum Ort rechts ab, beschildert). Zwei hübsche, durch Felsen getrennte Buchten (Sand und feiner Kies), die nur zu Fuß zu erreichen sind, wobei die kleinere, sandige Zuccale-Bucht dank der schönen Lage zwischen Felsen sicher die attraktivere der beiden ist. Am Ende der asphaltierten Straße befinden sich zwei Parkplätze: Zunächst liegt rechter Hand ein großer, gebührenpflichtiger Parkplatz mit viel Schatten, von dem aus man über einen Treppenweg hinunter zum Zuccale-Strand gelangt (mit Strandbar, bei der man sich auch Tretboote, Sonnenschirme und Liegestühle ausleihen kann). Etwas weiter die Straße entlang erreicht man den zweiten, kleineren Parkplatz, er liegt links der Straße, ist gebührenfrei und schattenlos. Von hier aus geht es linker Hand auf einem staubigen Pfad und über eine Treppe (ca. 5 Min.) zur Barabarca-Bucht: feiner Kies, am Strand ebenfalls Bar, Tretboot- und Liegestuhlverleih.

Morcone-Bucht: Etwa 3 km südwestlich von Capoliveri. Reizvolle, kleine Bucht mit Sandstrand. Einige „Residence" (nur wochenweise buchbar) am Hang, am Strand gemütliche Ristoranti und Bars sowie mehrere Bootsverleiher (auch Sonnenschirm-/Liegestuhlverleih), entspannte Atmosphäre. In der Bucht gibt es eine deutschsprachige Tauchschule und einen schönen Campingplatz.

Verbindungen Im Sommer pendelt bis zu 13x tägl. der Strandbus zwischen Capoliveri und Morcone.

Übernachten ** Albergo La Scogliera, ein schon etwas älteres Hotel an der Zufahrtsstraße nach Morcone auf der linken Seite. Treppen zum hoteleigenen Sandstrand. Ende April bis Anfang Okt. geöffnet. Eher einfache Zimmer, viele mit Balkon zum Meer, das DZ mit Bad, Kühlschrank, Terrasse oder Balkon kostet 116–156 €, das EZ 78 €, jeweils inkl. Frühstück. Es werden auch einige Appartements angeboten: für 2 Pers. 122–146 €/Tag, für 4 Pers. 142–158 €. Loc. Morcone, 57031 Capoliveri (LI), ☏ 0565/968424 oder 0565/935205, www.lascogliera.com.

** **Camping Croce del Sud**, kleines Areal, viel Grün, mit Minimarket und Bar, alles nicht mehr ganz neu, ca. 150 m vom Strand. Anfang April bis Ende Okt. Pro Pers. 9–12 €, Kinder (2–8 Jahre) 4,50–6 €, Stellplatz 9–15 €, Stellplatz kleines Zelt 6–8 €, Auto 2–3,50 €, Motorrad 1,50–2 €, Strom 2 €, Hunde erlaubt. Es werden auch einige einfache Bungalows für 4–5 Pers. vermietet: 69–97 € pro Tag. Loc. Morcone, 57031 Capoliveri (LI), ☏ 0565/968640, www campingcrocedelsud.it.

Wassersport Aquanautic, in der deutschsprachigen Tauchschule werden Tauchgänge ab 59 € angeboten, der Scuba-Diver-Kurs kostet 230 €. Auch höhergradige Kurse. Sehr freundlich, Mai bis Okt. geöffnet. Loc. Morcone 33, 57031 Capoliveri (LI), ☏ 0565/935505 oder 339/6385979 (mobil), www.aquanautic-elba.de.

Die Halbinsel Calamita → Karte S. 151

Pareti-Bucht: Die südliche Nachbarbucht von Morcone, nicht ganz so reizvoll wie diese und relativ klein. Sand-/Kiesstrand mit Sonnenschirm- und Liegestuhlverleih. Einige wenige Privathäuser am Hang, in der Bucht drei größere Hotels.

Verbindungen Im Sommer bis zu 13x tägl. mit dem Marebus von und nach Capoliveri.

Übernachten *** Hotel Dino, oberhalb der Bucht gelegen. Schöne Terrasse über dem Meer, alle Zimmer mit Balkon zur Bucht, Privatstrand. Mitte Mai bis Ende Sept. geöffnet. DZ mit obligatorischer Halbpension 210–232 €. Loc. Pareti, 57031 Capoliveri (LI), ☏ 0565/939103, www.elbahotel dino.com.

** Villa Miramare, die günstigste Übernachtungsmöglichkeit in Pareti: DZ mit Frühstück 85–130 € (in der Nebensaison deutlich günstiger), auch Appartements für 105–135 €. Geöffnet Ostern bis Ende Okt. Loc. Pareti, 57031 Capoliveri (LI), ☏ 0565/968673 (im Winter ☏ 0565/968806) oder mobil ☏ 340/8043202, www.hotelvillamiramare.it.

Innamorata – die Bucht der Verliebten

Innamorata-Bucht: Etwa 3,5 km südlich von Capoliveri, herrlich gelegene, beidseitig von Felsen eingerahmte und sehr beliebte Bucht. Die Bucht befindet sich fest in den Händen der großen Appartementanlage „Villaggio Turistico Innamorata", am Strand Surfbrett- und Tretbootverleih. Vorgelagert die *Isole Gemini*, die Inseln der – ungleichen – Zwillinge. Von hier der Beschilderung „Calone/Ripe Alte" folgend, trifft man bald auf die gut befahrbare Schotterstraße, die oberhalb der Südküste von Calamita zur Ferienanlage „Costa dei Gabbiani" führt. Im Sommer verkehren mehrmals täglich Busse zwischen Innamorata und Capoliveri.

Innamorata – die Bucht der Verliebten

Der unglücklich Verliebten, müsste man eigentlich sagen. Die Sage erzählt, dass sich hier am Strand im Jahr 1534 Lorenzo und Maria zum ersten Mal sahen und unsterblich ineinander verliebten. Die Liebe war groß, die elterlichen Familien verfeindet, und an ein Wiedersehen oder gar eine Heirat war nicht zu denken – Romeo und Julia auf Elbanisch. Die Bucht wurde für beide zum heimlichen Treffpunkt, bis am 14. Juli des gleichen Jahres Lorenzo genau an dieser Stelle von Piraten getötet wurde. Maria musste untätig zusehen und sprang daraufhin verzweifelt von einem Felsen ins Meer. Jedes Jahr am Abend des 14. Juli wird dieser tragischen Liebe mit einem großen Fest gedacht: Am mit Fackeln beleuchteten Strand findet eine große Prozession statt, zu deren Abschluss der Sprung vom Felsen nachgespielt wird – ohne echte Verzweiflung und Todesfolge allerdings.

Monte Calamita (413 m)

Der „Magnetberg" hat schon so manchen Yachtbesitzer in Ver(w)irrung gebracht. Sein magnetisches Feld ist so stark, dass Kompassnadeln verrückt spielen können, wenn sie die Halbinsel passieren.

Dass sogar Eisennägel aus Schiffskörpern herausgezogen wurden, zählt eher zum Seemannsgarn, doch tatsächlich havarierten vor der hiesigen Küste zahlreiche Schiffe. Im großen Stil wirtschaftlich ausgebeutet wurde der Berg seit 1819, es ist allerdings wahrscheinlich, dass hier bereits die Etrusker und nach ihnen die Römer Eisengruben betrieben haben. Die Bergwerke sind zwar längst geschlossen, aber noch immer gedenkt man den *Cavatore*, den „Männern der Ader", wie die Bergarbeiter hier auch genannt werden, und ihrer harten Arbeit jedes Jahr Ende Mai in Capoliveri mit einem großen Fest.

Im Lauf der Zeit wurde der Monte Calamita völlig umgegraben, später hat man das Gebiet z. T. wieder aufgeforstet, aber die Vegetation ist nach wie vor überwiegend karg, im Kontrast mit der rot leuchtenden, aufgerissenen Erde. Lohnenswert kann es sein, auf den Abraumhalden nach den glitzernden Mineralien zu schürfen. Auf Elba finden sich 170 verschiedene Mineralienarten. Gemessen an der Größe der Insel eine geologische Sensation!

Von Capoliveri führt eine breite, gut befahrbare Schotterpiste an der Steilküste entlang. Nach etwa 6 km erreicht man das längst stillgelegte Erzbergwerk *Miniera di Calamita* nahe der *Punta della Calamita* im Süden der Halbinsel. Die Miniera ist von Capoliveri aus ab dem oberen Kreisel im Zentrum (Piazza del Cavatore beim Rathaus) beschildert.

Die Halbinsel Calamita → Karte S. 151

Die rote, eisenhaltige Erde am Monte Calamita

(Rad-)Wanderung 4: Eine fast völlig schattenlose (Rad-)Wanderung führt um den Magnetberg herum, die detaillierte Beschreibung hierzu finden Sie im (Rad-)Wanderführer am Ende dieses Buches (→ S. 252).

Miniere di Calamite: Seit einigen Jahren werden geführte Besichtigungen in den Monte Calamita angeboten, „nel cuore della terra", ins Herz des Berges hinein, genauer gesagt in die Magnetitmine *Ginevro*. Wer lieber über der Erde bleibt, kann sich das kleine Museum in der ehemaligen Werkstatt der Minenarbeiter anschauen, außerdem kann man im Rahmen einer kleinen Tour an der stillgelegten Halde selbst auf Mineraliensuche gehen.

Öffnungszeiten/Eintritt   Das Museum (Museo della Vecchia Officina) ist von Juni bis Sept. tägl. 10–17 Uhr geöffnet, April/Mai und Okt. Sa/So 10–17 Uhr; Eintritt 2,50 €, Kinder 1,50 €; Führungen in die Mine im Sommer 3–5x tägl., Erw. 18 €, Kinder 12 €, der Besuch des Museums ist im Preis inbegriffen. Mineraliensammeln (Raccolta dei Minerali) Di–Fr 18 Uhr, Erw. 6 €, Kinder 3 €. In der Hochsaison sicherheitshalber telefonisch reservieren. Außerdem sollte man eine halbe Stunde vor Tourbeginn bereits vor Ort sein. Das Besucherzentrum befindet sich 6 km südlich von Capoliveri, Loc. Calamita, ✆ 0565/935492 oder ✆ 393/9059583, www.minieredicalamita.it.

Zu einem Badestrand führt ca. 200 m nach der Mine rechts eine schmale Straße hinunter. Eine Schranke macht das Passieren mit dem Auto unmöglich. Zu Fuß geht es von hier aus weiter zum 2 km entfernten Strand.

Achtung Auto- und Motorradfahrer: Eine Rundfahrt mit dem Auto oder dem Motorrad um den Monte Calamita ist nicht möglich, da eine Schranke etwas südlich der Straccoligno-Bucht den Weg versperrt!

Sie gaben der Costa dei Gabbiani ihren Namen: Möwenküste

Costa dei Gabbiani (Möwenküste)

Am 12 km langen Küstenstreifen liegen in kleinen Buchten zum Teil menschenleere Strände, die den wenigen Feriengästen nur auf Privatwegen zugänglich sind. Traumhaft die steile Felswand an der Punta dei Ripalti: Hier, am südlichsten Zipfel, nisten die Silbermöwen zu Tausenden.

Fährt man von den Minen des Monte Calamita die Schotterstraße noch etwa 3 km weiter, kommt man in das Zentrum des Feriendorfs *Villaggio Costa dei Gabbiani* und zum Naturreservat (gehört zum *Nationalpark Toskanischer Archipel)*, das sich bis zum südöstlichen Ende der Insel erstreckt.

Übernachten/Essen Tenuta delle Ripalte, ehemals Costa dei Gabbiani, die überwiegend italienischen Gäste des Feriendorfes verteilen sich auf die weit verstreut liegenden Gutshöfe, Villen und einige neu errichtete 1- bis 2-stöckige **Appartementhäuser** (unterschiedliche Bettenzahl und Preiskategorien) sowie das **Hotel**. Außerdem bieten sich zwei **Restaurants**, eines davon in einem ehemaligen Weinkeller der Villa delle Ripalte, und eine **Bar** in der Calanuova-Bucht an. Die Übernachtungspreise entsprechen der Exklusivität der Anlage und liegen bei 130–280 € für ein DZ, Frühstück 14 € pro Pers. Das 2- bis 3-Pers.-Appartement in einem der Gutshöfe kostet 1025–2340 € pro Woche, in einer der freistehenden Villen zahlt man für 4 Pers. 1745–2340 € pro Woche, für 6 Pers. ab ca. 2000 €. Es gibt auch größere Villen für bis zu 12 Pers. Neuerdings auch **Glamping** (im edlen Safarizelt mit Küche und Bad) inmitten der Macchia mit Meerblick (1318–1475 €/Woche). Wer Ruhe und Abgeschiedenheit in gepflegtem Ambiente sucht, ist hier genau richtig. Die Unterkünfte kann man übrigens alle auch im Internet besichtigen. Geöffnet Anfang Mai bis Mitte Okt. Tenuta delle Ripalte, Loc. Ripalte, 57031 Capoliveri (LI), ✆ 0565/94211, www.tenutadelleripalte.it.

Sport Reitstunden und **Ausritte** werden auch für Nicht-Gäste angeboten, halb- und ganztägige Ausritte mit Führung. Des Weiteren werden **Mountainbikes** vermietet. Umfangreiches Sportangebot mit Tennisplätzen, diversen Pools, Wassersport, Boccia, Bogenschießen, Volleyball, Basketball etc.

Versteckte Bucht
an der Halbinsel Calamita

Wem es zu mühselig ist, sich zu Fuß zur Möwenküste aufzumachen, der kann die Reise in einem der Ausflugsboote von Porto Azzurro aus unternehmen. Man umfährt die Ostspitze der Insel und hält an einem Strand unterhalb der Calamita-Mine. Dauer: etwa drei Stunden (hin und zurück).

Interessenten wenden sich an eines der beiden Reisebüros von Porto Azzurro bzw. an die dortigen Bootsverleiher (→ Porto Azzurro, S. 142).

Marina di Campo

Die Buchten im Süden der Insel

Drei große Buchten mit herrlichen, weitläufigen Sandstränden, weite Ebenen und eine flache Küstenlandschaft bestimmen das Bild der Südseite von Elba, der touristisch bedeutsamsten Ecke der Insel.

Der *Golfo Stella* mit seinem feinsandigen *Lido di Capoliveri*, dem sich in westlicher Richtung – nur durch das schroffe Capo Stella unterbrochen – der *Golfo della Lacona* anschließt und schließlich weiter westlich der *Golfo di Campo*. Diese Buchten sind das Eldorado der Badetouristen und Wassersportler, viele schön gelegene Hotels und Campingplätze befinden sich an den Stränden und im Hinterland.

Historisch-kulturell hat die Gegend kaum etwas zu bieten, sieht man einmal von *Marina di Campo* und Umgebung ab. Auch landschaftlich gibt es sicher aufregendere Ecken auf Elba, lediglich die bergige Landzunge des *Capo Stella* und das *Capo di Fonza* zwischen der *Lacona-Bucht* und dem *Golfo di Campo* stellen einen Kontrast zur flachen Ebene dar. Touristische Zentren sind Lacona, ein weit auseinander gezogener Touristenort, und *Marina di Campo* mit seinem malerischen alten Hafen.

Die Lido-Bucht (Golfo Stella)

Sehr schöne Sandstrände finden sich entlang des *Golfo Stella*, dessen größter Strand, der *Lido di Capoliveri*, zweifelsohne auch der attraktivste ist. Zwei kleine Sträßchen führen zum Strand, im Sommer herrscht hier oft Verkehrschaos, und die Parkplatzsuche kann zum echten Problem werden. Die Lido-Bucht, der eigentliche Hausstrand von Capoliveri, ist mehr als gut besucht und besonders bei jungen Leuten außerordentlich beliebt. Seichtes Wasser, ideal für Kinder, Surfschule (auch Brettverleih), italienische Tauchschule an der Hauptzufahrtsstraße zum Strand, außerdem diverse Bars, Sonnenschirm- und Liegestuhlverleih, Tretboote und Kajaks. Um die Bucht liegen einige schöne Hotels und Campingplätze, doch sollte man gerade auch hier nicht zu spät buchen, wenn man eine Unterkunft für die Hochsaison ergattern will.

Die Buchten im Süden der Insel

Anfahrt/Verbindungen Von Portoferraio kommend, geht es auf der Straße nach Porto Azzurro kurz vor der Abzweigung nach Capoliveri rechts ab, beschildert. 5x tägl. Busse nach Capoliveri. Wer den Bus von Portoferraio nach Porto Azzurro bzw. Capoliveri nimmt, sollte dem Fahrer Bescheid sagen, dass er an der Abzweigung zum Lido aussteigen möchte. Von der Hauptstraße ca. 800 m zu Fuß.

Parken Gebührenpflichtiger Parkplatz fast direkt am Strand, 1 €/Std.

Übernachten *** Hotel Antares, oberhalb der Bucht (am westlichen Ende) gelegen, von der Terrasse hat man einen schönen Blick aufs Meer, mit Pool und Privatstrand, Tennisplatz, Fahrradverleih. Geöffnet von Ende April bis Mitte Okt. Relativ teuer. DZ 236–316 €, EZ 206–276 €, jeweils inkl. Halbpension, die B & B-Variante ist 12 € pro Pers. und Tag günstiger. 57031 Lido di Capoliveri (LI), ✆ 0565/940131, www.elbahotel antares.it.

》Mein Tipp: *** Villa Giulia, das renovierte, modern eingerichtete Hotel liegt ca. 800 m vom Strand oberhalb der Hauptstraße Portoferraio–Porto Azzurro. Relativ ruhig, Terrasse mit Meerblick (hier auch das Hotelrestaurant), schöner, großer Pool. Ca. Ostern bis Ende Okt. geöffnet. DZ mit Frühstück 161–268 €, EZ nur in der Nebensaison, Halbpension ist ratsam, da nur ca. 20 € pro Tag teurer! In der Nebensaison bis zu 45 % günstiger! WiFi kostenlos, eigener Strandabschnitt, Hunde erlaubt. Lido di Capoliveri, 57036 Porto Azzurro (LI), ✆ 0565/940167, www.villa giuliahotel.it. 《《

Agriturismo Vino & Appartamenti Sapereta, schönes und gepflegtes Weingut mit Pool und Tennisplatz, inmitten von Weinstöcken gelegen. Ruhige Lage, allerdings knapp 2 km vom Lido entfernt. Zum Agriturismo gehört auch ein günstiges und vielfach gelobtes Restaurant (nur abends, man sollte reservieren) mit netter, schattiger Terrasse. In der Cantina des angeschlossenen Weingutes Sapere werden die eigenen Weine (u. a. Elba Bianco DOC und Elba Rosso DOC) verkauft, außerdem der prämierte Passito. Ganzjährig geöffnet. *Anfahrt:* Auf der Hauptstraße Portoferraio–Porto Azzurro geht es nach der Abzweigung zur Lido-Bucht kurz hinter der Agip-Tankstelle links ab, dann noch ca. 100 m. Vor der Hauptstraße beschildert. Studio für 2 Pers. 950–1365 €, Appartement für max. 4 Pers. 1050–1630 €, für bis zu 6 Pers. 1200–2030 €, jeweils pro Woche. Frühstück auf Wunsch für 8,50 €/Tag. In der Nebensaison sehr viel günstiger. Viale Provinciale Ovest 73, 57036 Porto Azzurro (LI), ✆ 0565/95033, www.sapereta.it.

Camping *** Europa, an der Ostseite der Lido-Bucht, von der Hauptstraße ausgeschildert. Schöner und gepflegter Platz, terrassenförmig angelegt, schattig, wenige Schritte zum Strand. Mit Bar, Minimarket, Ristorante und Pool, geöffnet von ca. 20. April bis ca. 20. Okt. Pro Pers. 12–15,50 €, Kinder 2–7 Jahre 8–10 €, kleines Zelt 9–11 €, großes Zelt 15–20 €, Wohnwagen 15–20 €, Wohnmobil 17–22 €, Auto 5 €, Motorrad 3 €, Hund 5 €. Es werden auch einige Bungalows (heißen hier Maxi Caravan) für 4 Pers. vermietet, 110–150 €/Tag. 57031 Lido di Capoliveri (LI), ✆ 0565/940121 (im Winter 0565/940134), www. elbacampingeuropa.it.

*** Camping Village Le Calanchiole, ebenfalls in der östlichen Ecke der Bucht (Spiaggia delle Calanchiole) und beschildert. Schattige Anlage mit Bar, Ristorante, Minimarket, kleiner und sandiger Privatstrand. Geöffnet ca. 20. April bis ca. 20. Okt. Gleiche Preise wie Camping Europa. Es werden auch einige Bungalows (3–7 Pers. 130–252 €) und seit 2016 auch „Lodges De Luxe" (4–6 Pers. 175–260 €) angeboten, außerdem komfortable Miet-Caravans (4 Pers. 130–150 €) und Appartements (2–4 Pers. 120–150 €, 5–6 Pers. 195–230 €) vermietet. Loc. Calanchiole, 57031 Capoliveri (LI), ✆ 0565/933488, www.lecalanchiole.it.

* Camping Lido, in unmittelbarer Nähe zum Camping Europa, schöne Lage direkt am Strand, einfacher als die beiden anderen, dafür etwas günstiger. 20. April bis 20. Okt. geöffnet. Pro Pers. 10,50–14,50 €, Kinder 2–7 J. 7–8,50 €, Zelt und Wohnwagen je 13–17 €, Wohnmobil 15–19 €, Auto 2,50 €, Motorrad 2 €, Hund 5 €. Loc. Lido, 57031 Capoli-

veri (LI), ✆ 0565/933414, www.elbacampinglido.it.

Essen & Trinken Baia del Sole, großes Strand-Ristorante, hier gibt es ganz vorzügliche *Spaghetti allo Scoglio* in Weißweinsoße, mittags auch günstige Pizza, abends etwas gediegener. Während der Saison durchgehend geöffnet.

Wassersport Sailing Beach, Surf- und Segelschule am Strand, Surfkurs (5 Tage mit je 1:30 Std. Unterricht) 120 €, auch Brettverleih. Ca. Mai bis Okt. geöffnet, ✆ 329/4947460 oder 338/6747822, www.elbasailingbeach.com.

Centro Sub Talas, italienische Tauchschule (Padi) an der Zufahrtsstraße zum Strand, Tauchgang 45 €, Open Water Diver 400 €, Schnupperkurs 110 €, auch Tauchausflüge nach Pianosa. Ganzjährig geöffnet, vermittelt auch Unterkünfte. Loc. Lido, 57031 Capoliveri (LI), ✆ 0565/933572 oder ✆ 335/8022027, www.subacquea.com.

Weitere Buchten am Golfo Stella

Norsi-Bucht: Zu der relativ großen Bucht gelangt man über einen Schotterweg (Straße Richtung Lacona nehmen, dann links ab, beschildert). Ein weitläufiger Strand mit grobem Sand, Parkplatz (begrenzte Kapazitäten!) und zwei Strandbars

Herrlicher Sandstrand an der Lido-Bucht (Lido di Capoliveri)

(auch Sonnenschirm-/Liegestuhlverleih) vorhanden. Beliebte Bucht, allerdings wird stellenweise viel Seegras angespült. Fußweg und Treppen führen hinunter zum Strand.

Acquarilli-Bucht: Der westliche Nachbarstrand von Norsi ist nur über einen steilen und schwierig zu begehenden Fußweg von der Landspitze *Capo Pini* aus zu erreichen. Teilweise etwas grober Kies, wenig frequentiert und beliebter FKK-Strand. Keine Bar, kein Strandservice. Auf der Straße Richtung Lacona gelangt man zum Aussichtspunkt Capo Pini. Hier parken, der Fußpfad ist nicht zu übersehen.

Margidore-Bucht: Eine gute Ausweichmöglichkeit bei hochsommerlicher Enge bietet die Bucht an der Nordostseite des *Capo Stella*. Die etwa 400 m lange Kiesbucht wird von den Steilufern des weit ins Meer reichenden Kaps und von einem Felsenriff begrenzt. *Achtung*: Im Gegensatz zur nur wenig westlich gelegenen Lacona-Bucht wird das Wasser hier schnell tief. Auch ein beliebter Liegeplatz von Segelbooten, außerdem gibt es einen kleinen Hafen.

Strände im Osten des Golfo Stella siehe ab S. 159.

Die Lacona-Bucht (Golfo di Lacona)

Große, seicht abfallende Sandbucht mit Pinienwäldchen an beiden Flanken. Im Sommer findet man eine richtige Zelt- und Caravansiedlung vor, sechs Campingplätze säumen die große Bucht. Einen Ort namens Lacona sucht man vergeblich, es handelt sich vielmehr um ein großes, flaches Areal ohne Zentrum – eben der Badestrand der Insel.

Die *Spiaggia Grande*, wie der lange Strand von Lacona auch heißt, ist ein ausgesprochenes Camperziel, und das zu Recht: Die meisten Plätze liegen in Schatten spendenden Eukalyptus- und Pinienhainen nur wenige Meter vom Meer entfernt. Baugenehmigungen wurden kaum erteilt, nur wenige Hotels und Pizzerien haben sich etabliert.

In der Hauptsaison herrscht am herrlichen Sandstrand Hochbetrieb. Die kleinen Restaurants und Bars sind dann ebenso voll wie das Strandbad *Bagni Lacona* mit dem angeschlossenen Boots- und Brettverleih. Bars und Restaurants finden sich mehrfach auch an den Zufahrtsstraßen zum Strand, an der zurückversetzten Hauptdurchgangsstraße haben sich ein paar Souvenirshops (viel Keramik, aber auch Wein) angesiedelt, außerdem einige Zweiradverleiher; zwischen Straße und Meer befindet sich die einzige Disco der Gegend, in der sich am späteren Abend das überwiegend jüngere Publikum von Lacona trifft.

Basis-Infos

Verbindungen 6x tägl. per Bus von und nach Portoferraio. Haltestelle z. B. beim Hotel Capo di Stella und beim Hotel Lacona.

Auto-/Zweiradverleih   TWN, an der Hauptstraße, nahe dem Abzweig Richtung Camping Stella Mare, Mountainbike ab 15 €, Scooter 40–50 € pro Tag (für 2 Pers.), Kleinwagen 60 €. Strada Provinciale, ✆ 0565/ 964345, www.twn-rent.it. Weitere Infos unter TWN in Portoferraio, S. 94.

Einkaufen Selbstversorger finden einen größeren (aber ziemlich teuren) Supermarkt an der Straße Richtung Portoferraio, ein Bäcker befindet sich gegenüber vom Ristorante Da Ledo beim Strand.

Der Süden → Karte S. 168/169

Sonntagmorgen findet in Lacona der **Markt** statt (nur in den Monaten Juni bis Sept.).

Wassersport Diving Center Blu Immersion, an der Straße zum Margidore-Strand (Abzweig zum Hotel Capo di Stella). Auch deutschsprachig. Tauchgang 39 €, mit Leih-Equipment 51 €, Anfängerkurs (PADI Open Water Diver) 380 €, auch Füllstation. Geöffnet ca. Ostern bis Anfang Nov., im Winter nach Voranmeldung. Via del Porticciolo, Loc. Mardigore, Lacona, 57031 Capoliveri (LI), ☎ 0565/964178 oder 393/1095830, www.blu immersion.it.

Übernachten

Hotels *** Capo Sud, weitläufige, gepflegte und grüne Anlage am Mardigore-Strand (Sand und etwas Kies), Pool am Meer, Tennisplatz, hübscher Garten mit entzückender kleiner Laube, Fahrradverleih. Kinderfreundliches Hotel, zuvorkommender Service, geschmackvoll eingerichtete Zimmer. Ca. Mitte April bis Ende Sept. geöffnet. *Anfahrt:* von Lacona auf der Straße nach Porto Azzurro rechts ab (beschildert). DZ mit Frühstück ca. 160–265 €, mit Halbpension ca. 20% teurer. Via del Capo Marinaro 301, Loc. Lacona, 57031 Capoliveri (LI), ☎ 0565/964021, www.hotelcaposud.it.

*** **Capo Di Stella**, schöne Lage am Hang, oberhalb des Golfo di Lacona im Wald (Ostende der Bucht, beschildert), mit Pool und Ristorante. Nicht mehr ganz neu, Zimmer teilweise mit Balkon und Meerblick. Ein Fußweg führt hinunter zum Margidore-Strand. Ende April bis Anfang Okt. geöffnet. DZ mit Frühstück 140–190 €, mit Halbpension 180–240 €, EZ die Hälfte. Loc. Capo di Stella, 57031 Capoliveri (LI), ☎ 0565/964052, www.capodistella.com.

** **Giardino**, 32 Zimmer, großer, etwas verwilderter Garten, sehr kinderfreundliches und einladendes Haus, nicht mehr ganz neu und – mit Ausnahme der Campings – eine der günstigsten Unterkünfte in Lacona. Ca. 200 m vom Strand, etwas zurückversetzt von der Hauptstraße Richtung Marina di Campo gelegen (kurz hinter dem Hotel Lacona auf der rechten Seite). DZ inkl. obligatorischer Halbpension 156–178 €, EZ 98–109 €, auch Familienzimmer. Kostenloses WiFi. Loc. Lacona, 57031 Capoliveri (LI), ☎ 0565/964059, www.elbahotel giardino.it.

Appartements 》》 Mein Tipp: *** Residence Mini Hotel, 20 komfortable und gepflegte Appartements mit Küche, Bad, TV und Terrasse oder Balkon, für 2–4 Pers., sehr nette deutsch-italienische Leitung (fragen Sie nach Karin). Ruhig am Berghang gelegen, herrliche Aussicht auf die Bucht, Liegewiese, Grill. Ca. 1,5 km vom Strand entfernt (Straße Richtung Porto Azzurro, dann links ab, beschildert), schattiger Privatparkplatz am Strand, es gibt auch einen Fußweg zum Strand. Viele Stammgäste, daher sollte man frühzeitig buchen! Ganzjährig geöffnet. Günstig: 2er-Appartement 83–128 €, 3 Pers. 112–128 €, für 4 Pers. 114–140 € pro Tag. Via del Canale 603, 57031 Capoliveri (LI), ☎ 0565/964041 oder 334/9127920, www.minihotelelba.it. 《《

Camping Für die sechs Campingplätze der Lacona-Bucht gilt generell: Es handelt sich fast ausnahmslos um recht große und professionell geführte Anlagen. Die meisten bieten auch Appartements/Bungalows

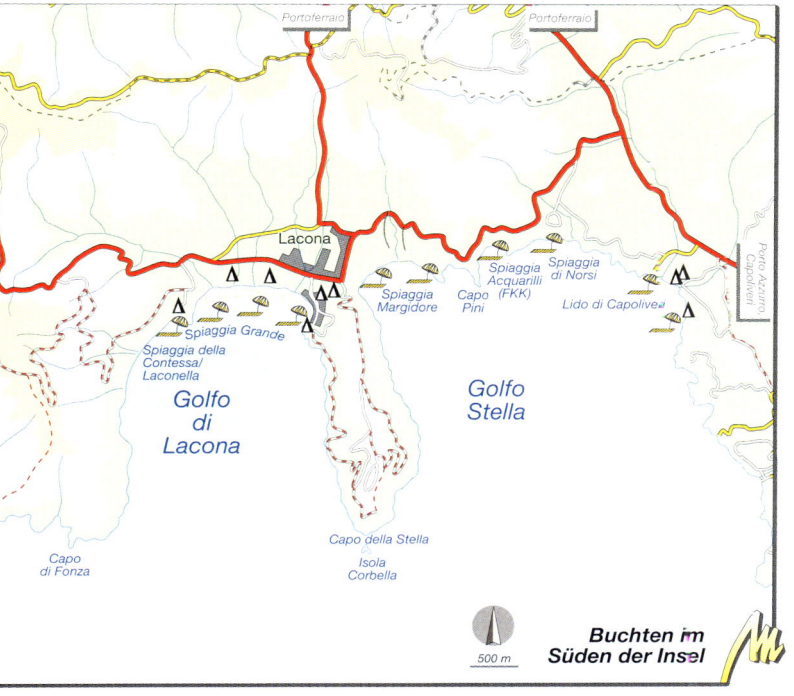

Der Süden → Karte S. 168/169

und „Case Mobili" (kleine Bungalowhütten) an, wer sich für diese Art der Unterkunft entscheidet, sollte allerdings frühzeitig buchen! Zum Angebot gehört ebenso fast überall Abendunterhaltung (laut) und Animation. Wer es ruhiger mag, sollte sich nach Westen orientieren: Tallinucci und Valle Santa Maria sind etwas ruhiger, am beschaulichsten geht es bei Laconella ganz am Ende der Bucht zu.

*** **Stella Mare**, in bester Lage, auf der dicht bewaldeten Landzunge am östlichen Ende der Bucht (Zufahrt über Via Moletto, beschildert). Viel Schatten durch Pinien und Eukalyptusbäume, Bar, Restaurant und Market, noch recht neuer Pool mit Sonnenterrasse und Blick, Stufen hinunter zur eigenen kleinen Bucht. Freundlicher Service. Geöffnet von Ende April bis ca. 20. Okt. Pro Pers. 14–15,50 €, Kinder 2–9 Jahre 8,50–10,50 €, Stellplatz 18–30 €,, Auto 3–4 €, Motorrad 1,50 €, Hund 3–6 €, Appartement für 3–5 Pers. 110–175 €, „Case Mobili" für 2–7

Pers. ab 122 €. Loc. Lacona, 57031 Capoliveri (LI), ✆ 0565/964007, www.stellamare.it.

*** **Lacona**, ziemlich große und nicht besonders gemütliche Anlage mit Pool und Abendunterhaltung, im oberen Bereich auch abgeschiedene Stellplätze. Relativ nah an der Margidore-Bucht. Ca. 20. April bis Mitte Okt. geöffnet. Von Portoferraio/ Porto Azzurro kommend, gleich der erste Platz auf der linken Seite (östlicher Teil der Bucht). Pro Pers. 13–16 €, Kinder 2–10 Jahre 10–11 €, Zelt 11–16 €, kleines Zelt 10–13 €, Wohnwagen/Wohnmobil 16–19 €, Auto 4 €, Motorrad 3 €, Hund 6 €. Miet-Caravan für 4 Pers. 581–756 €/Woche, 4er/5er-Bungalow 756–1204 € pro Woche (in der Hochsaison jeweils eine Woche Mindestaufenthalt). Loc. Lacona, 57037 Portoferraio (LI), ✆ 0565/ 964161, www.camping-lacona.it.

*** **Lacona Pineta**, neben dem Camping Lacona in einem Pinienhain, gemütlicher und vor allem näher am Meer (Lacona-Strand). Kleiner Supermarkt, Restaurant und Bar,

Bojen für Boote, Animation und Abendunterhaltung, großer Kinderspielplatz und schickes Schwimmbad. Geöffnet ca. 20. April bis ca. 20. Okt. Pro Pers. 12,80–16,10 €, Kinder 3–10 Jahre 8,20–9,80 €, kleines Zelt 9,80–12,90 €, großes Zelt 20,50–21,60 €, Wohnwagen/Wohnmobil 20,50–25,60 €, Auto 5,60 €, Motorrad 3,80 €, Hund 6–7 €. Auch hier Bungalows, für 2 Pers. 118–128 €/Tag, für 4 Pers. 142–250 €/Tag, die noch neuen Chalets (Mobilehome) für 2 Pers. 120–130 €/Tag, für 4 Pers. 179–220 €, diese sollte man aber frühzeitig buchen! Viale dei Golfi, 57031 Capoliveri (LI), ✆ 0565/964322, www.campinglaconapineta.com.

*** **Tallinucci**, sympathischer und gut geführter Platz, direkt am Strand gelegen (westlicher Teil der Bucht), einer der traditionsreichsten der Insel. Pinien und Eukalyptusbäume spenden Schatten. Auch empfehlenswerte Appartements, manche davon in herrlicher Lage direkt am Meer oder etwas erhöht. Geöffnet von März bis etwa Ende Okt. Appartement für 2 Pers. ab 110 €/Tag, 4er ab 135 €, 2- bis 3er am Strand 145–185 €, 2- bis 4er am Strand 170–208 € am Tag. Ruhig, recht schattig und von Familien bevorzugt. Camping pro Pers. 11–13,50 €, Kinder 1–8 Jahre 8–9,50 €, Zelt und Wohnwagen je 24–26,80 €, Wohnmobil 27–29,80 €, Auto 3 €, Motorrad 2 €, Strom 2 €, Hund 6,50 €. Via del Mare 213, Loc. Lacona, 57031 Capoliveri (LI), ✆ 0565/964069, www.campingtallinucci.it.

** **Valle Santa Maria**, neben dem Tallinucci, ebenfalls direkt am Strand, hat das Europäische Ökosiegel. Vor allem deutsche Wohnmobilisten fühlen sich hier wohl. Die Stellplätze wirken teilweise recht parzelliert und dadurch nicht besonders gemütlich, Mattendächer spenden Schatten. Mit kleinem Laden, Bar und Internet. Geöffnet Ostern bis Ende Okt. Pro Pers. 11–13 €, Kinder 1–7 Jahre 8–9,50 €, Zelt/Wohnwagen 21–24 €, Wohnmobil 24–27 €, Auto 3 €, Motorrad 2 €, Hund 6 €. Auch hier einige Appartements: für 2 Pers. 115–132 €/Tag, 4er 120–168 €, 5er 145–186 €, 6er 161–229 €. Via del Mare 91, Loc. Lacona, 57031 Capoliveri (LI), ✆ 0565/964188, www.vsmaria.it.

⟫ Mein Tipp: ** **Laconella**, terrassenförmiger Platz auf der kleinen Landzunge Punta della Contessa im Westen der Bucht. Hier weht auch an heißen Tagen meist eine erfrischende Brise. Schatten unter den Eukalyptusbäumen und Pinien. Großer Vorteil: Vom Platz führt ein direkter Zugang über Treppen zur Spiaggia Grande (ca. 3 Minuten) und ein kurzer Weg (ca. 5 Minuten) zu der herrlichen Laconella-Bucht (→ S. 171). Etwas günstiger als die anderen Plätze und ein Tipp für alle, die Ruhe suchen (u. a. auch dank fehlender Abendanimation). Auf dem Platz befinden sich ein Minimarket und ein empfehlenswertes Ristorante mit sehr schöner Terrasse über der Bucht. WiFi. Mitte März bis Ende Okt. geöffnet. Straße Richtung Marina di Campo, dann links ab, beschildert. Pro Pers. 10,50–13 €, Kinder bis 10 Jahre 7–9 €, kleines Zelt 10–11 €, großes Zelt 20–22 €, Wohnwagen 20–22 €, Wohnmobil 22,50–25,50 €, Auto 3,50 €, Motorrad 2,50 €, Hund 3–4 €. Via Laconella 431, Loc. Lacona, 57031 Capoliveri (LI), ✆ 0565/964228 oder 347/8022729, www.campinglaconella.it. ⟪

Essen & Trinken/Nachtleben

⟫ Mein Tipp: Lo Zenzero, versteckte Lage unweit des Supermarkts von Lacona, ein schönes Ristorante mit Garten und nettem Ambiente auch innen. Ganz köstlich waren die Antipasti Mare mit Muscheln, Tintenfisch, Kanapees, Kichererbsensalat etc., ein Gedicht auch die zarte Dorade (Orata) mit Knoblauch-Rosmarin-Kartoffeln. Sehr guter Hauswein, netter Service, nicht zu teuer. Nur abends geöffnet, im Winter nur am Wochenende. *Anfahrt*: Am Supermarkt rechts ab und gleich die erste links (Feldweg), man fährt auf ein großes, altes Bauernhaus zu, rechts daneben befindet sich das Restaurant. Via dei Vigneti 62/C, ✆ 328-8151025, www.ristozenzero.com. ⟪

Il Cavallino Rosso, etwas zurückversetzt von der Straße zum Strand, noch vor „Il Pirata" das Sträßchen rechts reinfahren, Parkplatz davor. Relativ großer Speisesaal, im Sommer auch Terrasse, viele Elbaner aus der Gegend kommen hierher. Sehr gute Pizza, aber auch Pasta, Fischgerichte etc., guter und günstiger Hauswein. Nicht teuer. Während der Saison täglich mittags und abends geöffnet. Via del Moletto, ✆ 0565/964150.

Günstige Mittagssnacks gibt es in der **Rosticceria** beim Ristorante Ledo gleich am Strand: Grillhähnchen, Tavola calda, Panini etc. Günstig. Im Sommer den ganzen Tag über geöffnet.

Baden am Golfo di Lacona

Keine Frage – der lang gezogene, feinsandige Strand von *Lacona* (*Spiaggia Grande di Lacona*) zählt zu den besten, die die Insel zu bieten hat. Im Sommer ist es hier jedoch entsprechend voll, nichts für Ruhesuchende. Dem Andrang entsprechend ist auch das Angebot: Über Beach-Volleyball, Tretboot- und Kanuverleih bis hin zum Bananaboat ist hier praktisch alles zu haben, was am und im Wasser Spaß macht. Der Strand ist sehr gepflegt und sauber. Bei guter Sicht ist am Horizont die mystische Silhouette der Insel Montecristo zu sehen.

Laconella-Strand: Wer es ruhiger, aber nicht allzu abgelegen mag, dem sei dieser kleine Beach am westlichen Ende der Bucht empfohlen, der auch unter dem Namen *Spiaggia della Contessa* bekannt ist. Der Sandstrand erstreckt sich über ca. 200 m zwischen den Felsen der *Punta della Contessa* im Osten und der großen Landzunge, die den *Golfo della Lacona* im Westen begrenzt. Feinster Sand auch im Meer, flacher Zugang und türkis-blaues Wasser, allerdings nicht immer ganz sauber, wie einige Leser fanden. Dank der abseitigen Lage (und der begrenzten Anzahl an Parkplätzen entlang der holprigen Zufahrtsstraße) wird der Laconella-Strand höchstens an den Wochenenden der Hochsaison richtig voll. Keine Bar und auch kein Strandservice – Schatten müssen Sie sich selbst mitbringen.

Anfahrt Auf der Straße von Lacona nach Marina di Campo an der Abzweigung zum Campingplatz Laconella (beschildert) links ab, nach einer weiteren Abzweigung (Zufahrt zum Campingplatz) zunächst ca. 200 m auf Asphalt, dann auf einer Sandpiste, von hier führt ein Fußpfad links hinunter zum Strand. **Parken:** Am Weg (auch noch auf der Sandpiste) rechts und links kleine Parkbuchten, die allerdings schnell belegt sind, evtl. muss man einen längeren Fußmarsch in Kauf nehmen.

Strandleben in Lacona

Am Hafen von Marina di Campo

Marina di Campo

Am Westufer des schützenden Golfo di Campo gelegen, im Nordwesten thront der Gebirgszug um den Monte Capanne, und nach Nordosten eröffnet sich die Ebene von Campo nell'Elba. Das Fischerstädtchen mit seinem idyllischen alten Hafen ist der älteste und größte Ferienort der Insel – schließlich befindet sich hier auch der längste Sandstrand Elbas.

Fast 1,5 km lang erstreckt sich der breite und feine Sandstrand vom eigentlichen Ort in östliche Richtung bis zur schwer zugänglichen *Costa di Segagnana*. Entlang dem *Viale degli Etruschi,* der parallel zum Strand verläuft, haben sich viele Hotels angesiedelt, im Osten schließt dann die „Straße der Campingplätze" an.

Das moderne Zentrum von Marina di Campo wirkt hektisch; viel Verkehr und neuere Zweckbauten vermitteln nicht gerade Idylle. Das Bild ändert sich jedoch schlagartig, wenn man die großen Hauptverkehrsstraßen des Ortes verlässt und sich durch die Fußgängerzone in Richtung altem Hafen begibt: gemütliches Schlendern durch schmale Gassen, sorgsam restaurierte Häuser und malerische kleine Plätze, dazu zahlreiche schicke Geschäfte, Restaurants und Bars. Der alte Ortskern von Marina di Campo um den Fischer- und Yachthafen strahlt noch immer viel Charme aus. Überragt wird der Hafen von der *Torre della Marina* aus dem 16. Jh.

Das *Campo nell'Elba*, das Becken im Hinterland von Marina di Campo, war vermutlich bereits von den Etruskern im 5. Jh. v. Chr. und später von den Römern besiedelt, die in der Gegend westlich von Marina di Campo Granit abbauten. Im Mittelalter wurde die Bucht wie viele andere Teile der Insel auch immer wieder Opfer

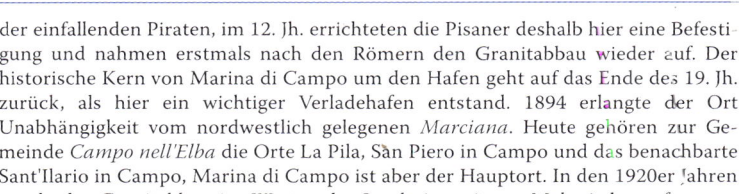

der einfallenden Piraten, im 12. Jh. errichteten die Pisaner deshalb hier eine Befestigung und nahmen erstmals nach den Römern den Granitabbau wieder auf. Der historische Kern von Marina di Campo um den Hafen geht auf das Ende des 19. Jh. zurück, als hier ein wichtiger Verladehafen entstand. 1894 erlangte der Ort Unabhängigkeit vom nordwestlich gelegenen *Marciana*. Heute gehören zur Gemeinde *Campo nell'Elba* die Orte La Pila, San Piero in Campo und das benachbarte Sant'Ilario in Campo, Marina di Campo ist aber der Hauptort. In den 1920er Jahren wurde der Granitabbau im Westen der Insel ein weiteres Mal wieder aufgenommen, und Marina di Campo erfuhr einen großen wirtschaftlichen Aufschwung.

In den 1930er Jahren fanden bereits erste Bestrebungen in Richtung Tourismus statt, im großen Stil ausgebaut wurde das Geschäft mit den Gästen dann in den 1950er Jahren. Heute zählt die Gemeinde Marina di Campo mit zugehörigen Ortsteilen rund 4800 Einwohner, die sich im Sommer nahezu vervierfachen können. Etwa 90 % aller Einnahmen stammen aus dem Tourismussektor.

Marina di Campo bietet neben zahlreichen Hotels fast aller Preisklassen auch drei Campingplätze. Der Ort eignet sich hervorragend als Ausgangspunkt für Ausflüge in die westelbanische Bergwelt, und auch die herrlichen Strände der Südwestküste sind nur einen Katzensprung entfernt. Im alten Hafen liegen Ausflugsboote bereit, am Strand gibt es eine Tauch- und mehrere Surfschulen, die Busverbindungen zur Hauptstadt und den Dörfern im Westen der Insel sind gut. Marina di Campo liegt nur wenige Kilometer vom Inselflughafen im Ortsteil La Pila entfernt.

Basis-Infos

Information Pro Loco, kleines Info-Büro im Pavillon am großen Parkplatz (an der Via Fucini), während der Saison tägl. 9–13 und 16–20 Uhr, ansonsten Mo–Sa 9–13 Uhr und Sa/So 15–19 Uhr. Piazza dei Granatieri 203, 57034 Marina di Campo (LI), ☎ 0565/976792, www.proloco-camponellelba.com. Im gleichen Pavillon befindet sich ein Info- und **Buchungsbüro** für Bootsausflüge, während der Saison täglich 9–13 und 16–20 Uhr geöffnet, ☎ 0565/976022, www.aquavision.it.

Verbindungen Etwa stündlich fährt der **Bus** über Procchio (hier Richtung Marciana Marina umsteigen) nach Portoferraio, 9x tägl. über Fetovaia und Pomonte nach Marciana Alta, 8x nach San Piero und Sant' Ilario. Die Bushaltestelle befindet sich in der Via R. Fucini (zwischen den Parkplätzen), Tickets bei den Tabacchi-Läden/Kiosken im Zentrum oder aber im Bus selbst (Zuschlag).

Auto- und Zweiradverleih Vermietung bei **Elbarent**, Via Donizetti 27. Scooter (50 ccm ab 30 €/Tag), Enduros (55 €/Tag) und Autos (Kleinwagen ab 60 €), auch MTBs (ab 15–30 €/Tag), ☎ 0565/971031 oder 335/7567764), www.elbarent.eu.

Bootsausflüge Mit „Aquavision" von Juni bis Okt. täglich Ganztagsausflüge nach Pianosa, die Überfahrt dauert 45 Min., Aufenthalt auf der Insel etwa 6 Std. Pro Pers. 20,90 €, Kinder 4–12 Jahre 10 €, auf Pianosa ist noch mal eine Nationalparkgebühr von 8 € pro Pers. (im Juli/Aug.) bzw. 6 € (Juni/Sept.–Okt.) zu bezahlen, Kinder unter 12 Jahre frei. Infos und Tickets in der Bude am Parkplatz Piazza dei Granatieri 203 (→ oben), die Tickets werden aber auch an Bord im Hafen verkauft. ☎ 0565/976022 oder 328/7095470, www.aquavision.it.

Mit dem kleinen **Motorboot** „Magic Princess" im Sommer Mo, Mi, Sa, So vormittags eine 5-stündige Tour zur Halbinsel Calamita (mit Badestopps und Mittagessen, pro Pers. 25 €), außerdem täglich nachmittags eine 2-stündige Fahrt nach Fetovaia (mit Badestopp, 10 € pro Pers.), Kinder unter 12 Jahren frei. Di, Do und Fr 6-stündige Inselumrundungen, 35 €, Kinder 6–12 J. 15 €, unter 6 J. frei. Das Boot liegt abends im alten Hafen von Marina di Campo. ☎ 348/3782745 oder 328/7821455.

Ausflüge aller Art, aber auch Hotels und Appartements können ebenso über die **Reiseagentur Margherita** gebucht werden: im

Der Süden → Karte S. 168/169

Sommer tägl. 9–13 und 15–19 Uhr geöffnet. Via Puccini 57, 57034 Marina di Campo (LI), ☎ 0565/978004, www.margheritaviaggi.com.

Aktivitäten Il Viottolo veranstaltet geführte Trekking- und MTB-Touren an, v. a. aber Kajaktouren an der elbanischen Küste: 2- bis 4-Std.-Touren 25–30 €, Ganztagestouren mit Mittagessen 50 €, Ganztagestour nach Pianosa 65 € oder aber eine große Inselumrundung in 7 Tagen für 550 € (um Ferragosto 650 €), alle Preise inkl. Anfahrt, Ausrüstung und Betreuung, die 7-Tages-Tour mit Zelten); außerdem MTB-Touren mit Führer von der einfachen 2-stündigen Schnuppertour bis zum anspruchsvollen MTB-Wochenende für 260 € (Ostern 340 €, inkl. Hotel und Halbpension), außerdem wird eine 5-tägige Wanderung auf dem G.T.E. (→ S. 76) angeboten: 495 € pro Pers., an Ostern 595 €, inkl. Hotel und Halbpension. Rechtzeitige Anmeldung (für die Mehrtages-Tour etwa einen Monat vorher) ist erforderlich. Via Puccini 55, 57034 Marina di Campo (LI), ☎ 329/7367100, www.ilviottolo.com.

Somareria dell'Elba, Eselstrekking bei Marina di Campo, besonders für Familien mit Kindern geeignet. Ganztägige Touren, pro Person 25–30 €, Kinder 15–20 €. Traversa di Via Filetto 421/b, 57034 Campo nell'Elba, ☎ 338/4215060, www.somareriadellelba.com.

Einkaufen Mittwochvormittag ist **Markt**.

Supermarkt (Conad), Via Fucini, Mo–Sa 8–23 Uhr, So 9–13.30 und 15.30–23 Uhr. Am Hafen: Lungomare F. Mibelli Mo–Sa 8–13 und 16.30–20.30 Uhr, So 8.30–13 und 16–20 Uhr.

Kosmetikartikel mit Algen aus der **Terme di San Giovanni** werden in der Via Roma 258 verkauft, tägl. 9.30–13 und 17–20 Uhr, im Hochsommer auch länger geöffnet.

Ein exklusives Souvenir können Sie bei **Acqua dell'Elba** erwerben (Via Roma 138, im Sommer geöffnet 9–13 und 15–24 Uhr). „Acqua dell'Elba" gibt es z. B. als Eau de Toilette oder Bodylotion, als Damen-Duftlinie oder Unisex, als Aftershave und Raumdüfte, Handtücher, Bademäntel, Duftkerzen und andere Accessoires. In fünf Filialen auf der Insel erhältlich (außerdem in Portoferraio, Marciana Marina, Porto Azzurro und Capoliveri).

Noch exklusiver und um ein Vielfaches teurer sind die Nobeluhren des Unternehmens **Locman**, das hier an der Piazza di Verrazzano 7 (am alten Hafen) seinen Stammsitz hat. Auch Tauchuhren und Schmuck.

Feste/Veranstaltungen Am 7. August feiert man in Marina di Campo das Fest des **Ortspatrons Gaetano** mit Konzerten, allerlei Kulinarischem und Feuerwerk.

Rally Elba Storico, Oldtimer-Rallye um Marina di Campo um den 20. Sept.

Wassersport Das **Dive Center Spiro Sub (Padi)** an der Abzweigung zu den Campingplätzen gibt es hier schon seit über 40 Jahren. Ausflüge in die Unterwasserwelt, u. a. zur muschelbewachsenen Madonnenstatue, die in 18 m Tiefe in der Nähe von Marina di Campo vor dem *Scoglio della triglia* liegt. Die Statue wurde von den Fischern am Grund verankert: sie sollte ihnen auf See Glück bringen. Schnuppertauchgang 36 €, sechs Tauchgänge (inkl. Ausrüstung) 195 €, Open Water Diver 285 €. Via della Foce 27, 57034 Marina di Campo (LI), ☎ 0565/976102 oder 338/2689379, www.spirosub.isoladelba.it.

Marina di Campo – abseits des Trubels

Calcio am Strand von Marina di Campo

Surfschule Zephyr, am Strand von Marina di Campo, ganz hinten schon am östlichen Teil der Bucht beim Camping La Foce gelegen. Anfängerkurs 230 €, Probekurs (3 Std.) 100 €, Unterrichtsstunde 38 € (in der Gruppe) bis 53 € (Einzel), Brettverleih 21 €/Std. ☎ 338/9048348, www.zephyr-w.com.

Motorboote kann man bei **Rent Navigare** am Strand bei den Campingplätzen mieten: 40-PS-Boot (kann ohne Führerschein gefahren werden) ab 80 €/halber Tag, 120 €/Tag, 2 Std. kosten 45 €. Benzin geht extra. In der Hochsaison ist eine Reservierung anzuraten. ☎ 389/1187518, www.rentnavigare.it.

Bagni Tropical, eine sehr gepflegte Anlage mit Bar (hier köstliche Panini und Bruschette). Nobelstrandbad – sehr schön, was aber auch nicht ganz billig ist: zwei Liegestühle mit Sonnenschirm und Kabine um 35–38 € am Tag (Hochsaison). Auch Surfschule. ☎ 0565/976006 oder 347/4974343, www.tropical elba.com. Geöffnet Anfang Mai bis Anfang Okt. Vom Viale degli Etruschi kurz nach dem Hotel Meridiana rechts ab, beschildert.

◡ Übernachten

→ Karte S. 176

Hotels **** Montecristo , zentrumsnahes, sympathisches Hotel der oberen Preisklasse, nicht mehr ganz neu, aber vor kurzem renoviert und nur über die Straße zum Strand, mit Pool und Snackbar, Ristorante, alle Zimmer mit Bad, Balkon, Aircondition und TV. Vom Viale degli Etruschi in die Via Giannutri zum Meer einbiegen, beschildert. Geöffnet ca. 20. April bis Mitte Okt. DZ mit Halbpension 200–370 €, die Preise variieren je nach Ausstattung der Zimmer, EZ auf Anfrage. Übernachtung mit Frühstück kostet 15 € weniger pro Pers. und Tag. Lungomare Nomellini 11, 57034 Marina di Campo (LI), ☎ 0565/976861, www.hotelmontecristo.it.

*** Hotel dei Coralli , am Lungomare, nur über die Straße zum Strand, relativ zentrumsnah (ca. 800 m). Gepflegtes und nett eingerichtetes Hotel mit Restaurant, Pool und Fahrradverleih. Hunde sind willkommen. Geöffnet ca. 20. April bis ca. 20. Okt. EZ 150 € (im August nicht möglich), DZ 200–250 €, jeweils mit Frühstück, mit Halbpension plus 15 € pro Pers. und Tag. Viale degli Etruschi 567, 57034 Marina di Campo (LI), ☎ 0565/976336, www.hoteldeicoralli.it.

*** Meridiana , gut geführtes Hotel mit deutschsprachiger Leitung, gemütliche Terrasse im Garten. Mit Bar und Spaghetteria (*piccola cucina* – Salate, Antipasti, Pastagerichte, Eis), die mittags und abends geöffnet ist, dafür gibt es hier keine Halb- oder Vollpension. Alle Zimmer mit Bad, Terrasse/Balkon und TV, ca. 1,5 km vom Zentrum, wenige Meter vom Strand. Kostenloser Fahrradverleih. Hunde erlaubt (8 €/Tag). Mit-

Der Süden → Karte S. 168/169

Marina di Campo

100 m

Übernachten
1 Elba
3 Meridiana
4 Hotel Marina 2
6 dei Coralli
7 Montecristo
10 Tre Colonne

Essen & Trinken
2 Pizzeria La Rustica
5 Osteria Al Moro
8 La Lucciola
9 L'Angolo dello Spuntino
11 Il Cantuccio
12 Bologna

te April bis Mitte Okt. geöffnet. DZ 150–196 € inkl. Frühstücksbuffet, EZ auf Anfrage. Viale degli Etruschi 465, 57034 Marina di Campo (LI), ☎ 0565/976308, www.hotel meridiana.info.

*** Tre Colonne 10, nicht am „Hotelstrand", sondern mitten im Zentrum. Obligatorische Halbpension, alle Zimmer mit Bad, TV und Balkon. Gehobenes Ambiente, Pool im Vorgarten, nachts beleuchtet und von zwei wirklich perfekten Palmen flankiert. Zentral, aber trotzdem sehr ruhig gelegen. Frühzeitige Buchung für die Hochsaison ist ratsam. Geöffnet Anfang April bis Anfang Okt. DZ 170–196 €, EZ ca. 110–140 €, jeweils mit Halbpension, in der Nebensaison etwa 30 % günstiger. Via G. Fattori 6, ☎ 0565/ 976320, www.hoteltrecolonne.it.

*** Hotel Marina 2 4, am Hang oberhalb der Bucht gelegen, zur Anlage gehört auch das Aquarium (→ „Sehenswertes", S. 178), Beschilderung dorthin folgen. Fahrradverleih. Bungalows im 70er-Jahre-Stil, von der Terrasse mit Bar und Pool (hier auch Animation) herrlicher Blick, das Hotel ist aller-

dings nicht mehr das neueste. Geöffnet Ende Mai bis ca. 20. Sept. Für das teure Pflaster Marina di Campo recht günstig: DZ mit Frühstück 120–200 €, EZ 80–92 € (im August nicht). Loc. Segagnana 245, 57034 Marina di Campo (LI), ☎ 0565/977881, www.hotel marina2.it.

** Elba 1, kleines Hotel an der Hauptstraße (Ausfallstraße in Richtung Procchio/ Portoferraio), aber leicht zurückversetzt. Hübsche Terrasse (zur Straße), kleines Restaurant, kleiner Pool im Garten. Geöffnet ca. 20. April bis Anfang Okt. DZ mit obligatorischer Halbpension 144–160 €, EZ 87–95 €. Via per Portoferraio 319, 57034 Marina di Campo (LI), ☎ 0565/976224, www.hotel-elba.it.

*** Residence dei Fiori, gehört zum Hotel Elba schräg gegenüber, ganzjährig geöffnet. Hier kostet das Appartement für 2 Pers. 700–1000 € pro Woche (für 4 Pers. 880–1250 €, 5 Pers. 990–1300 €). Via per Portoferraio 319, 57034 Marina di Campo (LI), ☎ 0565/976224, www.hotel-elba.it.

Camping *** La Foce, am östlichen Ende der Bucht. Gepflegter Platz mit viel Grün direkt am Meer, gute Ausstattung, Pizzeria am Strand. Mitte März bis Anfang Nov. geöffnet. Pro Pers. 12,50–14,50 €, Kinder 3–10 Jahre 7,50–9,50 € (bis 3 Jahre 3–3,50 €), Zelt 9–15,50 €, Wohnwagen 12–15,50 €, Wohnmobil 15–18 €, Auto 3,50 €, Motorrad 3 €, Hund 3–5 €. Loc. La Foce, 57034 Marina di Campo (LI), ☎ 0565/976456, www.campingla foce.com.

** **Del Mare**, ebenfalls am östlichen Ende der Bucht. Ein klein wenig günstiger als La Foce. Geöffnet ca. 20. April bis ca. 20. Okt. Auch Bungalows (80–100 €/Tag für 2 Pers., 120–160 € für 4 Pers.). Camping pro Pers. 11–14 €, Kinder bis 3 Jahre 2,50–3 €, bis 9 Jahre 7–9 €, Zelt 8–13 €, Wohnwagen 11–13 €, Wohnmobil 13–16 €, Auto 2,50–3,50 €, Motorrad 2–2,50 €, Hund 4–5 €. Loc. La Foce, 57034 Marina di Campo (LI), ☎ 0565/976237 oder 346/9653748, www.campingdelmare.it.

*** **Ville degli Ulivi**, etwas vom Strand entfernt unweit der Straße Richtung Acquario und Lacona, auch am östlichen Ende der Bucht gelegen. Sehr gepflegter und professionell geführter Platz mit vielen schattigen Stellplätzen. Kinderspielplatz, Animation, Abendunterhaltung, Pool mit Rutsche, Fahrradverleih. Geöffnet Mitte April bis ca. 20. Okt. Von der Hauptstraße beschildert. Pro Pers. 13,50–15,50 €, Kinder bis 3 Jahre 3–4 €, 3–9 Jahre 8–10 €, Zelt 10–16 €, Wohnwagen 13–16 €, Wohnmobil 16–19 €, Auto 3,50–4 €, Motorrad 2,50–3 €, Hund 4–6 €. Es werden auch einige schöne Appartements am Hang vermietet (für 2 Pers. 115–140 €, 4 Pers. 150–180 €/Tag, 6 Pers. 170–190 €), außerdem auch Bungalows („Case Mobili")

Die Bagni Tropical

für 3–6 Pers. (105–175 €/Tag). Via della Foce 89, 57034 Marina di Campo (LI), ☎ 0565/ 976098, www.villedegliulivi.it.

Essen & Trinken

Viele Restaurants, Cafés und Bars beim alten Hafen in der Via Garibaldi und den anschließenden Plätzen (Piazza Milano und Piazza Gaetano): schickes Ambiente, in der Regel etwas teurer. In der Via Roma auch einige Fastfood-Lokale. Am langen Sandstrand finden sich außerdem zahlreiche einladende Snackbars.

La Lucciola ∎8∎, Holzhaus am Strand, schöner Blick von der Terrasse hinüber auf das alte Marina di Campo – romantisch. Rustikal-elegant aufgemacht, sehr teure Fischküche, schickes Publikum, Reservierung wird erbeten. Von Ostern bis Anfang Okt. geöffnet, im Sommer tägl. mittags und abends, in der Nebensaison Di geschlossen. Tagsüber auch Bar mit kostenloser WiFi-Zone. Viale Nomellini 64, ☎ 0565/976395.

Il Cantuccio ∎11∎, mehrere gemütliche Räume in „rustikal-maritimem" Ambiente und schöne Terrasse an der Via Firenze. Gute Fischküche (mittleres Preisniveau), flotter Service, ganzjährig mittags und abends geöffnet. Via Garibaldi 6, ☎ 0565/976775.

Bologna ∎12∎, am Ende der Via Firenze (nahe dem alten Hafen). Große Auswahl an Pizza aus dem Holzofen und elbanische Spezialitäten. Wir probierten hier zuletzt eine hervorragende Pizza „Vieni all'Diavolo" (scharf), Polpo-Salat und *Papardelle al sugo Cinghiale* (vom Wildschwein), außerdem das hervorragende *Risotto ai Frutti di Mare.* Das größte Restaurant in Marina di Campo ist stets gut besucht, ein Tisch sollte sich dennoch immer finden lassen, manchmal muss man etwas Wartezeit einkalkulieren. Freundlicher, prompter Service. Großer Speisesaal mit Terrakotta-Bogendecke, gemütliche, überdachte Terrasse (Zugang auch von der Via Forestra), mittleres Preisniveau, Pizza 6,50–9 €, mittags und abends geöffnet, ☎ 0565/976105.

La Rustica ■2■, gute Pizza und Schiaccina im Zentrum (an der Hauptdurchgangsstraße), viel gelobt auch Pasta mit Meeresfrüchten und die Fischgerichte. Mittags und abends geöffnet. Via R. Fucini 26, ☎ 0565/977568.

L'Angolo dello Spuntino ■9■, zwei Häuser neben dem Hotel Tre Colonne in der Fuß-gängerzone. Rosticceria/Tavola Calda, vegetarische Tagesmenüs, eher was für tagsüber zum Mittagssnack. Abends verwandelt sich die Rosticceria dann in ein Restaurant mit gedeckten Tischen. Von April bis Okt. ganztägig geöffnet, auch zum Draußensitzen, noch relativ günstig. Via Roma 15/21 (Nähe Hafen), ☎ 0565/977304.

»» Lesertipp: Osteria Al Moro ■5■, „hier, ein wenig abseits des Marina-di-Campo-Trubels (am Ortsrand), haben wir einen sehr schönen Abend bei hervorragendem Essen verbracht – tolle Fischgerichte und Meeresfrüchte, leckere Desserts, freundliche Leute, die Preise waren in Ordnung, wenn auch nicht total günstig", schreibt uns eine begeisterte Leserin. Nur abends geöffnet, Sa/So auch mittags, Viale Giuseppe Pietri 1256 (Durchgangsstraße Richtung San Piero und Westküste auf der linken Seite), ☎ 0565/976358, www.almoro.info. **««**

Sehenswertes

L'Acquario dell'Elba: „Eine fantastische Entdeckungsreise zu den Meeresbewohnern der Insel Elba" – so wirbt das Aquarium um Besucher. Zu sehen sind verschiedene Arten von Fischen, Krebsen und sogar Katzenhaie – insgesamt über hundert verschiedene Spezies, die teilweise recht dicht gedrängt ihr Dasein fristen. Alles nicht mehr ganz taufrisch.

Öffnungszeiten/Anfahrt Von 1. Juni bis 15. Sept. tägl. 9–23.30 Uhr, April bis Ende Mai und Mitte Sept. bis 20. Okt. tägl. 9–19 Uhr, im Winter geschlossen. Eintritt 8 €, Kinder 3–10 Jahre 4 €, 10–18 Jahre 7 €. Von der Hauptstraße von/nach Procchio beschildert, ☎ 0565/977885, www.acquario elba.com.

Baden in und um Marina di Campo

Der lang gezogene, wunderschöne Sandstrand von Marina di Campo ist wirklich sehr gepflegt und sauber und bietet fast alles, was das Wassersportlerherz begehrt, außerdem zahlreiche Snackbars. Besonders schön sind die *Bagni Tropical* (vom Viale degli Etruschi beschildert) mit herrlicher Terrassenbar, Umkleidekabinen sowie Sonnenschirm- und Liegestuhlverleih – eben ein klassisches italienisches Strandbad.

Umgebung: Wem der Ortsstrand zu voll ist, der kann zu den kleineren Stränden in der Umgebung ausweichen, z. B. zur *Spiaggia di Fonza* an der *Costa di Segnagnana* (vom Ostende der Bucht auf einer Schotterpiste erreichbar, das letzte Stück zu Fuß) oder die Bucht von *Palombaia*, eine gar nicht mal so kleine Sand-/Kiesbucht (mit Strandservice), ein Stück östlich von Cavoli gelegen. Über einen Treppenweg in vielen Stufen hinunter gelangt man zum Strand, Parken muss man allerdings schon oben an der Verbindungsstraße Marina di Campo–Cavoli, kurz nach der Abzweigung nach San Piero. Zuletzt gab es in der Hochsaison auch Shuttle-Boote ab Hafen Marina di Campo.

Ein schöner Spaziergang führt von der *Torre della Marina* (am alten Hafen) zum südwestlich von Marina di Campo gelegenen *Galenzana-Strand*: am Hafen die Via Bellavista hinauf, dann geradeaus auf einem Pfad und schmaler Asphaltstraße, an der Gabelung links halten. Nach 20 Minuten geht es bei einer Kapelle links hinunter, nach weiteren 10 Minuten weist ein Schild links zum Strand. Dieser ist schmal und überwiegend sandig, viel Seetang, aufgrund der abseitigen Lage aber nie voll. *Achtung*: Im Wasser wird es gleich steinig, man sollte Badeschuhe tragen. Keine Bar, kein Strandservice.

Weiter in Richtung Westen: Schöne, wenn auch nicht ganz so ruhige Strände bei *Cavoli*, *Seccheto* und *Fetovaia* (herrlicher, großer Sandstrand) an der schroffen Südwestküste der Insel (→ „Der Westen der Insel", ab S. 182).

Sant'Ilario in Campo

Ein stilles und schmuckes Bergdörfchen abseits des Tourismusrummels, wenige Kilometer nordwestlich von Marina di Campo (vom Ortsteil *La Pila* in Serpentinen den Berg hinauf). Ein Ausflugstipp für alle, die das Bedürfnis verspüren, sich vom Trubel des Strandlebens zu erholen. In Sant'Ilario scheint die Zeit ein wenig langsamer abzulaufen, die überwiegend älteren Bewohner des Ortes haben mit Tourismus in der Regel wenig zu tun. Man sitzt unter den schattigen Bäumen der Piazza und spielt Karten, während sich die wenigen Besucher aus den Küstenorten in den schmalen, aber durchweg pittoresken Gassen verlieren. Ein Parkplatz findet sich am Ortsrand (beschildert), dort gibt es auch eine Bar.

Sant'Ilario in Campo – die Piazza

Der Ort wurde unter den Pisanern befestigt und 1533 von dem Piraten Dragut zerstört. Beachtenswert die Granitportale im Ort. Idyllisch ist ein Spaziergang durch die stillen Gassen hinauf zur *Piazza della Chiesa* mit der sehenswerten Kirche aus dem 16. Jh. (tagsüber geöffnet), der Glockenturm wurde von den Pisanern errichtet.

Verbindungen 8x täglich **Busse** von und nach Marina di Campo und San Piero.

San Piero in Campo

Unbedingt einen Ausflug wert ist der idyllische Nachbarort San Piero in Campo, der etwas größer ist als Sant'Ilario und auch spürbar lebendiger. Hier finden sich neben Restaurants, Cafés und einem *Alimentari* auch ein einfaches *Albergo* und sogar eine *Enoteca*. San Piero liegt 226 m über dem Meer und bietet einen herrlichen Panoramablick. Malerische kleine Plätze und enge Gassen laden zum Schlendern ein. Ein Spaziergang durch das kleine San Piero sollte unbedingt auch zur Fortezza Pisana (nicht zugänglich) und zur Piazza Belvedere nebenan führen: Der Platz trägt seinen Namen zu Recht, prächtiger Blick auf den Golfo di Campo, schattige Sitzbänke und Kinderspielplatz vorhanden.

San Piero geht auf eine römische Gründung aus dem 1. Jh. v. Chr. zurück. Die im romanischen Stil errichtete *Kirche San Nicolò* wurde auf den Ruinen eines Tempels aus der Zeit Octavians gebaut, der vermutlich dem griechischen Gott *Glaukos* (Schutzgott der Seefahrer) geweiht war. Die Langobarden hatten den römischen Tempel im 6. Jh. zerstört, Anfang des 8. Jh. entstand hier eine erste Kirche; ihre heutige Gestalt erhielt San Nicolò dann im 12. Jh. San Nicolò, in deren Inneren sind noch einige Fresken erhalten sind, befindet sich beim Belvedere.

Die Pisaner befestigten den Ort im 11. Jh. 1533 erfuhr San Piero das gleiche Schicksal wie Sant'Ilario: Es wurde von Piraten zerstört. Am Karfreitag begegnen sich die Bewohner beider Orte auf halbem Weg zu einer eindrucksvollen gemeinsamen Prozession.

In San Piero haben in den letzten Jahren gleich zwei **Museen** geöffnet: die kleine **Fotoausstellung** zum Granitabbau hier im Westen der Insel in der *Saletta dei Cristalli* im Zentrum (neben Cacio e Vino an der Piazza della Porta, im Sommer meist ganztägig geöffnet) und das **Museo Mineralogico** (**MUM**) in der ehemaligen Schule des Dorfes im Zentrum. Diese scheint jedoch ein wenig zu groß geraten für die doch überschaubare Sammlung: ein paar Mineralien in Vitrinen (die dazugehörigen Erläuterungen auch auf Deutsch), alte Fotos von den Granitarbeitern und im Erdgeschoss wechselnde Ausstellungen nebst Bookshop.

MUM, im Sommer tägl. 12–18.30 und 21–23 Uhr, Eintritt 3 €, erm. 1,50 €, Führungen 5 €, erm. 2,50 € (nach Anmeldung). Via Cavour 73, ✆ 393/8040990, www.museomum.it.

Übernachten ** Albergo La Rosa, einfaches Haus am Rand des Zentrums und fernab vom Touristenrummel, mit Bar und Pizzeria *L'Ottavo*. Nur zehn schlichte Zimmer mit Bad, TV und WiFi. Ganzjährig geöffnet. Das DZ mit Frühstück kostet 86 €, das EZ 52 €. Piazza Gadani 76, 57030 San Piero in Campo (LI), ✆ 0565/983191, www.larosahotel.it.

San Piero in Campo

Essen & Trinken »» **Lesertipp: Cacio e Vino**, Osteria beim Campanile im Zentrum, daher nicht zu verfehlen. Von Lesern empfohlen. Bodenständige Küche, auch Pizza zu günstigen Preisen, Panoramaterrasse mit schönem Blick, gemütlich. Mittags und abends geöffnet. Via della Porta 12, ☎ 0565/983351. ««

Ein weiteres Ristorante sowie der allgemeine Treffpunkt Bar Centrale und ein Café befinden sich an und um die Piazza Garibaldi.

Einkaufen In San Pieros freundlicher **Enoteca** kann man die Weine des elbanischen Weinguts *Terre del Granito* erwerben. Via della Porta 8, ☎ 0565/987035.

Torre di San Giovanni

Oberhalb von Sant'Ilario und San Piero in Campo erhebt sich an der schmalen und steilen Straße zum Monte Perone und weiter nach Poggio die wohl imposanteste Turmruine der Insel. Der pisanische Wachturm aus dem 12. Jh. thront inmitten von Ginster und Dornengestrüpp auf einem kolossalen Felsblock in der Gegend. Der Turm, von dem sich ein großartiger Ausblick auf die Campo-Ebene und die Bucht bietet, ist nicht zugänglich, nahebei gibt es Picknickplätze im Schatten.

Etwas oberhalb des Turms führt ein schöner Spaziergang durch einen schattigen Kastanienwald zum *Romitorio di San Francesco Saverio* (16./17. Jh.). Malerisch liegt die Ruine der Einsiedelei zwischen Felsen. Auch wenn nicht mehr allzu viel von der Eremitage erhalten ist, lässt sich der Altarraum der kleinen Kirche noch erkennen. Wenn oberhalb des Turms die Straße die nächste Kehre beschreibt, führt rechter Hand ein Fußweg (gegenüber Parkmöglichkeiten) in den Wald hinein. Nach 500 m endet der Weg in einer Kehre, von dort führt ein Wanderweg links hinauf zur Ruine.

Ein Stück weiter die Straße bergan stößt man bald linker Hand auf die Kirchenruine *San Giovanni Battista* (12. Jh.) Grundmauern und Apsis des Gotteshauses sind noch erhalten, davor laden Tische und Bänke unter Schatten spendenden Bäumen zum Picknick ein. Der Wanderweg Nr. 34 führt an der Ruine vorbei

Die schmale Straße weiter bergauf führt zum Monte Perone → S. 204.

Blick von San Piero auf Marina di Campo   La Torre di San Giovanni

Die Bucht von Fetovaia

Der Westen der Insel

Der landschaftlich eindrucksvollste und abwechslungsreichste Teil der Insel ist noch nicht überlaufen – für eine größere touristische Infrastruktur fehlt einfach der Platz. Hier dominiert der höchste Berg der Insel; karger Granit, im Kontrast dazu einige wenige fruchtbare Täler und im Norden Esskastanienwälder.

Die westliche Halbinsel wird durch die Ebene zwischen dem *Golfo di Procchio* im Norden und dem *Golfo di Campo* im Süden vom restlichen Elba getrennt, fast genau in der Mitte dieses Inselteils erhebt sich imposant der *Monte Capanne,* mit 1019 m der höchste Berg Elbas und des ganzen Toskanischen Archipels. Sein Massiv prägt ganz entscheidend das Landschaftsbild des Westens, die Hänge des nur wenig niedrigeren Vorgebirges fallen zum Süden und Südwesten hin steinig und unbewaldet ab, nur wenige schmale und fruchtbare Täler (wie z. B. bei Seccheto und Pomonte) unterbrechen die karge Bergwelt. Nördlich des Monte Capanne dagegen dichte Esskastanienwälder und Macchia, dazwischen die idyllischen Bergdörfer *Poggio* und *Marciana Alta,* beide eindrucksvoll am Fuß des alles überragenden höchsten Inselbergs gelegen. Die Gegend ist wasserreich, man zählt über 50 kleinere Quellen, die, da sie nicht im harten Granitgestein des Capanne-Massivs versickern können, im Frühjahr und Herbst zu beachtlichem Ausmaß anschwellen. Berühmt ist die *Fonte Napoleone* nahe dem Bergdorf Poggio, die den Elbanern noch immer als natürliches Trinkwasserreservoir dient. In den Wäldern um den Monte Capanne und den östlich benachbarten *Monte Perone* (630 m) gibt es neben zahlreichen kleineren Säugetieren auch Damwild und Wildschweine, an den Berghängen um Marciana Alta außerdem Mufflons (Wildschafe).

Auf keinen Fall entgehen lassen sollte man sich eine Rundfahrt auf der *Panoramastraße* entlang der Westküste – bei klarem Wetter reicht die Sicht bis hinüber nach Korsika, das sich in der Ferne aus dem Dunst erhebt. Die schmale Straße führt ab Marina di Campo durch die Orte im Westen und über die Bergdörfer nach *Marciana Marina,* dem größten und wichtigsten Ort im Westen Elbas. Die schroffe, felsige Südküste wird nur selten durch kleine Buchten unterbrochen, und neben den reinen

Cavo

Capo
d'Enfola
Sant'
Andrea
Marciana
Marina
Portoferraio
Rio
nell'Elba
Rio Marina

Madonna
del Monte
Marciana
Alta
San Martino
Villa Nepoleone
Castello
del Volterraio
Madonna
di Monserrato

Capanne
1019
Sant'Ilario
in Campo
Lacona
Porto Azzurro

Chiessi
Marina
di Campo
Capoliveri
Calamita
413

Badeorten *Cavoli* und *Fetovaia* strahlen besonders die Dörfer *Seccheto, Pomonte* und *Chiessi* samt hübschen, kleinen Badebuchten einen besonderen Reiz aus. Eindrucksvoll liegt auch *Sant'Andrea* in einer kleinen Bucht an der Nordwestspitze der Insel.

Für Wanderer ist Westelba ein wahres Eldorado. Zahlreiche gut markierte Wege führen aus fast allen Richtungen auf den Monte Capanne – dessen Besteigung zweifelsfrei die größte und eindrucksvollste bergsteigerische Herausforderung auf der Insel ist. Im Westen der Insel, bei Pomonte, hat auch die G.T.E., die *Grande Traversata Elbana,* ihren Ausgangspunkt. Dieser Wanderweg führt über die Bergkämme der Insel bis nach Cavo im Nordosten und war zu Zeiten der Pirateneinfälle der einzige gangbare Verbindungsweg durch das Inselinnere.

Die Orte an der Südwestküste sind vergleichsweise wenig besucht, die meisten Gäste zieht es in den Norden nach Marciana Marina und vor allem nach *Procchio,* einem wenig aufregenden Badeort mit schönem Sandstrand in der gleichnamigen weiten Bucht. Hinzu kommt der rege Tagestourismus, der in den Sommermonaten besonders in den Bergdörfern *Poggio* und *Marciana Alta* zu spüren ist.

Entlang der Westküste bestehen recht gute Busverbindungen zwischen den Küstenorten und auch nach Portoferraio und Marina di Campo, ein Zwischenstopp an kleinen Buchten oder in entlegeneren Orten ist per Linienbus jedoch nur schwer möglich. Von Marina di Campo aus gibt es im Sommer eine etwa stündliche Busverbindung über Pomonte und Fetovaia nach Marciana Alta (und retour), dank der man einen Tagesausflug in das Bergdorf auch mit einem Badestopp an der Westküste (z. B. in Fetovaia) verbinden kann.

Cavoli

Cavoli ist kein Ort im eigentlichen Sinn, sondern vielmehr eine (kleine) Ansammlung von Hotels und Appartementanlagen, Privathäuser gibt es kaum, dafür aber Kioske, Bars, Tabacchi-Läden, Verleiher aller Art etc. Die sehr schöne Bucht mit feinem Sandstrand und glasklarem Wasser ist auf beiden Seiten von glatten Felsen umschlossen. Etwa die Hälfte des ohnehin kleinen Strands ist für Hotelgäste reserviert. Im Sommer ist die traumhafte Bucht hoffnungslos überlaufen, und es ist nahezu unmöglich, einen Parkplatz (→ unten) zu finden. *Tipp:* Oberhalb der Bucht kann man kostenlos auf dem neu angelegten Parkplatz an der Küstenstraße Richtung

Der Westen
der Insel

1 km

Seccheto parken und auf dem ebenfalls neu angelegten Fußweg hinunter zum Strand laufen. Generell ist es für den Erfolg bei der Parkplatzsuche ratsam, schon relativ früh am Vormittag (besser: relativ früh am Morgen!) zu kommen. Kajaks, Tretbootverleih und Umkleidekabinen, Sonnenschirm- und Liegestuhlverleih (ca. 25 €/Tag) – trotz aller Enge lässt sich an dem sehr feinsandigen Beach sogar noch ein freier Strandabschnitt finden. Mit dem (Tret-)Boot ist man von hier schnell an der nahe gelegenen *Grotta Azzurra*. Neben den Hotelrestaurants findet man in Cavoli außerdem noch einige Snackbars und Restaurants. Im Winter ist der Ort dagegen ausgestorben.

Verbindungen Etwa stündl. **Busse** zwischen Marina di Campo und Fetovaia/Marciana Alta (bzw. retour), der Bus hält oben an der Straße, sagen Sie dem Fahrer Bescheid und erkundigen Sie sich über Rückfahrzeiten. Hinunter zum Strand ca. 10 Min. zu laufen.

Parken Neben den oben genannten und kostenlosen gibt es auf halber Strecke von der Küstenstraße hinunter zum Strand einen (schattigen!) Parkplatz, 10 €/Tag, halber Tag 6 €, Motorrad pauschal 3 €/Tag. Am Strand mit Parkscheinautomat (8–20 Uhr),

2 €/Std. Ein weiterer schattiger Parkplatz befindet sich am Ende der Bucht (12 €/Tag, halber Tag 7 €). Für alle Parkplätze gilt: begrenzte Kapazitäten, kommen Sie möglichst früh!

Übernachten/Essen *** Lorenza, neu renoviertes Hotel direkt am Strand, mit Sonnenterrasse und Restaurant/Bar (Mittagessen und Snacks/Aperitivo, kein Abendmenü) unter Schatten spendenden Bäumen. Sieben modern, aber eher schlicht ausgestattete Zimmer, DZ mit Frühstück 140–160 €, keine EZ. Außerdem sechs Appartements mit kleiner Küche für 2–4 Pers. zum Preis von 140–190 €/Tag. Mit Parkplatz. Spiaggia di Cavoli, 57034 Campo nell'Elba (LI), ✆ 338/9287986, www.lorenzahotel.it.

** **La Conchiglia**, am Ende der Bucht neben Lorenza, 30 Zimmer mit Bad, TV und Balkon. Beliebtes Ristorante, oft bis auf den letzten Tisch besetzt. Mitte April bis Mitte Okt. geöffnet. DZ inkl. obligatorischer Halbpension 152–184 €, EZ etwas mehr als die Hälfte, Vollpension kostet plus 10 € pro Pers. und Tag. Spiaggia di Cavoli, 57034 Marina di Campo (LI), ✆ 0565/987010 oder 333/5885232, www.laconchigliacavoli.it.

Seccheto

Im Gegensatz zu Cavoli besitzt das nicht mal 2 km entfernte Seccheto noch echten Dorfcharakter: An der Piazza im Zentrum an der Durchgangsstraße herrscht Leben, man trifft sich zum Plausch, drum herum ein kleiner Supermarkt, die Bäckerei und die Metzgerei, ein paar Pizzerien und Bars. Seccheto war früher ein wichtiger Verladehafen für Granit, das an den Hängen oberhalb des Orts abgebaut wurde.

Zum Ort gehört auch ein kleiner, gepflegter *Sandstrand* mit gemütlicher Bar und Felsen ringsum. Allerdings sind die Bademöglichkeiten hier nicht überall ideal: So herrlich der sandige Strand selbst ist, so steinig (und glitschig) wird es an einigen Stellen im Wasser, was den Einstieg erheblich erschwert – es sei denn, man hat eine Luftmatratze. Geht oder fährt man etwas weiter in westliche Richtung, findet man von der Straße den Weg hinunter zu einigen einsamen felsigen Plätzchen.

Verbindungen/Parken Der **Bus** auf der Strecke von Marina di Campo nach Fetovaia/Marciana Alta und retour hält im Zentrum, von 6–19 Uhr etwa stündlich. Schattiger, gebührenpflichtiger Parkplatz im Zentrum an der Hauptstraße.

Übernachten/Essen *** **La Stella**, überaus gepflegtes Mittelklassehotel am Ortsausgang (Straße Richtung Fetovaia) auf der linken Seite. Mit Badeplattform und aufgeschüttetem Strand, oberhalb davon eine Liegewiese. Zum Dorfstrand sind es nur wenige Meter. Private Atmosphäre, nette Terrassenbar, das Hotel wird v. a. von italienischen Feriengästen geschätzt. Freundliche und zuvorkommende Leitung, es werden auch Tauchkurse (→ unten) vermittelt. Relativ kleine Zimmer mit Bad, TV, Aircondition, teilweise auch Balkon. Geöffnet Mitte April bis ca. 20. Okt. DZ mit obligatorischer Halbpension 164–230 €, EZ auf Anfrage. Hunde erlaubt. Loc. Seccheto, 57034 Campo nell'Elba (LI), ✆ 0565/987013, www.hotellastella.it.

*** **Da Italo**, freundliches Hotel mit überdachter Terrasse im Zentrum, ca. 30 m zum Strand, eigener Parkplatz, alle Zimmer mit Bad, TV und Aircondition, sehr freundlicher

Der Westen → Karte S. 184

Am Strand von Seccheto

Service. Mitte Mai bis Ende Sept. geöffnet. DZ mit obligatorischer Halbpension 160–212 €, EZ 98–124 €. Via Montecristo 10, 57034 Seccheto (LI), ✆ 0565/987012, www.hotelda italo.it.

** Da Fine, meerabgewandte Straßenseite am Hang, alle Zimmer mit Bad, TV und Balkon/Terrasse, kostenloses WiFi. Entgegen dem äußeren Anschein kann das Hotel empfohlen werden: freundlicher Familienbetrieb, gutes Restaurant. Strandnäher, aber nicht unbedingt schöner ist die **Dependance da Fine**, ein motelähnlicher, zweigeschossiger Kasten, in dem die Gäste untergebracht werden, wenn das Stammhotel ausgebucht ist. Ganzjährig geöffnet. DZ mit Frühstück 116–156 €, mit Halbpension im August 160–186 €, Haustiere erlaubt (kein Aufpreis). Via Vallebuia 4, Loc. Seccheto, 57034 Campo nell'Elba (LI), ✆ 0565/987017 oder 335/7066716, www.hoteldafine.it.

Essen/Trinken Im Zentrum an der Durchgangsstraße befindet sich die **Osteria del Nonno**, gute Pizza und Pasta, nicht teuer (mittags und abends geöffnet, ✆ 0565/987145).

Strandbar La Baracchina, schöne, kleine Strandbar auf einer Holzterrasse, nur wenige Tische, nette Atmosphäre, laute Musik, gute Schiaccine, freundlicher Service, auch Sonnenschirm- und Liegestuhlverleih. Im Sommer ganztägig geöffnet.

Tauchen Diving Service Center, die Tauchschule (SSI) befindet sich beim Hotel La Stella am Meer. Getaucht wird hauptsächlich an der Südwestküste der Insel, Tauchgang 40 €, auch ganztägige Tauchausflüge nach Pianosa und Giannutri, fünf Tauchgänge 170 €. Auch Verleih. Geöffnet Anfang März bis Ende Nov. Via del Mare, 57030 Seccheto (LI), ✆ 333/3838735 (Luisa) oder 334/9954173 (Moritz), www.divingservice center.com.

 Von Seccheto kann man in anstrengender **Wanderung** (ca. 4–5 Std.) auf dem beschilderten Weg Nr. 8 zum Monte Capanne aufsteigen. Auf dieser Wanderung überwindet man über 1000 Höhenmeter und sollte somit schon ausreichend Kondition mitbringen. Das allerletzte Stück des Aufstiegs zwischen dem Monte Le Calanche und dem Monte Capanne ist anspruchsvoll und nur für geübte Wanderer zu empfehlen.

Seccheto/Vallebuia

Ein lohnender Abstecher ist das Vallebuia, eines der wenigen grünen Täler an der steinigen Westküste. Die teilweise sehr steile Straße führt von Seccheto aus zunächst bergauf ins „dunkle Tal", auf dem Weg sind einige Granitbrüche zu sehen. Im Vallebuia beginnt der – stellenweise nicht ganz optimal markierte – Wanderweg Nr. 8 auf den *Colle della Grottaccia* (630 m). Vom Weg Nr. 8 geht es auch nach rechts ab zum riesigen Granitblock *Pietra Murata* (Wanderweg Richtung S. Piero in Campo), der in steilem Aufstieg zu erreichen ist. Wunderbare Aussicht.

Einkaufen Agricoop – Terre del Granito, im versteckt gelegenen Laden der kleinen Kooperative gibt es unter dem Namen „Terre del Granito" verschiedene elbanische Weißweine und einige Rosé- und Rotweine zu kaufen, außerdem Aleatico und Passito (beides Dessertweine) sowie Honig, Olivenöl und sonstige kulinarische Mitbringsel, alles aus eigener Produktion. Von Seccheto aus beschildert (Vallebuia), 1,5 km vom Meer, einfach der Straße ins Vallebuia folgen (ca. 300 m hinter der Locanda dell' Amicizia). Ganzjährig geöffnet, im Sommer

Mo–Sa 9–13.30 und 16–19.30 Uhr, So 10–12.30 Uhr, im Winter nur nach vorheriger Anmeldung. Loc. Vallebuia – Seccheto, 57034 Campo nell'Elba (LI), ✆ 0565/987035, www.agricoopelba.it.

Übernachten/Essen ** Locanda dell' Amicizia, ein Tipp fürs kleinere Budget, sehr ruhig gelegen, mit netter Terrasse unter Palmen und empfehlenswertem, günstigem Ristorante (nur abends). Nomen est omen: die Besitzerfamilie ist wirklich überaus freundlich und hilfsbereit. Eher schlichte Zimmer mit Bad, Aircondition, Balkon oder Terrasse, manche auch mit kleinem Garten. 1,3 km von Seccheto im Vallebuia an der Straße (linke Seite) gelegen, kaum zu übersehen. Ganzjährig geöffnet. Günstig: DZ mit Halbpension 112–152 €, EZ mit Halbpension ca. 75–80 € (im August keine EZ), DZ mit Frühstück 86–126 € (in der Nebensaison 58–82 €). Hunde erlaubt, aber nicht im Restaurant. Via Vallebuia, 57034 Seccheto (LI), ☎ 0565/987051 oder 347/7892416, www.locandadellamicizia.it.

Die Bucht von Fetovaia

Die Traumbucht der Westküste! Breiter Sandstrand, unverbaut, die Bucht ist zur Westseite hin durch eine Landzunge geschützt.

In Küstennähe und im bewaldeten Hinterland vereinzelt Häuser, eine Hand voll Hotels und einige Strandbars, ziemlich teure Sonnenschirm- und Liegestuhlverleiher, ein kleiner Supermarkt – mehr nicht. Die Küste bei Fetovaia gilt als hervorragendes Tauchrevier. Der wunderschöne Strand ist in der Hochsaison überlaufen, Parken wird zum echten Problem. Die wenigen Parkplätze im Ort (allesamt teuer!) sind regelmäßig voll, das gilt auch für den winzigen kommunalen Parcheggio direkt hinter dem Strand: der ist zwar kostenlos, aber hoffnungslos überfüllt. Die meisten Badegäste parken entlang der Straße schon weit außerhalb des Ortes und nehmen einen mindestens 20-minütigen Fußmarsch in Kauf. Aber auch wenn man sich die Parkgebühren gespart hat, spätestens beim Liegestuhl wird man sich des noblen Pflasters Fetovaia wieder schmerzhaft bewusst: bis 30 € kosten zwei Liegen mit Schirm hier in der Hochsaison pro Tag.

Verbindungen Von 6–19 Uhr ca. stündlich Busse nach Marina di Campo und nach Marciana Alta.

Strandservice Im Complesso Balneare „Pino Solitario" gibt es alles: Liegestuhl- und Sonnenschirmverleih, Kabinen, Tretboote

Die schönste Bucht der Westküste

und Strandutensilien, Tabacchi und deutsche Zeitungen, Gelato, außerdem auch Bar und Self-Service-Ristorante (Mittagsgerichte unter 10 €), kurzum: der Rundum-Versorger von Fetovaia. Hinter dem Strand, nicht zu übersehen, während der Saison ganztägig geöffnet.

🌿 Übernachten/Essen *** Montemerlo,
eines der besten Hotels von Fetovaia, im oberen, ruhigen Ortsteil gelegen, von der Hauptstraße beschildert, 300 m vom Strand, schöner Pool, Fahrradverleih. Mehrfach

Traumstrand Fetovaia

prämiertes Öko-Hotel. Die Zimmer sind in kleinen Natursteinbungalows untergebracht. Geöffnet Ende April bis Mitte Okt. DZ mit Bad, Terrasse/Balkon und Halbpension 172–210 €, nur mit Frühstück 150–188 €, EZ ca. 110–130 € (HP). Geöffnet Ende April bis ca. 10. Okt. Loc. Fetovaia, 57034 Campo nell'Elba (LI), ✆ 0565/988051, www.welcometoelba.com. ■

*** Lo Scirocco, im „Zentrum", ca. 400 m vom Strand, mit Ristorante, gediegenes Ambiente, professionelle Leitung. Ostern bis Anfang Okt. geöffnet. DZ mit Frühstück 116–156 €, mit Halbpension 148–188 €, EZ mit Frühstück 83–113 €, mit Halbpension 99–129 €. Loc. Fetovaia, 57034 Campo nell'Elba (LI), ✆ 0565/988033, www.hotellosciroccoisoladelba.it.

*** Galli, gegenüber vom Hotel Lo Scirocco im Ortszentrum, nette Atmosphäre und relativ günstig. Mitte April bis Anfang Okt. geöffnet. Einfaches DZ mit Straßenblick 104–134 €, ansonsten 114–174 €, EZ 67–87 €, Dreibett-Zimmer 156–216 €, jeweils inkl. Frühstück, das Abendessen (Halbpension) im Hotelrestaurant kostet 18 € pro Pers. Via Fetovaia 115, 57034 Campo nell'Elba (LI), ✆ 0565/988035, www.hotelgalli.it.

*** Anna, stilvolles und freundlich eingerichtetes Hotel neben dem Montemerlo und in punkto Komfort mit diesem vergleichbar, gehört aber zum Hotel Scirocco. Geöffnet Ende März bis Mitte Okt. DZ mit Frühstück 98–148 €. Hunde erlaubt (8 €/Tag). Loc. Fetovaia, 57034 Campo nell' Elba (LI), ✆ 0565/988032, www.hotelanna isoladelba.it.

*** Da Alma, bei der Ortseinfahrt (aus Seccheto kommend) auf der linken Seite. Nettes und familiär geführtes Hotel über der Bucht, schöner Blick, Ende März bis Mitte Okt. geöffnet. DZ Frühstück 138–160 €, EZ 105–116 €, auch mit Halbpension möglich (DZ 160–196 €). Loc. Fetovaia, 57034 Campo nell'Elba (LI), ✆ 0565/988040 oder 339/5213166, www.hotelalma.com.

Pomonte

Nach Fetovaia in Richtung Pomonte wird die Küste weniger steil und schroff, bleibt aber sehr kahl. Umso erfreulicher dann der Anblick des Dorfs am Rand des grünen *Valle di Pomonte*, einem der wenigen Täler an der Westküste. Pomonte war schon in der Antike bewohnt, sein Name geht zurück auf die römische Siedlung *Post montes*, was so viel wie „hinter den Bergen" bedeutet.

Der ideale Badeort ist Pomonte nicht gerade, denn es gibt nur einen ziemlichen Strand mit grobem Kies im Zentrum und einige Felsplatten. Südlich vom Ort befindet sich die *Spiaggia del Relitto*, benannt nach dem recht Handelsschiff „Elviscot", das hier 1972 keine hundert Meter vor der Küste an einen Felsen lief und sank (ital. *relitto* = Wrack). Der Strand ist ein beliebtes Ziel für Schnorchler und Taucher, das Wrack liegt in gerade mal 15 m Tiefe. Schöner Fußweg zum Strand (oberhalb auch einige Parkplätze).

Im Ort findet sich eine Rosticceria, eine Bäckerei, Metzgerei und ein kleiner Supermarkt, Restaurants besitzen jedoch nur die wenigen Hotels von Pomonte. Wer in dem ruhigen Ort auf den Bus warten muss, kann dies in einer der beiden Bars im Zentrum tun, beide mit schattiger Terrasse. Pomonte bietet sich aber auch als Ausgangspunkt für Wanderungen in das gleichnamige Tal und weiter auf den Monte Capanne an (Wanderweg Nr. 9) an, des Weiteren kann man entlang des *Monte San Bartolomeo* (437 m) zum Nachbardorf Chiessi wandern (→ S. 190). Eine andere empfehlenswerte Wandertour führt vom Ortsrand (Beschilderung Wanderweg Nr. 9) am Valle di Pomonte entlang und dann hinauf zum *Colle della Grottaccia* (630 m). Auf dem Weg Nr. 31 geht es am Hang in weitem Bogen zurück nach Pomonte (ca. 4–5 Std.).

 Wanderung 5: Eine im Aufstieg ziemlich schweißtreibende, da schattenlose **Wanderung** führt von Pomonte um den 437 m hohen Monte San Bartolomeo mit vielen schönen Ausblicken ins Nachbardorf Chiessi (ca. 2:30–3 Std.). Eine detaillierte Beschreibung finden Sie im (Rad-)Wanderführer am Ende dieses Buches (→ S. 252).

Verbindungen Von 6–19 Uhr ca. stündlich per Bus nach Fetovaia und Marina di Campo, etwa genauso oft nach Marciana Alta und weiter nach Portoferraio.

Übernachten/Essen *** Sardi, das rote Haus mit seiner begrünten Terrasse hat Atmosphäre. Sehr gepflegtes Ambiente, fast alle Zimmer mit Balkon oder Terrasse, Aircondition, nur über die Straße zum Strand (sehr große Kiesel), Restaurant. Ganzjährig geöffnet. DZ mit Frühstück 130–164 €, mit Halbpension 156–192 €, EZ jeweils etwa die Hälfte. Via Maestrale 1, 57030 Pomonte (LI), ✆ 0565/906045, www.hotelsardi.it.

*** Corallo, ruhige Lage im oberen Teil des Ortes (beschildert), nur 13 ansprechende Zimmer mit Bad, TV, Aircondition und meist auch Balkon. Hotelrestaurant. April bis Okt. geöffnet. DZ 136–200 €, EZ 95–140 €, jeweils mit Halbpension. In der Nebensaison kostet das DZ mit Frühstück ab ca. 80 € (EZ ab 55 €). Via del Passatoio 45, 57030 Pomonte (LI), ✆ 0565/906042, www.elba corallo.it.

Appartements Villa Mare, die ockergelbe Villa direkt am Meer beherbergt neun moderne Appartements, die meisten mit Balkon oder Sonnenterrasse zum Meer hin, Aircondition und WiFi vorhanden. Mit Bar und **Ristorante Sud Ovest** (nach hinten hinaus mit schöner, kleiner Terrasse zum Meer), nur wenige Meter zum kleinen Kiesstrand von Pomonte. Ganzjährig geöffnet. Appartement für 2–4 Pers. 900–1200 €, etwas größeres Appartement für 4 Pers. 1050–1400 €, jeweils mit Meerblick. Via Maestrale 8, 57030 Pomonte (LI), ✆ 0565/906221, www.elbavillamare.it.

Gelateria ≫ Lesertipp: L'Isola dei Golosi, „sehr feine Gelateria/Pasticceria, in Pomonte gleich beim Hauptplatz neben der Bar (Richtung Meer hinunter), Eis nach 'Artigianale'. Besonders die Eissorten Fragola und Pistacchio werden nicht nur von Touristen geschätzt." ≪

Chiessi

Im westlichsten Ort der Insel ist vom Tourismus im großen Stil noch immer wenig zu bemerken. Chiessi ist sicherlich eines der schönsten Dörfer an der abgelegenen Westküste.

Wenn überhaupt irgendwo auf der Insel, dann kann man hier noch einen einigermaßen günstigen Urlaub verbringen. Der Kiesstrand ist zwar bescheiden klein, doch lässt es sich hier und auf den flach abfallenden Felsen rundum unter aufgespanntem Sonnenschirm (selbst mitbringen) herrlich aushalten. Im Hintergrund erhebt sich das stellenweise mit Macchia bewachsene, größtenteils aber kahle Gebirge des *Campo alle Serre*.

Typisch für die Gegend um Pomonte und Chiessi sind die angelegten *Terrassenfelder*, auf denen wie seit Jahrhunderten Wein angebaut wird.

Verbindungen Von 6–19 Uhr ca. stündlich per **Bus** nach Fetovaia und Marina di Campo, genauso oft nach Marciana Alta und weiter nach Portoferraio.

Übernachten/Essen *** Hotel Il Perseo, aus Pomonte kommend auf der rechten Seite. Gepflegtes, geschmackvoll eingerichtetes Hotel der Mittelklasse mit Ristorante, Bar und Tabak-/Zeitschriftenladen. Nur 21 Zimmer, zum Teil im Nebengebäude (mit Garten), alle Zimmer mit Bad, TV und Heizung, einige auch mit Balkon (Meerblick), 100 m vom Kiesstrand. Mitte März bis Mitte Okt. geöffnet. Relativ günstig: DZ mit Frühstück 106–144 €, mit Halbpension 126–168 €, EZ mit Frühstück 68–87 €, mit Halbpension 78–99 €, in der Nebensaison deutlich günstiger! Loc. Chiessi, 57030 Marciana (LI), ☎ 0565/906010, www.htperseo.it.

** **Albergo Aurora**, ebenfalls sehr empfehlenswert, an der Durchgangsstraße links, nette Bar. Alle Zimmer mit Bad, nur knapp 50 m vom Meer. Mitte April bis ca. 10. Okt. geöffnet. DZ mit Frühstück 90–120 €, mit Halbpension 128–166 €, EZ nur in der Neben-

Im Hintergrund …

saison. Via dei Gerani 5, 57030 Chiessi (LI), ☎ 0565/906129, www.hotelauroraelba.it.

Albergo dei Fiori, ein Tipp fürs kleinere Budget. Am Hang oberhalb der Durchgangsstraße. Relativ schlichte Zimmer mit Bad, die meisten auch mit Balkon, schöner Blick. Ca. Ostern bis Mitte Okt. geöffnet. Sehr freundlich und auch sehr günstig: DZ mit Frühstück 55–70 €. Beim Parkplatz unterhalb vom Hotel Perseo die Via della Salita (Treppen) hinauf, beschildert. Via della Salita 18, Loc. Chiessi, 57030 Marciana (LI), ☎ 0565/906013.

… Korsika – traumhafter Weitblick an der Westküste

Patresi/Zanca

Kurz nach dem beschaulichen Ort Chiessi nimmt die Straße in nördliche Richtung ihren spektakulärsten Verlauf hoch über der Küste. Nach einigen Kilometern gelangt man in das – weniger spektakuläre – *Colle d'Orano* (mit Ristorante/Pizzeria) und von hier nach knapp einem weiteren Kilometer nach *Patresi* mit einer empfehlenswerten Unterkunft und einem kleinen Strand weit unterhalb des Ortes. *Zanca*, quasi der Vorort von Sant'Andrea, liegt hoch über dem Meer und wirkt adrett, wenn auch eher verschlafen, zumindest gibt es aber ein Lebensmittelgeschäft, und hier, an der Hauptstraße, fahren die Busse hinunter nach Sant'Andrea und nach Marciana Alta.

Verbindungen Von Zanca zwischen 8 und 19 Uhr stündlich **Busse** nach Marciana Alta (und weiter nach Marciana Marina) und nach Marina di Campo, der Bus hält an der Hauptstraße. Der **Marebus** fährt zwischen Mitte Juni und ca. Mitte Sept. 4x am

Vormittag und 5x am Nachmittag von Colle d'Orano, Patresi und Zanca hinunter zum Strand von Sant'Andrea und retour.

🌿 **Übernachten** *** Villa Rita, *Ecohotel* der italienischen Umweltorganisation Legambiente, am Ortsrand von Colle d'Orano gelegen, eine gepflegte Anlage mit Restaurant (Blick auf den herrlichen Sonnenuntergang) und kleinem Pool, fast alle der 16 Zimmer mit Balkon/Terrasse und Meerblick. Zum Meer ist es knapp 1 km. Am Ortsausgang von Colle d'Orano Richtung Chiessi links oberhalb der Straße. Ostern bis Anfang Nov. geöffnet. Haustiere sind hier willkommen (6 €/Tag). DZ mit Frühstück 110–160 €, mit Halbpension 120–180 €, EZ mit Frühstück 82–120 €, mit Halbpension 90–135 €. In der Nebensaison deutlich günstiger. Loc. Colle d'Orano, 57030 Marciana (LI), ✆ 0565/908095 oder 334/5922988, www. villarita.it. ∎

** **Belmare**, in Patresi an der Durchgangsstraße. Mit Ristorante, Bar, Terrasse. Ende März bis Anfang Nov. geöffnet. Angenehmes Hotel, DZ mit Bad und Balkon 100–140 €, EZ 70–90 €, jeweils inkl. Frühstück, mit Halbpension kostet das DZ 124–178 €, das

EZ 82–109 €. Loc. Patresi, 57030 Marciana (LI), ✆ 0565/908067 oder 335/1803359, www. hotelbelmare.it.

B & B Da Angiolina, in Zanca im Zentrum, kaum zu übersehen. Moderne und gut gepflegte Appartements mit Einbauküche, auch einige Doppelzimmer. Pool im Garten. In der Hochsaison tagsüber gute Verbindungen mit dem Marebus zum Strand, ansonsten ist man hier etwas verlassen. Anfang Mai bis Ende Okt. geöffnet, die Appartements Jan. bis Ende Okt. DZ mit Frühstück 80–100 €/Tag, 3er-Appartement 720–900 € pro Woche, für 4–5 Pers. 820–1100 €, Villa für 4 Pers. 900–1100 €, Appartement für 6 Pers. 950–1300 €. In der Nebensaison wird es deutlich günstiger. Via Santa Assunta 4, Loc. Zanca, 57030 Marciana (LI), ✆ 0565/908026, www.daangiolina. isoladelba.it.

Essen ≫ Lesertipp: In Colle d'Orano empfehlen uns Leser die **Pizzeria Bastia's**: „Wunderbarer Ausblick auf Korsika und ein traumhafter Sonnenuntergang. Und das Essen ist auch in Ordnung – Pizza und Fischgerichte zu annehmbaren Preisen (von den leckeren, selbst gemachten Dolci ganz zu schweigen ...)." ≪

Baden: Von Patresi führt eine schmale, asphaltierte Straße (ca. 1 km) vorbei am Leuchtturm der *Punta Polveraia* in Serpentinen hinunter zum steinigen Strand des Ortes, der *Cala di Patresi*. Es gibt eine Beton-Badeplattform (Anlegestelle), ansonsten ist der Strand nicht ideal zum Baden – grobe Kiesel, nur ganz am Rand ein Stück Kiesbucht. Snack-Bar am Strand, der Marebus fährt hier hinunter. Alles in allem badet man am Strand von Sant'Andrea deutlich besser!

Leser empfehlen dagegen einen weiteren Strand bei Patresi: „Zunächst die asphaltierte Straße zum Strand hinunter, auf halber Strecke nach rechts einem Hinweisschild zum Strand *Spiaggia della Polveraia* folgen. Nach einem fünfminütigen steilen Abstieg am Hang erreichen Sie eine kleine, ruhige und felsige Bucht. Gut zum Baden und Schnorcheln geeignet!"

Cotoncello – einer der schönsten Strände der Insel, wenn auch winzig

Sant'Andrea

Der Ort an der Nordwestspitze der Insel liegt steil am Hang inmitten einer verschwenderischen Vegetation. In der Bucht ein etwa 150 m langer Sandstrand, in westlicher Richtung schließt – über Treppen und einen Pfad zu erreichen – ein traumhaft schöner Felsstrand am Capo Sant'Andrea an. Ebenso traumhaft der östlich gelegene Cotoncello-Strand – hier schimmert das Wasser türkisgrün.

Diese wunderschöne Ecke der Insel blieb natürlich nicht unentdeckt, und es haben sich neben einer Hand voll Hotels auch ein paar Bars und Restaurants etabliert. Dennoch, die Hotelsituation in Sant'Andrea ist eine besondere: Es sind fast ausschließlich kleine, persönlich geführte Familienunternehmen, Tourismus im großen Stil mit der dazugehörigen Massenabfertigung ist in dem kleinen Ort fremd, das Preisniveau allerdings auch eher gehoben.

Bevor in Sant'Andrea die Landwirtschaft nach und nach durch den Fremdenverkehr ersetzt wurde, lebten die Bewohner vom Obst- und Gemüseanbau, hauptsächlich aber vom Weinbau. 1956 wurde die Straße von *Zanca* hinunter zur Bucht gebaut, zur gleichen Zeit kamen auch die ersten Besucher aus Deutschland in den Ort.

Nett sind die Strandbars am Meer, besonders abends bei Bruschette und einem Glas Wein. Während der Sommermonate Motorbootverleih, am eher schmalen Strand werden außerdem Sonnenschirme und Liegestühle, Tretboote, Kajaks und Surfbretter (auch Unterricht) verliehen. Im Sommer gibt es den „Marebus", einen Shuttle-Service zwischen Colle d'Orano, Patresi, Zanca, Sant'Andrea und dem überaus malerischen Cotoncello-Strand: überwiegend Granitfelsen (als Badeplätze gut geeignet) in teilweise bizarrer Formation, über Stufen und kleine Brücken gelangt man zu einem winzigen sandigen Abschnitt.

Der Westen → Karte S. 184

Der Papst, der Hund und das Auge des Betrachters

Zuerst war der Papst da, am schönsten findet er den Hund, aber im Prinzip hängt alles vom Auge des Betrachters ab bei *Nello Anselmi*. Schon vor vielen Jahren hat der pensionierte Hotelier und Sommelier aus Sant'Andrea die natürlichen Steinskulpturen der Insel entdeckt, später fotografiert und 1993 schließlich den vielleicht interessantesten Bildband über Elba veröffentlicht: *I Mostri di Pietra* – die „Steinmonster von Elba". Anselmis Steinmonster nehmen ihre Gestalt erst durch das richtige Spiel von Licht und Schatten an, und natürlich ist auch der Blickwinkel von tragender Bedeutung, um die Stein gewordenen Ungeheuer überhaupt zu „entdecken". Ihm ist es gelungen, dort etwas zu sehen, wo ein anderer unbeeindruckt vorbeigehen würde. Tote Steine inmitten der kargen elbanischen Bergwelt – bisweilen sicher in bizarren Formen, aber doch keine Päpste, Hunde, Hasen, Mexikaner oder gar Feldherren, die der Elbaner über Jahre hinweg auf seinen Streifzügen durch die Insel ausfindig gemacht hat.

Anselmis „Steinmonster": der Hase (oben) und der Hund (rechts)

Dass es sich hierbei um sehr persönliche Impressionen handelt, die für Außenstehende oftmals kaum nachvollziehbar sind, daraus macht Nello Anselmi keinen Hehl. Es sind „Entdeckungsreisen für die Fantasie", zu denen er mit seinem Buch auch den Leser anregen will. Seine eigene fantastische Entdeckungsreise begann übrigens schon in Kindertagen, beim Spielen am Meer: Hier sah er erstmals den „steinernen Papst" mit seiner eindrucksvollen Tiara. Den Papst hat 1980 zwar eine Flutwelle weggespült, doch wer sich hauptsächlich im Westen der Insel auf die Suche begibt, begegnet sicher dem einen oder anderen Monster – vielleicht auch ohne Anleitung durch Anselmis Buch.

Den Bildband „Steinmonster von Elba" kann man in den Buchhandlungen der Insel und im Hotel Cernia (→ „Übernachten") in Sant'Andrea kaufen, im Hotel selbst liegt das Buch auch zur Ansicht aus. Neben den Fotografien und dazugehörigen Erläuterungen findet sich im Anhang auch eine Inselkarte mit Wanderwegen, auf denen die einzelnen „Skulpturen" zu finden sind.

Achtung Quallen: Wie uns Leser mehrfach berichteten, sind in Sant'Andrea die Badefreuden nicht immer ungetrübt; gerade hier im Nordwesten kommen die Nesseltiere bei bestimmten Wind- und Strömungsverhältnissen häufiger vor – manche harmlos, andere sehr schmerzhaft bei der Berührung. Informieren Sie sich vor dem Sprung ins kühle Nass bei den anderen Badegästen über die aktuelle Lage, fragen Sie nach den „Meduse" (ital. für Quallen).

Verbindungen   Leider keine direkte Verbindung hinunter nach Sant'Andrea, man nimmt den **Bus** ab Portoferraio nach Fetovaia (5.25–18.45 Uhr fast stündlich, Zwischenstopps in Procchio und Marciana Marina) oder von Marina di Campo nach Marciana Alta (ca. stündlich 6–19 Uhr), der Bus hält in Zanca an der Hauptstraße, hier umsteigen in den **Marebus**, der Sie zum Strand hinunterbringt, Verbindungen stündlich 9.25–12.25, um 14.45 und dann 15.25–19.25 Uhr. Achtung: nach ca. 19.30 Uhr keine Busse mehr nach Portoferraio oder Marina di Campo!

Am Felsenstrand bei Sant'Andrea

Bootsverleih   Bei **Daniele Rent** am Strand, Schlauchboote mit 40-PS-Außenborder, Surfbrettverleih, Kanus, Tretboote, auch Surfunterricht, Sonnenschirm- und Liegestuhlverleih. Geöffnet Pfingsten bis ca. 10. Okt. (je nach Wetter). ✆ 0565/908173 oder mobil unter 339/1033741. In der anderen Ecke des Strandes gibt es einen weiteren Bootsverleih.

Gleich beim Strand von Sant'Andrea befindet sich auch das **Diving Center Il Careno**, nähere Infos unter ✆ 0565/908125 oder 339/3029777 bzw. www.ilcareno.it.

Parken   Kann zum Problem werden in Sant'Andrea, zwar gibt es oberhalb vom Strand einen relativ großen und gebührenpflichtigen Parkplatz (1 €/Std.), doch ist der v. a. an den Wochenenden der Hochsaison oft voll besetzt. Man sollte daher nicht zu spät kommen, andere Parkmöglichkeiten gibt es keine.

Übernachten   *** **Cernia – Isola Botanica**, angenehme, persönliche Atmosphäre zum Wohlfühlen, ein Hotel, das sein Geld wert ist. 10.000 qm großer botanischer Garten bis zum Meer hinunter mit allerlei exotischem Grün und unbekannten Früchten, Terrasse, herrlicher Pool, Tennisplatz, gehobenes Restaurant (auch für Nicht-Hotelgäste, Abendmenü um 35–45 €, Reservierung erbeten). Im Sommer finden im Garten Konzerte statt, aber auch Kunstausstellungen und Vorträge. Geöffnet ca. Mitte April bis Mitte Okt. DZ mit Halbpension 170–264 €, es gibt auch Einzel-, Dreibett- und Vierbett-Zimmer. Nur mit Frühstück reduziert sich der Preis pro Person und Tag um 20 €. Hunde erlaubt, 15 €/Tag. An der Straße zur Bucht auf der rechten Seite gelegen. Capo Sant'Andrea, 57030 Marciana (LI), ✆ 0565/908210, www.hotelcernia.it.

🌿 *** **Ilio**, bereits 1959 eröffnetes, sehr schönes Hotel am Hang. Geschmackvoll ausgestattet und mit gepflegtem Garten, nur wenige Meter vom Meer, ganztägig geöffnete Bar mit erlesener Auswahl an Getränken – ideal für einen Aperitivo oder Cocktail auf der Terrasse. Bereits 1989 hat man sich hier einer ökologisch verträglichen Hotelführung verschrieben. Inhaber Maurizio Testa organisiert selbst kleine Ausflugstouren (Wandern, Archäologie) und Dia-Abende. 20 komfortable Zimmer in verschiedenen Ausstattungen, z. B. das Gartenzimmer mit kleinem privatem Garten, das Blaue Zimmer mit Balkon und Meerblick, das Toskana-Zimmer mit antiquarischen toskanischen Möbeln usw. Das Hotel ist von der Straße zum Strand beschildert, Mitte Mai bis Mitte Okt. geöffnet. DZ mit Frühstück 125–205 €, in der Nebensaison deutlich günstiger. Via Sant'Andrea 5, Loc. Sant'Andrea, 57030 Marciana (LI), ℘ 0565/908018, www.hotelilio.com. ▪

*** **Da Giacomino**, östlich von Sant'Andrea, herrliche Lage, Terrassen-Ristorante über dem Meer, netter Pool, schöner Garten, Tennisplatz, Fußweg zum Strand von Cotoncello. Sehr ruhige Lage, insgesamt 33 Zimmer. Ca. 20. April bis ca. 20. Okt. geöffnet. *Anfahrt:* Auf dem Weg hinunter nach Sant'Andrea rechts ab, dann links, beschildert. DZ mit obligatorischer Halbpension 180–246 €. Hunde erlaubt. Capo S. Andrea, 57030 Marciana (LI), ℘ 0565/908010 oder 335/1891146, www.hoteldagiacomino.it.

*** **Gallo Nero**, oberhalb der Bucht inmitten üppiger Vegetation gelegen. Familiäre Atmosphäre, geschmackvolle Einrichtung, nette Zimmer, rustikaler Speisesaal, nierenförmiger Pool, Whirlpool und Tennisplatz. Anfang April bis Mitte Okt. geöffnet. DZ mit Halbpension 170–250 € (DZ mit Frühstück 138–218 €). Hunde erlaubt, einmaliger Aufpreis 25 €. Via S. Gaetano 20, Loc. Sant'Andrea, 57030 Marciana (LI), ℘ 0565/908017, www.hotelgallonero.it.

*** **Barsalini**, nur 20 m vom Strand, also im „Zentrum" von Sant'Andrea, mit Pool, nettem Garten und Gartenbar, gepflegte Anlage. Ansprechende Zimmer mit Bad, TV, Kühlschrank und Balkon/Terrasse, komfortables Haus, gute Küche, geöffnet ca. Mitte April bis Mitte Okt. DZ mit obligatorischer Halbpension 180–284 €, keine EZ. Hunde erlaubt. Loc. Sant'Andrea, 57030 Marciana (LI), ℘ 0565/908013, www.hotelbarsalini.com.

Villa dei Limoni, B & B mit Terrasse und Garten, nette Anlage, etwas einfacher, mit gemeinschaftlichem „Soggiorno" (mit TV). Zimmer mit Bad, Aircondition und teilweise Balkon/Terrasse. Von der Hauptstraße zum Strand hinunter geht es rechts ab (beschildert), die Villa dei Limoni befindet sich dann gleich auf der rechten Seite, kaum zu übersehen. Ca. 500 m vom Strand. Geöffnet Mitte April bis ca. 10. Okt. DZ 90–130 €, inkl. Frühstück. WiFi-Zone. Loc. Sant'Andrea, 57030 Marciana (LI), ℘ 0565/908332, www.villadeilimoni.it.

** **Oleandro**, etwas östlich des Kaps hoch über dem Meer gelegen, kinderfreundlich, mit Ristorante und Bar, herrlicher Blick von

Im Garten des Hotels Cernia

der Terrasse. Abgelegen inmitten der üppigen Vegetation. Ca. 400 m vom nächsten Strand (Cotoncello), außerdem führt ein Fußweg vom Hotel hinunter zu einem kleinen Steinstrand. *Anfahrt:* Von der Hauptstraße zum Strand rechts ab, beschildert, ca. 1,5 km vom Ort. Geöffnet Ostern bis Mitte Okt. DZ mit Bad, Balkon oder Terrasse (zum Meer) und Halbpension 154–210 €, EZ 97–125 €, in der Nebensaison deutlich günstiger. Via del Cotoncello 74, Capo Sant' Andrea, 57030 Marciana (LI), ℘ 0565/908088 oder 328/0118835, www.hoteloleandro.com.

Essen/Trinken Am Strand konkurrieren die Bars **Il Gabbiano** und **Le Sirene** um Kundschaft – Snacks, Panini, Bruschette usw. Wer „richtig" Essen gehen will, geht zum noch recht neuen **Barsa Time Bistro** (ebenfalls am Strand), Ristorante und Pizzeria mit hübscher Holzterrasse zum Meer hin, mittags und abends geöffnet, mittlere Preise. Im Sommer für Abende am Wochenende besser reservieren: ℘ 0565/1930463.

In den malerischen Gassen von Marciana Alta

Marciana Alta

Marciana Alta, auf 375 m Höhe in den üppigen Esskastanienwäldern der nördlichen Hänge des Monte Capanne gelegen, ist von rauer Schönheit. In dem Bergdorf mit seinen verwinkelten Gassen und kleinen Plätzen findet sich noch immer ein Stück ursprüngliches Elba fernab vom großen Rummel der Küstenorte.

Man betritt Marciana Alta durch die mittelalterliche *Porta di Lorena* und gelangt sogleich auf die *Piazza Santa Caterina* mit der gleichnamigen Kirche aus dem 16. Jh. Von hier führen unzählige Treppen und kleine Gässchen durch das Dorf nach oben, und auch der planloseste Spaziergang endet in der Regel an der pisanischen Festung, die den Ort noch immer dominiert und Zeugnis von seiner früheren Bedeutung ablegt. Bei diesem Bummel stößt man auf die *Piazza Cantone*, einen idyllischen Kirchplatz, oberhalb davon geht es zum kleinen *Archäologischen Museum* (→ "Sehenswertes in und um Marciana Alta", S. 200f.) und schließlich zur kleinen *Chiesa San Francesco,* die von den Appiani, den Fürsten von Piombino, errichtet wurde.

Die große Geschichte Marcianas erscheint stets gegenwärtig in den engen Gassen, die aber immer wieder durch üppiges Grün und farbenfrohe Blumenpracht freundlich unterbrochen werden. Daneben macht auch die einmalige Lage des Dorfs einen Besuch so unbedingt lohnenswert. Marciana hat alles – die kargen und steil aufragenden Berge des *Monte-Capanne-Massivs* im Hintergrund, dichte und üppig grüne Wälder in der direkten Umgebung und schließlich den weiten Blick auf die nordwestelbanische Küste und das blaue Meer. Kaum verwunderlich also, dass das Dorf sorgfältig restauriert wurde und auf sein schmuckes Äußeres achtet, den Tagesgästen von der Küste soll schließlich auch etwas geboten werden. Die Gemeinde zählt insgesamt etwa 2200 Einwohner, in Marciana selbst leben aber nur ca.

400 meist ältere Menschen. Der Rest verteilt sich auf die zugehörigen Ortschaften Poggio, Procchio, Sant'Andrea, Patresi, Chiessi und Pomonte. Übernachtungsmöglichkeiten gibt es in Marciana leider keine, und auch die Anzahl an Restaurants ist begrenzt. Der Ort eignet sich allerdings hervorragend als Ausgangspunkt für Wanderungen, z. B. zur Wallfahrtskirche *Madonna del Monte* (→ S. 201) oder auf dem Wanderweg Nr. 1 zum *Monte Capanne* (Aufstieg ca. 2–2:30 Std., Ausgangspunkt ist die *Porta di San Agabito*, vom Dorf aus beschildert).

Geschichte

Marciana Alta ist eine der ältesten Siedlungen der Insel. Vermutlich an der Stelle einer älteren Befestigung gründeten die Römer hier 35 n. Chr. eine antike Stadt. Den heutigen Charakter Marcianas prägten aber die Pisaner, die hier im 11.–13. Jh. eine Residenz unterhielten, wichtigstes Zeugnis aus dieser Zeit ist die *Fortezza Pisana* aus dem 12. Jh. Die Appiani, das Fürstengeschlecht von Piombino und ab dem 14. Jh. Herrscher über den Westteil der Insel, richteten hier ihren Hauptsitz auf Elba ein, die Festung wurde 1450 um- und ausgebaut, unter den Appiani erhielt der Ort im 15. Jh. sogar das Privileg einer Münzpräge (*La Zecca*). Zu Zeiten der Pirateneinfälle auf der Insel war das schwer zugängliche Marciana in den Bergen der wohl sicherste Ort auf Elba – zumindest bis die Festung 1553 von Piraten geplündert und bald darauf verlassen wurde.

Mit ihren Nachbarn im nur 3 km entfernten *Poggio* verband die Leute von Marciana übrigens von jeher ein wenig herzliches Verhältnis. Es wurde gestritten – sei es über die Abgrenzung der Fischfanggebiete oder um die Menge an Esskastanien, die auf dem jeweiligen Territorium des anderen gesammelt werden durften – man war sich jedenfalls nicht besonders grün. Marciana pochte auf seine Rechte als ältere Siedlung und versuchte über die Jahrhunderte immer wieder, Poggio einzunehmen – was 1738 letztendlich auch geschah.

Information Casa del Parco, ein Informationsbüro des Nationalparks befindet sich unter der großen Aussichtsterrasse bei der pisanischen Festung (die Treppen runter). Nur Anfang April bis Anfang Nov. geöffnet: Do 10–13 und 15–18 Uhr, Fr/Sa 9.30–13 und 15–18 Uhr, So 11–13 Uhr; in der Hochsaison Di–Sa 9.30–13 Uhr, So 11–13 Uhr, Do 17.30–18.30 Uhr und Sa/So 15–18.30 Uhr. Infos unter ✆ 0565/901030 oder 348/7039374.

Verbindungen Gute Busverbindungen, 9x täglich über Fetovaia und Pomonte entlang der Westküste nach Marina di Campo (letzter Bus ca. 19 Uhr), 10x tägl. über Poggio, Marciana Marina und Procchio nach Portoferraio (letzter Bus ca. 20 Uhr).

Parken Unterhalb des Dorfs befindet sich ein großer, kostenloser Parkplatz, gratis parken kann man auch an der pisanischen Festung.

Einkaufen Marmeladen und Konfitüren aller Art (u. a. Kombinationen wie Apfel–Fenchel, Feige–Ingwer, Birne und roter Pfeffer oder aber Aprikose mit Karotte und Mandel) gibt es bei Il Capepe, das Glas um 5–6 €, in der Via del Pretorio 2. In der Saison tägl. geöffnet, im Sommer auch abends von 21–23.30 Uhr.

Samstagvormittag ist **Markt** in Marciana Alta.

Feste & Veranstaltungen Am 18./19. August findet hier die **Festa Medioevale** (Mittelalterliches Fest) mit Umzug und großem Bankett in der pisanischen Festung statt.

Am ersten Sonntag im November begeht man hier und in Poggio das **Kastanienfest** (Sagra della Castagna).

Essen & Trinken Osteria del Noce, im Dorf bergauf Richtung Festung (rechts halten, beschildert). Gemütliche, kleine Terrasse mit herrlichem Blick, ligurisch-elbanische Küche, gute hausgemachte Pasta (vor allem die mit Meeresfrüchten!), guter Fisch, relativ kleine Auswahl, wechselnde Tageskarte. Freundlicher und unkomplizierter Service, familiäre Atmosphäre, mittleres Preisniveau (Antipasti und Primi je um 10–12 €, Secondi um 15 €). Von April bis Ende Sept. mittags und abends geöffnet, im

Der Westen → Karte S. 184

Schmale Gasse in Marciana Alta

Winter geschlossen, im Sommer für abends besser reservieren, Via della Madonna 19, ☎ 0565/901284 oder 338/2112995. Von hier führt ein Weg hinauf zur Wallfahrtskirche *Madonna del Monte.*

Birreria-Bar La Porta, bei der Porta di Lorena. Spezialität sind hier die riesigen Bruschette (gebackene Brote), belegt mit Knoblauch und Tomaten, Räucherlachs, Steinpilzen etc., außerdem leckere Salate und Panini. Beachtlich ist die Auswahl an Bieren, darunter auch italienische wie das viel geschätzte *Menabrea* und natürlich auch elbanisches Bier. Wen das Heimweh plagt, der greift zu *Erdinger Weißbier* oder *Beck's.* Tägl. von morgens bis spätnachts geöffnet. Freundlicher Service. Piazza Umberto I, ☎ 0565/901275.

Bar Paninoteca Monilli, oben bei der Festung liegt diese einladende *Bar con piccola cucina*, in der auch einige wenige Tagesgerichte zur Auswahl stehen. Mit Terrasse – rustikale Holztische und -bänke unter einem Bambusdach mit Blick auf den Monte Capanne. Relativ gehobenes Preisniveau, im Sommer tägl. und ganztägig geöffnet. Via del Pretorio 64, ☎ 0565/1930798.

Bewährt gutes Eis gibt es bei **Zero Gradi** neben der Bar la Porta.

Sehenswertes in und um Marciana Alta

Pisanische Festung (Fortezza Pisana): Die viertürmige Anlage stammt aus dem 12. Jh. – den einstigen Glanz der Festung kann man auch aus den Ruinen noch herauslesen. Im Sommer finden im Innenhof Veranstaltungen und Open-Air-Konzerte (v. a. klassische Musik) statt. Zu sehen gibt es in der *Fortezza Pisana* nicht allzu viel, zuletzt wurde hier ein kleiner Mittelalter-Rundgang angeboten.

Vor der Festung befindet sich eine Aussichtsterrasse, von der sich ein schöner Blick auf den Ort und bis Marciana Marina und das Meer bietet. Die Festung ist auch über eine Fahrstraße zu erreichen, ab Zentrum Marciana beschildert.

Im Sommer tägl. 10–13 und 16–19.30 Uhr geöffnet, Eintritt 3 €, unter 14 J. frei, Kombiticket mit Archäologischem Museum 4 €.

Archäologisches Museum (Museo Archeologico): In dem chronologisch aufgebauten, nach langer (Renovierungs-)Zeit erst kürzlich wieder eröffneten Museum werden in vier Räumen Funde aus der Steinzeit, Bronzezeit und Eisenzeit sowie (Schwerpunkt) von einigen römischen Schiffswracks gezeigt, die hier vor der Küste Elbas entdeckt wurden (z. B. 1967 vor Chiessi, um 1970 vor Procchio und erst 2002 vor dem Monte Calamita). Abgerundet wird die sehenswerte kleine Sammlung mit einem Exkurs zum elbanischen Granitabbau im Mittelalter. Erläuterungen leider nur auf Italienisch.

Gleich unterhalb der Festung Richtung Centro gelegen. Nur von ca. Ostern bis Ende Sept. Mo–Sa 10–13 und 16–19 Uhr sowie So 10–13 Uhr geöffnet. Eintritt 2 €, unter 14 Jahre frei, Kombiticket mit der Festung 4 €. Via del Pretorio 48.

Wallfahrtskirche Madonna del Monte: Die Wallfahrtskirche aus dem 16. Jh. liegt in aller Abgeschiedenheit umgeben von uralten Esskastanienbäumen. Bereits im 15. Jh. haben hier Eremiten gelebt, Ende des 18. Jh. wurde die Kirche umgebaut und erhielt ihr heutiges Aussehen. Das Gotteshaus betritt man von der Rückseite, am Vorplatz befindet sich das *Teatro della Fontana,* das steinerne, von Brunnen gerahmte Halbrund aus dem 17. Jh. Das erfrischende Quellwasser sprudelt aus drei steinernen Löwenmäulern. Sehenswert im Inneren der schlichten Kirche sind sicherlich die reiche Deckenausmalung und der Altar im antikisierenden Stil. Es ist jedoch weniger die Kirche selbst als vielmehr der Aufstieg – zeitweise durch Esskastanienhaine, auf einem Kreuzweg mit 14 Wegkapellchen, später mit herrlichem Fernblick – und die hübsche Lage, die den Spaziergang hier hinauf lohnen. Vor der Kirche laden unter schattigen Bäumen Holzbänke zum Picknicken ein.

Auf dem Weg zur abgelegenen
Wallfahrtskirche Madonna del Monte

Wallfahrten zur *Madonna del Monte* finden Anfang Mai und am 15. August statt, am 8. September wird hier zu Ehren der Geburt der Jungfrau Maria ebenfalls ein Pilgergottesdienst abgehalten.

Aufstieg: Von der pisanischen Festung von Marciana aus gut beschildert, ca. 45 Min. auf einem gut begehbaren breiten Steinweg (Wanderweg Nr. 3, auf dem man von hier aus weiter zur Westküste nach Pomonte wandern kann).

Familientreffen bei Madonna del Monte

Der Kaiser liebte diesen stillen Platz. Im August 1814 hielt sich Napoleon zwei Wochen lang hier auf, ließ den Blick wehmütig in die Ferne und bei klarer Sicht bis auf seine Heimatinsel Korsika schweifen und traf nebenbei – und unter strengster Geheimhaltung – seine Geliebte *Maria Walewska,* die polnische Gräfin, die bereits im Mai 1810 den gemeinsamen Sohn *Alexandre Walewski* zur Welt gebracht hatte. Das Treffen, bei dem Napoleon seinen Sohn das erste Mal zu Gesicht bekam, dauerte nur zwei Tage und war auch das letzte der Kleinfamilie. Alexandre, der illegitime Bonaparte-Spross, fand zwar im kaiserlichen Stammbaum keine Aufnahme, brachte es im Zweiten Kaiserreich aber immerhin bis zum französischen Außenminister.

Mit der Kabinenbahn zum Monte Capanne: *Cabinovia* ist hierfür ein eher irreführender Begriff, von der Talstation bei Marciana (800 m vom Ort an der Straße nach Poggio) geht es in Stehkäfigen steil aufwärts – möglichst nicht schaukeln! In etwa

15 Min. überwindet die einzige Bergbahn der Insel 660 Höhenmeter. An der Tal-station befindet sich ein großer Parkplatz. Der Bus von und nach Marciana Marina hält bei der Bergbahn.

Abfahrtszeiten   Anfang April (oder Os-tern) bis Ende Sept., bei gutem Wetter bis ca. Mitte Okt. tägl. 10–13 und 14.20–17 Uhr, im Juli/Aug. bis 17.30 Uhr. Erste und letzte Talfahrt jeweils ca. 30 Min. später. Informa-tionen unter ℡ 0565/901020.

Preise   Ein eher teures Vergnügen: Die Fahrt auf den Gipfel und zurück kostet 18 €, einfache Fahrt 12 €, Kinder 4–10 Jahre zah-len 9 € (hin und zurück).

 Wanderung 6: Eine schöne, etwa 7 km lange Rundwanderung führt rund um Marciana Alta. Eine detaillierte Beschreibung finden Sie am Ende die-ses Reisehandbuches ab S. 253.

Poggio

Wie das benachbarte Marciana ist auch Poggio von dichten Esskastanien-wäldern umgeben. Das kleine Bergdorf, auf 350 m Höhe am Fuß des Monte Capanne gelegen, ist aber fast noch romantischer.

Einen Beitrag dazu leistet sicherlich die malerische und autofreie *Piazza Castagn-eto*, der terrassenartige Hauptplatz des Orts mit herrlichem Panoramablick auf Marciana Marina und das Capo d'Enfola in der Ferne. Hier sitzen die alten Männer von Poggio auf Plastikstühlen vor der Bar *La Dolce Vita*, der einzigen im Ort und gemeinsamem Wohnzimmer. Zufriedene Katzen halten in den schattigen Ecken ihr Mittagsschläfchen, und über allem herrscht die gelassene Stimmung eines abge-schiedenen Bergdörfchens. In Poggio lässt es sich stundenlang aushalten, daran än-dern auch die vielen Tagesbesucher nur wenig, die in den Sommermonaten Einzug in das idyllische Dorf halten. Unbedingt lohnend ist der Spaziergang die Treppen

Kompakt in der Draufsicht: Poggio

hinauf und durch die schmalen Gassen des alten Orts, z. B. zur nicht minder malerischen *Piazza Reciso* (ehem. *Piazza Umberto I)*.

Gegründet wurde der Ort etwa Anfang des 6. Jh. n. Chr., es gab aber vermutlich schon in römischer Zeit eine Siedlung mit dem sprechenden Namen *Podium*. Auch der seit dem 18. Jh. gültige Name *Poggio* bedeutet im Italienischen so viel wie Anhöhe, was anhand der exponierten Lage des Ortes logisch erscheint. Im 7. Jh. entstand hier, am höchsten Punkt, eine erste Befestigung. Seine typische, heute noch sichtbare mittelalterliche Ortsanlage erhielt das damalige *Jovis* (so hieß Poggio im Mittelalter) dann ab dem 11. Jh., als der Ort in den Herrschaftsbereich Pisas fiel. Damals glich er einer einzigen Festung, Einlass gewährte nur ein Stadttor, ansonsten war Jovis auf allen Seiten durch hohe Mauern und lückenlos aneinander gebaute Wohnhäuser uneinnehmbar gemacht worden. Auch die Pfarrkirche San Nicolò (13. Jh.) am höchsten Punkt von Poggio stammt aus der Zeit unter der Seerepublik Pisa, auch sie war als Schutzfestung konzipiert, wurde aber im Lauf der Jahrhunderte mehrfach umgebaut. Ihr Glockenturm stammt beispielsweise aus dem 18. Jh.

In den 1950er Jahren machte sich Poggio bzw. *Poggio Terme* als Kurort einen Namen. Mildes Klima und die nahe gelegenen Quellen zogen Gäste an, die sich von dem leicht radioaktiven Heilwasser Linderung versprachen (u. a. bei Gicht und Arthritis).

Heute leben in Poggio im Winter nicht mal 200 Menschen, im Sommer sind es etwa 700. Das ruhige Bergdorf bietet sich hervorragend als Ziel für Erholungssuchende und Naturliebhaber an. Zahlreiche Wanderwege erschließen die Gegend um den *Monte Capanne* und den östlich gelegenen *Monte Perone*.

Verbindungen Poggio liegt auf der Strecke von/nach Marciana Alta. Etwa 10x tägl. fährt der **Bus** über Marciana Marina und Procchio nach Portoferraio, genauso oft nach Marciana Alta, dort umsteigen nach Marina di Campo und zu den Orten der Westküste.

Essen & Trinken Ristorante Publius, im unteren Ortsteil. Bekanntes und traditionsreiches Feinschmeckerlokal (seit 1970). Mit herrlichem Panoramablick vom Balkon (auf Marciana Marina und das Meer) und stilvoll-gemütlichem Ambiente. Vornehmes Publikum, gehobenes Preisniveau, mittags und abends geöffnet, Mo geschlossen, man sollte für abends reservieren. Piazza del Castagneto 11, ☎ 0565/99203.

Trattoria Sciamadda, beliebtes und junges Lokal gleich bei der Piazza am Treppenaufgang, kleine Terrasse, die meist bis auf den letzten Platz besetzt ist, aber auch innen ausreichend Platz. Freundliches Ambiente, nett und unprätentiös und dazu noch ausgesprochen günstig: kaum ein Gericht über 12 €, eher unter 10 €. Mittags und abends geöffnet. Via del Carmine 2, ☎ 0565/909098.

Der Westen → Karte S. 184

 Wanderung 7: In Poggio startet die schweißtreibende Wanderung auf den Monte Capanne. Eine Wegbeschreibung finden Sie im am Ende dieses Buches ab S. 256.

Sehenswertes in der Umgebung von Poggio

Fonte di Napoleone: Die Quelle liegt ungefähr 500 m außerhalb des Orts in Richtung Marciana auf der linken Seite. Das inseleigene Mineralwasser wird hier in Flaschen abgefüllt und findet dann den Weg in zahlreiche elbanische Restaurants. Recht unspektakulär sprudelt linker Hand ein kleiner Brunnen. Elbaner und Durchreisende stehen oftmals Schlange, um das Wasser am Straßenrand gleich literweise abzufüllen – gratis, kühl und gesund. Der Kaiser selbst soll das Heilwasser während seines Exils fast täglich getrunken haben, daher auch der Name der Quelle.

Auf dem Weg zum Monte Capanne

San Cerbone: Die Einsiedelei wurde im 6. Jh. gegründet und bot dem seinerzeit berühmten Bischof von Populonia mit Namen *Cerbone* Zuflucht vor den Langobarden (→ „Geschichte im Überblick", S. 33). Im 15. Jh. wurde die Kapelle von den Appiani neu aufgebaut. San Cerbone liegt am Wanderweg Nr. 1, der von Marciana Alta zum Monte Capanne führt. Wer es bequemer mag: auf der Straße von Poggio kommend kurz vor dem Ortseingang von Marciana Alta steil links ab auf eine schmale Asphaltstraße, die dann oberhalb der Seilbahnstation entlangläuft. Das letzte Stück muss man zu Fuß gehen.

Monte Perone (630 m): Durch einen wunderschönen, lichten Pinienwald, dessen Boden dicht mit Farnen bewachsen ist, schlängelt sich die Straße (ab Poggio beschildert) hinauf zum weitläufigen Parkplatz am Monte Perone – ein beliebtes Ausflugsziel und schattige Sommerfrische. Tische und Bänke laden zum Picknicken ein, zwischen den Bäumen des bewaldeten Areals eröffnet sich ein schöner Blick auf die Bucht von *Marina di Campo*.

 Verschiedene Wanderwege kreuzen sich beim Parkplatz: Wanderweg Nr. 5 (kommt aus Sant'Ilario in Campo) führt in westliche Richtung hinauf zum *Monte Capanne*, folgt man in entgegengesetzter Richtung der Markierung Nr. 18, gelangt man hinunter an die Nordküste nach *Procchio* (→ S. 210f.).

Tipp: Wenn Sie dem breiten Waldweg (Wanderweg Nr. 5) in westliche Richtung steil den Berg hinauf folgen, erreichen Sie nach ca. 25 Minuten stetigen Aufstiegs (kurz nach der eingezäunten Antenne auf der rechten Seite) einen Aussichtspunkt, der herrliche Blicke auf fast die gesamte Insel freigibt: Der Monte Capanne ist zum Greifen nah, in entgegengesetzter Richtung überblickt man fast die gesamte Osthälfte der Insel, Marciana Marina und Marina di Campo liegen Ihnen beiderseits zu Füßen. Vor kurzem wurde hier auch ein Naturlehrpfad eingerichtet, entsprechende Schautafeln wurden aufgestellt. Von hier führt der anspruchsvolle *Wanderweg Nr. 00* (nur für Geübte!) hinauf auf den Capanne.

Marciana Marina

Eine gelungene Mischung aus traditionellem Hafenstädtchen und Touristenzentrum. Der lebhafte Ort mit seinen schönen Plätzen und dem geschlossenen Ortsbild hat trotz regen Zulaufs viel von seinem Charakter bewahrt.

Knapp 2000 Menschen leben ganzjährig in Marciana Marina, im Sommer steigt die Zahl sprunghaft auf etwa 5000 an. Hauptattraktion im Zentrum ist die – von Häusern nahezu eingeschlossene – *Piazza Vittorio Emanuele* mit der abends illuminierten Pfarrkirche *Santa Chiara,* nicht minder reizvoll präsentiert sich die kleinere *Piazza della Vittoria* an der Uferpromenade mit ihren zahlreichen Cafés und Restaurants und dem winzig kleinen Park am Meer. Hier pulsiert das Leben von Marciana Marina, man trifft sich auf den Parkbänken, idyllisch der Blick aufs Meer und den kleinen Hafen. Östlich von der Hafenpiazza befindet sich das historische Viertel *Cotone* mit dem gleichnamigen großen Felsen, dessen Einbuchtungen den Fischern früher als natürlicher Hafen dienten. Unbedingt sollte man mal die pittoreske *Via del Cotone* hinaufschlendern: Eine besonders nette, kleine Piazzetta mit Parkbänken und Blick auf den Ort lädt hier zum Bleiben ein. In westliche Richtung erstreckt sich von der Piazza della Vittoria eine etwa 1 km lange Uferpromenade mit vielen Bars, Restaurants und kleinen Läden bis zum geschützten Yacht- und Fischerhafen am Ende der Bucht. Er wird von der zylindrischen *Torre Pisana* (Pisanerturm) überragt, die im 12. Jh. als Wachturm gegen die Sarazenen erbaut wurde und im 20. Jh. dem elbanischen Schriftsteller *Raffaello Brignetti* als Wohnsitz diente.

Daneben schließt in westliche Richtung der *Strand La Fenicia* an: glasklares Wasser und große, glatte Kieselsteine, auch Sonnenschirm- und Liegestuhlverleih

Am alten Hafen von Marciana Marina – im Hintergrund die Torre Pisana

Angler auf dem Felsen in Cotone

(Achtung: Leser berichteten hier über gelegentliche Quallen an diesem Strand). Eine Badealternative findet man etwas westlich davon: ein befestigter Weg führt zu einem kleinen Strand mit Felsen. Wenig attraktiv ist dagegen der schmale Strand entlang der Uferpromenade. Die Bademöglichkeiten in westliche Richtung sind beschränkt, nur ein paar winzige Kies-/Felsbuchten, u. a. die *Spiaggia Remonto* und die *Spiaggia Crocetta*, die jedoch nur über steile Abstiege zu erreichen sind (beschildert).

Wer sich am 12. August in Marciana Marina aufhält, sollte auf keinen Fall die Feierlichkeiten zu Ehren der Ortspatronin *Santa Chiara* versäumen: ein farbenfrohes Fest mit großer Prozession und Feuerwerk. Der Ort glänzt im Festschmuck, entlang der Hafenmauer stehen Kerzen, und mit Lampions beleuchtete Fischerboote fahren aufs Meer hinaus.

Marciana Marina eignet sich auch als „Basislager" für Wandertouren in die westelbanische Bergwelt, und die sicherlich reizvollste Küstenwanderung, die man auf Elba unternehmen kann, führt von hier nach Sant'Andrea. Die Busverbindungen von und nach Marciana Marina sind gut, es gibt ausreichend Unterkünfte der verschiedensten Kategorien und zahlreiche Restaurants für jeden Geschmack, darüber hinaus Bootsausflüge vom Hafen, eine Tauchschule, es werden auch Motorboote vermietet.

Geschichte

Am Anfang war der pisanische Turm, sonst nichts. Marciana Marina ist ein vergleichsweise junger Ort, bis ins 17. Jh. hinein standen hier nur wenige Hütten, die den Fischern aus Marciana Alta und Poggio als Unterschlupf dienten. Wegen der häufigen Pirateneinfälle zog man sich damals bevorzugt ins weniger zugängliche Bergland zurück. Als diese Gefahr im 17. Jh. gebannt war, entstand mit der kleinen Siedlung *Il Cotone* im Osten der Bucht ein erstes bescheidenes Fischerdorf. *Marina di Marciana*, der Hafen von Marciana Alta, entwickelte sich mehr und mehr zum bedeutenden Handelszentrum, das im 18. Jh. sogar die Hauptstadt Portoferraio in den Schatten stellte. Auch Marciana Alta geriet durch den aufstrebenden Im- und Exporthafen mehr und mehr ins Hintertreffen, zur Unabhängigkeit gelangte der Küstenort aber erst im Jahr 1884 und nannte sich fortan Marciana Marina. Neben dem Handel waren der Fischfang wie auch der Weinbau im 19. Jh. und in der ersten Hälfte des 20. Jh. die wichtigsten Einnahmequellen des Ortes. Der heute so geschützte Hafen wurde in dieser Form erst 1911 angelegt. Mittlerweile spielt der Fischfang in Marciana Marina keine große Rolle mehr, er wurde durch den Tourismus, der ab Mitte der 1950er Jahre hier Einzug gehalten hat, als Hauptwirtschaftszweig abgelöst.

Basis-Infos

Information Info-Pavillon, an der Piazza della Vittoria, während der Saison tägl. 9.30–12.30 und 16.30–19.30 Uhr. Das angebotene Infomaterial ist überschaubar.

Verbindungen Von 7.50–18.50 Uhr stündlich **Busse** nach Marciana Alta und weiter nach Pomonte. Von 6.50–20.55 Uhr etwa stündlich über Procchio nach Portoferraio; in Procchio Umsteigemöglichkeit nach Marina di Campo.

Parken Parkplätze gibt es ausreichend am Rand des Zentrums, in der Regel gebührenfrei. Näher an der Strandpromenade parkt man für 1 €/Std.

Auto- und Zweiradverleih Bei **Mazzei Bibi** in der Via XX Settembre 13 (beim Übergang der Piazza della Vittoria zur Via G. Mazzini in die Gasse hinein) auf der linken Seite. Kleinwagen ab ca. 50 € pro Tag (9–19 Uhr, bei 24-Std.-Miete ab ca. 65 €), Scooter (für 2 Pers.) 9–19 Uhr ca. 45 € (24 Std. 55 €), auch Mountainbikes für ca. 15–18 €/Tag. Ostern bis Mitte Okt. täglich 7.30–22 Uhr geöffnet, ✆ 0565/99447 oder 338/7607389.

Bootsausflüge In der Hochsaison 2x tägl. mit dem **Glasbodenboot Nautilus** zur Westküste, 14.30 und 17 Uhr (Sa–Mo nur um 15.30 Uhr), bis Anfang Juli und ab Anfang Sept. nur 1x tägl. (um 15.30 Uhr), Dauer ca. 2 Std., pro Pers. 18 €, Kinder unter 12 Jahren 10 €, Tickets an Bord, eine Tafel mit weiteren Informationen hängt aus, Abfahrt vom östlichen Steg des Hafens, dem Molo del pesce, kaum zu übersehen. ✆ 0565/976022 oder 328/7095470, www.aquavision.it. Ebenfalls mit Aquavision im Sommer jeden Fr um 10 Uhr zur **Insel Capraia** (retour in Marciana Marina um 18 Uhr, 30 €, Kinder 4–12 Jahre 15 €) und immer So nach **Bastia/Korsika** (ab Marciana Marina um 9.30 Uhr, Rückkehr um 18.30 Uhr, die Überfahrt dauert je 2 Std., pro Pers. 35 €, Kinder 4–12 Jahre 20 €).

Einkaufen Jeden Dienstag 8–13 Uhr **Markt**. Einen großen **Spar-Supermarkt** findet man in der Via Lloyd, **CONAD** in der Via Cerboni.

Aqua dell'Elba, Läden des elbanischen Parfümherstellers gibt es an der Uferpromenade in Marciana Marina gleich mehrfach. Vormittags 9–13 und ab ca. 17 Uhr bis spätabends geöffnet.

Naturkosmetik aus der *Terme di San Giovanni*, u. a. Cremes, Shampoo, Duschgel, Gesichtsmasken, werden in dem kleinen Laden an der Piazza della Vittoria 21 verkauft, im Sommer tägl. 9.30–13 und 17–20 Uhr geöffnet.

Motorbootverleih Mehrere Anbieter am Dorfstrand, u. a. **Elba Yacht Assistance** gegenüber dem Hotel Marinella, ✆ 338/7433696 oder 329/4171385; ein Stück weiter Richtung Torre befindet sich **Bartolini**, auch hier Motorboote mit und ohne Führerschein ✆ 333/6863986, www.bartoliniyachting.com; noch ein Stück weiter Richtung Torre Pisana dann **Pedro Rent**, ✆ 339/6517287 oder 328/0135537. Vor allem in der Hochsaison kein billiges Vergnügen, im August sind die Boote oft Tage vorher ausgebucht!

Taxis In Marciana Marina unter ✆ 0565/99447, 338/7607389 oder 333/6147165 zu erreichen. Taxistand in der Via XX Settmbre. Die Fahrt nach Portoferraio kostet ca. 35–40 €.

Veranstaltungen Um die letzte Juniwoche findet der **Elba Maremarathon 50 Miglia** statt, das Kajakrennen um die Insel Elba in vier Etappen.

Alljährlich am 12. August begeht man in Marciana Marina das Fest der Ortspatronin **Santa Chiara** (→ oben).

Wassersport Die italienische Tauchschule **Elba Diving Center** vermietet auch Taucherausrüstungen und ist um Flaschenfüllungen besorgt. Tauchgang 40–50 €, ab zwei Tauchgängen wird es günstiger, Kurse in englischer Sprache (Open Water Diver), Exkursionen u. a. nach Pianosa und Capraia. Ganzjährig geöffnet, nahe Hotel Yacht Club gelegen (hinter dem Friedhof). Viale Aldo Moro 42, 57033 Marciana Marina (LI), ✆ 0565/904256 oder 347/0126669 bzw. 339/7338902, www.elbadiving.it.

Übernachten
2 Yacht Club
3 Marinella
10 Intur Residence
11 Gabbiano Azzurro

Cafés
8 Gelateria La Svolta

Essen & Trinken
1 Capo Nord
4 Borgo al Cotone
5 Il Gastronomo
6 RendezVous da Marcello
7 Ristorante/Pizzeria La Fiaccola
9 La Scaletta

Übernachten

*** Yacht Club **2**, gut ausgestattete und zweckmäßige Zimmer, freundlicher und hilfsbereiter Service. In einer Seitengasse der Promenade (in Hafennähe beim pisanischen Turm). Anfang April bis Anfang Okt. geöffnet. DZ mit Bad, TV, Aircondition und Frühstücksbuffet ca. 129–170 €, EZ ca. 90–150 €. In der Hochsaison Mindestaufenthalt. Via Aldo Moro 46, 57033 Marciana Marina (LI), ☎ 0565/904422, www.hotelyachtclub.it.

*** Marinella **3**, Bestlage am nicht allzu attraktiven Dorfstrand. Großer Swimmingpool und Tennisplätze, beliebtes Hotelrestaurant. Alle Zimmer mit Bad, TV und Aircondition, z. T. mit Balkon, Mitte April bis ca. Mitte Okt. geöffnet. DZ mit Frühstück 130–190 €, mit Halbpension 170–230 €, EZ mit Frühstück 78–104 €, mit Halbpension 102–130 € (in den mittleren Augustwochen keine EZ). Lungomare Regina Margherita 38, 57033 Marciana Marina (LI), ☎ 0565/996980, www.elbahotelmarinella.it.

*** Gabbiano Azzurro **11**, an der Straße Richtung Marciana Alta, mit Pool im Garten. Ende April bis 31. Okt. geöffnet. Die Preise (Zimmer mit Bad, TV, Aircondition und z. T.

Balkon) sind moderat: EZ 50–70 €, DZ 90–130 €, je inkl. Frühstück. Außerdem werden fünf Appartements vermietet: für 2–4 Pers. 800–980 €/Woche. Viale Principe Amedeo, 57033 Marciana Marina (LI), ☎ 0565/99226, www.hotelgabbianoazzurroelba.it.

Appartements Intur Residence **10**, 1,5 km außerhalb von Marciana Marina an der Straße nach Procchio (beschildert). In schöner Lage am Hang, schattiger Garten, Stufen zum Meer hinunter, Einstieg an der felsigen Küste über Treppen (oder das Sprungbrett), Sonnenterrasse. Nur 15 recht schlichte 1- bis 3-Zimmer-Appartements mit Küche, Bad und Terrasse/Balkon zum Meer. Den Gästen stehen Mountainbikes, Kajaks und SUP-Boards kostenlos zur Verfügung. Ostern bis ca. 20. Okt. geöffnet. Ruhige Lage, im Juli/Aug. nur wochenweise zu mieten: für 2 Pers. 890–1300 €, für 4 Pers. 1100–1740 €, für 6 Pers. 1410–2080 €, außerhalb der Hochsaison fallen die Preise erheblich (teilweise nur noch halber Preis), dann ist auch eine kürzere Mietdauer möglich. Loc. Punta Schioppo 13, 57033 Marciana Marina (LI), ☎ 0565/99185, im Winter 0362/238257, www.intur.it.

Essen & Trinken

Capo Nord , am pisanischen Turm (Hafen), eine der ersten Adressen, nicht nur in Marciana Marina, sondern auf ganz Elba. Schönes, gediegenes Ambiente, geschulter Service, herrliche Lage am Meer, ausgezeichnete Küche zu entsprechend gehobenem Preisniveau, Hauptgerichte um 25 €, Menü ca. 50–60 €. Mittags gibt es auch schnelle Snacks (nicht ganz so teuer), zum abendlichen Dinieren auf der Terrasse sollte man reservieren. Mittags und abends geöffnet, Mo geschlossen. ✆ 0565/996983. Zugehöriges Stabilimento (Strandbad) nebenan.

La Scaletta , gute Pizzeria und Ristorante, günstig (Pizza 5–11 €). Flotter und freundlicher Service, der auch die Nerven behält, wenn es allabendlich proppenvoll wird – und die Gäste in der Warteschlange die kleine Seitengasse bei der Piazza Vittorio Emanuele bevölkern. Nette Atmosphäre, eines der beliebtesten Restaurants in Marciana Marina. Nur abends ab 19 Uhr geöffnet, Via della Fossa 6, ✆ 0565/997071.

Ristorante Borgo al Cotone , herrliche Lage ganz am Ende der Uferpromenade, noch hinter dem „RendezVous" (→ unten) und wie dieses ebenfalls oft voll. Gehobenes Restaurant, in dem man samstagabends schick zum Essen ausgeht. Wir probierten als Antipasto ein leckeres *Baccalà* mit Birne und Honig auch am *Antipasto del Mare* gab es nichts auszusetzen, als Hauptgericht *pesce spada alla griglia* und große *Maccheroni* mit Tomatensauce, dazu knackig frischen Salat. Hauptgerichte um 20–25 €. Wein nur flaschenweise (kleine Flasche ab 8 €, normale Flasche ab ca. 15 €). Für das Gebotene nicht zu teuer. Freundlicher, flinker Service. Mittags und abends geöffnet. Via del Cotone 23, Tischreservierungen für abends werden unter ✆ 0565/904390 erbeten.

RendezVous da Marcello , ausgezeichnete Küche (seit vielen Jahren regelmäßig in einschlägigen Gastroguides geführt), gehobene Preisklasse, gediegenes Publikum, sehr beliebt. Reservierung (für abends) erbeten, mittags und abends geöffnet, Piazza della Vittoria 1, ✆ 0565/99251.

Ristorante/Pizzeria La Faccola , ebenfalls an der „Fressmeile" um die Piazza della Vittoria gelegen. Gute Küche zu angemessenen Preisen, das Risotto mit Meeresfrüchten hervorragend, der Tintenfisch „alla Diavola" sehr zart und mit pikanter Schärfe, zum krönenden Abschluss Panna Cotta mit frischen Erdbeeren. Guter Hauswein, nette Terrasse, der Service ist okay. Mittags und

Marciana Marina – der Hafen an der Torre

Der Westen → Karte S. 184

abends geöffnet, abends gibt es auch Pizza. In der Nebensaison Do geschl. Piazza della Vittoria 6, ☎ 0565/99094.

Il Gastronomo **5**, der Tipp fürs kleinere Budget, zentral an der Uferpromenade gelegen. Unprätentiöses Lokal, erinnert durch die Vitrine eher an eine Tavola Calda als an ein Restaurant. Doch gibt es hier auch feine Fischgerichte. Tische und Stühle im Hof, lockeres Ambiente, von jungen Leuten betrieben, sympathisch und nett. Günstig, gute Küche, prompter Service, al-

lein der Hauswein blieb hinter den Erwartungen zurück. Mittags und abends geöffnet. Via del Sette 10, ☎ 0565/997021.

Zahlreiche weitere Restaurants und Cafés befinden sich an der wunderschönen (und autofreien) *Piazza Vittorio Emanuele* hinter der Uferpromenade.

Gelateria La Svolta **8**, sehr gutes Eis, teilweise auch ausgefallene Sorten: Feige, Birne, Torrone... ab 2 €. An der Piazza della Vittoria (Via Cairoli 6).

 Wanderung 8: Eine der schönsten **Wanderungen** auf Elba führt von Marciana Marina an der Küste entlang nach Sant'Andrea – sehr abwechslungsreich und mit herrlichen Ausblicken (ca. 2:30–3 Std., 7,5 km, Höhenunterschied etwa 480 m), retour mit dem Bus. Eine detaillierte Beschreibung finden Sie im (Rad-)Wanderführer am Ende dieses Buches (→ S. 257).

Buchten zwischen Marciana Marina und Procchio

Großer Beliebtheit erfreuen sich die kleinen Badebuchten an der zerklüfteten Küste zwischen Marciana Marina und dem 6 km entfernten Procchio. Parkplätze findet man an der Straße (an Wochenenden der Hochsaison allerdings nur schwerlich), meist führen kleine Pfade hinunter zum Strand.

Redinoce: Knapp 3 km von Marciana Marina, ein Schild weist hinunter zum Kiesstrand mit Sonnenschirm- und Liegestuhlverleih.

Paolina: Die östliche Nachbarbucht von Redinoce, sehr malerisch ist hier die kleine *Isola della Paolina* vorgelagert. Ebenfalls beschildert, der Pfad führt von der Straße in Serpentinen und Stufen hinunter zum überaus einladenden kleinen Sandstrand mit netter Bar. Hier auch Sonnenschirm-/Liegestuhl- und Tretbootverleih.

Spartaia: Gut 1 km außerhalb von Procchio (beschildert, Straße zum Strand), ein wirklich wunderschöner, relativ kleiner Sandstrand, an dem es allerdings recht dicht gedrängt zugeht. Ein großer Teil des Strandes ist vom *Hotel Désiree* belegt, das Parken kann an Sommerwochenenden zum Problem werden – die Kapazitäten sind begrenzt. Mit Bar, Sonnenschirm- und Liegestuhlverleih.

Procchio

Auffallende rote Ziegeldächer verstreut in einem grünen Tal, diverse Pauschalhotels, einige Pensionen und ein sehr schöner, gepflegter Sandstrand in der weiten Bucht des gleichnamigen Golfs – Procchio ist ein gepflegter, aber relativ gesichtsloser Touristenort ohne Vergangenheit. Nach einer beschaulichen Dorfpiazza und dem damit verbundenen Flair sucht man hier vergebens, „Zentrum" des Dorfs ist die breite und autofreie Promenade zum Strand mit ihren Bars, Restaurants und Souvenirshops. Auch an der viel befahrenen Durchgangsstraße finden sich zahlreiche Cafébars, Andenkenläden und Pizzerien. Außerdem gibt es noch die moderne Ladenpassage „Il Salotto di Procchio" unter hölzernen Arkaden: Souvenirshops, Gelaterien, Cafés und ein Bancomat. Jeden Donnerstagvormittag macht der Inselmarkt auch in Procchio Station.

Der Golf von Procchio

Eine schöne Kulisse im Hintergrund des Ortes bilden die auslaufenden Berghänge des *Monte Capanne*. Die Attraktion von Procchio ist der herrliche, ca. 1 km lange und bis zu 20 m breite Sandstrand mit Sonnenschirm- und Liegestuhlverleih, Anlegesteg, Umkleiden, Tretbootverleih sowie einigen Bars und Restaurants. Am linken Ende der Bucht befindet sich eine bizarre Felsformationen – gut zum Schnorcheln. Etwas längeren Atem braucht man, wenn man zum gesunkenen römischen Handelsschiff will, das seit gut 1800 Jahren ca. 50 m vor der Küste liegt.

Verbindungen Sehr gute Busverbindungen, von ca. 7.20–21 Uhr halbstündlich nach Portoferraio, 7.35–20.40 Uhr etwa stündlich über Marciana Marina nach Marciana Alta sowie 7–20 Uhr ca. stündlich über Marina di Campo nach Fetovaia (Westküste) und weiter nach Pomonte. Der **Marebus** fährt im Juli/August etwa stündlich zu den Stränden *Spartaia* und *Paolina*.

Mehrere gebührenpflichtige **Parkplätze** im Zentrum, wer kostenlos parken will, muss ein gutes Stück zum Strand laufen.

Wassersport Tauchen bei **Diving in Elba**, Piazza del Mare 2, ✆ 347/3715788, www.divinginelba.com.

Segelschule Procchio, am Strand, hier auch Surfkurse, Jollensegeln, Törns, Yachtcharter und diverse Scheine. ✆ 334/3793949 oder 380/5038147, www.segelschule-elba.com.

Motorbootverleih (auch ohne Führerschein) bei **Rent Malua** am Strand, ✆ 333/2699287, www.rentmalua.it.

Übernachten Hauptsächlich in (Pauschal-) Hotels der gehobenen Kategorie, allen voran das noble *Hotel del Golfo* – die Preise nehmen es hier locker mit dem benachbarten Biodola auf. Und auch sonst ist Procchio ein eher teures Pflaster, es gibt nur wenige (einigermaßen bezahlbare) Pensionen im Ort. Kein Campingplatz, dafür ein Wohnmobilparkplatz (an der Straße Richtung Marina di Campo).

*** **Monna Lisa**, am Ortsausgang Richtung Marciana Marina links ab, beschildert. Relativ ruhige Lage in einer Seitenstraße, gepflegtes, etwas altmodisches Mittelklassehaus, im Salon lächelt die Namensgeberin (natürlich als Kopie und mit einem „n"). Freundlicher Service, Parkplatz am Haus. Ca. 20. April bis Anfang Okt geöffnet. DZ mit Frühstück 140–170 €, mit Halbpension 180–220 €, EZ die Hälfte. In der Nebensaison deutlich günstiger. Via Fontalleccio 10, 57030 Procchio (LI), ✆ 0565/907519, www.hotelmonnalisa.it.

Essen & Trinken Einige Strandbars und Restaurants versorgen die Badegäste tagsüber mit Snacks, abends bieten sie neben der herrlichen Terrasse oft auch das volle Menü-Programm. Weitere Restaurants (z. T. auch gehoben) auf der Promenade zum und am Strand.

Gute Panini, Focaccia und auch Aperitivo gibt es bei der **Bar La Pinta** an der Ecke des „Salotto".

Der Westen → Karte S. 184

Die kleinen Inseln des Toskanischen Archipels

Gorgona, Capraia, Pianosa, Montecristo, Giglio und Giannutri – die kleineren Inseln des Toskanischen Archipels von Nord nach Süd . Bekannt ist eigentlich nur die noble Insel Giglio, die der Halbinsel Monte Argentario vorgelagert und von dort in knapp einer Stunde mit der Fähre zu erreichen ist. Und natürlich Montecristo – wer kennt sie nicht, die sagenumwobene Schatzinsel aus dem berühmten Roman von Alexandre Dumas.

Über touristische Tradition und die entsprechende verkehrstechnische Anbindung verfügt neben *Giglio* vor allem die Insel *Capraia*. Auf der völlig flachen Insel Pianosa, die am nächsten zur toskanischen Hauptinsel Elba liegt, wurde erst im Sommer 1998 die Strafanstalt geschlossen, seither ist die Insel für Tagesausflügler zugänglich. Für die anderen kleinen Inseln gelten strengere Auflagen in punkto Besucherzahlen: *Montecristo* und *Gorgona,* die kleinsten der toskanischen Inseln, können nur nach langer vorheriger Anmeldung besucht werden: Montecristo, weil es bereits seit 1971 vollständig unter strengstem Naturschutz steht; Gorgona, ein italienisches Château d'If, das noch immer ein Staatsgefängnis beherbergt, wird nur allmählich einem kontrollierten Tourismus geöffnet. Bleibt *Giannutri*: Die südlichste Insel des Toskanischen Archipels (150 km von der nördlichsten Insel Gorgona entfernt) kann besucht werden, im Sommer gibt es täglich Ausflugstouren dorthin.

Die sieben Edelsteine der Venus

Schenkt man der Mythologie Glauben, stieg die tyrrhenische *Venus,* das römische Pendant zur griechischen *Aphrodite,* dort aus dem Meer, wo heute
die toskanischen Inseln liegen. Beim Auftauchen soll sie sieben Edelsteine
aus ihrem Diadem verloren haben – einen ziemlich großen und sechs kleinere.
So entstand der Toskanische Archipel: der große Edelstein Elba und die etwas
kleineren Gorgona, Capraia, Pianosa, Montecristo, Giglio und Giannutri.

Vor langer Zeit waren die toskanischen Inseln einmal mit dichten Steineichenwäldern bestanden. Doch bereits die Etrusker benötigten das Holz als Brennstoff für
ihre Eisenschmelzöfen. Nach und nach wurden die Inseln gerodet, an Stelle des
Laubwalds trat eine anspruchslose Pflanzengesellschaft, die med terrane *Macchia,*
die heute für alle Inseln kennzeichnend ist. Dennoch haben sich besonders auf den
kleineren Inseln zahlreiche endemische, d. h. nur hier vorkommende Pflanzen- und
Tierarten erhalten können.

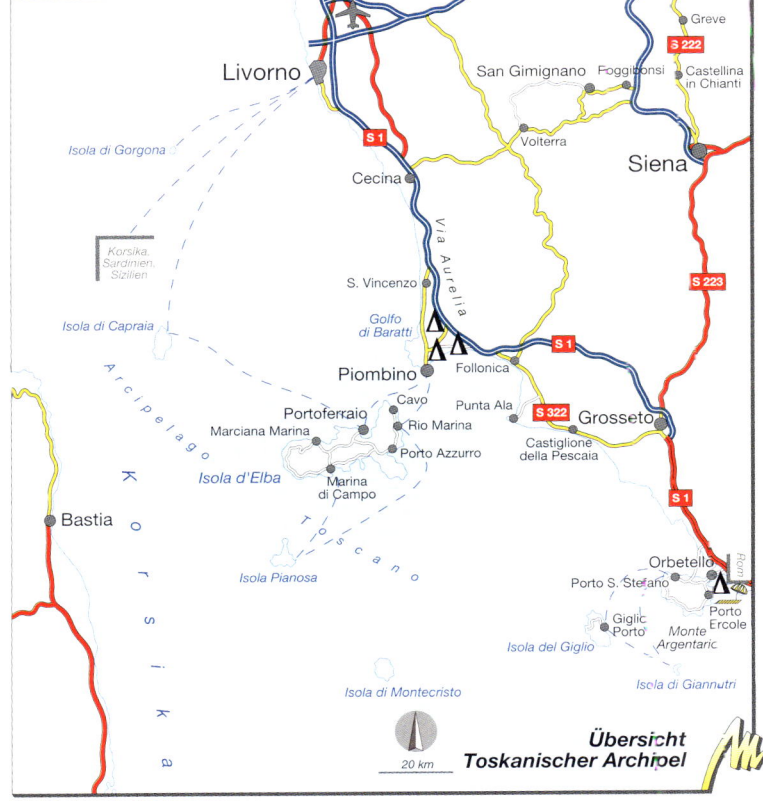

Kunstspringer am Anleger auf Giannutri

Seit Gründung des *Nationalparks Toskanischer Archipel* (Parco Nazionale dell' Arcipelago Toscano) im Jahr 1996 versucht man, die Artenvielfalt auf den Inseln und natürlich auch im Meer zu erhalten und den ohnehin eingeschränkten Tourismus (z. B. auf Gorgona, Montecristo und Pianosa) weiterhin in geregelten Bahnen ablaufen zu lassen. Entsprechend spärlich sind die Fährverbindungen vom Festland zu den kleineren Inseln: Lediglich Giglio ist häufig mit dem Festland (Porto S. Stefano) verbunden, Capraia wird zumindest einmal täglich von einem Linienschiff ab Livorno angefahren. Pianosa ist im Sommer von Piombino aus mindestens einmal wöchentlich mit der Linienfähre der Toremar im Rahmen eines halbtägigen Ausflugs zu besuchen. Generell ist der Toskanische Archipel am besten vom Standort Elba aus in mehreren Tagesausflügen zu erkunden – das Angebot, mit privaten Ausflugsbooten auf Pianosa, Capraia und Giglio einen Tag zu verbringen, ist vorhanden, wenn z. T. auch nur einmal wöchentlich (tägliche Ausflüge lediglich nach Pianosa). Verbindungen zwischen den Inseln bestehen so gut wie keine. Übernachtungsmöglichkeiten auf den kleinen toskanischen Inseln finden sich lediglich auf Capraia und Giglio, neuerdings ein Hotel auf Pianosa sowie einige wenige Appartements ohne besondere touristische Infrastruktur gibt es auch auf Giannutri.

Gorgona, die Gefängnisinsel

Die kleinste und nördlichste der Inseln des Toskanischen Archipels beherbergt seit 1869 eine Strafanstalt. Jüngst wurde die Insel für den Tourismus ein wenig zugänglich gemacht.

Das Relief der Insel ist von steil abfallenden Felsen geprägt, die fast die gesamte Küstenlinie umfassen. Der einzige Hafen der bergigen grünen Insel befindet sich an der Ostküste von Gorgona. Die Insel ist 2,25 qkm groß mit einer Küstenlänge von nicht mal 5 km; die höchste Erhebung heißt *Punta Gorgona* (255 m). Administrativ gehört Gorgona zur 37 km entfernten Küstengemeinde Livorno.

Charakteristisch für Gorgona ist eine relativ reiche Vegetation, bestehend zum Teil aus Waldstücken mit Aleppokiefern, vereinzelt treten auch Granatapfelbäume, Ulmen, Johannisbrotbäume sowie Maronen (Esskastanien) auf. Grund für die Pflanzenvielfalt ist der lehm- und kalkhaltige Boden. Dieser bringt im Vergleich mit den anderen Inseln wie Capraia, das vulkanischen Ursprungs ist, oder Montecristo und Giglio (beide überwiegend Granitboden), wesentlich mehr Grün hervor. Die kleinen, bewaldeten Areale der Insel werden von der typischen Mittelmeer-Macchia umgeben.

Gorgona besitzt eine endemische Pflanze, den *Lavendel von Gorgona (Limonium gorgonae)*, eine kleine, violette Blume, die an der felsigen Küste wächst. In der *Cala Maestra*, der größten Bucht der Insel im Norden, nisten große Kolonien von Silbermöwen, ansonsten leben auf Gorgona auch verschiedene Raubvögel wie Bussarde und Wanderfalken. Von den Mittelmeermönchsrobben *(Monachus monachus)*, die sich in der Antike in der *Cala Scirocco* (Südostspitze der Insel) in Scharen aufhielten, ist schon lange nichts mehr zu sehen.

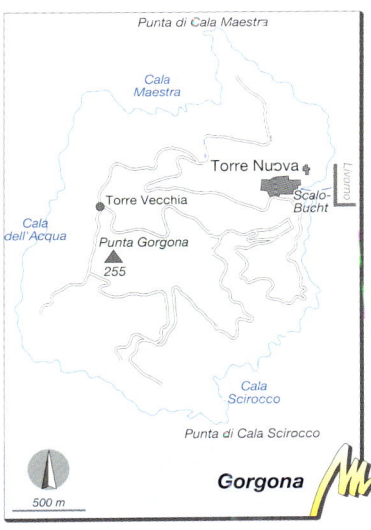

Bedeutende *Geschichte* ist auf der Insel nicht geschrieben worden. Gorgona wurde wie die anderen toskanischen Inseln auch von Römern, Pisanern, Genuesen und den Appiani aus Piombino besiedelt. Lange war die Insel ein wichtiges Rückzugsgebiet für Mönche, bereits aus dem 4. Jh. sind hier Einsiedeleien dokumentiert, und im Laufe der Jahrhunderte suchten immer wieder Benediktiner und Kartäuser auf der Insel Zuflucht vor den Wirren ihrer Zeit. Nichtsdestotrotz war auch Gorgona fortwährenden Piratenüberfällen ausgesetzt. Historische Relikte der Insel sind die mediceische *Torre Nuova* an der Anlegestelle *Scalo* (an der Ostküste) und die *Torre Vecchia* aus dem 13. Jh. (oberhalb der *Cala dell' Acqua*, Westküste). Im einzigen kleinen Inseldorf oberhalb der Anlegestelle leben ausschließlich die Beschäftigten des Staatsgefängnisses von Gorgona. Insgesamt zählt man auf Gorgona rund 250 Einwohner, etwa 70 davon sind Häftlinge des Gefängnisses. Dazu kommen etwa 80 Wärter und ihre Familien sowie weitere Beschäftigte des Gefängnisses. Die Häftlinge können sich auf der Insel relativ frei bewegen und arbeiten als Teil des Resozialisierungsprogramms vor allem in der Landwirtschaft. Dazu gehört auch ein kleiner Weinberg, den die Gefängnisinsassen in Kooperation mit dem überaus traditionsreichen und renommierten toskanischen Weingut Marchesi de' Frescobaldi bewirtschaften. Aus Vermentino- und Ansonica-Reben entsteht ein biologisch produzierter und hoch gelobter Weißwein namens *Gorgona*.

Information   Im März 2016 wurde beschlossen, dass in Zukunft an vier Tagen der Woche max. 75 Touristen die Insel besuchen dürfen. Nähere Informationen zu Fährzeiten und Kosten erhält man beim *Ufficio di Informazione Turistica* in Livorno: Via Pieroni 18/20, 57123 Livorno (LI), ✆ 0586/894236, www.costadeglietruschi.it. *Achtung Segler*: Da die Insel zu etwa drei Vierteln zur Zone 1 der geschützten Gebiete des *Nationalparks Toskanischer Archipel* gehört, ist das Anlegen verboten bzw. sind als Mindestabstand 1000 m vorgeschrieben!

Die kleinen Inseln des Toskanischen Archipels

Capraia

Capraia in Kurzform: eine schroffe, zerklüftete Felsenküste und im Inselinneren überwiegend mediterrane Macchia, nur wenige Häuser am kleinen Porto und das recht idyllische Inseldorf Capraia Isola.

Die westlichste Insel des Toskanischen Archipels – 19 qkm groß und mit einer Küstenlinie von 27 km – liegt näher an Korsika als am italienischen Festland und ist eine eigenständige Gemeinde, die zur Provinz Livorno gehört. Zur französischen Nachbarinsel in Sichtweite sind es nur 15 Seemeilen (ca. 28 km), während Livorno an der Etruskischen Riviera gut 30 Seemeilen (ca. 54 km) entfernt liegt.

Schroff ins Meer abfallende Steilküsten, kristallklares Wasser und die herbe Wildheit dieser mediterranen Landschaftsform zeichnen die Insel aus. Es gibt so gut wie keine Strände, ein Bad im Meer ist oft mit vorheriger Kletterübung verbunden. Capraia bietet andere Erholungs- und Freizeitmöglichkeiten, z. B. ausgedehnte Spaziergänge oder Wanderungen durch die unberührte Landschaft, eine Tauchschule oder auch einen Motorbootverleih. Das alles nimmt man sich aber am besten nicht im Hochsommer vor. Dann nämlich ist die kleine Insel hoffnungslos ausgebucht, und ohne vorherige Zimmerreservierung kann man sich die Anreise mit der Fähre ab Livorno oder per Ausflugsboot von Elba aus sparen.

Gut 100 Jahre lang war Capraia – wie es die Nachbarinsel Gorgona noch immer ist – eine der streng bewachten Gefängnisinseln Italiens. Als nach Schließung der Strafvollzugsanstalt 1986 die touristische Erschließung bevorstand, erklärte man Capraia umgehend zum Naturpark. Die Besucher finden hier eine italienische Variante des sanften Tourismus vor: Größere Bauvorhaben dürfen nicht mehr durchgeführt werden, und so platzen im Sommer die wenigen Hotels, Pensionen und Appartements aus allen Nähten. Der Fischerhafen ist während der Hochsaison dicht belegt mit Yachten aus Elba oder Korsika und die ein- bis zweimal täglich anlegende Fähre aus Livorno bringt zusätzlich noch Tagesbesucher auf die Insel. Ganz anders präsentiert sich Capraia außerhalb der Saison: als stille, fast verlassene Insel mit gerade mal 400 Bewohnern.

Capraia ist auch geologisch eine Besonderheit. Als einzige der toskanischen Inseln ist sie vulkanischen Ursprungs; entstanden durch die Eruption zweier

Die Insel Capraia

Vulkane vor etwa 7,5 und fünf Millionen Jahren. Das Lava- und Tuffgestein wie auch die besonderen Felsformationen um den Vulkan *Zenobito* an der *Punta dello Zenobito,* der Südspitze der Insel, veranschaulichen noch heute die vulkanische Entstehung der Insel. Höchster Berg ist mit 445 m der *Monte Castello* im Norden der Insel. Wie auch auf Gorgona gibt es auf der Capraia eine Reihe endemischer Pflanzen, z. B. die *Flockenblume* und das *Löwenmaul.* Zur endemischen Fauna zählt die *Capraia-Schnecke.* Ansonsten weist die Insel eine relativ typische Mittelmeer-Macchia auf, v. a. Zistrosen, Mastix, Baumheide, Erdbeerbaum und Myrte, teilweise aber auch eine sehr karge Vegetation. Auf Capraia leben neben den auf den toskanischen Inseln vielfach vertretenen *Silbermöwen* als Besonderheit auch die *Korsischen Möwen,* daneben Raubvögel wie Wanderfalken und Bussarde; außerdem wilde Kaninchen und – jüngst angesiedelt – eine kleine Population von Mufflons.

Recht beschaulich nimmt sich *Capraia Isola* aus, der einzige Ort der Insel. Überragt wird das Dorf von der Festung *San Giorgio,* die bereits im Mittelalter entstand und von den Genuesern Anfang des 16. Jh. ausgebaut wurde (nicht zugänglich). Sehenswert auch die *Pfarrkirche San Nicola* aus dem Jahr 1759, die an der kleinen *Piazza Milano* liegt. Ansonsten herrscht in den Gassen des Dorfes Ruhe.

Die wenigen Häuser am kleinen Hafen beherbergen zumeist Bars und Restaurants. In Hafennähe befindet sich auch die kleine *Kirche Vergine* aus dem frühen 14. Jh. Zuletzt wurde die Mole am Hafen von Capraia vergrößert, damit die großen Toremar-Fähren auch bei stürmischer See hier anlegen können, was zuvor nicht möglich war.

Geschichte

Über den Ursprung des Namens *Capraia* kursieren zwei Versionen: Man nimmt an, dass sich der Inselname entweder vom etruskischen Wort „carpa" (= Stein) oder

Die kleinen Inseln des Toskanischen Archipels

vom römischen „capra" (= Ziege) ableitet. Wenn man bedenkt, dass auf der Insel jahrhundertelang wilde Ziegen weideten, erscheint die zweite Variante so unwahrscheinlich nicht. Bereits in der Antike war Capraia eine wichtige Station auf den damals gängigen Handelsrouten. Die Insel diente Etruskern, Griechen und Römern als Zwischenhafen, z. T. entstanden auch kleine Ansiedlungen, von denen heute jedoch so gut wie nichts mehr zu sehen ist. Nach dem Untergang des Römischen Reichs kam es weitestgehend zur Entvölkerung der Insel. Im Mittelalter wurde Capraia von Mönchen und Einsiedlern als Refugium genutzt; später kamen dann Pisaner, Genueser und Appianer – und mit ihnen die Piraten. Um sich vor den drohenden Überfällen zu schützen, entstanden die heute noch sichtbaren historischen Bauwerke der Insel: die *Torre del Bagno* mit ihren mächtigen Außenmauern, die *Torre del Porto* und ganz im Süden der Insel die Torre *dello Zenobito*. Letztere wurde, wie auch die Torre del Porto , im Jahr 1516 von dem genuesischen Bankhaus „Banco di San Giorgio" gebaut (unter dem auch die gleichnamige Festung umgebaut wurde), und ist mit einem Durchmesser von 20 m einer der imposantesten Militärbauten des Archipels. Hier, an der Südspitze der Insel, konnten bis zu 50 Soldaten untergebracht werden, es gab eine Zisterne und eine Kapelle zur religiösen Unterstützung der kleinen Armee.

Anfang des 17. Jh. entstand unweit des Orts ein Franziskanerkloster, das in den 1860er Jahren in die besagte Strafanstalt umgewandelt wurde. Die nächste Wende in der Geschichte der Insel vollzog sich erst in jüngster Vergangenheit (1986): Aus der Gefängnisinsel wurde eine Touristeninsel mit kontinuierlich steigenden Besucherzahlen. Man erhofft sich dadurch auch die Schaffung von neuen Arbeitsplätzen, um so die Abwanderung von Capraia zu stoppen. Seit 1996 gehören etwa 75 % der Insel dem *Nationalpark Toskanischer Archipel* an. Geplant ist für die nähere Zukunft eine weitere touristische Erschließung Capraias, hierzu sollen leer stehende Gebäude um- und ausgebaut werden, Neubauten sind allerdings nicht vorgesehen.

Basis-Infos

Information   Associazione Pro Loco Capraia Isola, beim Hafen, Via Assunzione 42, 57032 Capria Isola (LI). April bis Sept. tägl. 9–12.30 und 16.30–19 Uhr geöffnet, ✆ 0586/905138, www.prolococapraiaisola.it, agparco@tin.it. Ein weiteres Infobüro gibt es im Dorf in der Via Carlo Alberto 44. Weitere Infos: www.isoladicapraia.com.

Anreise   Von Livorno aus **per Fähre** mit Toremar 1-mal tägl., meist um 8.30 Uhr morgens (Mi zusätzlich am Nachmittag), Fahrtdauer 2:45 Std., ca. 19 €/Pers., Auto etwa 62 €, Motorrad 25 € (einfache Strecke in der Hochsaison, ein Auto ist auf der kleinen Insel aber absolut überflüssig!). Toremar in Livorno: Porto Mediceo, ✆ 0586/896113, ✆ 0586/887263. Am Porto Mediceo auch Parkmöglichkeiten. Toremar auf Capraia: Agentur in der Via Assunzione 18 (am Hafen), ✆/✆ 0586/905069, www.toremar.it.

Der Fahrplan von Toremar ist unter www.prolococapraiaisola.it zu finden.

Eine weitere Möglichkeit ist die Anreise mit dem **Ausflugsboot von Portoferraio (Elba)** aus; im Sommer 1x wöchentlich (zuletzt immer freitags), Fahrtzeit gut 2 Std. (→ „Portoferraio/Bootsausflüge", S. 96), die Boote halten auch in Marciana Marina (→ S. 207), einfach 15 €, hin und zurück 30 €, Kinder (4–12 Jahre) 10 € bzw. 15 €, Infos unter Aquavision, ✆ 0565/976022 oder ✆ 328/7095470, www.aquavision.it.

Inselbus   Vom Hafen aus verkehrt regelmäßig ein **Pendelbus** hinauf zum Dorf und retour, in der Hauptsaison zum Wochenende auch mal im 30-Minuten-Takt.

Telefonieren   Die **Vorwahl** für die ganze Insel lautet ✆ 0586 und muss auch vor Ort immer mitgewählt werden.

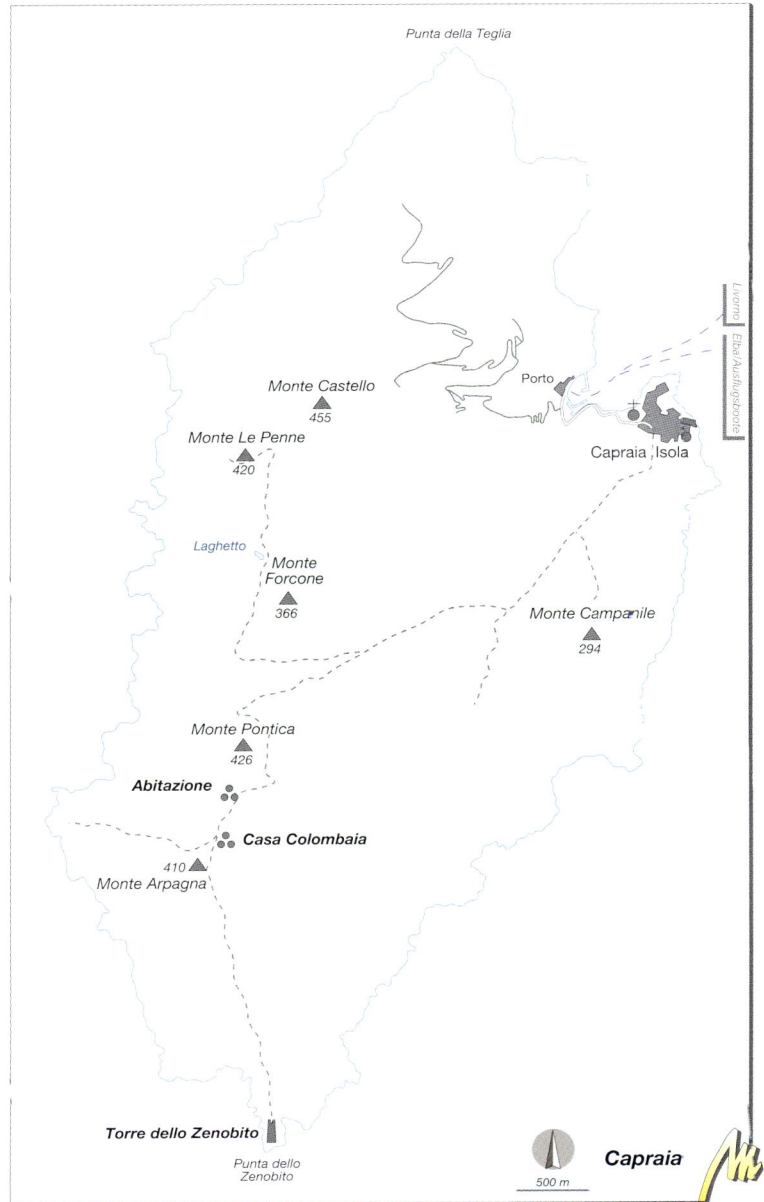

Punta della Teglia

Porto

Livorno

Elba/Ausflugsboote

Monte Castello
455

Monte Le Penne
420

Capraia Isola

Laghetto

Monte
Forcone
366

Monte Campanile
294

Monte Pontica
426

Abitazione

Casa Colombaia

410
Monte Arpagna

Torre dello Zenobito

Punta dello
Zenobito

Capraia

500 m

Adressen Erste Hilfe, es gibt auf der Insel eine Guardia Medica (medizinischer Bereitschaftsdienst), die in Notfällen unter ☎ 0586/905148 und 335/7865151 zu erreichen ist.

Apotheke, ☎ 0586/905035.

Carabinieri, ☎ 0586/905036.

Geldautomat, für alle gängigen Karten im Zentrum des Dorfs.

Hafenamt (Porto Turisitico), ☎ 0586/905307 und 338/3744102.

Lebensmittelläden, Minimarket Panicicio Cerri im Dorf und La Cambusa am Hafen.

Post, im Dorf gegenüber der Bank, vormittags geöffnet.

Wassersport Capraia Diving Club, Via Assunzione 100/B, 57032 Capraia Isola (LI); auch Kurse. ☎/✆ 0586/905137, www.capraiadiving.it.

Übernachten/Essen & Trinken

Grundsätzlich liegen die Preise für Übernachtungen auf Capraia noch etwas höher als auf der Nachbarinsel Elba. Frühzeitige Buchung ist wegen der wenigen Unterkünfte unerlässlich, besonders im Juli/August hat man sonst keine Chance, ein Quartier zu finden. Das gilt auch für den einzigen Campingplatz der Insel.

**** Hotel Saracino, beim Dorf Capraia Isola oberhalb des Hafens gelegen, etwas außerhalb Richtung Steilküste. 42 komfortable Zimmer mit Bad, TV, Kühlschrank, es werden auch Appartements vermietet. Ganzjährig geöffnet. DZ mit Frühstück 160–100 €, EZ 100 €. Via L. Cibo 30, 57032 Capraia Isola (LI), ☎ 0586/905018, www.hotelsaracino.com.

*** La Vela, Appartement-Hotel in einer restaurierten Villa aus dem 19. Jh. mitten im Dorf. Appartements für 2 Pers. 740–890 € pro Woche, für 4 Pers. 890–1250 €, für 6 Pers. 1550–1700 €, in der Nebensaison deutlich günstiger. Via Genova 46, 57032 Capraia Isola (LI), ☎/✆ 0586/905098, www.residencelavela.it.

*** Camping Le Sughere, einziger, eher einfacher Campingplatz der Insel, in Hafennähe, ca. 200 m vom Meer. Von Anfang Mai bis Ende Sept. geöffnet. Etwa 100 Stellplätze, wer im August kommen möchte, sollte unbedingt vorher reservieren. Bar und Minimarket, Pizzeria. Es werden auch einige 4er-

Bungalows vermietet (in der Hochsaison 750–850 € pro Woche). Pro Pers. 12–13 €, Kinder 2–8 Jahre 8,50–9 €, Zelt 7–10,50 €, Wohnwagen 10,50–11,50 €, Wohnmobil 11,50–12 €, Auto 3 €, Hund 3 €. Via delle Sughere 1, 57032 Capraia Isola (LI), ☎/✆ 0586/905066, www.campeggiolesughere.it.

Essen & Trinken La Garitta, Restaurant in der Via Assunzione unten am Hafen; guter Fisch und Meeresfrüchte auf netter Terrasse, sehr beliebt. Geöffnet mittags und abends. Via Assunzione 11, ☎ 0586-905230.

Il Vecchio Scorfano, von italienischen Gastroführern mehrfach ausgezeichnetes Feinschmeckerlokal am Hafen. 1953 eröffnetes Familienlokal, viel frische Pasta meist mit Meeresfrüchten in verschiedenen Variationen. Gute Auswahl an toskanischen Weinen, gehobenes Preisniveau. Mittags und abends geöffnet, Via Assunzione 44, ☎ 0586/905132.

Am Hafen weitere Restaurants, Bars und Gelaterien.

Wandern auf Capraia

Grundsätzlich gilt: Fehlende Markierungen und kaum ausgebaute Pfade gestalten die Wanderungen auf der Insel eher mühsam. Zum Teil schlägt man sich auch querfeldein durch die Macchia im Inselinneren, unwegsame, schwer passierbare Stellen sind keine Seltenheit. Die Berge sind um die 400 m hoch, sodass einige mühselige, z. T. auch schwierige Anstiege überwunden werden müssen. Nichts für völlig Ungeübte und Orientierungslose! Festes Schuhwerk und Trinkwasser sind unbedingt ratsam, ein Kompass kann ebenfalls gute Dienste leisten.

Pianosa – Anfahrt auf die Gefängrisinsel

Pianosa

Die merkwürdigste Insel des Archipels: völlig flaches Land, die höchste Erhebung misst gerade mal 27 m. Pianosa liegt nur 14 km von Elba entfernt und auch hier war – bis zum Sommer 1998 – ein Gefängnis untergebracht.

In „Spitzenzeiten" sollen hier mal fast 2000 Menschen gelebt haben, knapp die Hälfte davon als Insassen der 1855 eröffneten Haftanstalt. Heute gibt es keine ständigen Bewohner mehr auf Pianosa, die „Besatzung" der Insel besteht gerade noch aus etwa zehn Mann, die mit der Verwaltung des ehemaligen Gefängniskomplexes einerseits und mit dem Ausbau touristischen Angebots andererseits beschäftigt sind. Junge Häftlinge aus dem Gefängnis von Porto Azzurro, die vor ihrer Entlassung stehen, können auf der Pianosa an einem Sozialprogramm mitwirken: Sie entsorgen die Altlasten der Gefängnisanlage und betreiben das einzige Ristorante/Bar auf der Insel: Im „San Giacomo" können die Besucher bei echter „Knastkantinen-Atmosphäre" speisen oder sich auch nur mit einem kühlen Getränk erfrischen. Aber keine Sorge: Geboten wird keineswegs Brei im Blechnapf, sondern ein solide Tageskarte (warme Küche bis 15 Uhr, danach *panini*, bzw. normaler Barbetrieb). Seit 2011 gibt es auf Pianosa sogar ein 20-Betten-Hotel – recht schlicht zwar, aber das hat auf der Insel ja Tradition.

Pianosa mit einer Größe von 10 qkm und einer Küstenlänge von 26 km ist Teil des *Nationalparks Toskanischer Archipel*, weswegen der Besuch der Insel Beschränkungen unterliegt. Es dürfen täglich nur eine begrenzte Anzahl von Besuchern die Insel betreten, weite Teile sind nur im Zuge geführter Touren zu besichtigen. Angeboten werden Trekking-, Mountainbike- und Kajaktouren. Ohne Führung müssen die Pianosa-Gäste im Ort und am Strand bleiben.

Die kleinen Inseln des Toskanischen Archipels

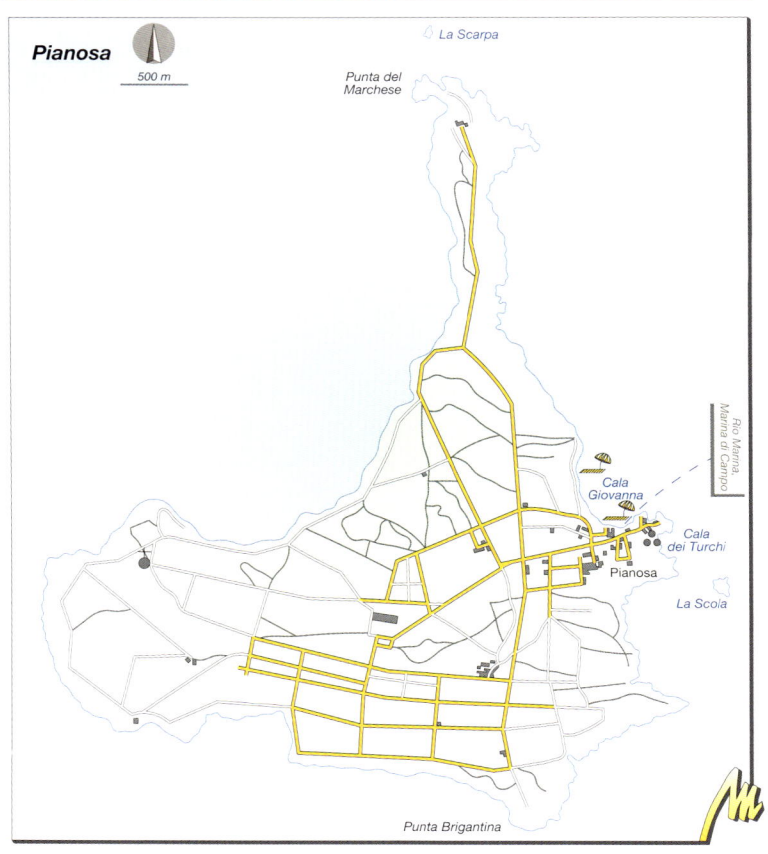

Das „Inseldorf", das zum großen Teil erst nach der Eröffnung des Gefängnisses vor fast 150 Jahren entstand, ist vollständig von einer hohen Mauer umgeben. Jenseits dieser Mauer, über den Rest der Insel, erstreckte sich die Gefängnisanlage. Diesseits lebten die Wärter und ihre Familien in dem kleinen Hafenort mit Festung, Post und Carabinieri, Ristorante, Kirche und Piazza. Heute strahlt der eingeschlossene Ort das merkwürdige Flair einer Geisterstadt aus.

Eindruck hinterlässt vor allem der kleine alte Hafen unterhalb des Kaps *Promontorio della Teglia,* auf dem sich in der Antike wahrscheinlich eine Befestigung befand. Heute thront hier ein palastartiges, zinnenbekröntes Gebäude, das allerdings schon länger leer steht und wie viele andere Häuser der Insel auch zusehends verfällt. Daneben eine exponiert über dem Meer liegende Terrasse mit einem Obelisken. Von hier hat man einen schönen Blick auf die *Cala dei Turchi,* die Felsformation *Il Marzocco* und das Inselchen *La Scola.* Am Hafen sind noch bescheidene römische Überreste zu sehen, z. T. auch unter Wasser.

Der äußere Gefängnishof kann besichtigt werden. Hier findet sich eine Kirche aus dem 16. Jh., deren Apsis baufällig und zum Teil schon eingestürzt ist. Eine Gedenktafel erinnert an die Widerstandskämpfer gegen den Faschismus – unter ihnen auch der Sozialist und spätere Staatspräsident *Sandro Pertini* –, die hier von 1943–1945 gefangen gehalten wurden.

Wer nicht im Rahmen einer Tour unterwegs ist , dem empfehlen wir, sich die Zeit bis zur Rückfahrt mit einem Bad im unglaublich sauberen Meer am schmalen Sandstrand der nördlich vom Hafen gelegenen Bucht *Cala Giovanna* zu vertreiben. Durch die fast 150 Jahre andauernde völlige Abgeschiedenheit hat sich eine unverfälschte Küstenlandschaft erhalten, überall schimmert das Wasser türkisgrün und glasklar, sodass man mühelos bis auf den Meeresboden schauen kann. An landschaftlichen Reizen im Inselinneren hat Pianosa allerdings kaum etwas zu bieten: Der Boden wurde von den Gefangenen jahrzehntelang intensiv bewirtschaftet, zurückgeblieben ist eine eher armselige Vegetation.

Die Zahl der Besucher ist auf 250 am Tag beschränkt. Auch wenn das Kontingent vielleicht nicht immer ausgeschöpft wird, sollte man sicherheitshalber das Ticket einige Tage vorher bei den Agenturen in Rio Marina oder Marina di Campo kaufen bzw. reservieren (→ 224f).

Geschichte

Unter den Griechen hieß die Insel *Planasia,* die Römer machten dann daraus *Pianasia* und bauten hier Tempel und Thermen. *Agrippa Postumus,* ein Enkel von Kaiser Augustus, wurde auf die Insel verbannt und später hier ermordet, jedoch nicht ohne vorher eine Villa errichtet zu haben, deren Überreste allerdings äußerst spärlich ausfallen. Mit dem Untergang des Römischen Reichs verschwanden auch die Bewohner von der Insel. Besiedelt wurde Pianosa wieder im frühen Christentum, als hier – einmal abgesehen von Rom – eine der wichtigsten Katakombenanlagen der damaligen Zeit entstand. Wie auch die anderen Inseln des Toskanischen Archipels war Pianosa im Mittelalter ein Rückzugsort für Einsiedler. Die Pisaner und Genuesen lieferten sich hier später heftige Kämpfe, bei denen die gesamte Inselbevölkerung verschleppt wurde. Erst unter den Appiani (von Piombino) fand eine erneute Besiedlung statt, bis Pianosa 1553 vom gefürchteten

Hundert Bauern für Napoleons Kornkammer

Napoleon hat Pianosa quasi annektiert. Die Insel gehörte zwar schon seit 1802 offiziell zu Frankreich, dass auf das brachliegende Eiland aber niemand ernsthafte Herrschaftsansprüche anmeldete, merkte der Kaiser ohne Kaiserreich ziemlich schnell. Nach einer gründlichen Inspektion Pianosas versetzte Napoleon eiligst hundert seiner Soldaten hierher und fing an, die Kultivierung der Insel in die Wege zu leiten. Mit einem genuesischen Geschäftsmann schloss man Verträge, die vorsahen, dass alle landwirtschaftlichen Erzeugnisse der Insel – geplant waren Getreideanbau und Rinderzucht – exklusiv an Elba weiterverkauft werden sollten. Die Aufsicht über die Inselwirtschaft wurde dem eigens dafür eingesetzten pianosischen Gouverneur Gottmann aus dem Elsass übergeben, und Napoleons Stab machte sich nun daran, hundert elbanische Bauern anzuwerben, die die landwirtschaftliche Blüte der Insel vorantreiben sollten. Aber Bonapartes Rechnung ging nicht auf: Trotz der in Aussicht gestellten Steuerfreiheit fand sich kaum jemand, der Elba verlassen und das karge Pianosa kultivieren wollte. Zudem zeigte Gottmann nicht allzu großes Geschick im Inselmanagement, und die hochtrabenden Pläne wurden mit Napoleons Rückkehr nach Frankreich 1815 genauso schnell wieder begraben, wie sie entstanden waren.

Piraten *Dragut* verwüstet wurde. In den folgenden Jahrhunderten bleibt die kleine Insel unbewohnt, bis 1814 Napoleon, der sich inzwischen auf die Nachbarinsel Elba im Exil befindet, seinen Ersatzstaat vergrößern will und sich für Pianosa zu interessieren beginnt.

Bedeutung erlangte Pianosa erst wieder 1855 mit der Einrichtung der Strafkolonie. Die Sträflinge betrieben hier nun die bereits von Napoleon ersonnene landwirtschaftliche Erschließung der Insel – verständlicherweise ohne großen Enthusiasmus und unter der harten Hand der Gefängnisaufseher. In den späten 1970er Jahren wurde Pianosa zum Hochsicherheitsgefängnis ausgebaut, in dem sich Terroristen der Roten Brigaden die Zellentrakte mit hochrangigen Mafiosi teilen mussten. 1996 wurde die Insel komplett dem Schutzgebiet des *Nationalparks Toskanischer Archipel* zugewiesen.

Seit der Schließung der Strafanstalt im Juni 1998 setzt man hier auf Tagestourismus, ein größerer touristischer Ausbau der Insel ist jedoch nicht zu erwarten, da das Nationalpark-Statut für die Schutzzone, der auch die Insel Pianosa angehört, bauliche Veränderungen nicht zulässt.

Anreise/Bootsausflüge/Übernachten

Zwei Möglichkeiten stehen für den Trip von Elba nach Pianosa grundsätzlich zur Verfügung: Entweder täglich mit Ausflugsbooten ab Marina di Campo oder jeden Dienstag mit dem Fährschiff der *Toremar* ab Rio Marina.

Bootsausflüge: Im Sommer mit **Aquavision** täglich Tagesausflüge von Marina di Campo nach Pianosa, pro Pers. 20,90 €, Kinder 4–12 Jahre 10 €, Infos und Tickets in der Bude am Parkplatz in Marina di Campo, Piazza dei Granatieri 203, im Sommer ganztägig 8–23 Uhr geöffnet, ℰ 0565/976022 oder mobil 328/7095470, www.aquavision.it.

Touren werden von *Pelagos* angeboten, buchbar über *Aquavision* (→ oben); z. B.

Führung durch den Ort (Dauer 1 Std., Erw. 5 €, Kinder 4–12 Jahre 2,50 €), *Wanderung über die Insel* (Dauer 2 Std., Erw. 8 €, Kinder 4–12 Jahre 4 €), desweiteren gibt es Kajaktouren und Schnorchelausflüge, MTB-Touren sowie Rundfahrten im Minibus oder in der Kutsche.

Toremar-Fähre: Ganzjährig immer Di ab Piombino via *Rio Marina*. Das Schiff startet in Rio Marina um 9.20 Uhr (an Pianosa 11.10 Uhr), Rückfahrt ab Pianosa um 14.10 Uhr (an Rio Marina 16 Uhr). Pro Pers. hin und zurück ca. 20 €. Für die Hochsaison wird empfohlen, das Ticket schon vorher bei der Toremar-Agentur in Rio Marina zu kaufen. Calata Voltoni 20, ✆ 0565/962073, www.toremar.it.

Im Juli/August ist auf Pianosa noch mal eine **Nationalparkgebühr** von 8 € pro Pers. (Kinder unter 12 Jahre frei) zu zahlen.

Übernachten: Seit 2011 gibt es tatsächlich das einfache **Hotel Milena**, nur 20 Betten und Gemeinschaftsbäder, Übernachtung mit Vollpension 90 € pro Pers., ✆ 392/8277945, www.hotelpianosa.it.

Glasklares Wasser umgibt die Inseln im Nationalpark

Montecristo

Wie ein Kegel ragt die einsamste der toskanischen Inseln geradezu mystisch aus dem Meer. Montecristo verdankt seine Berühmtheit zweifelsohne der Literatur.

Alexandre Dumas d. Ä. sei, so heißt es, zu seinem Roman „Der Graf von Monte Christo" (erschienen 1845–46) durch einen in Livorno lebenden französischen Kaufmann angeregt worden. Dieser hatte Dumas von dem geheimnisvollen Felsbrocken ein paar Seemeilen westlich von Giglio erzählt und ihm so einen idealen Schauplatz für seine abenteuerlichen Fantasien geliefert. Romanheld *Edmond Dantès*, ein junger Seefahrer, der 1815 das Opfer einer Intrige wird und 14 Jahre lang unschuldig im Kerker von *Château d'If* einsitzt, gelingt es, aus dem Gefängnis zu entkommen und den sagenumwobenen Schatz zu heben, den ihm sein Mithäftling Abbé Faria vermacht hat. Dieser Schatz ist auf Montecristo vergraben und nicht weniger als 13 Mio. Francs wert; und Dantès, der sich fortan als Graf von Monte Christo ausgibt, kehrt nach Frankreich zurück, um sich grausam an seinen Verrätern zu rächen. Die Geschichte vom Schatz hat übrigens durchaus einen realen Hintergrund: Die Kamaldulensermönche sollen im Mittelalter auf der Insel wahrhafte Reichtümer angehäuft haben, woraufhin Montecristo immer wieder zum Angriffsziel der gefürchteten Piraten wurde.

Den Mythos von der Schatzinsel illustriert auch heute noch ein nahezu unbesiedeltes, von wilder Vegetation geprägtes Eiland. Montecristo ist ein steil aus dem Meer emporragender Granitfelsen, der am höchsten Punkt, dem *Monte della Fortezza*, 645 m misst – nach dem 1019 m hohen Monte Capanne (und seinen Nebengipfeln) auf Elba die zweithöchste Erhebung des gesamten Toskanischen Archipels. Die

10,4 qkm große Insel (Küstenlinie 16 km) liegt 24 Seemeilen von Elba und etwa 40 Seemeilen vom italienischen Festland entfernt. Einziger Hafen der schwer zugänglichen Insel ist die Bucht *Cala Maestra* an der Westküste mit einem schönen, kleinen Strand. Ausgebaute Wege sucht man auf Montecristo vergebens, lediglich ein Maultierpfad führt von der Landungsstelle Cala Maestra steil hinauf zur *Grotta del Santo Eremita* und zu den Ruinen des verfallenen *Benediktinerklosters* (auf 345 m Höhe), von hier weiter hinauf zum Monte della Fortezza.

Die Vegetation der Insel besteht hauptsächlich aus der typischen mediterranen Macchia (v. a. Zistrosen und Baumheide), vereinzelt sind auch noch einige Bäume geblieben. Interessanter dagegen die Fauna der Insel: Neben den endemischen *Wildziegen* von Montecristo (*Montecristo-Ziege*), deren Bestand aufgrund fehlender natürlicher Feinde mittlerweile auf ein bedenkliches Maß angewachsen ist (man geht von bis zu 500 Exemplaren aus), findet man nur hier die *Aspisviper* von Montecristo (*Vipera aspis Montecristi*) und eine nur auf der Insel vorkommende *Eidechse*. Bis vor einigen Jahren wurden an der zerklüfteten Küste der Insel auch wenige Exemplare der vom Aussterben bedrohten *Mittelmeermönchsrobbe (Monachus monachus)* gesichtet. Beliebtes Ziel ist das abgelegene Montecristo im Frühjahr und Herbst bei zahlreichen Zugvögeln, die hier auf ihrer Strecke zwischen Afrika und Europa Rast machen. Man zählte schon über hundert verschiedene Arten auf der Durchreise.

San Mamilianus

Er lebte einsam und friedlich mit nur wenigen Getreuen auf der kleinen Insel *Montegiove*. Unter Mamilianus entstanden hier eine Einsiedelei und ein Kloster; die ganze Insel wurde bald zum Zufluchtsort für Mönche und Einsiedler. Das Ende des 6. Jh. gegründete Benediktinerkloster wurde sogar überregional bedeutend, ihm unterstanden auch Klöster auf Sardinien und Korsika.

Die Legende erzählt, dass Bischof Mamilianus auf dem unwirtlichen Eiland gegen einen furchterregenden Drachen gekämpft haben soll und siegreich aus dieser ungleichen Begegnung hervorgegangen sei. Die Höhle des Drachen, in der Mamilianus dann einzog, wurde zur *Grotta del Santo* („Höhle des Heiligen"), und fortan nannten die Bewohner die Insel *Montecristo,* den „Berg Christi".

Kurios auch die Geschichte über die „Verteilung" der sterblichen Überreste von San Mamilianus: Als dieser im Jahr 465 sein Ende herannahen fühlte, entzündete er ein großes Feuer, um den Menschen auf den umliegenden Inseln zu signalisieren, dass er ein christliches Begräbnis wünsche. Dies wurde ihm auch gewährt, allerdings nicht unbedingt so, wie er es sich vorgestellt hatte. Als nämlich die Bewohner von Elba gleichzeitig mit denen der Insel Giglio beim Leichnam des Heiligen eingetroffen waren, entbrannte ein heftiger Streit, wer ihn denn nun mit nach Hause nehmen dürfe. Im Verlauf der Auseinandersetzung löste sich das Problem mehr oder weniger von alleine: Der Leichnam des Mamilianus wurde beim erbitterten Kampf seiner Bestatter gleich in mehrere Stücke gerissen, und jede Insel erhielt so ihren Anteil an dem Verehrten. Ein dritter Teil wurde im Eifer des Gefechts anscheinend übersehen, dieser soll später in der Arno-Mündung bei Pisa angeschwemmt worden sein.

Geschichte

In der Antike war die Insel unter dem Namen *Oglasa* bekannt, später wurde sie *Montegiove* genannt. Vor dem 5. Jh. n. Chr. war die Insel unbesiedelt. Dann aber kam *Mamilianus,* der Bischof von Palermo, auf seiner Flucht vor der Vandalen hierher.

Im Mittelalter wurde die Insel immer wieder von Piraten heimgesucht und verwüstet, das Kloster verlor an Bedeutung und Ende des 15. Jh. übernahmen die Pisaner die völlig verarmte Anlage, deren Ruinen noch heute stehen. Mitte des 19. Jh. tauchten die ersten Abenteurer, inspiriert vom Schatzinselmythos, hier auf. 1852 kaufte der Engländer *George Watson Taylor* die Insel und baute bei der Cala Maestra ein Haus, das später König *Vittorio Emanuele III* (1869–1947) als Jagdhütte diente. 1860 fiel Montecristo in den Verwaltungsbereich der Nachbarinsel Elba und man kommandierte einige Soldaten zur Bewachung der Insel ab.

Seine Unwirtlichkeit hat Montecristo bis heute vor Besiedlung oder Tourismus bewahrt. Seit 1971 ist die Insel Naturschutzreservat und gehört seit 1996 komplett zur Schutzzone 1 des *Parco Nazionale dell'Arcipelago Toscano* – Montecristo gilt als das am strengsten geschützte Gebiet ganz Italiens. Doch in den letzten Jahren mehren sich die Gerüchte um eine bevorstehende Lockerung der strikten Bestimmungen und die Öffnung der Insel für einen wie auch immer gearteten Tourismus. Die Spekulationen reichen vom Bau eines Luxushotels bis hin zum kompletten Verkauf der Insel. Umweltschützer raufen sich angesichts solcher Aussichten natürlich die Haare – man geht davon aus, dass eine touristische Nutzung selbst in bescheidenem Umfang die einmalige Natur der Insel in absehbarer Zeit völlig zerstören würde.

Ausflüge nach Montecristo – schwierig! Privatpersonen ist es verboten, die Insel zu betreten; Boote dürfen sich nur auf eine Distanz von maximal 1000 m nähern. Einzig ein Ehepaar wohnt auf Montecristo. Dieses wacht über den Frieden der Natur und führt die jährlich 1000 Besucher, die es geschafft haben, bei der zuständigen Forstbehörde in Follonica (→ unten) eine Erlaubnis zu bekommen, über die Insel. Nahe der Cala Maestra (beim ehemaligen königlichen Jagdhaus *Villa Reale*) befindet sich ein kleines *naturkundliches Museum,* das über die Inselflora und -fauna informiert.

Anreiseformalitäten   Die eintägigen Exkursionen von *Porto Santo Stefano* (auf der Halbinsel Monte Argentario) nach Montecristo werden von der Forstbehörde organisiert und stehen unter deren Aufsicht. Anträge für einen solchen Besuch müssen lange im Voraus und in italienischer Sprache bei der zuständigen Forstbehörde gestellt werden. Machen Sie sich allerdings keine gro-

ßen Hoffnungen: Meist werden diese Genehmigungen nur zu nachgewiesenen Forschungs- und/oder Studienzwecken erteilt, touristische Interessen spielen keine Rolle, so zumindest der letzte Stand. Adresse: **Ufficio Territoriale per la Biodiversità,** Corpo Forestale dello Stato di Follonica, Via Bicocchi 2, 58022 Follonica (GF), ✆ 0566/40019, utb.follonica@corpoforestale.it.

Monte Argentario (Festland)

Die heutige Halbinsel war einst wie die Inseln Giglio und Giannutri komplett vom Meer umgeben. Durch angeschwemmte Sandablagerungen bildeten sich aber mit der Zeit drei schmale Verbindungen zum Festland, dazwischen erstreckt sich die Lagune von Orbetello.

Der Argentario ist ein felsiges Vorgebirge; macchiabewachsene Hänge bestimmen das Aussehen des südlichsten Teils der Maremma. Die Küste bietet abwechslungsreiche Ausblicke auf kleine Inseln und einsame Sandbuchten, die jedoch meist sehr schwer erreichbar sind, da das Gebirge zum Meer hin steil abfällt. Versteckt in die Hänge gebaute Villen sind deutliche Zeichen dafür, dass der Argentario vor allem Urlaubsziel gut betuchter Gäste ist – Rom, Pisa und Florenz liegen relativ nah. Große Hotels wird man daher auch nicht finden, denn der „durchschnittliche" Sommergast des Argentario bevorzugt sein eigenes privates Feriendomizil.

Die 26 km lange Route auf der kurvenreichen *Strada panoramica* ist nicht durchgehend asphaltiert und erfordert im südlichsten Teil ein geländegängiges Fahrzeug, zu manchen Zeiten ist sie gar nicht passierbar. Daran soll sich nach den Vorstellungen der Villenbesitzer auch nichts ändern. Wer mit einem normalen Pkw unterwegs ist, dem sei folgende kürzere Rundfahrt im Westen der Halbinsel empfohlen: Zunächst in Porto Santo Stefano entgegen dem Uhrzeigersinn auf die Panoramastrecke mit ihrem Ausblick über die Macchia auf die Küste; nach 10 km führt dann eine Straße über das Landesinnere zurück an den Ausgangspunkt.

Porto Santo Stefano

Der Hauptort des Argentario liegt an einem schönen Naturhafen. Am lang gezogenen Kai machen Fischerboote und schnittige Luxusyachten fest. Auch die Fähren zu den Inseln Giglio und Giannutri legen hier ab.

Seit sich vor über 50 Jahren die 2009 verstorbene *Susanna Agnelli,* Enkelin des Fiat-Gründers, in Porto Santo Stefano ihre Sommerresidenz bauen ließ, hat sich der Ort zu einem exklusiven Refugium der italienischen Oberschicht entwickelt. Der extensive Tourismus, wie er nördlich und südlich des Argentario vorherrscht, ist der Halbinsel erspart geblieben, denn Signora Agnelli verdiente sich in den 1970er Jahren als Bürgermeisterin im Kampf gegen die Bauspekulanten ihre ersten politischen Sporen. Das Ergebnis kann sich sehen lassen: Keine tristen Feriensiedlungen oder Hotelburgen trüben den Blick, überfüllte Strände sind unbekannt. Low-Budget-Touristen finden am ehesten im Zentrum eine bezahlbare Unterkunft, eine gute Auswahl an Restaurants und Pizzerien gibt es an der Hafenmeile Via del Molo.

Doch der 9000-Einwohner-Ort, benannt nach dem Schutzheiligen der Seefahrt, lebt nicht vom Tourismus allein. Noch knapp 20 Fischkutter fahren täglich zwischen 3 und 4 Uhr morgens aufs Meer, um am Abend gegen 18 Uhr mit ihrem Fang zurück in den Hafen zu kommen. Versteigert wird der Ertrag zwischen 19 und 20 Uhr in der *Banchina Toscana*. Außerdem sorgen einige kleinere Bootswerften auch heute noch für Arbeitsplätze, wenn auch die Erzeugnisse eher sportlichen Zwecken dienen.

Von Porto Santo Stefano aus bestehen mehrmals täglich Fährverbindungen nach Giglio, das südlicher gelegene Giannutri wird während der Sommermonate regelmäßig von Ausflugsschiffen angesteuert.

Porto Santo Stefano

Information/Zimmervermittlung Ufficio di Informazione Turistica, Mitte Juni bis Sept. tägl. 9.30–19 Uhr; Ende März bis Mitte Juni Fr 17–20 Uhr, Sa 9.30–12.30 und 17–20 Uhr, So 9.30–12.30 Uhr; Okt. bis Anfang Nov. Fr 15–18 Uhr, Sa 9–12 und 15–18 Uhr, So 9–12 Uhr. Piazzale S.Andrea 1, 58019 Porto Santo Stefano (GR), ☎ 0564-814208, www.comunemonteargentario.gov.it.

Verbindungen Regelmäßige **Busverbindungen** nach Orbetello, hier befindet sich auch der nächste **Bahnhof**.

Fähre: In der Hochsaison bis zu 10x täglich (in der Nebensaison ca. 6–7x, im Winter 4x) mit *Toremar* oder *Maregiglio* nach **Giglio Porto**, Fahrtdauer ca. 1 Std. Zumindest für einen Tagesausflug ist es nicht ratsam, das eigene Auto mit auf die Insel zu nehmen: auf der Insel verkehren häufig Busse, es gibt Taxis, die teure Überfahrt auf der Fähre kann man sich eigentlich sparen, außerdem gibt es auf der Insel zu wenige Parkplätze.

Preise: pro Pers. 12–13 € (einfache Fahrt, hin und zurück 23–26 €), Kinder 4–11 Jahre 8 € (16 €), Auto je nach Länge 40–55 €, Motorrad/Scooter 20 €, Fahrrad 7–8 €, Hund ca. 3–5 €. Ticketbuden am Hafen.

Toremar-Büro: Piazzale Facchinetti 7/8, 58019 Porto Santo Stefano (GR), ☎ 0564/810803, www.toremar.it.

Maregiglio-Büro: Hauptsitz auf Giglio, Via Umberto I 22, 58013 Isola del Giglio – Porto (GR), ☎ 0564/809309 (in Porto Santo Stefano: Piazzale Facchinetti 7 ☎ 0564/812920), www.maregiglio.it.

Bootsausflüge Nach Giannutri: Mit *Maregiglio* im Sommer 1x täglich (in der Nebensaison ca. 3x wöchentlich, von Nov. bis Anfang Februar gar nicht) ab Porto Santo Stefano nach Giannutri, Abfahrt um 10 Uhr, retour ab Giannutri um 16 Uhr, die Überfahrt dauert jeweils 70 Min. Pro Pers. 20 €, Kind 16 €, Hund 8 €. Ticketbude am Hafen von Porto Santo Stefano, ☎ 0564/812920.

Im Sommer werden außerdem Minikreuzfahrten durch die Gewässer des toskanischen Archipels mit Landgängen auf der Insel Giannutri und Giglio angeboten.

Einkaufen/Markt In der **Pescheria Enzo e Raffaella** gibt es täglich fangfrischen Fisch von der Makrele bis zum über 2 m langen Schwertfisch.

Jeden Dienstag **Markt** auf dem Parkplatz direkt am Hafen.

Ein kleinerer **Mercato della Frutta** findet täglich von 8–13 Uhr an der Via Scarabelli (unterhalb des Hotels Da Alfiero) statt. Hier gibt es günstig Obst, Gemüse, Fisch und Käse.

Feste Palio Marinaro, 15. August. Ein Seeturnier in historischen Trachten zur Erinnerung an den Angriff der Sarazenen auf Porto Santo Stefano.

Parken Mehrere größere Parkplätze, z. B. Campo Sportivo: Pkw 8 €/Tag Camper 12 €/Tag.

Die kleinen Inseln des Toskanischen Archipels

Übernachten **** Villa Domizia, direkt am Meer. Fast alle Zimmer mit Terrasse zum Meer. Eine Treppe führt zum Baden ins tiefe Wasser zwischen den Klippen. In einem Anbau einige Extrazimmer. Zur Villa gehört auch ein Restaurant. Kurz nach dem Tombolo di Giannella, der nördlichsten Landverbindung. DZ mit Frühstück 93–138 € (je nach Ausstattung und Blick). Geöffnet Ende April bis Ende Sept. Strada Provinciale 161, Loc. Santa Liberata, 58019 Porto Santo Stefano (GR), ℘ 0564/812735, www. villadomizia.com.

*** Belvedere, ein einladendes Haus in Hanglage, umgeben von Olivenbäumen und Palmen. Terrasse, kleiner Park, ein kurzer Spaziergang führt zum Strand hinunter. Ohne Restaurant. Geöffnet April bis Anfang Nov. Zwölf einfache, schöne DZ ab 120–130 € (Frühstück inkl.). Strada Provinciale 161 (knapp vor der Ortseinfahrt), 58019 Porto Santo Stefano (GR), ℘ 0564/812634, www. belvedereargentario.it.

** Hotel Da Alfiero, bescheidener, aber sehr freundlicher Familienbetrieb über dem

Hafen. Für Hotelgäste wird abends auch gekocht. DZ 80–95 €, mit Meerblick 90–105 €, jeweils inkl. Frühstück. Via Cuniberti 12, 58019 Porto Santo Stefano (GR), ℘ 0564/814067, www.hotelalfiero.com.

* Week End, sehr nette, einfache Pension inmitten der Altstadt. Familiäre, wohnliche Atmosphäre, der Besitzer spricht Deutsch. Teilweise etwas kleine Zimmer mit Bad. Ventilator, TV und Balkon, schlicht, aber okay. Nachteil: Die viel befahrene Einbahnstraße hinauf in den oberen Stadtteil führt hier vorbei. Netter, kleiner Vorgarten mit einigen Tischen, kostenlose Parkmöglichkeit ganz in der Nähe. Ganzjährig geöffnet. DZ mit Frühstück 80–110 €. Via Martiri d Ungheria 3 (im Zentrum dem Schild „Panorama" folgen), 58019 Porto Santo Stefano (GR), ℘ 0564/812580, ℘ 0564/1730103, www. pensioneweekend.it.

Essen & Trinken   Jede Menge Fischrestaurants und Trattorien rund um den Hafen.

Da Siro, über dem Aquarium am Lungomare, Eingang Corso Umberto 104. Wenn Sie sich ein Fischrestaurant empfehlen lassen, werden Sie mit hoher Wahrscheinlichkeit zu diesem Terrassenrestaurant unweit der Fischermole geschickt. Sympathischer Service, frischer Fisch und liebevoll angemachte Salate – das alles allerdings zu den ortstypisch hohen Preisen. Mo geschlossen, ℘ 0564/812538.

Immer voll ist es in der **Pizzeria Da Zirio** an der Hafenmole, lebhafter Betrieb und gute Holzofenpizza. Di geschlossen. Via del Molo 6.

Leckere Pizza gibt es auch bei der **Trattoria/Pizzeria Lo Sfizio**, freundlicher Service, nicht teuer. Die Spaghetti mit Meeresfrüchten begeisterten einige unserer Leser. Mo geschlossen. Lungomare dei Navigatori 26 (zwischen Polizia Municipale und der Post an der Promenade), ℘ 0564/812592.

Porto Ercole

An der Ostküste des Monte Argentario liegt der zweite wichtige Ort der Halbinsel. Beidseitig eingefasst von spanischen Festungsanlagen wirkt das 4000-Einwohner-Städtchen noch idyllischer als Porto Santo Stefano.

Vom Hafen, wo nicht wenige Nobelyachten dümpeln, führen steile Treppen hinauf zur südlichen Festung; von dort geht es weiter auf einem schmalen Weg an den kleinen Gärten der Dorfbewohner vorbei zum Leuchtturm. Der Weg ist teilweise anstrengend, aber die tolle Aussicht beim Leuchtturm versöhnt!

Orbetello Scalo

Laguna di Levante

Tombolo di Feniglia

SS 1

Civitavecchia Rom

Monte Argentario

1,5 km

Die kleinen Inseln des Toskanischen Archipels

Beide Festungsanlagen sind heute von betuchten Mietern und Eigentümern in Beschlag genommen. Wer hier keinen Wohnsitz vorzuweisen hat, muss draußen bleiben. Es sei denn, man besorgt sich im Rathaus eine Besuchserlaubnis; wir haben darauf verzichtet und uns – nicht ganz ohne Neid – mit dem Anblick des imposanten Mauerwerks begnügt. Wer die *Rocca* südlich von Porto Ercole, die älteste Festung der Spanier aus dem 15. Jh., besichtigen möchte, wende sich an das *Ufficio informazioni* (→ unten), hier werden kostenlose Besuchertickets ausgestellt. Die Festung ist im Sommer von 10–13 und von 16 Uhr bis Sonnenuntergang geöffnet (Mi geschlossen).

In der *Kirche Sant'Erasmo* wurden die sterblichen Überreste des berühmten Barockmalers *Caravaggio* beigesetzt. Der geniale, aber auch gewalttätige Künstler ist am 18. Juli 1610 am *Strand von Feniglia* bei Porto Ercole im Alter von 38 Jahren vermutlich an Malaria gestorben. Er befand sich auf der Rückreise nach Rom, das er vier Jahre zuvor fluchtartig hatte verlassen müssen, nachdem er im Streit einen Mann erschlagen hatte.

Baden: Ein überaus schöner Sandstrand befindet sich am *Tómbolo di Feniglia*. Die Straße bis zur Absperrung beim Camping Feniglia fahren, aber Achtung: an Sommerwochenenden liegt die Chance auf einen strandnahen Parkplatz bei null!

Information Ufficio di Informazione Turistica, Mitte Juni bis Sept. tägl. 9.30–12.30 und 17–20 Uhr; Ende März bis Mitte Juni Fr 17–20 Uhr, Sa 9.30–12.30 und 17–20 Uhr, So 9.30–12.30 Uhr; Okt. bis Anfang Nov. Fr 15–18 Uhr, Sa 9–12 und 15–18 Uhr, So 9–12 Uhr. Piazza Roma, ℡ 0564/811979, www.comunemonteargentario.gov.it.

Wassersport Pelagos Diving Club, die Tauchschule gibt es schon seit über zehn Jahren. Lungomare Andrea Doria 12/14, ℡/℡ 0564/834200, www.pelagosdc.com.

Übernachten/Camping **** Il Pellicano, eines der luxuriösesten Hotels der Toskana, Traumlage am Meer, geschmackvolle Ausstattung, Wellnesscenter und eigene Badebucht. Lieblingsort illustrer Gäste, der berühmteste unter ihnen Charlie Chaplin, heute viele reiche amerikanische Gäste. Entsprechend gehoben ist auch das gastronomische Angebot und entsprechend schwindelerregend sind die Zimmerpreise: DZ in der Nebensaison ab ca. 400 €, in der Hauptsaison mit Meerblick 670 €. Loc. Scarbatello (etwas außerhalb von Porto Ercole an der Strada panoramica), 58018 Porto Ercole (GR), ℡ 0564/858111, www.pellicanohotel.com.

*** Bi Hotel, kleines, renoviertes Albergo mit angenehm kühler Ausstrahlung direkt an der Hafenpromenade. Kleiner Wellnessbereich. Auf der Hotelterrasse kann man mit herrlichem Blick auf Stadt und Meer frühstücken. Zwölf DZ mit Frühstück und

Aircondition 110–120 € (ohne Meerblick) bzw. 140–160 € (mit Meerblick). Lungomare A. Doria 30, 58018 Porto Ercole (GR), ℡ 0564/833055, www.bi-hotel.it.

Camping comunale Feniglia, auf dem Tómbolo di Feniglia, der südlichsten der drei Landverbindungen. Bescheidene Einrichtung, aber einladende Plätzchen. Hinter dem Pinienhain beginnt gleich der Sandstrand. Insgesamt 140 Stellplätze, außerdem auch einige Bungalows (im Sommer nur wochenweise: für 2 Pers. 700–880 €, für 4 Pers. 950–1250 €, für 6 Pers. 1050–1400 €). Camping pro Pers. 11–13 €, Kinder bis 6 Jahre 7–8 €, kleines Zelt 8–9 €, großes Zelt 13–16 €, Wohnwagen/-mobil 13–16 €. Loc. Feniglia, 58018 Porto Ercole (GR), ℡ 0564/831090, www.campingfeniglia.it.

Essen & Trinken Hosteria Alicina, kleines Restaurant mit liebevoll zubereiteter Fischküche und frischen Zutaten; faire Preise. Im Sommer vorbestellen! Via S. Sebastiano 54, ℡ 0564-832630.

Gambero Rosso, Qualität und Leistung für ein Fritto Misto aus frischem Fisch stimmen hier. Terrasse unter Palmen an der Hafenpromenade. Mittags und abends geöffnet, Mi geschlossen. Lungomare A. Doria 62 (am Hafen), ℡ 0564/832650.

Locanda del Caravaggio, empfehlenswert für schmackhafte Fleischgerichte. Familiäre Leitung, angemessene Preise. Ganzjährig geöffnet. Di Ruhetag. Via S. Paolo della Croce 6, ℡ 0564-833078.

Giglio Porto – der Hafen

Isola del Giglio

Giglio ist nach Elba die zweitgrößte der toskanischen Inseln. Auf den ersten Blick ist die „Insel der Lilie" ein großer, abweisender Fels im Meer, doch ändert sich das Bild schlagartig, wenn man mit der Fähre ankommt: Giglio Porto ist mit Abstand der idyllischste Hafen des Archipels.

Giglio ist 21 qkm groß, zählt ca. 1400 Bewohner und gehört zur Provinz Grosseto. Höchste Erhebung ist der *Poggio della Pagana* (498 m), der fast in der Mitte eines Bergrückens liegt, der die Insel von Nord nach Süd durchzieht. Mit Ausnahme des Kalkgesteins um die *Punta Faraglione* im äußersten Westen der Insel besteht Giglio hauptsächlich aus Granit. Das Relief der Insel wird durch steil zur Küste abfallende Berge geprägt, die an einigen Stellen durch herrliche kleine Sandbuchten unterbrochen werden. Wider allen Anschein bietet Giglio eine relativ vielfältige Vegetation, neben der gewohnten Mittelmeer-Macchia – vor allem Zistrosen, Erdbeerbaum und Baumheide – sind auch noch vereinzelte Exemplare der Steineichen zu sehen, die einst alle toskanischen Inseln in dichten Wäldern überzogen haben. Neben den zahlreichen Zugvögeln, für die Giglio im Frühling und Herbst eine wichtige Zwischenstation auf ihrer Reise zwischen dem afrikanischen und dem europäischen Kontinent ist, leben hier Mauerspechte, Turmfalken und diverse Möwenarten, z. B. die korsische Möwe sowie die Silbermöwe.

Auf der kleinen Insel gibt es eine ganze Reihe schöner Strände. Alle sind sehr sauber mit glasklarem Wasser. Der größte Strand liegt in der *Bucht von Campese.* Da die Strände zum Teil nur zu Fuß erreicht werden können, sind sie fast nie voll, außer im August, wenn die Insel komplett ausgebucht ist. Dennoch: Schon wegen der begrenzten Kapazitäten kann auf der Insel kein Tourismus im großen Stil stattfinden.

Die kleinen Inseln des Toskanischen Archipels

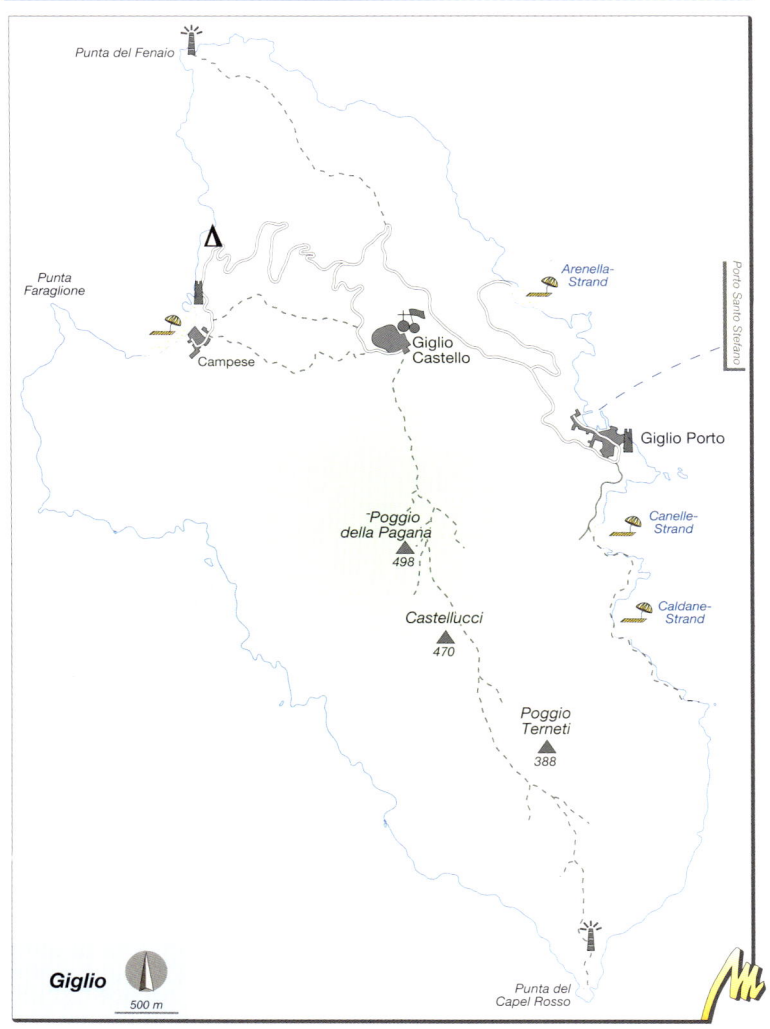

Aber nicht nur zum Baden (und Tauchen) ist Giglio ein herrliches Ziel: Schöne Wanderwege führen von *Giglio Castello* in den menschenleeren Süden der Insel und zum Nordkap mit Leuchtturm.

Geschichte

Giglio war bereits zu Zeiten der Etrusker besiedelt, während der römischen Herrschaft über den Toskanischen Archipel war die Insel eng mit Monte Argentario am italienischen Festland verbunden. In der Antike hieß die Insel *Aegilium.* Im 9. Jh.

n. Chr. schenkte Karl der Große Giglio der Kirche (Abtei Tre Fontane), später erhoben sowohl Pisa als auch Siena Ansprüche auf die Insel. Die Pisaner setzten sich schließlich durch und regierten auf Giglio von 1264 bis 1406, bis die florentinischen Medici auch hier die Macht übernahmen. 1459 wurde Giglio zum päpstlichen Lehen erklärt, 1544 kam der Pirat *Barbarossa* und verwüstete die Insel; ihre Einwohner wurden als Sklaven verschleppt. Von 1558 bis zur Gründung des Vereinigten Königreichs Italien gehörte Giglio zum Großherzogtum Toskana.

Giglio Porto

Der romantische Hafen mit seinen bunten Häusern wird in der Hochsaison bis zu zwölfmal täglich per Fähre vom Festland aus angelaufen. Giglio Porto ist allgemein ein eher teures Pflaster.

Im Sommer ist das geschützte Hafenbecken bis zum letzten Liegeplatz mit Segelyachten und kleinen Fischerbooten belegt, am Hafen laden zahlreiche Restaurants, z. T. auch auf Pfählen über das Wasser gebaut, zum Fischessen ein.

Der beidseitig durch Mauern geschützte Hafen wird an der Ostseite weithin sichtbar durch einen Medici-Turm aus dem Jahr 1596 begrenzt. Die Häuser der kleinen Ortschaft stehen zum größten Teil dicht gedrängt entlang der Hafenmole, nur wenige sind an den Hang des direkt steil ansteigenden *Poggio della Chiusa* (487 m) gebaut, der auch im Sommer morgens oft dicht mit Nebel verhangen ist.

Costa Concordia

Weltweit bekannt wurde die Insel Giglio spätestens, als am Abend des 13. Januar 2012 das mächtige Kreuzfahrtschiff Costa Concordia hier auf Felsen lief und am Rumpf aufriss. „Le Scole" heißen die Felsen direkt vor Giglios Küste und sind auf jeder billigen Touristenkarte der Insel verzeichnet. Kapitän Francesco Schettino fuhr zum – wohl üblichen – Gruß an die Gigliesen einfach viel zu dicht an die Insel heran. Danach zumindest soll er dann fast alles richtig gemacht haben, das sinkende Schiff kontrolliert auf Grund vor der Hafeneinfahrt von Giglio Porto gesetzt haben statt hinaus aufs offene Meer zu fahren, was höchstwahrscheinlich in einer noch viel größeren Katastrophe geendet hätte. Aber tragisch genug: 32 Tote forderte die Havarie der Costa Concordia. 4000 Passagiere und Besatzungsmitglieder kamen mit dem Schrecken und einige mit leichteren Verletzungen davon. Schettino musste sich vor Gericht verantworten und wurde zu einer Haftstrafe verurteilt. Sowohl die Verteidigung also auch die Staatsanwaltschaft haben Berufung eingelegt. Bis hier ein Urteil gesprochen ist, werden wahrscheinlich weitere Jahre vergehen.

Wenn es irgend etwas Gutes von der Costa Concordia zu berichten gibt, dann dass zumindest die befürchtete Umweltkatastrophe mitten im Nationalpark – das Schiff war quasi voll betankt – ausgeblieben ist. Mitte Juni 2012 begann die beispiellose Bergung des Kreuzfahrtriesen, im Juli 2014 konnte die Costa Concordia nach Genua überführt werden, wo sie derzeit abgewrackt wird. Die Insel Giglio, die von Scharen von Katastrophen-Schaulustigen besucht worden war, kann wieder zurück zu ihrem geruhsamen Alltag finden.

Im Hafen selbst geht es gemütlich zu, wenn nicht gerade an den Sommerwochenenden, speziell im August, die Touristenströme Einzug halten. Entlang der Uferpromenade finden sich zahlreiche, auch sehr typische Bars, daneben Lebensmittel- und Souvenirgeschäfte, es herrscht eine entspannte Atmosphäre.

Basis-Infos

Information Ufficio Turistico/Pro Loco, in der Parallelstraße hinter dem Hafen, neben nützlichen Broschüren und allerlei Infos gibt es hier auch Bustickets. Im Sommer tägl. 9–18 Uhr, im Winter nur nach telefonischer Anmeldung. Via Provinciale 9, 58012 Giglio Porto (GR), ✆ 0564/809400, www.isoladelgiglio.it.

Adressen Erste Hilfe, Arzt in Giglio Porto, ✆ 347/4015696 (Dott. Schiaffino), Notruf ✆ 118. *Guardia Medica* in Castello: ✆ 0564/809223, *Guardia Medica Turistica* in Campese: ✆ 0564/804177.

Apotheke, in der Straße zur Kirche in Giglio Porto, ✆ 0564/483125.

Bank, zwei Banken im Zentrum, beide mit Bancomat. Eine weitere Bank mit Bancomat gibt es auch in *Giglio Castello* an der Piazza Gloriosa (Hauptplatz des Orts).

Einkaufen Jeden Mittwoch findet am Hafen der **Inselmarkt** statt.

Reisebüro Agenzia Giglio Multiservizi (GMS), das einzige auf der Insel. Gegenüber der Anlegestelle links neben der hellblau angestrichenen „Macelleria" die Treppe hoch. Auch Scooterverleih (40–45 €/Tag), hauptsächlich aber Appartementvermietung. Im Sommer tägl. 9–12.30 und 15–18.30 Uhr geöffnet. Vai Umberto I 26, ✆ 0564/809056, mobil ✆ 335/6093627, www.gigliomultiservizi.com, gms@gigliomultiservizi.com.

Hafenamt, beim Medici-Turm, ✆ 0564/809480. Es gibt nur wenige freie Liegeplätze im Hafen, wer mit der eigenen Yacht im Hafen von Giglio Porto anlegen will, muss sich vorher unbedingt anmelden: ✆ 334/1980138.

Internetpoint, 2x an der Hafenpromenade Via Umberto I. Auch WiFi.

Post, bei der Kirche, Mo–Fr 9.15–13.30 Uhr, Sa bis 12.30 Uhr.

Mittlerweile weltberühmt: Giglio Porto

Polizei, ☎ 0564/809232, Carabinieri ☎ 0564/807003.

Veranstaltungen Palio Marinaio am 10. August in Giglio Porto: es treten die drei Viertel Rione Saraceno, Rione Chiesa und Rione Moletto zum Wettbewerb an, abends großes Feuerwerk.

Wassersport Tauchen, in Giglio Porto mehrere Anbieter, z. B. *International Diving* in der Via del Saraceno 60. Umfangreiches

Kursangebot. ☎ 333/1042242 oder 339/2813076, www.internationaldiving.it.

Motorbootverleih, am Hafen, u. a. bei **Giglionoleggio** (auch Scooter-Verleih und Taxi), ☎ 393/2020993.

Zweiradverleih bei **Giglio Multiservizi** (→ oben) kostet ein Scooter für 2 Pers. 40–45 € (24 Std.), für drei Tage 100 €. In der Hochsaison vorbestellen!

Verbindungen/Bootsausflüge

Fähre *Toremar* und *Maregiglio* bedienen die Strecke zwischen Porto Santo Stefano und Giglio Porto. In der Hochsaison bis zu 10x täglich hin und zurück (in der Nebensaison 6–7x, im Winter 4x), Fahrtdauer etwa 1 Std. Autos werden zwar mitgenommen, doch kann man sich den teuren Tarif sparen und den Wagen in Porto Santo Stefano zurücklassen (Parkmöglichkeiten dort → S. 229). Wer in der Hochsaison dennoch mit dem Auto übersetzen will, sollte unbedingt reservieren.

Toremar: in Porto Santo Stefano (☎ 0564/810803) bzw. am Hafen von Giglio Porto (☎/☏ 0564/809349), www.toremar.it.

Maregiglio: Via Umberto I 22, 58013 Isola del Giglio – Porto (GR), ☎ 0564/809309; bzw. in Porto Santo Stefano, Piazza Facchinetti 7, ☎ 0564/812920, www.maregiglio.it. **Preise**: pro Pers. 12–13 € (einfache Fahrt, hin und zurück 23–26 €), Kind 4–11 Jahre 8 € (16 €), Auto je nach Länge 40–55 €, Motorrad/Scooter 20 €, Fahrrad 7–8 €, Hund 3–5 €.

Aquavision fährt im Sommer Mo, Mi und Sa Giglio an, morgens Abfahrt von Porto Azzurro, abends (zuletzt 16.30 Uhr) zurück

nach Elba. Einfach 20 €, hin und zurück 35 €, Kinder (4–12 Jahre, 10 € bzw. 20 €, Infos unter ☎ 0565/976022 oder ☎ 328/7095470, www.aquavision.it.

Inselbus Auf Giglio pendeln in kurzen Abständen Busse zwischen den drei Orten. Von Giglio Porto (Bushaltestelle an der „Hauptstraße", ca. 100 m vom Hafen, ausgeschildert) über Castello nach Campese, in der Hochsaison alle 20 Min., in der Nebensaison alle 40 Min., im Winter auf die Ankunfts- und Abfahrtszeiten der Fähre abgestimmt. Die Fahrt bis Campese dauert 30 Min., Busfahrkarten in den Bars am Hafen und beim Tabak- oder Zeitschriftenladen. Einfache Fahrt 2 €.

Sammeltaxi Ebenfalls von der Bushaltestelle können Sie ein Taxi collettivo nehmen, z. B. zu den Stränden. ☎ 347/1941888, 340/8732865, 338/9706950 oder 330/731424.

Wassertaxi z. B. für Badeausflüge werden von den **Boatmen** (Bude am Hafen) angeboten: Taxiboot zu den Stränden Caldane, Cannelle und Arenella hin und zurück je 12 € pro Pers. (Kinder unter 12 Jahre 6 €). ☎ 349/3508493, www.boatmen.it.

Übernachten

Ohne frühzeitige Buchung hat man während der Hochsaison in Giglio Porto – wie auf der gesamten Insel – fast keine Chance auf eine Unterkunft.

*** Il Saraceno, direkt am Meer hinter dem Hafen. 48 komfortable Zimmer mit allen Extras. Eines der schönsten Hotels auf der Insel, terrassenförmig in den Fels gebaut, mit Restaurant. Geöffnet Mitte April bis Ende Okt. DZ 110–120 € (ohne Meerblick) bzw. 140–150 € (mit Meerblick), EZ 70–80 € bzw. 85–95 €, jeweils inkl. Frühstück, Halbpension möglich. Via del Saraceno 69, 58012 Giglio Porto (GR), ☎ 0564/809006, www.saracenohotel.it.

*** Demo's Hotel, am nördlichen Hafenende, kaum zu übersehen, großes, beigefarbenes Haus. 52 gepflegte Zimmer, schickes Ristorante, eigener kleiner Strand. Geöffnet Anfang April bis Ende Okt. EZ 130 € DZ 140 € mit Frühstück, mit Halbpension 190 €. Via Thaon de Revel 45, 58013 Giglio Porto (GR), ☎ 0564/809235 oder 0564/809218, www.hoteldemos.com.

** Bahamas, renoviertes Hotel bei der Kirche rechts die Gasse hoch, liegt etwas

Die kleinen Inseln des Toskanischen Archipels

oberhalb des Hafens neben der Kirche, hübsche Hazienda-Terrasse, schöner Blick, freundlicher Service. April bis Dez. geöffnet. Kein Ristorante. DZ 105 € (ohne Meerblick), 120–130 € (mit Meerblick), Dreibett-Zimmer 150 €, Frühstück jeweils inklusive, alle Zimmer mit Bad, TV und z. T. Balkon. Es werden auch drei Appartements (max. 3 Pers.) vermietet. Via C. Oreglia 22, 58013 Giglio Porto (GR), ✆ 0564/809254 oder 0564/809451, www.bahamashotel.it.

Außerhalb *** **Castello Monticello**, schönes und komfortables Haus auf einer Anhöhe, knapp 2 km oberhalb von Giglio Porto (Straße nach Castello), an der Abzweigung zum 1,5 km entfernten Arenella-Strand (Shuttleservice dorthin). Hoteleigener Tennisplatz, Bocciabahn. Gehobenes Restaurant mit Fischspezialitäten, nette Terrasse. Alle Zimmer mit Bad, TV, Kühlschrank und Aircondition, z. T. auch mit Balkon oder Terrasse. Geöffnet Ostern bis Ende Sept. EZ ab 70 €,

Am Arenella-Strand

DZ 130–170 €, jeweils inkl. Frühstück, Halbpension 24 € extra pro Pers. und Tag. Via Provinciale, 58013 Giglio Porto (GR), ✆ 0564/809252, www.hotelcastellomonticello.com.

*** L'Arenella, idyllische Lage mitten im Grünen, oberhalb des Arenella-Strandes mit schönen Ausblicken, geschmackvoll eingerichtete Zimmer, mit Restaurant und Bar, schöne Terrasse. Geöffnet Ostern bis Mitte Okt. DZ 150–240 € mit Frühstück, Halbpension 28 € pro Pers. und Tag. Via Arenella 5, 58013 Giglio Porto (GR), ✆ 0564/809340, www.hotelarenella.com.

🌿 Pardini's Hermitage, inmitten der unberührten Macchia liegt dieses Hotel, das nur zu Fuß (mühsam!) oder per Boot zu erreichen ist (Abholung durch das Hotel von Giglio Porto). Ein Zentrum für Naturfreunde, Vogelbeobachter, Keramikkünstler und Aquarellmaler. Außerdem im Angebot: Yoga, Kochkurse, Boccia, Bootstouren etc. Dazu gehört auch ein ökologisch geführter landwirtschaftlicher Betrieb. Geöffnet Mitte/Ende April bis Anfang Okt. Die Preise variieren sehr stark zwischen Saisonzeiten und Aufenthaltsdauer, Vollpension (man könnte fast sagen all inclusive, Getränke zum Essen sind im Preis enthalten, ebenso der Aperitivo und das Glas Wein am späteren Abend) kostet 180–190 € pro Pers. im DZ. Cala degli Alberi, 58013 Isola del Giglio (GR), ✆ 0564/809034, www.hermit.it. ∎

⊂ Essen & Trinken

Einige schicke Restaurants am Hafen, das Preisniveau ist generell hoch.

Gut essen kann man in die beiden Restaurants **Doria** und **La Margherita**, fast nebeneinander am Hafen auf Pfählen über das Wasser gebaut. Beide Lokale erfreuen sich vor allem bei Touristen allergrößter Beliebtheit. *Doria*: Via Thaon de Revel 18, ✆ 0564/809000; *La Margherita*: Via Thaon de Revel 5, ✆ 0564/809237.

Beliebt ist auch **La Vecchia Pergola**, mit netter Terrasse. Mi geschl. Via Thaon de Revel 31, ✆ 0564/809080.

Wer es günstiger mag, isst seine Pizza (auch zum Mitnehmen) oder Pasta bei **L'Archetto** nahe der Anlegestelle, hier gibt es auch ein günstiges Touristenmenü. Nett zum Sitzen, freundlicher Service. Via Umberto I 8, ✆ 0564/809221.

Baden in und um Giglio Porto

In der Umgebung von Giglio Porto gleich mehrere einladende Sandbuchten, das Meer ist hier sehr sauber und leuchtet türkisgrün, die Strände selbst sind in der Regel eher schmal. Bademöglichkeiten sind im Ort zwar vorhanden, im Hafenbecken allerdings wenig idyllisch bzw. gänzlich ungeeignet. Besser ist der kleine Strand beim *Hotel Demo's* oder in der Mini-Bucht zwischen *Torre Medicea* und *Hotel Saraceno*: Sand und Kiesel, von Felsen eingerahmt.

Arenella-Strand: 3,5 km von Giglio Porto, asphaltierte Straße, zunächst Richtung Castello, beim Hotel Monticelli dann rechts ab, beschildert. Wunderschöner Strand (grober Sand) in der kleinen, von Felsen umrahmten Bucht *Cala dell'Arenella,* leider wird viel Seetang angeschwemmt. Mit Sonnenschirm- und Liegestuhlverleih sowie Snackbar.

Schnorchlerparadies
Toskanischer Archipel

Cannelle-Strand: Nur gut 1 km südlich von Giglio Porto. Über Asphaltstraße auch zu Fuß relativ bequem erreichbar. Feiner Sandstrand, großer Parkplatz, am Strand die Pizzeria/Snackbar Le Cannelle mit gemütlicher Terrasse, daneben eine große Appartementanlage. Sonnenschirm- und Liegestuhlverleih, Tretboote.

Caldane-Strand: Noch einmal ca. 1,5 km südlich von *Le Cannelle,* nur über einen Fußweg am Meer entlang zu erreichen (am Cannelle-Strand an der Appartement-Anlage vorbei, dann gleich links ab auf einen breiteren Weg, kurz darauf links auf einen sandigen Pfad, ca. 20 Minuten, beschildert). Sehr abgeschiedener, sauberer Sandstrand, keine Bar oder sonstige touristischen Angebote, dafür aber auch nur wenige Besucher. Lohnenswerter Spaziergang.

Giglio Castello

Nur 6 km sind es vom Hafen *Giglio Porto* bis hinauf nach Castello, doch überwindet die Straße in engen Serpentinen über 400 Höhenmeter. Auf dem Weg eröffnen sich herrliche Blicke – zunächst auf Giglio Porto und dann auf den Arenella-Strand, später auf den Leuchtturm und schließlich der Blick auf Campese mit seinem imposanten Medici-Turm.

Die Anfänge der alles überragenden Befestigung gehen zurück auf den Anfang des 11. Jh., das *Castello* in seiner heutigen Form stammt aus der pisanischen Epoche und ist noch immer komplett von einer turmbewehrten Festungsmauer umgeben. Das Innere ist von einem Labyrinth enger Gassen durchzogen, dicht gedrängt stehen die alten Wohnhäuser in dem düster wirkenden historischen Zentrum. An der Nordseite der Festung befindet sich der *Punto Panoramico* mit grandiosem Blick auf das Tyrrhenische Meer.

Auf der anderen Seite der Festungsmauer schließt bei der *Porta della Rocca* der moderne Ort an. Hier, an der *Piazza Gloriosa*, trifft sich das ganze Dorf, wogegen im alten Kern von Castello mit seinen typischen Torbögen und Außentreppen eher Stille angesagt ist. Einen Spaziergang durch die idyllischen Gassen von Giglio Castello sollte man sich nicht entgehen lassen, v. a. abends, wenn die kleinen Geschäfte ihre Pforten geöffnet haben. Einige Bars und Restaurants warten auf Besucher. Vom Ort bietet sich an klaren Tagen ein herrlicher Blick übers Meer nach Montecristo, Elba und Korsika im Hintergrund, tolle Sonnenuntergänge.

Alljährlich am 15. September findet in Giglio Castello eine große Prozession zu Ehren des Inselpatrons *San Mamilianus* statt (→ „Feste & Veranstaltungen"), bei dem die silbern gefasste Reliquie des Heiligen (ein Arm) hervorgeholt wird, die sich normalerweise in der *Kirche San Pietro* im Ort befindet. Hier sind auch einige Fresken aus dem 14. Jh. zu sehen (tägl. 7–20 Uhr geöffnet). Jeden Donnerstag findet in Castello der Inselmarkt statt.

Übernachten   Keine Hotels, aber gleich zweimal Privatzimmer, nebeneinander oberhalb der modernen Piazza Gloriosa gelegen, Schilder hängen aus.

Angelo Landini, sechs Zimmer mit Bad und TV, DZ ab 80 €, vermietet werden auch Appartements am Meer, frühzeitige Reservierung wichtig. Piazza Gloriosa 16, 58012 Giglio Castello (GR), ✆/📠 0564/806074, www.affittacamereisoladelgiglio.it.

Camere Airone, DZ mit Bad ab ca. 80 €. Via Santa Maria 12, 58012 Giglio Castello (GR), ✆/📠 0564/806076, mobil ✆ 348/3538085, camere.airone@tiscali.it, www.camereal giglio.vze.com.

Essen & Trinken   Ristorante Da Santi, bestes und schickstes Restaurant der Insel, tolle Lage mit spektakulären Ausblicken, hervorragende Fischküche, die ihren Preis hat: Menü ab 40 €. Via Santa Maria, ✆ 0564/806188.

Ristorante-Pizzeria La Castellana, die beste Holzofenpizza, auch zum Mitnehmen. Ebenfalls in der Via Santa Maria, ✆ 0564/806143.

Feste & Veranstaltungen   Palio dei somari am 15. Sept., mit einer Prozession und Tänzen wird an das 2000 Mann starke nordafrikanische Seeräuberheer erinnert, das 1799 Giglio überfallen wollte. Als man damals den als Reliquie verehrten Arm des heiligen Mamilianus (→ „San Mamilianus", S. 226) den Angreifern entgegentrug, kam ein Wind auf und trieb die „Turchi" zurück ins Meer. Noch heute sind in der Kirche von Castello die erbeuteten Waffen der Piraten zu sehen. Eine weitere **Mamilianus-Prozession** findet am 18. Nov. auf der Insel statt, dem eigentlichen Jahrestag des Angriffs der tunesischen Seeräuber.

Campese

Steil geht es von Castello auf der Panoramastraße hinab zum Touristenort Campese, der jüngsten Ortschaft der Insel, 9 km von Giglio Porto entfernt auf der anderen Seite der Insel.

Eine große, unschöne Appartementanlage am Ortsrand, Hotels, Restaurants und sonstige touristische Einrichtungen an einer schönen Bucht – Campese wirkt auf den ersten Blick etwas langweilig. Attraktion des Ortes ist natürlich der lang gezogene, durch Felsen unterbrochene Sandstrand mit Bars, Sonnenschirm-, Liegestuhl- und Tretbootverleih, im Sommer tummeln sich hier die Urlauber in Scharen. Im Westen wird die weitläufige Bucht von Campese von den *Faraglione-Felsen* begrenzt, das östliche Ende des Strands wird von einem eindrucksvollen Rundturm der Medici aus dem 16. Jh. überragt, daneben befindet sich der kleine, fast nostalgische Fischerhafen des ansonsten eher konturlosen Orts.

Am 18. November 1799 gingen hier am Strand tunesische Seeräuber an Land (*Sbarco dei Turchi*), die sich ohne Umwege daran machten, Giglio Castello zu erobern. Die Bewohner der Festung am Berg standen der Übermacht der Eindringlinge wehrlos gegenüber, und konnten in ihrer Not nur noch auf die wundersame Hilfe des Inselheiligen *San Mamilianus* hoffen. Schenkt man der Legende Glauben, half dieser auch, und zwar in Form eines fürchterlichen Sturms, der die Boote der Angreifer fast zum Kentern brachte und die erschrockenen Tunesier selbst in die Flucht schlug. Seither feiert ganz Giglio jährlich am 18. November zu Ehren von Mamilianus.

Tauchen in der Bucht von Campese

Die Gewässer um Giglio sind ein Eldorado für Taucher, da sich hier quasi alle Schwierigkeitsgrade finden. Die ruhige Bucht von Campese eignet sich besonders für Anfänger. Für Tauchkurse empfiehlt sich das *Campese Diving Center* (CDC) direkt am Strand von Campese unter der Leitung von Reiner Krumbach.

Die Tauchbasis in Campese ist von März bis Mitte November geöffnet. Sie bietet auch zehntägige Tauchkurse, z. B. Padi Open Water Diver für 300 € oder einen Schnupperkurs (fünf Tauchgänge) für 190 € (Unterkunft kann vermittelt werden). Ein Tauchgang mit kompletter Leihausrüstung kostet 45 €, Studenten erhalten Rabatt.

Information: Campese Diving Center, Via di Mezzo Franco 14, Loc. Campese, 58012 Isola del Giglio (GR), www.cdc-giglio.de, Infos und Buchung nur per Mail: info@cdc-giglio.de. In Deutschland (Mitte Nov. bis Febr.): Campese Diving Center, Eckdorfer Mühlenweg 1b, 50321 Brühl, ☏ 02232/149675.

Übernachten *** Campese, direkt am Sandstrand, nicht mehr das neueste Modell, aber zuvorkommender, netter Service. Mit Ristorante. Geöffnet Ostern bis Ende Sept. DZ mit Frühstück 160–180 €, mit Halbpension 210–230 €. Via della Torre 18, Loc. Campese, 58012 Isola del Giglio (GR), ☏ 0564/804003 (von Okt. bis April ☏ 349/7620779), www.hotelcampese.com.

* Giardino delle Palme, gegenüber dem Medici-Turm beim kleinen Fischerhafen. Kleines Haus im namensgebenden Palmengarten. DZ 105 €, mit Frühstück, alle Zimmer mit Bad. Via della Torre 3, Loc. Campese, 58012 Isola del Giglio (GR), ☏/☏ 0564/804037, www.giardinolepalme.it.

Camping * Baia del Sole, an der Straße kurz vor Campese. Einziger Campingplatz der Insel und im Hochsommer meist restlos belegt. Der kleine Platz ist terrassenförmig angelegt, gute Lage, ausreichend Schatten, manche Stellplätze herrlich über dem Meer. Mit eigenem Felsstrand, Bar, Minimarket und Snackbar, Mitte Mai bis Sept. geöffnet. Camping pro Pers. 12,50 €, Kinder 3–12 Jahre 7 €, Stellplatz kleines/mittleres Zelt 10–15 €, Stellplatz für ein großes Zelt, Wohnwagen oder Wohnmobil 20–24 €. Einige kleine Holzbungalows stehen zum Mietpreis von 48–69 € pro Tag zur Verfügung. Die großen Stellplätze und Bungalows können im Sommer nur wochenweise gebucht werden, frühzeitige Reservierung ist für die Hochsaison notwendig, die besten Chancen hat man evtl. noch mit einem kleinen Zelt. Keine Hunde in der Hauptsaison. Loc. Campese, 58012 Isola del Giglio (GR), ☏ 0564/804036 (im Winterhalbjahr ☏ 335/8249741), www.campingbaiadelsole.net.

Essen & Trinken Ristorante/Pizzeria da Tony, direkt beim Medici-Rundturm, bei Tauchern sehr beliebte Pizzeria. Via della Torre 13, ☏ 0564/806453.

Trattoria da Mario di Meino, Familienbetrieb mit wenigen Tischen, die meisten im Freien unter einem idyllischen Vordach. Relativ kleine Auswahl. Via Provinciale 26, ☏ 0564/804087.

Die kleinen Inseln des Toskanischen Archipels

Giannutri

Wie auch das benachbarte Giglio ist Giannutri der Maremma am italienischen Festland vorgelagert. Die südlichste und gleichzeitig östlichste Insel des Archipels weist die Form einer Sichel auf und befindet sich als einzige der toskanischen Inseln zum größten Teil in Privatbesitz.

Wer mit dem Ausflugsboot auf dem nur 2,6 Quadratkilometer großen Inselchen (11 Kilometer Küstenlinie) ankommt, dem sticht sofort die nicht mehr ganz neue Appartementanlage in der Bucht *Cala Spalmatoio* im Westen der Insel ins Auge. Die Insel liegt 13 Seemeilen (ca. 20 km) vom Hafen Porto Santo Stefano am Monte Argentario entfernt, von dort und ab Giglio Porto werden (nur in den Sommermonaten) Tagesausflüge nach Giannutri angeboten. Im Winter ist die Insel wie ausgestorben, keine zehn Menschen leben hier das ganze Jahr über. Zu besichtigen gibt es auf Giannutri die äußerst sehenswerten Überreste einer *römischen Villa* aus dem 1. Jh. n. Chr.

Cala Maestra im Westen Giannutris

Zum *Baden* ist Giannutri nur bedingt geeignet: Es gibt nur zwei bescheidene Strände, an der Ostküste die bereits erwähnte *Cala Spalmatoio* mit Anlegestelle und winzigem Kiesstrand, im Westen die *Cala Maestra* mit ebenso dürftigem Badestrand, dafür aber einigen römischen Überresten am Meer.

Auch Wanderern bietet die an der höchsten Stelle nur 88 m hohe Insel wenig Aufregendes: Vorherrschend ist die übliche mediterrane Macchia, nur vereinzelt lassen sich noch einige Steineichen vorfinden, daneben hat man nahe der Cala Maestra wieder Pinien angepflanzt. Dem Umstand, dass es auf Giannutri keine Quellen gibt, entspricht auch die eher karge Vegetation. Interessanter ist die zerklüftete Kalksteinküste der Insel mit ihren zahlreichen Grotten (vor allem an der Südspitze von Giannutri). Wie auch die benachbarten Inseln Giglio und Montecristo ist Giannutri eine wichtige Zwischenstation für Zugvögel, ganzjährig leben hier verschiedene Sperlingsarten, Schwalben und Silbermöwen.

Geschichte

Bei den Griechen hieß die Insel *Artemisia,* die Römer nannten sie *Dianum* bzw. *Dianium,* nach der römischen Jagdgöttin Diana. Im 1. Jh. n. Chr. baute hier die einflussreiche Familie der *Domitii* – ihr gehörte u. a. der berüchtigte Kaiser Nero an – eine herrschaftliche Villa oberhalb der Cala Maestra, deren gut erhaltene Ruinen noch immer einen bleibenden Eindruck des damaligen Wohlstands vermitteln. Wie die anderen toskanischen Inseln auch, war Giannutri im Mittelalter ein Refugium für Einsiedler, eine Besiedlung der Insel im größeren Stil fand nie statt.

Seit geraumer Zeit befinden sich große Teile der Insel im Besitz eines deutschen Grafen. Seit 1996 ist die zur Gemeinde Giglio zählende Insel ein Teil des Nationalparks, in den Buchten *Cala Spalmatoio* und *Cala Maestra* können jedoch Privatyachten und Ausflugsboote vor Anker gehen.

Verbindungen/Bootsausflüge   Mit *Maregiglio* im Sommer 1x tägl. (in der Nebensaison ca. 3x wöchentlich, von Nov. bis Anfang Februar gar nicht) **ab Porto Santo Stefano** nach Giannutri, Abfahrt in Porto Santo Stefano um 10 Uhr, retour ab Giannutri um 16 Uhr, die Überfahrt dauert jeweils 70 Min. Pro Pers. 20 €, Kind 16 €, Hund 8 €. Ticketbude am Hafen von Porto Santo Stefano. *Maregiglio* in Porto Santo Stefano: Piazzale Facchinetti 7, ✆ 0564/812920; am Hafen in Giglio Porto: Umberto I 22, ✆ 0564/809309, www.maregiglio.it.

Von der Cala Spalmatoio führt ein **Fußweg** vorbei am Sportplatz und Helikopter-Landeplatz zur Cala Maestra, Dauer im gemütlichen Spaziergängertempo ca. 20 Min.

Villa Romana (Cala Maestra)

Die am besten erhaltenen römischen Ruinen des Archipels. Die Sommerresidenz der Familie der *Domitii* bestand u. a. aus der Villa, weiteren Wohngebäuden sowie Thermen, Nymphäum, Latrine und Zisternen. Herrlicher Blick vom Gelände hinüber nach Giglio, drei beeindruckende Säulen wurden wieder aufgerichtet, erstaunlich gut erhalten sind auch noch Teile der Außenmauern und des Fußbodens mit Mosaikfragmenten und Heizungssystem. Auf der Treppe kann man noch die Reste der römischen Marmorverkleidung erkennen. Die schönsten Mosaike – Szenen der griechischen Mythologie mit Theseus und Minotaurus – wurden allerdings von gewissenlosen Touristen abgetragen, sodass das Gelände mittlerweile umzäunt und nur noch unter Aufsicht zugänglich ist. Die Ausgrabungen auf Giannutri sind noch nicht abgeschlossen, man vermutet, dass sich bei dem freigelegten Gelände nur um einen kleinen Teil der noch im Verborgenen liegenden Überreste aus römischer Zeit handelt

Besichtigung   Zuletzt war die Villa Romana im Zuge einer Führung zugänglich, im Sommer tägl. 11.30 Uhr, 12.15 Uhr und 14.15 Uhr (Dauer 1 Std.), Eintritt 8 €, Kinder bis 10 Jahre gratis; im Frühjahr und Herbst (bis Mitte Okt.) nur Sa/So. Weitere Infos unter ✆ 0565/908231, www.parcoarcipelago.info.

Wanderweg im Westen der Insel

Kleiner Wanderführer

Weiter Blick von den Hängen des Monte Capanne

Kleiner (Rad-)Wanderführer für Elba

Gebirgswandern mit Meerblick: Das grandioseste Wanderrevier des Toskanischen Archipels erstreckt sich natürlich rund um den Monte Capanne. Aber auch entlang der Küsten Elbas finden sich ein paar herrliche Wanderwege.

Die hier beschriebenen acht Touren führen Sie zu den landschaftlichen Highlights der Insel Elba. Der Schwierigkeitsgrad reicht vom einfachen Waldspaziergang über die abwechslungsreiche Küstenwanderung bis zur schweißtreibenden Gipfelbesteigung.

Drei Touren erstrecken sich rund um den Monte Capanne: Ganz im Westen führt die Wanderung 5 von Pomonte an die Hänge des Monte San Bartolomeo und eine schöne Rundwanderung findet sich auch bei Marciana Alta: die Wanderung 6. Ein Highlight ist natürlich die Wanderung 7: der Aufstieg auf den Monte Capanne.

Ebenfalls im Westteil der Insel befindet sich eine der schönsten, wenn nicht die schönste Küstenwanderung überhaupt: die Wanderung 8 von Marciana Marina zu den herrlichen Steinstränden von Sant'Andrea. Ebenfalls an der Küste, allerdings mit ein wenig Anstieg, verläuft die Wanderung 2 hinauf zum Capo d'Enfola. Eine entspannte Waldwanderung findet sich mit der Wanderung 1 im Hinterland von Portoferraio, ausgehend von Napoleons Landvilla San Martino. Im Osten schließlich kann man bei der Wanderung 3 das ehemals uneinnehmbare Castello del Volterraio erklimmen, während die Radtour 4 rund um das ehemalige Erzrevier des Monte Calamita führt.

Abschließend noch einige Hinweise zu *Equipment und Vorsichtsmaßnahmen beim Wandern* auf Elba:

Verpflegung: In jedem Fall ausreichend Trinkwasser mitnehmen! Ständig sprudelnde Quellen sind auf Elba selten. Beachten Sie außerdem, dass bei längeren Wanderungen gerade im Westen der Insel auf der Strecke kaum Einkehrmöglichkeiten bestehen.

Kleidung: Gutes Schuhwerk ist notwendig. Wer im Bereich des Monte Capanne oder entlang des Gebirgszuges im Osten der Insel unterwegs ist, sollte Wander-

Übersicht der Wanderungen

schuhe tragen. Im Sommer Sonnenschutz nicht vergessen und im Frühjahr/Herbst bei Gebirgswanderungen Windjacke oder Pullover.

Wetter: Auch wenn es „nur" auf etwa 1000 m hinaufgeht, sind viele Strecken v. a. im Westen als Gebirgswanderungen zu charakterisieren. Deshalb sollte man Wetterumschwünge ernst nehmen. Wenn sich beispielsweise der Monte Capanne von der Küste aus betrachtet in malerische Wolken hüllt, kann der Nebel oben auf dem Berg die Orientierung erheblich erschweren.

Waldbrand: Gerade während längerer Hitzeperioden wächst natürlich die Waldbrandgefahr. Achten Sie also bei sommerlichen Wanderungen nicht nur auf die schöne Aussicht, sondern gelegentlich auch auf Rauchentwicklung (im Notfall dann zügig einen Weg entlang windabgewandter Hänge suchen). Ebenso wichtig ist natürlich die Waldbrand-Prävention: Kein Feuer entfachen (ob im Wald oder in der Macchia), Zigaretten immer sorgfältig ausmachen und kein Glas wegwerfen.

Tiere: Halten Sie sich von wild lebenden Tieren fern, nicht nur zu deren Wohl. Ein Wildschwein-Frischling mag niedlich sein, die besorgte Bache ist es keineswegs. Sollten Sie den scheuen Tieren also begegnen, halten Sie einen Respektabstand. Auch die frei lebenden Mufflons kreuzen friedlich die Wanderpfade, eine Kollision mit dem beachtlichen Gehörn der Böcke sollte man vermeiden. Sehr scheu ist die Aspis-Viper (zu erkennen an ihrem dreieckigen Kopf und den schwarzen Querbändern), eine Begegnung aber nicht ausgeschlossen, vor allem in feuchtem Gemäuer (Ruinen) und nach Regen, wenn die Schlangen zum Sonnenbad herauskommen. Der Biss der Aspis-Viper soll sehr schmerzhaft sein, ihr Gift aber für einen gesunden Erwachsenen keine lebensbedrohliche Verletzung darstellen. Sind sie aber mit Kindern oder Hunden unterwegs, achten Sie darauf, dass vor allem Vierbeiner der Schlange nicht zu neugierig auf die Pelle rücken.

Kleiner (Rad-)Wanderführer für Elba

Wanderung 1: In den Hügeln um San Martino

Charakteristik: Überwiegend im Schatten eines Mischwaldes verläuft diese einfache Rundwanderung über die Hügel rund um die Napoleon-Villa von San Martino, meist auf Waldpfaden und Forstwegen, als Mountainbike-Strecke nur bedingt geeignet. Nach zunächst etwas anstrengendem Aufstieg geht es auf der Höhe an Monte Barbatoia und Monte San Martino entlang und schließlich über den Monte Pericoli zurück hinunter ins Tal. Immer wieder herrliche Blicke auf das Tal von San Martino und auf die Bucht von Procchio. **Anfahrt/Verbindungen**: Von Portoferraio Richtung Procchio, dann rechts ab nach San Martino (beschildert) und geradewegs in das Tal hinein (gebührenpflichtiger Parkplatz, Pauschalpreis). Etwa stündlich **Busse** von und nach Portoferraio (Linea 1). **Versorgungsmöglichkeit**: relativ teure Bars am Ausgangs- bzw. Endpunkt der Wanderung, ansonsten keinerlei Versorgungsmöglichkeiten. **Länge/Dauer**: Länge ca. 7 km; Gesamtdauer: ca. 2:30 Std.; Höhenunterschied: ca. 240 m (jeweils Auf- und Abstieg). Mittels **GPS kartierte Wanderung**; Waypoint-Dateien zum Downloaden unter: www.michael-mueller-verlag.de/gps/homepage.html.

Wegbeschreibung: Ausgangspunkt der Wanderung ist das Park Hotel Napoleone **1**. Gegenüber dessen Einfahrt führt zwischen Souvenirständen eine asphaltierte Straße in südwestliche Richtung und geht in einen Schotterweg über. Eine Abzweigung nach 200 m ignorierend, geht es auf einem Steinweg leicht bergauf und in den Wald hinein. Nach ca. 15 Min. gelangt man zu einer Weggabelung **2** mit Rastplatz, Tischen und Bänken (rechter Hand eine zugewachsene Brücke), hier geradeaus weiter und an der Schranke vorbei den Waldweg hinauf, der bald darauf in Serpentinen steiler bergauf führt. Nach weiteren 30 Min. stetigen Aufstiegs erscheint eine Infotafel **3** mit einigen Sitzbänken, von der aus man den rechten Pfad bergauf einschlägt. Auf schmaler werdendem Waldpfad geht es nun in Kehren weiter bergan, nach ca. 15 Min. (ab Infotafel) erreichen Sie eine Rechtskehre, an der man in die Abzweigung nach halblinks einbiegt und auf schmalem, etwas verwachsenem Pfad aufsteigt. Nach ca. 100 m erreicht man wiederum eine Rechtskehre (die Abzweigung nach links ignorieren) und gelangt nach ca. 10 Min. ab der unteren Rechtskehre **4** auf einen breiten Forstweg **5**, in den man nun rechts einbiegt (Gesamtdauer bis hier knapp 1 Std.).

Die Galerie Demidoff in San Martino

Der zunächst recht breite Forstweg verläuft am Hang entlang und wird bald etwas schmaler, gelegentlich erlaubt die üppige Vegetation einen kurzen Blick auf die Bucht von Portoferraio. Nach knapp 30 Min. auf diesem Forstweg erreicht man ein große Kreuzung **6** – hier kreuzt auch der G.T.E. Geht man von der Kreuzung ein Stück geradeaus die Schneise hinauf, öffnet sich der Blick auf den Westen der Insel und den Monte Capanne.

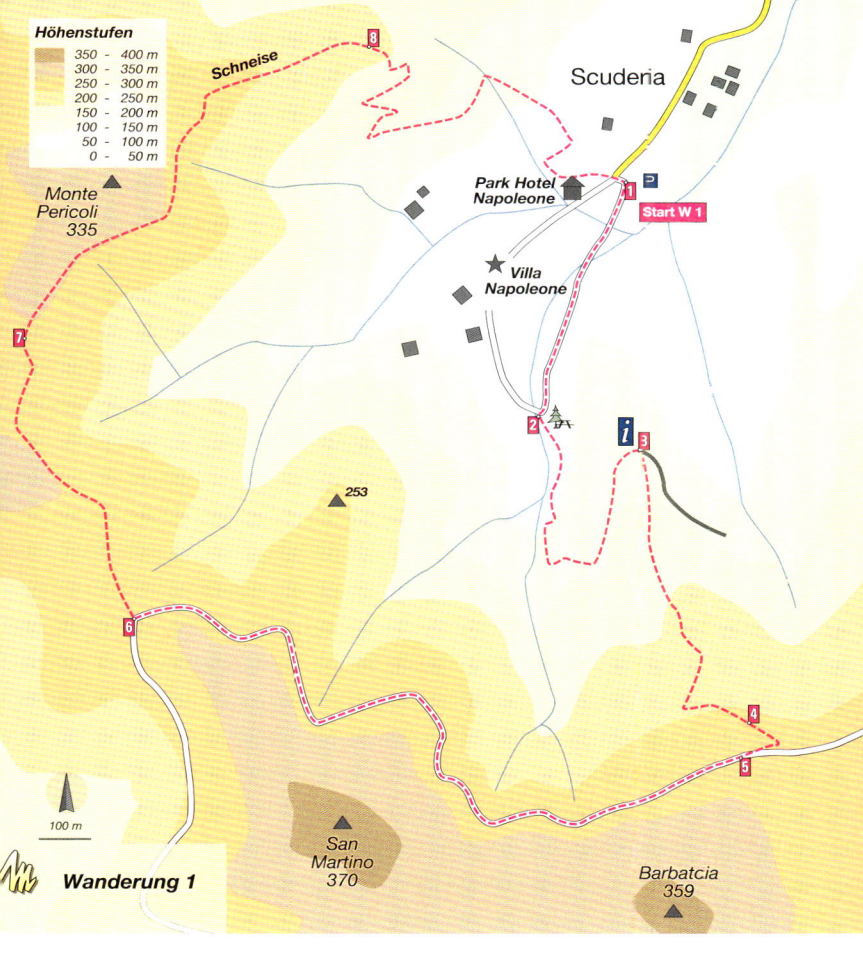

Von der Kreuzung folgt man nun nach rechts dem beschilderten Weg 48/45 in den Wald, der Pfad führt jetzt im Wechsel zwischen Wald und einer Feuerschneise hin und her. Bald eröffnet sich der Blick auf die Bucht von Procchio und hinüber zum Monte Capanne, kurz darauf geht es wieder in den Wald hinein **7** Der Markierung 45 folgend, umgeht man nun den Gipfel des Monte Pericoli an seiner östlichen Seite. Bereits nach wenigen Minuten trifft man erneut auf besagte Schneise (und wieder ein schöner Ausblick, diesmal auf die Bucht von Portoferraio) und folgt ihr geradewegs bergab, bevor es wieder in den Wald geht **8**.

Mit der Markierung 45 (rot-weiß, San Martino) verläuft der schmale Pfad durch lichten Wald die letzten 20 Min. stetig und meist in Serpentinen hinab (teilweise etwas rutschig durch Geröll). Mit den ersten Ferienhäusern erreicht man bald eine betonierte Straße und sieht das Park Hotel Napoleone schon vor sich. Hinten um das Hotel herum erreicht man nach wenigen Minuten den Ausgangspunkt **1**.

Kleiner (Rad-)Wanderführer für Elba

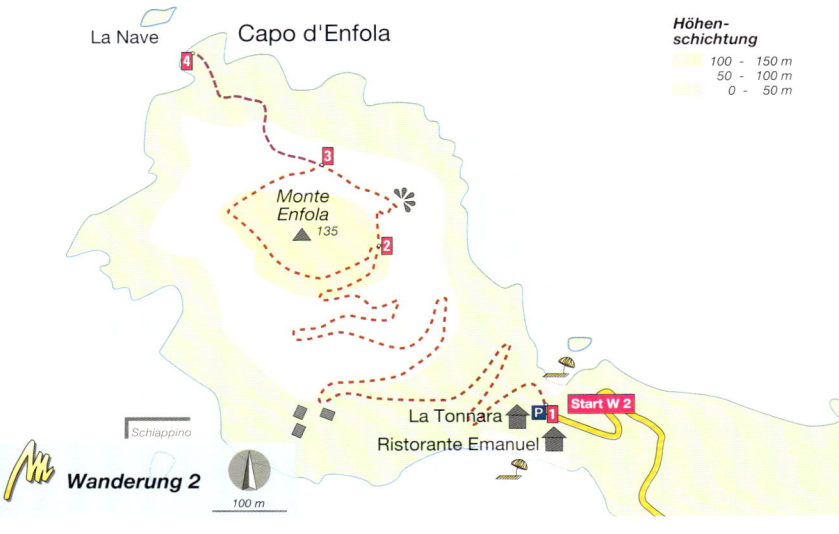

La Nave · Capo d'Enfola

Höhen-schichtung
100 - 150 m
50 - 100 m
0 - 50 m

Monte Enfola ▲ 135

La Tonnara
Ristorante Emanuel

Start W 2

Schiappino

Wanderung 2

100 m

Wanderung 2: Zum Capo d'Enfola

Charakteristik: Die in weiten Teilen einfache, anfangs aber recht schweißtreibende Wanderung führt über die kleine Halbinsel zum Capo d'Enfola, wo die absolute Ruhe am Aussichtspunkt auf einer Felsnase über dem Meer nur durch das Geschrei der Möwen unterbrochen wird. **Anfahrt/Verbindungen**: Die Halbinsel liegt ca. 9 km nordwestlich von Portoferraio. Parkmöglichkeiten an der Landenge am Capo d'Enfola (gebührenpflichtig und an Sommerwochenenden meist überfüllt). Keine Busse direkt zum Capo d'Enfola, allerdings verkehrt die *Linea Blu 2* in der Hochsaison ca. alle eineinhalb Stunden nach Viticcio (an der Abzweigung nach Enfola aussteigen, ab hier ca. 1 km zu Fuß bergab auf der Straße). **Versorgungsmöglichkeit**: Bar und Ristorante am Strand an der Landenge. **Länge/Dauer**: Länge ca. 5 km; Gesamtdauer ca. 2:30 Std.; Höhenunterschied: ca. 190 m (jeweils Auf- und Abstieg). Mittels **GPS kartierte Wanderung**; Waypoint-Dateien zum Downloaden unter: www.michael-mueller-verlag.de/gps/homepage.html.

Wegbeschreibung: Ausgangspunkt für die Wanderung zum Kap ist die „Tonnara" **1**, die alte Thunfischfabrik an der Landenge, heute Sitz der Nationalparkverwaltung. Rechts von dem Gebäude folgt man einem breiten Schotterweg in Serpentinen hinauf in Richtung *Monte Enfola* (135 m) – schattenlos geht es stetig bergauf, der anstrengendste Teil der Wanderung. Hier finden sich bereits einige Aussichtspunkte, der Blick reicht, je höher man kommt, immer weiter Richtung Osten bis hin zur Medici-Festung in Portoferraio. Jüngst wurde der Wanderweg ein wenig hergerichtet und bietet jetzt mehrere Rastplätze und naturkundliche Infotafeln. Nach gut 30 Min. erreicht man eine Abzweigung **2**, hier geht es rechts ab auf den „Anello" (Ringweg) in Richtung Kap, der aber zu ignorieren ist. Man wandert geradeaus weiter auf dem Schotterweg, der knapp unter dem Monte Enfola in einen Waldpfad übergeht. Hier sind noch einige Bunker aus dem Zweiten Weltkrieg zu sehen, die man wegen Einsturzgefahr jedoch keinesfalls betreten sollte. Von hier oben bietet sich ein herrlicher Blick auf die Nordküste und auf die Bucht von Procchio mit dem *Monte Capanne* im Hintergrund. Nun geht man auf schmalem Pfad ca. 15 Min. an der Westseite der Enfola-Halbinsel entlang, bis man an einer

Abzweigung **3** den beschilderten Pfad nach links hinunter zum Kap einschlägt. Bereits nach wenigen Metern verlässt man den lichten Wald, es folgt ein steiler und schattenloser Abstieg (ca. 15 Min.) teilweise über Felsstufen, die eine gewisse Trittsicherheit erfordern. Über einen ca. 20 m langen und auf ca. 3 m Breite begehbaren Grat (links steiler Absturz) gelangt man zum Capo d'Enfola **4** mit Sitzbank im Schatten: absolute Ruhe und das Geschrei der Möwen, die hier zahlreich zu Hause sind. Vor dem Kap liegt die kleine Felseninsel *La Nave*.

Zurück zur Abzweigung **3** geht es nun geradeaus auf dem Rundweg in östliche Richtung weiter. Bereits nach 10 Min. auf überwiegend schattigem, aber steil bergauf führendem Pfad ist man zurück auf der breiten Schotterstraße des Hinwegs **2**, die man nun weitaus weniger anstrengend hinunter zum Ausgangspunkt bzw. Endpunkt **1** einschlägt. Dauer des Abstiegs: ca. 25 Min.

Am Kap

Wanderung 3: Zum Castello del Volterraio

Charakteristik: Kurzer, aber anstrengender (und schattenloser) Aufstieg. Festes Schuhwerk ist unbedingt notwendig, man sollte auf jeden Fall die Mittagshitze meiden und etwas zu trinken mitnehmen. **Anfahrt**: Von der Straße Magazzini–Bagnaia rechts ab in Richtung Rio nell'Elba und Volterraio (beschildert). Nach 1,7 km ein Parkplatz auf der linken Seite, oberhalb davon beginnt der anfangs noch gut erkennbare Pfad. **Versorgungsmöglichkeit**: keine. **Länge/Dauer**: Länge ca. 1,5 km; der Aufstieg dauert 30–45 Min.; Höhenunterschied: ca. 200 m (jeweils Auf- und Abstieg).

Die Uneinnehmbarkeit der Festung kommt nicht von ungefähr, der Weg dorthin ist ziemlich anstrengend (wenn auch ungefährlich). Zunächst auf einem gut erkennbaren Pfad bis zur Ruine der ehemaligen *Kapelle San Leonardo*. Diese links liegen lassen, ab hier ist der Pfad kaum noch auffindbar, es geht mühsam über steinigen, z. T. auch rutschigen Boden den steilen Berg hinauf. Am jüngst in Teilen restaurierten Castello angekommen, belohnen ein grandioser Ausblick und herrliche Sonnenuntergänge für die Mühe, man trifft auf andere, ebenfalls schweißgebadete Wanderer.

Wanderung 4: MTB-Tour um den Monte Calamita

Das Gebiet um den Magnetberg eignet sich ausgezeichnet zum Mountainbiken, aber auch für ausgedehnte Wanderungen.

Fahrradtouren mit eindrucksvollen Ausblicken führen Sie auf der geschotterten Fahrtstraße rund um den Monte Calamita und durch das Areal der Ferienanlage „Villaggio Costa dei Gabbiani" zur Ostküste der Halbinsel und zur Straccoligno-Bucht hinunter (→ S. 158). Von hier auf Asphaltstraße wieder hinauf zum Ausgangspunkt Capoliveri. Eine Alternativroute zweigt kurz nach Capoliveri von der Straße links ab in Richtung hinauf zum Monte Calamita, bleibt aber nördlich davon und führt ebenfalls zur Ferienanlage, von dort dann wieder zur Straccoligno-Bucht. Den gleichen Verlauf haben die Wanderwege Nr. 70 und 82. Wer die Halbinsel erwandern will, sollte früh aufstehen, gut zu Fuß sein (Tageswanderung) und unbedingt die Mittagshitze in der überwiegend baumlosen Gegend meiden. Schatten gibt es erst wieder ab dem oben erwähnten *Villaggio* (mit Restaurant/Bar) und an der Ostseite der Halbinsel. Bademöglichkeiten entweder unterhalb der *Miniera di Calamita* (→ S. 162) oder in den kleinen Buchten der Ostküste. Der herrliche *Spiaggia di Rimaiolo* zwischen *Punta di Calamita* und *Punta dei Ripalti* ist fast ausschließlich den Gästen der Ferienanlage vorbehalten.

Wanderung 5: An den Hängen des Monte San Bartolomeo

Charakteristik: Relativ einfache, aber schweißtreibende Wanderung. Auf dem Weg, der zunächst parallel zum *Valle di Pomonte* ansteigt, öffnen sich dem Wanderer herrliche Ausblicke auf das Tal, den Ort Pomonte und das Meer im Westen. In östlicher Richtung läuft man auf dem ersten Teil der Strecke durch die Macchia geradewegs auf die felsige Westseite des Monte Capanne zu. Nach der Umrundung des 437 m hohen *Monte San Bartolomeo* geht es durch abwechslungsreichere Vegetation hinab zum Ort Chiessi. Auf dieser Strecke gibt es einige rutschige Stellen, sodass gebirgstaugliches Schuhwerk dringend zu empfehlen ist. *Achtung:* Man steigt im ersten Teil der Wanderung einen Südhang hinauf, und schattige Abschnitte finden sich so gut wie keine. Unbedingt die Mittagshitze meiden und ausreichend Wasser mitnehmen! **Anfahrt/Verbindungen**: Ausgangspunkt ist die Kirche von Pomonte, unweit davon befindet sich auch ein Parkplatz. Pomonte ist mit dem Bus etwa stündlich vom Marina di Campo und Marciana Alta zu erreichen. Ebenso fährt fast stündlich ein Bus vom Endpunkt Chiessi zurück nach Pomonte. **Versorgungsmöglichkeit**: Bars und Restaurants in Pomonte und Chiessi, auf der Strecke selbst keine Versorgungsmöglichkeit, auch keine Quellen. **Länge/Dauer**: Länge ca. 7 km; Gesamtdauer etwa 2:30–3 Std.

Wegbeschreibung: In Pomonte von der Kirche ein Stück auf der Straße Richtung Chiessi laufen und dann die Treppen hinauf, man erreicht die Straße im oberen Teil des Orts, hier befindet sich auch ein Parkplatz. Entlang einer Agavenhecke (gegenüber dem Haus Nr. 17) führt der beschilderte Wanderpfad Nr. 4 (rot-weiße Markierungen, teilweise auch ein Holzschild mit der Aufschrift „4") steil bergauf und verläuft parallel zum Tal. Nach ca. 30 Min. anstrengendem Aufstieg gelangt man zu einer natürlichen, unübersehbaren Felsterrasse (herrlicher Blick), diese überqueren – nicht rechts abbiegen! – und weiter bergauf auf steinigem Pfad.

Nach einer weiteren halben Stunde erscheint am Hang die Ruine eines alten Magazins, dieses rechts liegen lassen, nach ca. 20–30 Min. stößt man auf eine Kreuzung, hier links abbiegen in westliche Richtung auf den Weg Nr. 3 (in die entgegengesetzte Richtung führt der Weg 3 hinauf zum Monte Capanne). Nach der Kreuzung ver-

läuft der Weg leicht bergab, bald darauf ein Wegweiser nach Chiessi. Nach ca. 15 Min. zweigt rechts ein Pfad (mit Wegweiser) zum Monte San Bartolomeo ab (auf dem Weg dorthin die Ruinen einer pisanischen Kirche), den Pfad geradeaus weiter gehend gelangt man über einen kleinen Pass auf die Nordseite des Hangs – hier gibt es endlich etwas Schatten – und genießt bald darauf den Blick auf Chiessi am Meer.

Auf der Nordseite bietet sich eine reichere Vegetation mit diversen Farnarten und Gräsern, später, im unteren Abschnitt auch Salbei, Brombeeren etc. Abstieg auf teilweise rutschigem Steinpfad (einige unwegsame Stellen) noch mal ca. 45–60 Min., über Treppen hinunter ins Dorf zum Hotel Aurora, dem Endpunkt der Wanderung. Von hier mit dem Bus (relativ häufige Verbindungen) zurück nach Pomonte oder zu Fuß etwa 2 km entlang der Küstenstraße.

Wanderung 6: Rundwanderung bei Marciana Alta

Charakteristik: Die überwiegend kaum anstrengende Wanderung führt auf gut begehbaren Pfaden von der Pisanischen Festung oberhalb von Marciana Alta ein Stück den Kreuzweg nach Madonna del Monte entlang, bis sie nach Süden abzweigt und um das Tal des Pedalta nach San Cerbone verläuft. Von hier geht es durch einen schönen Kastanienwald zurück nach Marciana Alta, Aufstiege nur im ersten Teil. **Anfahrt/Verbindungen**: Der Ausgangspunkt Pisanische Festung ist in Marciana gut ausgeschildert. Parkplätze vorhanden. Fast stündlich Busverbindung nach Marciana Marina und Portoferraio. **Versorgungsmöglichkeit**: Bars und Restaurants in Marciana Alta. **Länge/Dauer**: Länge 7 km; Gesamtdauer ca. 3 Std.; Höhenunterschied ca. 470 m (jeweils Auf- und Abstieg). Mittels **GPS kartierte Wanderung**; Waypoint-Dateien zum Downloaden unter: www.michael-mueller-verlag.de/gps/homepage.html.

Wegbeschreibung: Ausgangspunkt der Wanderung sind die Aussichtsterrassen **1** unterhalb der Fortezza Pisana von Marciana Alta (dort und an der Straße oberhalb der Festung freie Parkplätze, ein Fußweg führt vom Ort hier hinauf). Von hier geht es am Stoppschild geradeaus ein kurzes Stück die Asphaltstraße hinunter, bevor man linker Hand auf den Kreuzweg nach Madonna del Monte abzweigt (beschildert, Wegnummer 3, rot-weiße Kennzeichnung). Über weite Stufen an der ersten

Abzweigung vorbei (nach ca. 500 m, hier auch ein kleiner Rastplatz), bis kurz vor der vierten Kreuzwegstation **2** ein weiterer Pfad links abzweigt. Auf diesem Weg (Nr. 10) geht es hinauf und über eine große Kreuzung **3** mit weitläufigem Rastplatz. Von dort hält man sich weiter halbrechts auf Weg 10. Bald verlässt man die Baumgrenze, und der Pfad führt zwischen Felsen an den Osthängen des *Monte Giove* und des *La Stretta* entlang. Auf diesem Wegstück hat man immer wieder herrliche Ausblicke: im Rücken die Küste, die Bergdörfer und Marciana Marina, vor sich der Gebirgszug des *Monte Capanne*. Nach etwa einer Stunde (etwa zwischen Monte Giove und La Stretta, kurz nach einem Waldstück) geht es an einer Abzweigung **4** der Markierung 28 folgend halblinks hinunter. Hier befindet man sich auf 702 m am höchsten Punkt der Wanderung. (Achtung: Die gut erkennbare Abzweigung nicht verpassen! Geradeaus geht es am *La Stretta* entlang zum *La Tavola* und von dort in einer anspruchsvollen Tour auf den Monte Capanne oder weiter an die Westküste.)

Den Pfad mit der Nummer 28 (nicht irritieren lassen: auf manchen Karten als 10/a bezeichnet) hinunter eröffnet sich wiederum ein beeindruckendes Panorama. Zuweilen wuchert Farn über den Weg, der dennoch sehr gut erkennbar bleibt. Nach einer Kehre, an der ein kleiner Bach ins Tal fließt, wird der Weg zunehmend schattig und führt nach Osten in den Wald zur Einsiedelei San Cerbone hinunter. Nach etwa 20 Min. Abstieg trifft der Weg auf eine Spitzkehre der Wanderroute 6, hier halblinks hinunter **5**. Der schöne Waldpfad mündet nach weiteren 15 Min. auf einen breiten Forstweg **6**, von dem es nun rechter Hand auf dem Pfad weiter hinunter geht (durch mehrere Kehren und über eine rechts aufgeschüttete Steinbrücke), bis man kurz darauf auf einen breiten Weg trifft **7**. Der Weg nach Marciana

Unterwegs   Gut beschildert

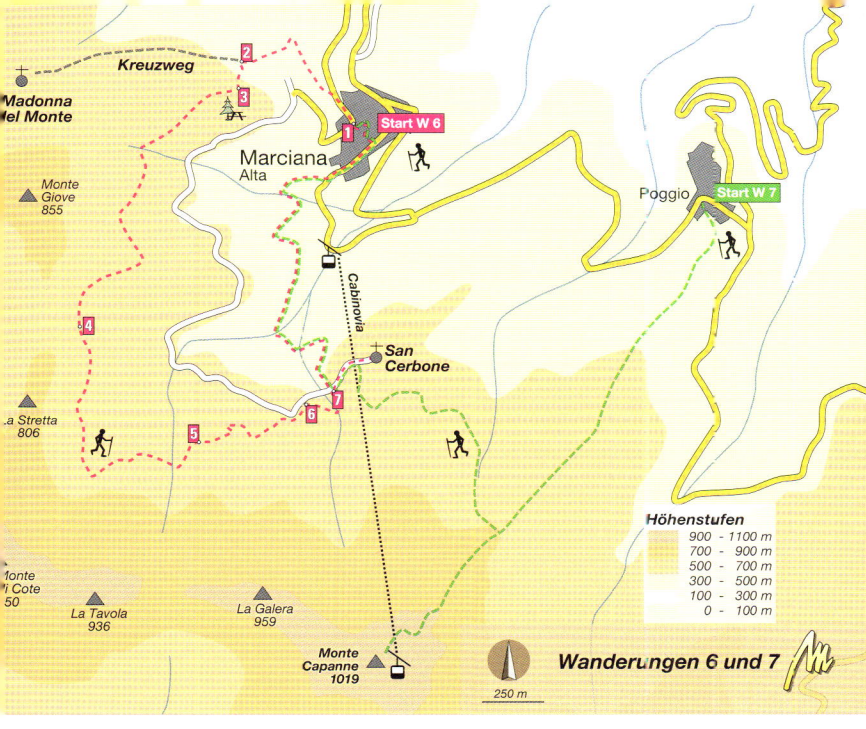

Höhenstufen

900 - 1100 m
700 - 900 m
500 - 700 m
300 - 500 m
100 - 300 m
0 - 100 m

Wanderungen 6 und 7

250 m

Alta führt nun nach links hinunter, es lohnt sich aber ein kleiner Abstecher zur Kirche *San Cerbone*: Nach rechts, leicht bergauf (rot-weiße Markierung), nach 5 Min. kreuzt der Weg die Seilbahnschneise hinauf zum Capanne. Von hier ist die alte Einsiedelei bereits zu sehen: Ein ruhiger, schön unter Kastanien gelegener Ort, der zur Rast einlädt.

Nach diesem Abstecher nach San Cerbone geht es zurück zur letzten Abzweigung **7** und von hier geradeaus bergab (rot-weiße Wegmarkierung, Nr 1). In Serpentinen gelangt man an einer Ruine vorbei, über ein steiniges Bachbett und schließlich auf eine kleine Holzbrücke über den *Pedalta*. Kurze Zeit später kommt man an Gärten vorbei und bald zu den ersten Häusern von Marciana Alta (ca. 35 Min. von San Cerbone). Über die *Via della Rena* geht es Richtung Zentrum dann durch die *Porta di S. Agabito* und hier sofort links hinauf über steile Treppen und durch enge Gässchen zur Fortezza Pisana, dem Ausgangspunkt der Wanderung.

Eine *Alternativ-Route* führt von San Cerbone nach Poggio. Bei der Einsiedelei angekommen, geht man um die Kirche herum und folgt dem Wanderweg Nr. 1 Richtung Osten. Kurze Zeit später bei der Kreuzung links auf den Wanderweg Nr. 6 einbiegen bis zur nächsten Kreuzung mit dem Wanderweg Nr. 2, der von Poggio auf den Monte Capanne führt (→ Wanderung 7, unten). Von hier aus geht es hinunter nach Poggio und von dort aus entweder mit dem Bus zurück nach Marciana Alta oder aber zu Fuß auf der wenig befahrenen Asphaltstraße (vorbei an der Fonte Napoleone und der Seilbahnstation).

Wanderung 7: Auf den Monte Capanne

Charakteristik: Ganz klar: Die Bezwingung des höchsten Bergs der Insel mit einer beachtlichen Höhe von 1019 m ist der bergsteigerische Höhepunkt einer Elba-Reise. Anstrengend, fast schattenlos und somit besonders schweißtreibend gestaltet sich der Aufstieg, am Gipfel wird man jedoch mit einem atemberaubenden Blick belohnt, der an klaren Tagen über den gesamten Toskanischen Archipel bis nach Korsika auf der einen und bis zum italienischen Festland auf der anderen Seite reicht. Ganz oben am Gipfel sind Sende- und Radaranlagen installiert, daneben ein Landeplatz für Helikopter. Unterhalb davon die Bergstation der Seilbahn. Die Wanderung ist nicht gefährlich, aber mühsam, festes Schuhwerk dringend notwendig. **Anfahrt/Verbindungen**: Ausgangspunkt ist Poggio, einige wenige Parkplätze am Ortsrand. Fast stündlich Busverbindung nach Marciana Marina und Portoferraio. **Versorgungsmöglichkeit**: Restaurant und Bars in Poggio, bei der Bergstation der Seilbahn gibt es eine Snackbar. **Länge/Dauer**: Aufstieg 2–2:30 Std., Abstieg etwa 1:30 Std.; Höhenunterschied fast 700 m (nur Aufstieg).

Wegbeschreibung: Der Ausgangspunkt ist die zentrale Piazza von Poggio, von hier geht es hinauf zum oberen Ortsrand. An der Straße Richtung Marciana Alta an einer Linkskurve kurz vor dem Ortsausgang der Beschilderung „Nr. 2" und der rot-weißen Markierung folgen und über steile Treppen hinauf. Die ersten 30 Min. sehr steil bergauf, dann gelangt man zu einer etwas schwierig zu begehenden Passage auf und ab über Granitblöcke. Nach gut 45 Min. steilem Aufstieg eine weitere Markierung, dem steinigen Pfad über Treppen weiter bergauf folgen. Der Weg führt im weiteren Verlauf ein gutes Stück auf einem Kamm entlang, nach insgesamt ca. 1:30 Std. stößt man auf eine Kreuzung: Hier halbrechts abbiegen (der größere Weg halblinks würde östlich am Berg entlang in Richtung Pomonte und Seccheto an der Westküste führen) und weitere 45 Min. sehr steil bergauf zum Gipfel (Markierung Nr. 2).

Alternative beim Abstieg: An dieser (einzigen größeren) Wegkreuzung beim Abstieg links abbiegen auf den Wanderpfad Nr. 1 nach *Marciana,* Dauer ca. 1:30 Std. (wie auch der Abstieg nach Poggio). Der Abstieg nach Marciana ist etwas weniger steil als der Weg zurück zum Ausgangspunkt, ab Marciana häufig Busverbindungen nach Poggio. Wer gar keine Lust zum weiteren Wandern verspürt, kann für 12 € (!) mit der Cabinovia (→ S. 201) bis zur Talstation bei Marciana Alta abfahren und von hier – vorbei an der Fonte Napoleone (hier wird das köstliche Quellwasser abgefüllt) – auf der Verbindungsstraße zurück nach Poggio laufen (Dauer ca. 20–30 Min., keine Anstiege).

Blick vom Monte Capanne
auf Marciana Marina

Alternativen beim Aufstieg: Der Monte Capanne kann auch von der Westseite ab *Pomonte* (→ S. 188; Wanderweg Nr. 9) oder ab *Seccheto* (→ S. 186; Wanderweg Nr. 8) bestiegen werden. Ersterer mündet im oberen Verlauf in die Nr. 8 *(G.T.E.)*. Für die Besteigung von der Westküste sollte man 4–5 Std. einplanen, bei guter Kondition sein und bergsteigerische Erfahrung haben!

Am Pisanischen Turm von Marciana Marina startet die Wanderung

Wanderung 8: Küstenwanderung von Marciana Marina nach Sant'Andrea

Charakteristik: Eine der schönsten Wanderungen, die man auf Elba unternehmen kann – durch üppiges Grün und über Weinterrassen, dazwischen lauschige Buchten und ein herrlich weiter Blick hinüber nach Capraia und bis zur Nordspitze Korsikas. Nur im ersten Teil gibt es eine längere (und anstrengende) Steigung, ansonsten in relativ gemächlchem Auf und Ab an der Küste entlang. Achtung: Bei stärkerem Wellengang wird der Strandabschnitt von Cotoncello (bei Sant'Andrea) unpassierbar, man muss einen ca. 25-minütigen Umweg in Kauf nehmen. **Anfahrt/Verbindungen**: Start in Marciana Marina, dort ausreichend Parkplätze. Von Sant'Andrea zurück zum Ausgangspunkt in Marciana Marina zu gelangen, kann im ungünstigsten Fall mit einigem Leerlauf verbunden sein: Zunächst geht es mit dem *Marebus* (fährt nur im Sommer) von Sant'Andrea hinauf nach Zanca, dort in der Regel Wartezeit auf den Bus via Marciana Alta nach Marciana Marina. Näheres zu Verbindungen → Sant'Andrea, S. 196. Besorgen Sie sich einen Busfahrplan sowohl für die C.T.T.-Busse als auch für den Marebus! **Versorgungsmöglichkeit** Bars und Restaurants in Marciana Marina, beim Hotel Oleandro und in Sant'Andrea. **Länge/Dauer**: Länge: ca. 7,5 km; Gesamtdauer: ca. 2:30–3 Std.; Höhenunterschied ca. 240 m (jeweils Auf- und Abstieg).

Mittels **GPS kartierte Wanderung**; Waypoint-Dateien zum Downloaden unter: www.michael-mueller-verlag.de/gps/homepage.html.

Wegbeschreibung: Ausgangspunkt der Wanderung ist das Ristorante Capo Nord **1** am Pisanischen Turm in Marciana Marina. Hier geht es auf Asphaltstraße über eine kleine Brücke, die Straße führt nun stetig bergauf. Nach ca. 15 Min. Anstieg geht es ca. 70 m nach einer Rechtskehre nach links ab in den Wald hinein auf einen Pfad **2**, der zunächst an einem grünen Zaun rechter Hand entlangführt (kaum sichtbare rot-weiße Markierung).

Der schwachen rot-weißen Markierung folgend, geht es auf dem Pfad durch lichten Wald am Zaun entlang stets bergauf, Abzweigungen nach links sind zu ignorieren. Nach schweißtreibend steilem, etwa 15-minütigem Aufstieg wird es etwas flacher, der Pfad etwas breiter, noch immer folgt man der schwachen rot-weißen Markierung. Nach etwa 45 Min. ab Ausgangspunkt erreichen Sie eine beschilderte Kreuzung **3**, wo man den Pfad nach halblinks hinunter nach La Cala einschlägt. Nach gut 5 Min. ab der Kreuzung trifft man auf eine Abzweigung **4** nach rechts hinunter, die aber zu ignorieren ist, geradeaus geht es weiter nach La Cala. Nach kurzer Zeit kreuzt man nun die Schotterstraße **5** und nimmt nach etwa 5 m den wieder in den Wald führenden Pfad nach rechts hinunter (Beschilderung *La Cala*). Eine Abzweigung nach links (nach Marciana Alta) ist zu ignorieren, es geht nun mit schönem Küstenblick an einem idyllisch gelegenen, kleinen Häuschen vorbei bergab, Abzweigungen aller Art sind zu ignorieren. Nach einem kurzen Wegstück oberhalb der Steilküste (Zäune) hat man nach einer Gesamtgehzeit von ca. 1:15 Std. die Bucht von La Cala **6** mit dem ehemaligen Hotel Andreina erreicht. Der kleine, saubere Kiesstrand unterhalb lädt zum Baden ein.

Von der Bucht La Cala geht es auf demselben Pfad weiter in Richtung Sant'Andrea, man wandert zwischen zwei Häusern hindurch und kommt kurz darauf an einem

Fast am Ziel – der Strand Cotoncello bei Sant'Andrea

Anwesen auf der linken Seite vorbei. Nachdem man kurz darauf einen Bach überquert hat, geht es sofort nach links steil hinauf **7**, die rot-weiße Markierung ist kaum erkennbar. 15–20 Min. geht man nun auf steinigem Pfad steil bergauf, etwa auf halber Strecke passiert man ein frisch restauriertes Haus. Oben angekommen, führt der Pfad durch Weinberge oberhalb der Küste und an einem weißen Haus auf der rechten Seite vorbei, bevor man nach wenigen Metern die Kreuzung **8** in Conca erreicht hat.

Von der Kreuzung geht es rechts hinunter auf asphaltierter Straße (Schild *S. Andrea*), zunächst eben, dann ca. 10 Min. schattenlos bergauf, bis man – kurz nach der Kapelle – beim Haus Nr. 36 (Via Maciarello) nach rechts hinunter auf den Betonweg **9** einbiegt (Beschilderung *S. Andrea*). Von diesem geht es nach wenigen Metern geradeaus den Pfad hinunter, es folgt der schönste Abschnitt der Strecke: auf beschaulichem Pfad über der Küste, mit Blick auf das Festland, nach Capraia, Korsika und auf die Bucht von Sant'Andrea. Kurz darauf befindet man sich in üppiger, dichter Vegetation, bis man zu einem Haus gelangt, an dem es links abgeht (Pfeil auf dem Fels: „Sant'Andrea"). Kurz darauf geht es über eine Betonbrücke und nach wenigen Minuten über eine schmale Betonstraße, bis man das Hotel Oleandro **10** mit schönem Terrassenristorante über dem Meer erreicht hat.

Vom Hotel Oleandro führen Treppen (Beschilderung *S. Andrea*) und ein Pfad hinunter zur Spiaggia Cotoncello: Einige der imposanten Felsen sehen aus, als würden sie gleich umkippen und ins Wasser stürzen, andere gehören zu den berühmten Steinmonstern Elbas (→ Kasten, S. 194/195). Am Cotoncello-Strand gibt es auch einen kleinen, sandigen Abschnitt, ansonsten lässt man sich hier auf den Felsen nieder.

Der Pfad führt nun über die Felsen (eingehauene Treppen und kleine Brücken) in wenigen Minuten nach Sant'Andrea. Achtung: Bei nur mittelmäßigem Seegang ist der Felspfad oft überspült, wir möchten in diesem Fall von der Begehung dringend abraten (besonders mit Kindern!), es kann sehr glitschig werden. Der Alternativweg führt vom kleinen Sandstrand links ab auf einen Pfad den Berg hinauf, dann noch einmal ca. 20 Min. auf Asphaltstraße zum Strand von Sant'Andrea, wo zwei Bars zur verdienten Rast einladen. Der *Marebus* hält am Parkplatz hinter dem Strand.

Abruzzen • Ägypten • Algarve • Allgäu • Allgäuer Alpen • Altmühltal & Fränk. Seenland • Amsterdam • Andalusien • Andalusien • Apulien • Australien – der Osten • Azoren • Bali & Lombok • Barcelona • Bayerischer Wald • Bayerischer Wald • Berlin • Bodensee • Bretagne • Brüssel • Budapest • Chalkidiki • Chiemgauer Alpen • Chios • Cilento • Cornwall & Devon • Comer See • Costa Brava • Costa de la Luz • Côte d'Azur • Cuba • Dolomiten – Südtirol Ost • Dominikanische Republik • Dresden • Dublin • Düsseldorf • Ecuador • Eifel • Elba • Elsass • Elsass • England • Fehmarn • Franken • Fränkische Schweiz • Fränkische Schweiz • Friaul-Julisch Venetien • Gardasee • Gardasee • Genferseeregion • Golf von Neapel • Gomera • Gomera • Gran Canaria • Graubünden • Hamburg • Harz • Haute-Provence • Havanna • Ibiza • Irland • Island • Istanbul • Istrien • Italien • Italienische Adriaküste • Kalabrien & Basilikata • Kanada – Atlantische Provinzen Karpathos • Kärnten • Katalonien • Kefalonia & Ithaka • Köln • Kopenhagen • Korfu • Korsika • Korsika Fernwanderwege • Korsika • Kos • Krakau • Kreta • Kreta • Kroatische Inseln & Küstenstädte • Kykladen • Lago Maggiore • Lago Maggiore • La Palma • La Palma • Languedoc-Roussillon • Lanzarote • Lesbos • Ligurien – Italienische Riviera, Genua, Cinque Terre • Ligurien & Cinque Terre • Limousin & Auvergne • Limnos • Liparische Inseln • Lissabon & Umgebung • Lissabon • London • Lübeck • Madeira • Madeira • Madrid • Mainfranken • Mainz • Mallorca • Mallorca • Malta, Gozo, Comino • Marken • Mecklenburgische Seenplatte • Mecklenburg-Vorpommern • Menorca • Midi-Pyrénées • Mittel- und Süddalmatien • Montenegro • Moskau • München • Münchner Ausflugsberge • Naxos • Neuseeland • New York • Niederlande • Niltal • Norddalmatien • Norderney • Nord- u. Mittelengland • Nord- u. Mittelgriechenland • Nordkroatien – Zagreb & Kvarner Bucht • Nördliche Sporaden – Skiathos, Skopelos, Alonnisos, Skyros • Nordportugal • Nordspanien • Normandie • Norwegen • Nürnberg, Fürth, Erlangen • Oberbayerische Seen • Oberitalien • Oberitalienische Seen • Odenwald • Ostfriesland & Ostfriesische Inseln • Ostseeküste – Mecklenburg-Vorpommern • Ostseeküste – von Lübeck bis Kiel • Östliche Allgäuer Alpen • Paris • Peloponnes • Pfalz • Pfälzer Wald • Piemont & Aostatal • Piemont • Polnische Ostseeküste • Portugal • Prag • Provence & Côte d'Azur • Provence • Rhodos • Rom • Rügen, Stralsund, Hiddensee • Rumänien • Rund um Meran • Sächsische Schweiz • Salzburg & Salzkammergut • Samos • Santorini • Sardinien • Sardinien • Schottland • Schwarzwald Mitte/Nord • Schwarzwald Süd • Schwäbische Alb • Schwäbische Alb • Shanghai • Sinai & Rotes Meer • Sizilien • Sizilien • Slowakei • Slowenien • Spanien • Span. Jakobsweg • St. Petersburg • Steiermark • Südböhmen • Südengland • Südfrankreich • Südmarokko • Südnorwegen • Südschwarzwald • Südschweden • Südtirol • Südtoscana • Südwestfrankreich • Sylt • Teneriffa • Teneriffa • Tessin • Thassos & Samothraki • Toscana • Toscana • Tschechien • Türkei • Türkei – Lykische Küste • Türkei – Mittelmeerküste • Türkei – Südägäis • Türkische Riviera – Kappadokien • Umbrien • USA – Südwesten • Usedom • Varadero & Havanna • Venedig • Venetien • Wachau, Wald- u. Weinviertel • Westböhmen & Bäderdreieck • Wales • Warschau • Westliche Allgäuer Alpen und Kleinwalsertal • Wien • Zakynthos • Zentrale Allgäuer Alpen • Zypern

Reisehandbuch   MM-City   MM-Wandern

Etwas Italienisch

Aussprache (Hier nur die Abweichungen von der deutschen Aussprache)

c   vor e und i immer *"tsch"* wie in *rutschen*, z. B. *centro* (Zentrum) = *"tschentro"*. Sonst wie *"k"*, z. B. *cannelloni = "kannelloni"*.

cc   gleiche Ausspracheregeln wie beim einfachen c, nur betonter *faccio* (ich mache) = *"fatscho"*; *boccone* (Imbiss) = *"bokkone"*.

ch   wie *"k"*, *chiuso* (geschlossen) = *"kiuso"*.

cch immer wie ein hartes *"k"*, *spicchio* (Scheibe) = *"spikkio"*.

g   vor e und i *"dsch"* wie in *Django*, vor a, o , u als *"g"* wie in *gehen*; wenn es trotz eines nachfolgenden dunklen Vokals als *"dsch"* gesprochen werden soll, wird ein i eingefügt, das nicht mitgesprochen wird, z. B. in *Giacomo = "Dschakomo"*.

gh   immer als *"g"* gesprochen.

gi   wie in *giorno* (Tag) = *"dschorno"*, immer weich gesprochen.

gl   wird zu einem Laut, der wie *"lj"* klingt, z. B. in *moglie* (Ehefrau) = *"mollje"*.

gn   ein Laut, der hinten in der Kehle produziert wird, z. B. in *bagno* (Bad) = *"bannjo"*.

h   wird am Wortanfang nicht mitgesprochen, z. B. *hanno* (sie haben) = *"anno"*. Sonst nur als Hilfszeichen verwendet, um c und g vor den Konsonanten i und e hart auszusprechen.

qu   im Gegensatz zum Deutschen ist das u mitzusprechen, z. B. *acqua* (Wasser) = *"akua"* oder *quando* (wann) = *"kuando"*.

r   wird kräftig gerollt!

rr   wird noch kräftiger gerollt!

sp, gut norddeutsch zu sprechen, z. B.
st   *specchio* (Spiegel) = *"s-pekkio"* (nicht *schpekkio*), *stella* (Stern) = *"s-tella"* (nicht *"schtella"*).

v   wie *"w"*.

z: wie „z" in Zug, z.B. *polizia* (Polizei) oder aber weich wie „ds", z. B. *zero* (Null).

Elementares

Frau …	*Signora*	Entschuldige	Scusami/Scusa
Herr …	*Signor(e)*	Entschuldigung, können Sie mir sagen...?	*Scusi, sa dirmi...?*
Guten Tag	*Buon giorno*		
Guten Abend (ab nachmittags!)	*Buona sera*	ja	*si*
		nein	*no*
Gute Nacht	*Buona notte*	Tut mir leid	*Mi dispiace*
Auf Wiedersehen	*Arrivederci*	Macht nichts	*Non fa niente*
Hallo/Tschüss	*Ciao*	Bitte! (gern geschehen)	*Prego!*
Bis später	*A più tardi!*	Bitte	*Per favore...*
Ich heiße ...	*Mi chiamo ...*	(als Einleitung zu einer Frage oder Bestellung)	
Wie geht es Ihnen?	*Come sta?*	Sprechen Sie Englisch/Deutsch?	*Parla inglese/ tedescso?*
Wie geht es dir?	*Come stai?*		
Danke, gut.	*Molto bene, grazie*	Ich spreche kein Italienisch	*Non parlo l'italiano*
Danke!	*Grazie*		
Entschuldigen Sie	*(Mi) scusi*	Ich verstehe nichts	*Non capisco niente*

Könnten Sie langsamer sprechen?	*Puo parlare un po` più lentamente?*	in Ordnung	*d'accordo*
Ich suche nach...	*Cerco...*	Ist es möglich, dass ...	*È possibile ...*
Okay, geht in Ordnung	*va bene*	mit/ohne	*con/senza*
Ich möchte	*Vorrei*	offen/geschlossen	*aperto/chiuso*
Warte/Warten Sie!	*Aspetta/Aspetti!*	Toilette	*bagno*
groß/klein	*grande/piccolo*	verboten	*vietato*
Geld	*i soldi*	Wie heißt das?	*Come si dice?*
Ich brauche ...	*Ho bisogno ...*	bezahlen	*pagare*
Ich muss ...	*Devo ...*	Ich möchte gern zahlen	*Il conto, per favore*

Fragen

Gibt es/Haben Sie...?	*C'è ...?*	Wo? Wo ist?	*Dove?/ Dov'è?*
Was kostet das?	*Quanto costa?*	Wie?/Wie bitte?	*Come?*
Gibt es (mehrere)	*Ci sono?*	Wieviel?	*Quanto?*
Wann?	*Quando?*	Warum?	*Perché?*

Orientierung

Wo ist bitte...?	*Per favore, dov'è..?*	immer geradeaus	*sempre diritto*
... die Bushaltestelle	*...la fermata*	Können Sie mir den Weg nach ... zeigen?	*Sa indicarmi la direzione per..?*
Stadtplan	*la pianta della città*	Ist es weit?	*È lontano?*
rechts	*a destra*	Nein, es ist nah	*No, è vicino*
links	*a sinistra*		

Bank/Post/Telefon

Wo ist eine Bank?	*Dove c' è una banca*	Brief	*lettera*
Postamt	*posta/ufficio postale*	Briefkasten	*la buca (delle lettere)*
Ich möchte Reiseschecks einlösen	*Vorrei cambiare dei traveller cheques*	Briefmarken	*i francobolli*
Postkarte	*cartolina*	Wo ist das Telefon?	*Dov' è il telefono?*

Arzt/Krankenhaus

Ich brauche einen Arzt	*Ho bisogno di un medico*	Biss/Stich	*puntura*
Hilfe!	*Aiuto!*	Fieber	*febbre*
Erste Hilfe	*pronto soccorso*	Durchfall	*diarrea*
Krankenhaus	*ospedale*	Erkältung	*raffreddore*
Schmerzen	*dolori*	Zahnweh	*mal di denti*
Ich bin krank	*Sono malato*	Zahnarzt	*dentista*

Auto/Motorrad

Auto	*macchina*	Reifen	*le gomme*
Motorrad	*la moto*	Kupplung	*la frizione*
Tankstelle	*distributore*	Lichtmaschine	*la dinamo*
Volltanken	*il pieno, per favore*	Zündung	*l'accensione*
Bleifrei	*benzina senza piombo*	Vergaser	*il carburatore*
Diesel	*gasolio*	Mechaniker	*il meccanico*
Panne	*guasto*	Werkstatt	*l'officine*
Unfall	*un incidente*	funktioniert nicht	*non funziona*
Bremsen	*i freni*		

Hotel/Camping

Haben Sie ein ...Einzelzimmer? ...Doppelzimmer?	*C'è una camera singola? camera doppia*	ein ruhiges Zimmer	*una camera tranquilla*
Können Sie mir ein Zimmer zeigen?	*Può mostrarmi una camera?*	Wir haben reserviert	*Abbiamo prenotato*
Ich nehme es/ wir nehmen es	*La prendo/ la prendiamo*	Schlüssel	*la chiave*
		Vollpension	*pensione completa*
Zelt/ kleines Zelt	*tenda/canadese*	Halbpension	*mezza pensione*
Schatten	*ombra*	Frühstück	*prima colazione*
		Hochsaison	*alta stagione*
mit Dusche/Bad	*con doccia/ bagno*	Nebensaison	*bassa stagione*

Zahlen

0	*zero*	13	*tredici*	60	*sessanta*
1	*uno*	14	*quattordici*	70	*settanta*
2	*due*	15	*quindici*	80	*ottanta*
3	*tre*	16	*sedici*	90	*novanta*
4	*quattro*	17	*diciassette*	100	*cento*
5	*cinque*	18	*diciotto*	101	*centuno*
6	*sei*	19	*diciannove*	102	*centodue*
7	*sette*	20	*venti*	200	*duecento*
8	*otto*	21	*ventuno*	1.000	*mille*
9	*nove*	22	*ventidue*	2.000	*duemila*
10	*dieci*	30	*trenta*	100.000	*centomila*
11	*undici*	40	*quaranta*	1.000.000	*un milione*
12	*dodici*	50	*cinquanta*		

Einkaufen

Haben Sie	*Ha ...?*
Ich hätte gern...	*Vorrei ...*
etwas davon	*un poco di questo*
dieses hier	*questo qua*
dieses da, dort	*quello là*
Was kostet das?	*Quanto costa questo?*
Apotheke	*farmacia*
Bäckerei	*panetteria*
Buchhandlung	*libreria*

Zeitungskiosk	*edicola*
Fischhandlung	*pescheria*
Laden, Geschäft	*negozio*
Metzgerei	*macelleria*
Reinigung	*lavanderia/lavasecco*
Reisebüro	*agenzia viaggi*
Schreibwarenladen	*Cartoleria*
Supermarkt	*alimentari, supermercato*

Im Restaurant

Haben Sie einen Tisch für x Personen?	*C'è uno tavolo per x persone?*
Die Speisekarte, bitte	*Il menu/la lista, per favore*
Was kostet das Tagesmenü?	*Quanto costa il piatto del giorno?*
Ich möchte gern zahlen	*Il conto, per favore*
Ich habe Hunger	*Ho fame*
Ich habe Durst	*Ho sete*
Gabel	*forchetta*
Messer	*coltello*
Löffel	*cucchiao*
Aschenbecher	*portacenere*
Mittagessen	*pranzo*
Abendessen	*cena*
Eine Quittung, bitte	*Vorrei la ricevuta, per favore*
Es war sehr gut	*Era buonissimo*
Trinkgeld	*mancia*
	(lässt man aber ohne große Erklärungen am Tisch liegen)

Speisekarte

Extra-Zahlung für Gedeck, Service und Brot	*coperto/pane e servizio*
Vorspeise	*antipasto*
erster Gang	*primo piatto*
zweiter Gang	*secondo piatto*
Beilagen zum zweiten Gang	*contorni*
Nachspeise (Süßes)	*dessert*
Obst	*frutta*
Käse	*formaggio*

Getränke

Wasser	*acqua*
Mineralwasser	*acqua minerale*
mit Kohlensäure	*con gaz (frizzante)*
ohne Kohlensäure	*senza gaz*
Wein	*vino*
weiß	*bianco*
rosé	*rosato*
rot	*rosso*
Bier	*birra*
hell/dunkel	*chiara/scura*
vom Fass	*alla spina*
Saft	*succo di...*
Milch	*latte*
heiß	*caldo*
kalt	*freddo*
Kaffee	*un caffè*
(das bedeutet espresso)	
Cappuccino	*un cappuccino* (mit aufgeschäumter Milch, niemals mit Sahne!)
Kaffee mit wenig Milch	*un caffè macchiato*
Milchkaffee	*un caffelatte*
Kalter Kaffee	*un caffè freddo* (... ist was sehr Erfrischendes, wird im Glas mit Eiswürfeln serviert und schmeckt mit viel Zucker)
Tee	*un tè*
mit Zitrone	*con limone*
Cola	*una coca*
ein Glas	*un bicchiere di...*
eine Flasche	*una bottiglia*

Speiselexikon

Alimentari/Diversi – Lebensmittel, Verschiedenes

aceto	Essig	allo spiedo	am Spieß
bombolone	Pfannkuchen	al pomodoro	mit Tomatensauce
brodo	Brühe	arrosto	gebraten/geröstet
burro	Butter	bollito	gekocht/gedünstet
frittata	Omlett	alla casalinga	hausgemacht
gnocchi	kleine Kartoffelklöße	(nach Hausfrauenart)	
marmellata	Marmelade	frutta cotta	Kompott
minestra/zuppa	Suppe	cotto	gekocht
minestrone	Gemüsesuppe	duro	hart/zäh
olio	Öl	fresco	frisch
olive	Oliven	fritto	frittiert
olio di oliva	Olivenöl	grasso	fett
pane	Brot	in umido	im Saft geschmort
panino	Brötchen (auch belegt zu kaufen)	lesso	gekocht/gedünstet
saccarina	Süßstoff	morbido	weich
salame	Salami	piccante	scharf
salsiccia	Frischwurst	tenero	zart
l'uovo/le uova	Ei/Eier		
zabaione	Wein-Eier-Creme		
zucchero	Zucker		

Contorni – Beilagen

asparago	Spargel
barbabietole	Rote Beete
bietola	Mangold
broccoletti	wilder Blumenkohl
carciofo	Artischocke
carote	Karotten
cavolfiore	Blumenkohl
cavolo	Kohl
cetriolo	Gurke
cicoria	Chicoree
cipolla	Zwiebel
fagiolini	grüne Bohnen
fagioli	Bohnen
funghi	Pilze
finocchio	Fenchel
insalata	allg. Salat
lattuga	Kopfsalat
lenticchie	Linsen
melanzane	Auberginen
patate	Kartoffeln
piselli	Erbsen
polenta	Maisbrei
pomodori	Tomaten
riso	Reis

Erbe – Gewürze

aglio	Knoblauch
alloro	Lorbeer
basilico	Basilikum
capperi	Kapern
origano	Oregano
pepe	Pfeffer
peperoni	Paprika
prezzemolo	Petersilie
rosmarino	Rosmarin
sale	Salz
salvia	Salbei
senapa	Senf
timo	Thymian

Preparazione – Zubereitung

affumicato	geräuchert
ai ferri	gegrillt
al forno	überbacken
alla griglia	über Holzkohlefeuer
con panna	mit Sahne
alla pizzaiola	Tomaten/Knobl.

risotto	Reis mit Zutaten
sedano	Sellerie
spinaci	Spinat
zucchini	Zucchini

Pasta – Nudeln

cannelloni	gefüllte Teigrollen
farfalle	Schleifchen
fettuccine	Bandnudeln
fiselli	kleine Nudeln
lasagne	Schicht-Nudeln
maccheroni	Makkaroni
pasta	allg. Nudeln
penne	Röhrennudeln
tagliatelle	Bandnudeln
tortellini	gefüllte Teigtaschen
tortelloni	große Tortellini
vermicelli	Fadennudeln („Würmchen")
gnocchi	(Kartoffel-) Klößchen

Pesce e frutti di mare – Fisch & Meeresgetier

Fisch allgemein heißt *il pesce* (sprich pesche; nicht zu verwechseln mit *le pesche*, sprich peske, dem Plural von Pfirsich)

aragosta	Languste
aringa	Heringe
baccalà	Stockfisch
calamari	Tintenfische
cozze	Miesmuscheln
dentice	Zahnbrasse
gamberi	Garnelen
granchio	Krebs
merluzzo	Schellfisch
muggine	Meeräsche
nasello	Seehecht
orata	Goldbrasse
ostriche	Austern
pesce spada	Schwertfisch
polpo	Krake
razza	Rochen
salmone	Lachs
sardine	Sardinen
seppia/totano	großer Tintenfisch
sgombro	Makrele
sogliola	Seezunge
tonno	Thunfisch

triglia	Barbe
trota	Forelle
vongole	Muscheln

Carne – Fleisch

agnello	Lamm
anatra	Ente
bistecca	Beafsteak
capretto	Zicklein
cervello	Hirn
cinghiale	Wildschwein
coniglio	Kaninchen
fagiano	Fasan
fegato	Leber
lepre	Hase
lingua	Zunge
lombatina	Lendenstück
maiale	Schwein
maialetto	Ferkel
manzo	Rind
pernice	Rebhuhn
piccione	Taube
pollo	Huhn
polpette	Fleischklöße
trippa	Kutteln
vitello	Kalb

Frutta – Obst

albicocca	Aprikose
ananas	Ananas
arancia	Orange
banana	Banane
ciliegia	Kirsche
cocomero	Wassermelone
dattero	Dattel
fichi	Feigen
fichi d'india	Kaktusfeigen
fragole	Erdbeeren
lamponi	Himbeeren
limone	Zitrone
mandarino	Mandarine
mela	Apfel
melone	Honigmelone
more	Brombeeren
pera	Birne
pesca	Pfirsich
pompelmo	Grapefruit
uva	Weintrauben

Register

Die in diesem Reisebuch enthaltenen Informationen wurden von der Autorin nach bestem Wissen erstellt und von ihr und dem Verlag mit größtmöglicher Sorgfalt überprüft. Dennoch sind, wie wir im Sinne des Produkthaftungsrechts betonen müssen, inhaltliche Fehler nicht mit letzter Gewissheit auszuschließen. Daher erfolgen die Angaben ohne jegliche Verpflichtung oder Garantie der Autorin bzw. des Verlags. Autorin und Verlag übernehmen keinerlei Verantwortung bzw. Haftung für mögliche Unstimmigkeiten. Wir bitten um Verständnis und sind jederzeit für Anregungen und Verbesserungsvorschläge dankbar.

ISBN 978-3-95654-197-1

© Copyright Michael Müller Verlag GmbH, Erlangen 2000–2016. Alle Rechte vorbehalten. Alle Angaben ohne Gewähr. Druck: Westermann GmbH, Zwickau.

Aktuelle Infos zu unseren Titeln, Hintergrundgeschichten zu unseren Reisezielen sowie brandneue Tipps erhalten Sie in unserem regelmäßig erscheinenden Newsletter, den Sie im Internet unter www.michael-mueller-verlag.de kostenlos abonnieren können.

shape our future

Der Michael Müller Verlag verweist in seinen Reiseführern auf Betriebe, die regionale und nachhaltig erzeugte Produkte bevorzugen. Seit Januar 2015 gehen wir noch einen großen Schritt weiter und produzieren unsere Bücher klimaneutral. Dies bedeutet: Alle Treibhausgasemissionen, die bei der Produktion der Bücher entstehen, werden durch die Ausgleichszahlung an ein Klimaprojekt von myclimate kompensiert.

Der Michael Müller Verlag unterstützt das Projekt »Kommunales Wiederaufforsten in Nicaragua«. Bis Ende 2016 ermöglicht der Verlag in einem 7 ha großen Gebiet (ent-

Plan Vivo
Carbon management and rural livelihoods

spricht ca. 10 Fußballfeldern) die Wiederaufforstung. Dadurch werden nicht nur dauerhaft über 2.000 t CO_2 gebunden. Vielmehr werden auch die Lebensbedingungen der lokalen Bevölkerung deutlich verbessert.

In diesem Projekt arbeiten kleinbäuerliche Familien zusammen und forsten ungenutzte Teile ihres Landes wieder auf. Eine vergrößerte Waldfläche wird Wasser durch die trockene Jahreszeit speichern und Überschwemmungen in der Regenzeit minimieren. Bodenerosion wird vorgebeugt, die Erde bleibt fruchtbarer. Mehr über das Projekt unter **www.myclimate.org**

myclimate ist einer der weltweit führenden Anbieter im Bereich der freiwilligen CO_2-Kompensation. myclimate Klimaschutzprojekte erfüllen höchste Qualitätsstandards und vermeiden Treibhausgase, indem fossile Treibstoffe durch alternative Energiequellen ersetzt werden. Das Projekt »Kommunales Wiederaufforsten in Nicaragua« ist zertifiziert von Plan Vivo, einer gemeinnützigen Stiftung, die schon seit über 20 Jahren im Bereich Walderhalt und Wiederaufforstung tätig ist und für höchste Qualitätsstandards sorgt.

www.michael-mueller-verlag.de/klima